Anton Bruckner
Geschichten um

ブルックナー譚

高原英理

von
Eiri Takahara

中央公論新社

序

後期ロマン派に分類される十九世紀オーストリアの交響曲作曲家ヨーゼフ・アントン・ブルックナー（1824~96）の作品はその長大さから二十世紀初頭までは演奏される機会が少なかったが、技術の進歩により、録音されたオーケストラ曲を自室で鑑賞できるようになった二十世紀後半以後、聴かれることが増え、知名度が増すにつれ録音ばかりでなくステージで演奏される機会もまた増え続けている。

とりわけ日本では名だたる「ブルックナー指揮者」の来日、そして朝比奈隆指揮による演奏への評価の高まりとともに、現在では、主要な国内オーケストラの定期演奏会の年間プログラムに一回か二回あるいはそれ以上、ブルックナーの交響曲が載ることが当たり前になった。ヴィーン・フィル、ベルリン・フィル等の一流来日オーケストラのプログラムでも頻繁にブルックナーの交響曲が組まれる。

マーラーほど急激に広く知られたわけではないのだが、ブルックナーの作品自体のように、それはゆっくりとしかし確実に愛好者を増やしている。

二〇一六年にはブルックナー没後百二十年記念として、バレンボイム指揮シュターツカペレ・ベルリン演奏の、習作とゼロ番を除く全交響曲チクルスがサントリーホールで九回にわたり行なわれた。二〇二四年にはブルックナー生誕二百年記念として世界各地で大きな催しが行なわれ、日本でもさまざまな演奏会が企画されるとともに、研究書、関連書が刊行されることだろう。

今では疑いもなく「大作曲家」として世界的に知られることとなったブルックナーだが、その音楽の魅力に囚われた人々が初めて作曲家本人の人となりの記録を知ると、およそ驚きあるいは失望する。その作品の巨大さ精緻さ偉大さ、この世ならざるような境地、等々の賞賛とは正反対の人物像が伝えられているからである。

自身の才能を確信し確固たる態度をとったと伝えられるベートーヴェン、その溢れるばかりの才能を皆が認める中あたかも遊戯に浸るように作曲したとイメージされるモーツァルト、女性たちから圧倒的に愛され天才の名をほしいままにし常に注目の的として振る舞ったリスト、世知に長け一国の王を味方につけて自身の劇場まで手にしたヴァーグナー等々、十八世紀末から十九世紀の天才たちはそれこそ皆超人的な「天才らしさ」を伝えられるが、ブルックナーはそれらの輝きのどれひとつとして持たなかった。オルガンの演奏能力だけは衆人が認めたとされるが、しかしそれ以外のいわば「華」を一切持たない人であった。

おそらく大抵のファンも、ブルックナー・ファンであればあるだけ、作曲者の実像について最初は残念な心地を抑ええないことだろう。

ところが、その後またしばらくブルックナーのあの不思議な音楽を身近に耳にしているうち、その作者の、一生世慣れない、不器用でセンスのよくない、あるいはときに卑屈ともいえる権威へのへりくだり、常に迷い、優越する他者からの導きばかり望む、アーティストらしからぬ優柔不断、田舎らしさ、融通の利かなさ、小心さ等の、一言で言えば「人間としての小ささ」と引き換えに、あれほどの宇宙的な大世界を作り出せたのではないかと、そんなふうに感じることがありはしないだろうか。

実際にはブルックナーの生活史と作品自体にはほとんど関係が見られないにもかかわらず、その人としての記録を知ってしまうと、その「天才らしくなさ」こそが、ブルックナーへの肩入れをより大きくするという意見はしばしば耳にする。

日本では一九八〇年代の上昇志向が、九〇年代以後の構造的な長い不況によりほぼ消滅し、現在では、ともかくどうにか暮らしていければよいといった何気ない面持ちで高望みせず突出せず、見栄を張らず、できるだけ平静に普通らしくいようとする若い人たちが増えたように思われる。その内心の望むところはともかく、いわば地味に目立たず協調してゆくことが当然の生き方となったのである。彼らは六〇、七〇年代の若者たちのように権威に反抗してみせることもないし、八〇年代の人々のように自分探しや個の優勢を過度に誇ろうとする姿勢も持たない。

そういう時代には、音楽そのものは別にして、ベートーヴェンやモーツァルト、リスト、ヴァーグナーらのような華々しい天才たちの振る舞いよりも、地を這うようなブルックナーの生涯の記録のほうがより心に届くものと私は考える。

時代と言ったが、実はこれは創作者全般の一面の、しかし普遍的な真実ではないだろうか。容姿・振る舞い等、見かけの魅力を必要とするモデルや役者は別として、アーティストは何も、生身の自身が華やかな天才性を見せ付けねばならないものではない。小説や絵画、音楽そのもの、すなわち作品それ自体はどこまでも魅力的、超越的であればよいが、その作者の人としての在り方に同じ魅力を求める必要はない。これは人柄ではなく小説だけで勝負したいと望む私のような小説家からの主張でもある。

ところが一方、その見栄えが悪く、ときに滑稽でもあるブルックナーの生涯が、なんとも言えない、自虐的な興味を惹くのは、これも私だけだろうか。

自虐的ともあるいは肩入れの仕方が深いとも、どう言ってもよいが、ブルックナーという、後から見ればその作品は確かに天才的には違いないのだが、にもかかわらず一生のほとんどを脇役・端役的な位置に居させられた人の、残念無念が、私には、そしてそれに同感する人には、かけがえのない無念さの記録と思えてくる。

二十一世紀の私たちのほとんどは、ベートーヴェンでもモーツァルトでもリスト、ヴァーグナーでもない。そういった人々の「天才らしさ」に自らを仮託するような素朴な憧れも、今ではもはや半ば以上成り立たないだろう。そして今、読まれるべくあるのは、数々の条件がどれも劣悪な中、自作を世に残すためなら利用できるものは何でも利用し、必要ならいくらでもへつらい、さんざん惨めな目に遭い、嘲笑されながら一生悪戦苦闘した、音楽の奥義は知るが人の心の機微のわからない、コミュニケーション障害とも見える一人の作曲家の絶えざる無念とその最後の希望という物語ではないかと思う。

なお、このブルックナーの人生の無念と作品の偉大さとの関係について、俗流精神分析的な「惨めな人生の補償として巨大な音楽を創った」という意見に私は賛成しない。

それは逆で、彼の耳にだけ響く別の宇宙から来たような荘厳な音楽に彼があまりにもとらわれ、どうにかしてそれを現世の音として聴こえるようこの世界にある音楽技術の限りを尽くすことに懸命なあまり、自分の生活のほとんどに気が回らなかった人、それがブルックナーであったと私は考える。彼の自作改訂の多さと、ときに不見識とも言える迷い、そしていつまで経っても完成に至りえないかのような訂正の連続も、彼の内なる何かへの接近の難しさからと考えるならいくぶん納得がゆく。おそらくそれは近似的に表現することはできても完璧に確定することはできない響きなのである。

どこまでも完全には手にしえないものへの強烈なとらわれがブルックナーを、センスの良さからは遠いぼんくらのコミュニケーション障害者としたのだ。

すなわち、二十一世紀の現在、「おたく」と呼ばれる、激しく愛好する何かのために心こにない人々の心性に近いものをブルックナーは持っており、それが彼の実人生の大半に適応不全をもたらし、かつその残された音楽が百数十年を経、おたくたちの時代となって愛されるに至ったのだ。

こう考えると、やはりブルックナーの困難な人生は、二十一世紀の我々にとっても他人事でない。少なくとも、確固たる自信に満ちた天才作曲家の人生の記述よりも、常に過ち常に怯《おび》え常に嘲笑されながら、しかし余人の及ばない異様な音楽を残した人の人生を私はより多く知りたいと思い、またその考えに同感してくださる方々も今では多いものと感じる。

ブルックナーの評伝に類するものはこれまでも多く刊行されてきた。翻訳ではエルヴィン・デルンベルク著・和田旦訳『ブルックナー　その生涯と作品』、オスカー・レルケ著・神品芳夫訳『ブルックナー　音楽と人間像』、ハンス＝フーベルト・シェンツェラー著・山田祥一訳『ブルックナー　生涯／作品／伝説』、カール・グレーベ著・天野晶吉訳『アントン・ブルックナー』、ヴェルナー・ヴォルフ著・喜多尾道冬・仲間雄三訳『ブルックナー　―聖なる野人―』、フリードリヒ・ブルーメ著・根岸一美訳『ブルックナーの生涯』等々、本邦での著作では土田英三郎著『ブルックナー　―カラー版作曲家の生涯―』、門馬直美著『ブルックナー』、田代櫂著『アントン・ブルックナー　魂の山嶺』、根岸一美著『作曲家　人と作品　ブルックナー』、張源祥著『ブルックナー／マーラー　大音楽家／人と作品20』等々である。

それらをすべて経た後にある当著作では、先行する著作の伝える情報からできるだけ信頼できる正確な記録を記すこととし、その合間に、ブルックナーの生涯に特徴的な事件・場面・挿話を、事実に反しない限りでのフィクションとして挟むという形式をとった。それで当著作は、正確を期した事実記録と、興味を優先した「場」とでできたものとなった。「場」部分でも記録に残っている事実は飽くまで尊重している。だがそこでのブルックナーほかの心理や関係性の細部、利害や思惑の解釈はすべて私の小説的想像によっている。

このやり方は自著の先例に倣《なら》ったものである。

二〇一六年、私は『不機嫌な姫とブルックナー団』（講談社）という小説を発表した。ここでは、女性には熱狂的な愛好者が少ないといわれるブルックナーの音楽を深く愛する一人の女性と、同じくブルックナー愛好男性たちの出会いと会話、そしてそこで発生してくる少しだけそれまでと違った価値の意識化といったことが描かれるが、これらとともに、ブルックナー愛好者グループ「ブルックナー団」メンバーである登場人物の一人、武田一真という青年がネット上に発表している「ブルックナー伝」のいくつかの章が挟まれる。

今回、ブルックナー伝を書くにあたり、その「場」部分はこの武田一真による「ブルックナー伝」の方法をほぼ踏襲した。すなわち当『ブルックナー譚』は、より正確な情報の記載とともに完結させた武田一真作『ブルックナー伝』と考えてよい。

『不機嫌な姫とブルックナー団』刊行後、断章としてしか掲載されていない「ブルックナー伝」の続きを読みたいという読者の方の言葉がしばしば伝えられた。今回、その要望にお応えしたいと思う。
そもそも私は一小説家でしかなく、音楽の専門家でもなく、ドイツ語が読めるわけでもない。そういう単なるブルックナー・ファン、「ブルックナー団」の一人でしかない者に、自分なりのブルックナー伝を新たに書く機会を与えていただけるのであれば、すべて『不機嫌な姫とブルックナー団』を読んで応援してくださったみなさまのおかげである。また、正確かつ素晴らしい評伝が既に数多くある中で、当著作が何らかの価値を持つとしたら、それは「小説家の語るブルックナー伝」であることによる。

著者

ブルックナー譚　目次

第四章　遅れに遅れた名声（*1879〜1889*）

ブルックナー譚

第一章　出生から教師時代まで　1824〜1855

1　誕生、幼少期、聖フローリアン修道院での生活

ヨーゼフ・アントン・ブルックナー（Josef Anton Bruckner）は一八二四年九月四日、現在のオーストリア（本書では国名の場合、慣例に従い、こう表記するが、より近い発音はエスターライヒ）はリンツに近い、アンスフェルデンという小村で、教師である父アントン（1791~1837）と母テレジア（1801~60）の長男として誕生した。

この両親には十一人の子が生まれたが、成人できたのは長子ヨーゼフ・アントンと妹ロザーリエ、ヨゼフィーネ、弟イグナーツ、妹マリア・アンナの五人だけである。

アンスフェルデンはアルプス山麓の端、リンツ市の南方数キロに位置する、当時人口三百五十人ほどの農村である。オーバーエスターライヒ（高地オーストリア）州、リンツを首都とするトラウン地区に属する。またリンツにある聖フローリアン修道院を中心とする教区に属する。

リンツはドナウ河の南側にあり、その遥か下流にヴィーンがある。

当時、リンツはヴィーンとの関係よりもハンガリーのブダペスト、およびチェコのプラハとの関係の方が深かった（門馬直美による）。その状況はトラウン地区でも同様である。このため、ヴィーンの都市的な風はあまり伝わらず、農民的な質朴さが大半の精神生活をなした。オーストリアの大きな政変であり自由民主への志向が示された三月革命（一八四八年）以後も、この地ではその保守的意識にさほどの変化はなかった。

ヨーゼフ・アントンの生まれた時代について、その伝記を書いたエルンスト・デチャイによれば以下のとおり。

〈時はフランツ皇帝の御世。三月革命前のおそるべき反動の時代。また中世のたそがれの時代で、ヨーロッパから孤立した不安な、理念なき沈滞の淵に淀んでいた時代である。……自由という言葉はおそるべき反逆を意味し、生活に自由はなく、あらゆるものにお上の権威と規制がおよんでいた〉（喜多尾道冬・仲間雄三訳）

デチャイの伝えるところは、対ナポレオン解放戦争後、宰相メッテルニヒ（1773~1859）の功績により、ヴィーン会議（1814~15）を経てオーストリアがドイツ連邦の議長国に就き、一八四八年の三月革命とともにメッテルニヒが失脚するまでの頃で、「ヴィーン体制」あるいは「メッテルニヒ時代」と呼ばれた時代である。一方で栄光の時代とも言われたが、自由主義運動や民族運動が徹底弾圧され、メッテルニヒ率いる国家からの制約の非常に大きい保守反動の時代でもあった。そこで一般市民は国家に逆らわない小さな市民的楽しみだけに沈潜することとなり、明るく楽しくしかし平凡で決して政治に言及せず尖った意見を言わない姿勢と文化を形成し、これを体現する架空の小学校教員の名をもって「ビーダーマイヤー」と呼ぶようになる（当時のドイツでも同様）。この体制順応・非反逆的小市民意識は、後のヨーゼフ・アントンのそれでもある。

一八二四年を他の主要な作曲家との比較で見ると、ベートーヴェンが五十四歳で『交響曲第九番』作曲の年、シューベルト二十七歳、弦楽四重奏曲第十四番『死と乙女』作曲、歌曲集『美しい水車小屋の娘』出版の年である。メンデルスゾーンが十五歳、ヴァーグナーは十一歳で、ブラームスはこの九年後に誕生する。

ヨーゼフ・アントンは、父の教える小学校の官舎内で生まれ、同日午後五時に洗礼を受けてカトリック教徒となった。

ブルックナー家については、入念な調査により一四〇〇年までさかのぼった結果をエルンスト・シュヴァンザーラーが報告した。それによると文書によって証明できる祖先は一四〇〇年頃の生まれの農民イェルク・プルックナーである。当時はニーダーエスターライヒ（低地オーストリア）州に住み、「リンツの東方約二十五マイル」にあるエート付近に土地と屋敷を保有していた。その住居が小さな川にかかる橋の近くにあったため、「プルックナー（Pruckner）」家と呼ばれた（ハンス＝フーベルト・シェンツェラー、山田祥一訳による）。「橋」はドイツ語で

「ブリュッケ（Bruecke）」、オーストリア語で「プルック（Pruck）」である（オーストリア方言ではBとPの区別が曖昧）。この「プルックナー」がある時期からドイツ語読みの「ブルックナー」となった。

ヨーゼフ・アントンの曽祖父ヨーゼフ・ブルックナーはBinder（「製本業」と訳されることもあるが、実際には「ものを束ねる仕事」のことで、樽《たる》や箒《ほうき》を作る職人）であったが、結婚によって得た資産で旅館をも経営し、村の参事会員となり市民階級に加わった。曽祖母マリア・テレジアはドナウ北ベルクの裕福な石職人ヤーコプ・ペルガーの娘であった。その息子、父と同名で、ヨーゼフ・アントンの祖父にあたるヨーゼフは一旦家業を継いだ後、教職に転じ、各地転勤の後、アンスフェルデンの学校の教師に着任した。前任者ゼバスティアン・クレッツァーの娘フランツィスカと結婚、その子の一人アントン（ヨーゼフ・アントンの父）もまた父の退職した後を引き継いで校長となり、一八二三年、シュタイアー近くのノイツォイクの行政官吏かつ旅館経営者フェルディナント・ヘルムの娘テレジア・ヘルムと結婚、二四年にヨーゼフ・アントンが生まれる。

父アントンは小学校の基礎学級を一人で教えた。クラスは二つだけであった。カトリックの信仰篤《あつ》いこの地では学校教育は必ず教会の活動とともにあって、教師は教会の音楽や雑務を任された。父アントンもまた教会の聖歌隊指揮とオルガニストを務め、他にも鐘をつき司祭の伴をするなど寺男の役割を受け持った。リンツ楽友協会の会員である父はまたヴァイオリンの演奏も巧みで、冠婚葬祭のおりには伴奏音楽を奏でて対価を得た。

母テレジアは非常によい声を持ち、父の率いる聖歌隊の一員としてソロ歌手をも務めた。

この両親について伝記作家ヴェルナー・ヴォルフが以下のように伝えている。

〈ブルックナーの両親の性格は対照的だった。母は子供たちに対して気まぐれで、怒りっぽかったが、父は善良な性格で、激務の小学校教師が見つけ出せるわずかな休息のひとときに家でくつろぐことを好んだ〉（喜多尾道冬・仲間雄三訳）

家には他に祖父と叔母が同居していた。ヨーゼフ・アントンは幼少期、皆からアントンの愛称であるトーネル（Tonerl）と呼ばれた。

なお、ヨーゼフ・アントンは多くの場合、アントン・ブルックナーと呼ばれるので以下、名を示すさいはアントンとする。

父がオルガニストを務める教会にはヴァイオリン2、コントラバスあるいはバス楽器2、クラリネット、ホルン各1からなる楽隊があった。クリスマスや復活祭のおりはここにトランペットとティンパニの奏者がリンツから招かれて加わった。この楽団によって、ミヒャエル・ハイドン（1737~1806、ヨーゼフ・ハイドンの弟）ほかによる礼拝用の曲が演奏された。

アントンは四歳のときから父に音楽を教わった。最初はヴァイオリンを弾き、次いでスピネット（小型のチェンバロ）を弾いた。

六歳で小学校に入学した。真面目、勤勉を認められ、成績もよかった。そのうち上級クラスに編入され、学びつつ父を手伝い、年下の生徒らの指導もした。

九歳になる少し前の一八三三年六月一日、リンツで堅信礼（信仰告白式）を受けた。

父はアントンに音楽の才能を認め、この後、本格的に音楽を学ばせるため、リンツに近いヘルシンクに住むヨハン・バプティスト・ヴァイス（1813~50）のもとにあずけることを決める（口減らしの意味があったという意見もある）。ヴァイスはアントンの叔母（父の妹）の息子で齢《とし》の離れた従兄にあたる。また堅信礼の立会人でもあって、アントンには慕われていた。

ヴァイスは小学校教師であるとともに、オーバーエスターライヒでは知られたオルガン奏者であり、『レクイエム』変ホ長調、『ミサ曲』ト長調などの作品を持つ作曲家でもあった。

一八三五年晩夏の頃、十一歳のアントンはヴァイス家に引き取られ、以後オルガンと通奏低音、和声学、作曲理論を学ぶこととなった。アントンはヘルシンクの教会にある大型のオルガンを弾くことを許された。またここでアントンはモーツァルトの『大ミサ曲』やハイドンの『四季』『天地創造』などを聴き、作曲も始めている。混声四部合唱曲『パンジェ・リングァ（歌えわが舌よ）』WAB31、教会合唱曲のスケッチ（WAB136）、オルガンのための『前奏曲』WAB127・WAB128などである。ただし『前奏曲』はヴァイスによる、あるいはヴァイスの手の加わったものではないかとも見られる。『パンジェ・リングァ』はまだ単純な作りだったが、一部和声進行に誤りがあるところを後年、アントン自身が手を加え訂正した楽譜が現在ある。

なお「WAB」は Werkverzeichnis Anton Bruckner の略で、レナーテ・グラースベルガーに

よる『アントン・ブルックナー作品目録』に記された作品番号を示すものである。

ヴァイスのもとで音楽的にも人間関係的にも豊かな一時期を過ごしたアントンだが、一八三六年の秋、父が過労で倒れたとの知らせが届き、直ちにアンスフェルデンに戻った。

大家族を養うには収入が不足しがちであったため、父は小学校での教務の後、村の酒場で毎夜遅くまで舞踏会の演奏者としても働き、この昼夜の激務と飲酒とによってひどく健康を害していた。帰郷したアントンは是非なく父の代役として生徒を教え司祭の補佐を務めた。

父はしばらく床に就いていたが、翌一八三七年六月七日、呼吸不全で亡くなる。四十六歳であった。

司祭とともに臨終に立ち会っていたアントンは父の死に気を失い、倒れたという。

父の死後すぐ、母テレジアは、アントンを連れて聖フローリアン修道院へ赴き、修道院長ミヒャエル・アルネート（1771~1854）に面会を請うた。十三歳のアントンを修道院の聖歌隊員に加えてもらいたい旨、願うためである。修道院長はこの土地では領主に近い立場にいた。

アルネートは便宜を図ってくれ、アントンは声変わりの近い時期ではあったが、当地アウグスティノ修道会の給費生として聖歌隊員に入ることを許された。

父が死ぬとともに新任の教師が来て、ブルックナー家の家族は直ちに官舎を出なければならず、テレジアは五人の子供たちと盲目の義姉アンナ・マリアとを養わねばならなかった（祖父は既に亡かった）。母の実家はもともと二人の結婚に反対であったので援助を期待できない。しかもその頃の実家は既に零落していた。そのためテレジアはこの後、アントンを除く四人およびアンナ・マリアとともに知人を頼ってエーベルスベルクに移り住み、そこで下働きなどしながら貧しく暮らすこととなった。

そのままであればアントンもそこに伴い、十三、四歳で母とともに家族を養わねばならなかったが、母の判断とアルネートの助力のおかげで以後も教育と教会の保護を受けることができたのである。

アルネート修道院長は以後もアントンに援助を続けた保護者であり、恩人の一人である。

この後アントンの第二の故郷となる聖フローリアン修道院は、アンスフェルデンから東へ約六キロ、リンツの南東約十六キロの位置にあり、その名は三〇四年にこの地に葬られた殉教者聖フローリアーヌスに由来する。一〇七一年、アウグスティヌス会の修道院として居所が作られた。現在見られるバロック様式の建築は十七世紀ミラノの建築家カルロ・アントーニオ・カルローネの設計によるもので、一七五一年に完成した。

修道院会堂には大オルガンのほか三つの小オルガンがある。大オルガンは名オルガン制作家として知られたフランツ・クサーヴァー・クリスマンによって一七七四年に完成されたものである。後にアントンが名をなして以後は「ブルックナー・オルガン」と呼ばれることとなる。当時五二三〇本のパイプと五九のストップ、三段の手鍵盤を備えていた（後に大きく改造され、現在は七三四三本のパイプ、一〇三のストップ、四段の手鍵盤を備える）。

また、一六一二年には弦楽器を主体とした奏者が五十人近くいたという記録がある。音楽的に恵まれた場所と言えた。

この時期、アントンは二人の少年聖歌隊員とともに修道院学校校長ミヒャエル・ボーグナーの家に寄宿した。ボーグナーとユーディット夫人は三人を家族同様に迎えた。

アントンは村の国民学校に通い一般教養を学ぶとともに、修道院学校で歌唱、ヴァイオリン、ピアノ、オルガン、通奏低音を学んだ。

校長のボーグナーから音楽理論と通奏低音を、フランツ・ラープから声楽を、「オルガンのベートーヴェン」と呼ばれた高名なオルガン奏者アントン・カッティンガー（1798~1852）からオルガンとピアノを、著名なヴァイオリニスト、イグナーツ・シュパンツィヒ門下のマックス・グルーバーからヴァイオリンを学んだ。合唱指導はエドゥアルト・クルツであった。

アルネート修道院長は音楽に大変理解があり、アントンの才能をすぐに見抜き、アントンはその期待に応え非常に真面目に音楽教育を受け続けた。

勤勉なアントンは、音楽だけでなく国民学校での成績もよく、二年目には二番、最終学年には首席となった。

十四歳で音楽の正規課程を修了したアントンはその後、とりわけオルガンの即興演奏の訓練に時間を費やすことが増えた。

アントンは十五歳で変声期を迎えたが、聖歌隊員からヴァイオリン奏者に編入され、聖フローリアンにとどまることができた。それとともにオルガニスト、カッティンガーの助手ともなる。アントンは四台あるオルガンのうち、側面にある小型の「聖歌隊用オルガン」を受け持ったが、次年度からはミサの際に大オルガンを弾くことを許された。

この頃、アルネート修道院長はアントンに、何になりたいのか、将来の希望を尋ねた。アントンは「教師です。父のような」と答えた（シェンツェラー、山田祥一訳による）。

聖フローリアンでの寄宿生活も三年と数か月が過ぎた。

アルネートの勧めに従い、十六歳となったアントンはボーグナー家を去り、一八四〇年十月一日、リンツの教員養成所の初等教職課程に入って修学を続けた。研修期間は十か月である。そこは教職課程の科目のほかに音楽教育も重視しており、アントンは修道院内小教会の室内楽団指揮者ヨハン・アウグスト・デュルンベルガー（1800~80）から和声法と対位法を学んだ。デュルンベルガーは優れた音楽理論家で『初等和声・通奏低音入門』の著書を持つ。その内容に信を置いたアントンは、後にヴィーンで子弟を教えるさいにも当書を教科書とした。デュルンベルガーにより、アントンの音楽理論の知識が体系的なものとなったと言える。

この時期、アントンはオルガン演奏の修業とともにバッハの『フーガの技法』やベートーヴェンの師であるアルブレヒツベルガーのフーガを筆写している。楽友協会の演奏会でヴェーバーの歌劇序曲やベートーヴェンの『交響曲第四番』などの大規模な純オーケストラ作品を聴くことができたのもこの時期である。また、デュルンベルガーは生徒たちとともにハイドン兄弟やモーツァルトのミサ曲を上演した。
一八四一年八月十六日、アントンは優秀な成績で助教員資格を取得した。
以後、彼の教員生活が始まる。

第一場　修道院長の問い

「トーネル」

母は常どおり甲走《かんばし》った口調で、とりわけ強く言った。

「高望みはするものではない。確かな職だけを求めなさい」

アントンは叱られている気持ちで「はい」と答えた。十六歳を迎え、今後の身の振り方を相談したおりのことである。

五人の兄弟姉妹の中、自分だけが音楽とともに勉学を続けることができたのはすべて母の配慮であるからにはその言葉一切に逆らうことはできない。

自ら優れた歌手であった母であれば、音楽がその与える愉悦《ゆえつ》のあまり、ついつい自己の身分区分や立場役割を忘れさせ、芸術という別乾坤《べつけんこん》を夢見させてしまう魅惑を持つことも、見通しであっただろう。ゆえに、貧者には極めて危うい、身の程知らずな、自由という名の麻薬を真っ先に禁じたものとみえる。

といってアントンもベートーヴェンのような独立不羈《どくりつふき》の芸術家を目指そうなどと考えていたわけではない。もしできるなら、神父となって、日々オルガンを弾き、音楽とともに神と対話していたい、そんな希望もあった。さらにもっと条件が許すなら、名のある楽団の楽長《カペルマイスター》となりたい、そうだ、音楽だけを仕事にしたいと、内心ではそう考えていた。そしてその楽長になりたいということが母からすれば大それた身の程知らずなのである。

父は教師であった。だから、お前も、こつこつと子供を教える技を身に着け、教師になりなさい。それならまず失敗はない。仕事は常にある。実直で地に足がついた仕事である。「才能」などという保証のないものを自らの指針にしてはならない。音楽なら教師をしていてもできることだ。

ひとつひとつそのとおりである。天の国と異なり、諸行無常の地上である。地上に住むための着実な知恵を持たねば人はいつ転落するか知れない。

母もまた、思わぬ変転からひどく不本意な人生を送らざるを得ないでいる。若い頃、合唱隊に所属したおりからリーダーのブルックナー青年と知り合い心許し、婚約したはよいものの、三文教師である彼の身分の低さを富裕市民の両親が卑しみ、強く反対したので縁を絶って結婚、十一人もの子をなしたが生き残ったのは二男三女の五人。多くの子が夭逝したのは悲しいがしかし、それでも祖父・義姉を含め、賑やかな家族であった。父が亡くなるまでは。

そこからの、四人の子と義姉を養うためのさんざんな苦労はアントンにもよくわかっている。この自分だけが聖フローリアンで厳しくも安らかな勉学生活を送らせてもらったことにはどれだけ感謝しても足りない。

ではあるものの、すべての人には希望という病が巣くう。他に何もなくとも音楽にだけは矜持《きょうじ》を持つアントンに、この自分のできることをどこまでもしてみたい心地は捨てられまい。

父が生きていればどう言っただろう。神経質な母とは違い、何につけても鷹揚《おうよう》で楽天的な父であったからには「ちょいと冒険するのもいいでないか」くらい言ってくれはしなかっただろうか。何より父さえいてくれれば母の今の赤貧は免れた。そうすればいくらか心向きも違ってくる。

が、変ええない現状を前にどれだけもしもを口にしても虚しいことである。これが地上、これを地上というのだ。人の手で変えられないことによって人は生きる。そして死ぬ。

司祭とともに、寝台の脇で、父の死に際にいたとき、アントンはひたすら数を数えていた記憶がある。順々に、十、百、千までも、億、兆までも数え続けていれば父は死なない、そんなふうに考えていたのかいなかったのか、ただもう数えることばかりに心を向けていた。

司祭が最後の秘蹟《ひせき》を与えるさいの言葉もよく聞こえない。そして遂に、父は息絶えた、息絶えたと、知ったその時、不意に天が迫って来た。真っ白だった。足許が揺らぐ気がして、気づけば父の横たわる寝台に倒れかかっていた。

失神したのだと、司祭から言われた。

「傷心は察するぞ」と司祭は気の毒そうに言った。アントンはしかし、それでも何が起こったのか、よくはわからなかった。

父についての記憶はこれが最後で、どうだろう、あのとき垣間見た真っ白なものはやはり天使ででもあったのだろうか。

そして自分は、地上で、生きるための手立てを講じなければならない。

次の日、アントンは、アルネート修道院長から声をかけられた。

「トーネルや」

「はい」

「お前はいったい何になりたい？　神父かね？　お父さんのように先生かね？　それとももっと勉強を続けたいかね？」

アントンははっきりと、明朗に答えた。

「父のように先生になりたいと思います」

2　助教師の時代

一八四一年、資格を得た十七歳のアントンは、十月三日、オーバーエスターライヒ最北部、ボヘミアとの国境に近い村ヴィントハークの小学校に補助教員として赴任し、同月十日から教壇に立った。以後、アントンは正教員への道を歩むこととなる。またそれは教育機関と実家を離れ、独立したことを意味する。すなわちここから社会人としての生活が始まる。

よってこれ以後、彼ヨーゼフ・アントンを姓ブルックナーで呼ぶこととしよう。

ブルックナーの最初の任地となったヴィントハークは、リンツから鉄道馬車で郡庁所在地フライシュタットまで行き、そこから徒歩で二時間半ほどの位置にある寒村である。聖フローリアンの教区内ではあるが、荒涼とした丘陵地で、当時人口約二百人、家が三十五戸しかなかったと伝えられる。しかもブルックナー赴任の少し前に村に大火があり、住人の多くは困窮していた。

教師用宿舎が火事被害のため閉鎖されたので、ブルックナーは校長フランツ・フックスの家族とともに市長宅の向かいに建つ家の部屋を借りることとなった。

当時の小学校教師の地位は非常に低く、ヴィントハークのある村人によると〈息子には校長になるよりは靴直し屋になってもらいたかったね〉（ヴェルナー・ヴォルフ、喜多尾道冬・仲間雄三訳）といった様子である。

フックス校長はブルックナーの父と同様、校務とともに教会の雑務を受け持ち、また自身、農業をも営んでいた。ブルックナーはフックス校長に個人的に雇われた助教師という待遇であったので、それらすべてを手伝わねばならなかったばかりか、家事までも受け持たされた。給料からは下宿費・食費を引かれ、年に約十二グルデンであった。比較は難しいがこの当時の一グルデンは現在なら日本円で千円から数千円の間くらいではないかと考えられる。ただし地方の生活費は現在よりかなり低い。

〈その上ブルックナーは、寺男の役も兼ねなければならなかった。その役目とは、朝の四時に鐘を衝《つ》き、ミサをする司祭の着付けの手伝いをし、オルガンを弾き、合唱の練習をつけることだった。そして——なお悪いことに——畑でジャガイモの掘り出しをし、小麦の刈り取り、脱穀までもやらされた。さらに晩になると、ダンスのピアノ伴奏まで仰せつかるのだった〉（ヴォルフ、喜多尾道冬・仲間雄三訳）。

食事は女中とともにとった。この時代、助教師とはいえ一人前の働きをする青年（現在から見れば少年だが、年齢ではなく労働者として）にとって、使用人と同じ扱いをされることは屈辱であった。

フックス校長は村の司祭シュヴィンクハイムとの関係が悪かった。そしてブルックナーはそのどちらともうまくいかなかった。

ブルックナーはこの環境でも音楽の修練を忘れなかった。過酷な勤務の合間にも時間があると村を歩き回ったが、不意に立ち止まり、なにやらをノートに書きつける様子がよく見られた。思いついた楽想を記していたのである。教会での讃美歌のオルガン伴奏のさいにはこれまでにないような変奏を加えた。また常に控えめな態度ながらいつまでも慣れない物言いや過度の真面目さ、あるいは常に音楽にばかり心奪われている様子もあって、村人からは変わり者と見られた。だが子供たちには人気があった。

教室は狭く、照明も十分ではなかった。ブルックナーはここで半日ずつ二クラス、それぞれ三十人から四十人ほどの生徒を教えた。授業は丁寧で、生徒を叱りつけることはなかった。生徒らが行儀よくしていると、「よい話をしてあげよう。実はこの地球は丸いのだ。知っていたか？　昼と夜があるのはそのせいなのだ」といったような話をして聞かせた。これを生徒たちは喜んだが、前近代的・封建的な当時の地方オーストリアではこうした科学的教養の披露《ひろう》は実はタブーに近かった。フックス校長は無駄な話で本来の授業を疎《おろそ》かにしたとしてたびたびブルックナーを叱責《しっせき》した。

村人からは多くの場合、信用されていなかった模様だが、孤独なわけではなかった。音楽好きの織物業者ヨハン・ジュッカという友人ができた。

ブルックナーは教会のオルガンを自由に演奏することを望んだが許されず、代わりにジュッカ家を訪れ、当家にあるクラヴィコードを弾かせてもらうことがたびたびとなった。ブルックナーは、教員をめざすというジュッカの息子の勉強を見てやることもした。ジュッカとブルックナーはよくヴァイオリンで二重奏を行なった。ブルックナーは第二ヴァイオリンを受け持った。さらに、ジュッカの父親はトランペットを吹き、知り合いの村医者はフルートを吹き、あるいは他にクラリネットを吹く人もおり、こうしてよく合奏が行なわれた。当時のオーストリアは片田舎でもこうしたことが当然のようにある音楽環境であった。

ブルックナーはこの地で日々、既に写譜してあったバッハの『フーガの技法』とアルブレヒツベルガーのフーガ作品から学び続けていた。この時期、作曲作品が一曲ある。ハ長調のミサ曲で、当地の名をとって『ヴィントハーク・ミサ』WAB25と呼ばれる。アルト独唱とホルン2、オルガンのための小品であった。

これは村のパン屋の娘アンナ・ヨプストに捧げられたものとされている（田代櫂による）。友人もおり、淡い思いを寄せる女性もいたというものの、ヴィントハークでの暮らしはブルックナーにとってとても満足のゆくものではなかった。着任後一年半が経った頃、ブルックナーは、もっとよい条件の職場に行かせてほしいと、聖フローリアン修道院長アルネートに直訴したらしいことが知られている。

また、ヴェルナー・ヴォルフによれば〈ある日、彼は肥やし撒きを命ぜられたとき、きっぱりと拒否した。この事件は上属聖庁高官のアルネトに報告された〉（喜多尾道冬・仲間雄三訳）。こうした経緯だったのかも知れない。

つねづねフックス校長はブルックナーの「不服従」を非難していた。アルネートが視察旅行としてヴィントハークを訪れたさい、フックスは「ブルックナーにはまったく困っている」と不満を表明した。

そうした告訴があった場合、新米助教師を処罰せねばならない立場のアルネートであったが、彼はそれをせず、むしろブルックナーの要請を受け入れて、この機会に彼を別の地、クロンシュトルフへと転勤させることを決定した。アルネートはブルックナーの才能と誠実さをよく了解していたのである。

なお転勤のさい、フックス校長は一八四三年一月十九日付で、ブルックナーの能力と人柄についての賞賛を記した勤務証明書を書いている。カール・グレーベによれば〈教師フックスは、わずらわしい助手を追い払うことができるのを喜んで、彼のために紹介状を書いた。それは恐らくブルックナーを全く満足させるものであった〉（天野晶吉訳）。こうしてブルックナーは一応円満にこの地を去ることができた。

四日後の一月二十三日、ブルックナーはクロンシュトルフの助教師に着任した。

クロンシュトルフは当時の人口百人ほどの小さな村だったが、ヴィントハークよりよほど文化的に豊かであった。ここは気候もよく、上司フランツ・ゼーラフ・レーホーファーとその妻テレジアはともに音楽好きで、ブルックナーの音楽への傾倒を最大限許し、また夫人は親切に面倒を見てくれた。給与もいくらか増えて二十グルデンほどとなり、母や妹らに僅かながら仕送りができることにもなった。

友人も得た。また、好楽家の富農ヨーゼフ・フェーダーマイヤーがブルックナーの音楽的能力を見込んでスピネットを貸した。ブルックナー用の部屋が狭いので、レーホーファー校長はスピネットを教室の隅に置くことを許した。ブルックナーは早朝から深夜まで、暇があればこの楽器を弾いた。そうしたこともレーホーファー夫妻は咎めなかった。

後にこの時期を回想してブルックナーは「天国にいるようだった」と語った。

教会ではヴィントハークでのそれよりずっと高度な作品が演奏されていた。毎日曜日にはフェーダーマイヤー家で音楽会が開かれた。オーストリア全体にサロン文化が広まっていた時代である。

クロンシュトルフはエンスとシュタイアーのちょうど中間の位置にあり、ブルックナーはこの二つの町をよく訪れた。

クロンシュトルフから北へ八キロほどの位置にあるオーストリア最古の町エンスには市の教区教会でオルガニストと合唱指揮を務めるレオポルド・エードラー・フォン・ツェネッティ（1805~92）がいた。ブルックナーは聖フローリアンにいた頃からこの人をよく知っていた。ブルックナーは週三回エンスに通い、音楽理論とオルガンの指導を受けた。このときツェネッティが教則本としたのはダニエル・ゴットロープ・テュルクの『通奏低音奏法』と『オルガニストの最も重要な務めに関する教本』である。これらによりバッハのコラールやクラヴィーア曲を学んだ。ブルックナーはツェネッティの指導を大変恩義に思い、後々まで機会あるごとに師に会うためエンスを訪れている。

ブルックナーは職場のスピネットで『平均律クラヴィーア曲集』をはじめとするバッハの曲を弾き、また即興演奏を試みた。

一方、クロンシュトルフから南にやはり八キロほど離れたシュタイアーはブルックナーにとって音楽的に一層豊かな町となった。もともとシュタイアーはハプスブルク家との関係が深く、製鉄業でよく知られていた。クロンシュトルフの司祭クナウアーの勧めでここを訪れたブルックナーは、シュタイアーの司祭プレルシュの許しを得て市教区教会にあるクリスマン・オルガン（聖フローリアンのそれと同様クリスマン制作のオルガン）を弾くことができた。

シュタイアーはまた、シューベルトとも関係が深い。シューベルトはたびたびここを訪れ、知己を得た裕福な鉱山技師ジルヴェスター・パウムガルトナーの依頼でピアノ五重奏曲『鱒《ます》』D667を作曲している。

ブルックナーはここで知り合ったカロリーネ・エーベルシュタラーという女性からシューベルトの世俗音楽を多く教えられた。フランス将軍の娘であったエーベルシュタラーはシューベルトのシュタイアー滞在のおりによく彼とピアノを連弾し、「シューベルト最後の女友達」と呼ばれた女性である（田代櫂による）。

ブルックナーは以前からベートーヴェンとともにシューベルトを深く尊敬していた。聖フローリアンにはシューベルトの写譜・楽譜が多く所蔵されていた。エーベルシュタラーはブルックナーの手腕を知ると連弾あるいは二台でのピアノ演奏を呼びかけ、ともにシューベルトの曲を弾いた。

さらにブルックナーは聖フローリアンにもたびたび通った。そこでは声楽教師ハンス・シュレーガーが男声合唱団を組織していた。その合唱曲に感激したブルックナーはクロンシュトルフで男声四部合唱団を結成し、自らバスのパートを歌ってフェーダーマイヤー家での演奏会にも出演した。以後ブルックナーはより積極的に合唱にかかわることとなり、この時期にもいくつもの合唱曲が作曲された。

一八四三年九月十九日、エンスで初演された『祝典にて』変ニ長調 WAB59 はブルックナー最初の世俗合唱曲である。当地の聖職者ヨーゼフ・リッター・フォン・ベスラーの誕生日のために書かれた。なお、この作品は後の一八九三年、別の歌詞をつけ『ターフェルリート（食卓の歌）』変ニ長調 WAB86 に改作される。

以後、この時期の世俗合唱曲には、ピアノ伴奏と四人の独唱・八部合唱によるカンタータ『忘れな草』ニ長調 WAB93、男声合唱曲『ドイツ祖国の歌』変ニ長調 WAB78、『流れ星』へ長調 WAB85、合唱団指揮者シュレーガーに献呈された『セレナーデ』ト長調 WAB84、聖フローリアン校長ボーグナーに献呈された『教師稼業』変ホ長調 WAB77 などがある。田代櫂《たしろかい》によればへこれらの作品の背景にあるのは、三月革命以前の堅実で保守的な、ビーダーマイアー的世界観である〉。

宗教曲では四部合唱のための『キリストはおのれを低くして』ニ短調WAB9、『タントゥム・エルゴ』ニ長調WAB32、四部合唱とオルガンのための『リベラ・メ』ヘ長調WAB21があり、二つのミサ曲のスケッチと断章を残した。

なお一八四五年、教師であったデシュルという友人の死を悼み、男声合唱とオルガンのための『レクイエム』が作曲され、ブルックナー自身のオルガンで初演されたと伝えられるが、楽譜は現存しない。

こうした活動とともにブルックナーは正教師の資格試験のための学習を続けた。

一八四五年五月二十九日、リンツでの試験に合格し、二十一歳のブルックナーは正教師の資格を得た。試験にはオルガン演奏およびその即興演奏、また作曲の項目があった。そのさい彼のオルガンの即興演奏は高く評価され、かつての恩師デュルンベルガーも驚嘆したとされる。

この資格によりブルックナーは、たまたま欠員のあった聖フローリアンに戻ることを得、一八四五年九月二十五日、有給の「聖フローリアン教区学校第二大学級担当第一専任助教師」として着任した。以後五五年十二月二十三日までの十年をここで暮らすこととなる。

ここでは再びボーグナー家に寄宿することとなった。

日本の区分で言うなら中学にあたる学校の初級クラス二つを教え、午前八時から十時までと十二時から午後二時までの授業、日曜日の補習を受け持ち、歌唱とヴァイオリンを指導した。

またカッティンガーのオルガンの助手を務めた。それとともに勉学としてカッティンガーの指導のもと毎日午後四時から六時までの二時間を使い、バッハのオルガン演奏と即興演奏とを行なった。学習としては他に聖フローリアンに来てからの一年間、エンスのツェネッティのもとにも定期的に通っている。

この時期、一八四七年に三つのトロンボーンのための二曲の『エクアーレ』ハ短調WAB114・WAB149が、名付け親であった大伯母ロザーリエ・マイホーファーの死を知って作曲された。葬儀や個人の記念のために演奏される小曲である。

演奏会のあるおりはリンツも訪れた。そこで四七年に聴いたメンデルスゾーンのオラトリオ『聖パウロ』には大きな感銘を受けた。

給与は大幅に増えた。教員としては食事別の年三十六グルデンを支給され、後に少年聖歌隊員の個人教授、暫定《ざんてい》オルガニストとしての収入が加わると合計で百五十二グルデンになった。

支援者にも恵まれた。修道院書記局の管理職を務めていたフランツ・ザイラー（1803~48）はアンスフェルデンの出身で、ブルックナーの弟イグナーツ（1833~1913）の名付け親でもある。音楽に理解深いザイラーは所有する新品のベーゼンドルファー・ピアノをブルックナーの自由に使うことを許した。ザイラーは他にもさまざまにブルックナーの音楽活動に便宜を図り、また、彼をヴィーン楽友協会音楽院に入学させようとも考えていた。しかし一八四八年、ザイラーは卒中で亡くなる。その遺言書には、ピアノをブルックナーに譲ると記されていた。こうしてピアノはブルックナーのものとなり、以後、晩年まで彼の作曲にはこのピアノが使用されることとなった。

ブルックナーは感謝と追悼の気持ちをこめ、ザイラーのために『レクイエム』ニ短調WAB39を作曲し、ザイラー一周忌の一八四九年九月十五日に聖フローリアンで初演された。混声四部合唱、独唱四人、オーケストラ、オルガンによる初の大規模な曲である。

男声合唱曲が増えたのは、ブルックナーが、聖フローリアンに来て間もなく、修道院に勤める教師、官吏らに呼びかけてここでも男声四部合唱団を結成したことによる。ここでブルックナーは第一バスを受け持った。その第二バスにヨハン・ネーポムク・ヒューバー（1827~1913）がいた。ヒューバーは聖フローリアンの庭師で、声楽に秀で、修道院での合唱団すべての演奏に加わる人であった。このヒューバーは後の一八五五年、ブルックナーの妹ロザーリエ（1829~98）と結婚する。

一八五三年にヒューバーはリンツの西にある彼の故郷フェックラブルックの合唱団のメンバーとなり、聖フローリアンを去る。それにともないブルックナーの組織した男声四部合唱団は解散したが、ヒューバーとの親交は以後も続き、ブルックナーがヴィーンに住むようになってからもしばしばフェックラブルックを訪れた。

ブルックナーはまた一八五〇年頃、自分が寄宿する校長ボーグナーの娘アロイジア（1836~92）のために独唱曲『春の歌』イ長調WAB68、ピアノ曲『ランシェ・カドリーユ』ハ長調 WAB120、『シュタイアーメルカー』ト長調 WAB122 を作曲し、捧げた。

このことから、アロイジアはブルックナーの初恋の人であろうと言われている（土田英三郎による）。一八五〇年当時ブルックナー二十六歳、アロイジアは十五歳ほどである。以後もブルックナーは生涯、少女もしくはそれに近い年下の女性ばかりを愛した。

ブルックナーの求婚は受け入れられず、アロイジアはその後、アントン・シュラーギンヴァイトという教師と結婚した。

なお、十九世紀ヨーロッパで十五歳の女性と二十歳以上の男性の結婚は現在考えられるほど不自然なものではなかったようだが、ブルックナーは以後三十を超え四十、五十歳を超えても変わらず大半十代半ばから二十代前半までの女性ばかりに求婚しているところがやや特異である。


この時期の大きな社会的事件にヴィーン三月革命がある。

一八四八年、かねてからの金融恐慌とフランスの二月革命の成功の知らせとを背景に、多くの自由主義的要求がヴィーンの宮廷に寄せられ、身分制議会の審議にかけられることとなったが、その三月十三日、急進的な学生や市民が議事堂に押しかけ、メッテルニヒ退陣と憲法制定を要求したことから暴動が発生し、革命に発展した。これを収拾することのできなかったメッテルニヒは辞職、イギリスへ亡命した。政府は新憲法を発布して農奴を解放し、ここからドイツ・オーストリアは新たな組み換えの時代を迎える。

ただ、当時オーストリアが支配していたハンガリー、ボヘミアとオーストリアの革命軍が互いに和することはなく、一時は相当な破壊活動も見られた三月革命は同年十月、軍隊によって制圧され、終息する。

その後はフランツ・ヨーゼフ一世（1830~1916）が同一八四八年に即位し、動乱後のオーストリア帝国を保守的体制に戻しながら再建してゆくこととなる。

革命の拡大を伝えられた時期には、聖フローリアンにいるブルックナーも国民兵に加わり、軍事教練を受けたという。それは反革命のため国家の推進した措置であったが、とはいえ実際にそうした組織が有効に働いたのは首都ヴィーンでのことで、リンツではイエズス会派が一時追放され、しばらく後に戻ったほか、ほぼ変化はなかった。

三月革命は後から見れば大きな歴史の分岐点と言えるだろうけれども、地方の、特にカトリックへの信頼篤《あつ》い地域では、ビーダーマイヤー時代に培われた、従順で権威に逆らうことを恐れる気風は長らく変わることがなかった。そしてブルックナーの発想と姿勢も生涯その枠を堅持することとなる。すなわち、革命時代の経験はブルックナーにとってほとんど重要な記憶とはならないものであった（田代櫂による）。

ただ、革命後行なわれた封建的裁判権の撤廃はブルックナーにも大きな影響を与えた。修道院オルガニストで、かつ裁判所書記の職にあったカッティンガーが制度改革の結果、クレムスミュンスターの帝国収税官に昇進した。そのさい、カッティンガーはオルガニストの後任として、かねて補助オルガニストであったブルックナーを推薦した。

これにより一八五〇年二月二十八日、ブルックナーは付属教会の暫定オルガニストに任命された。このときの昇給分が四十四グルデンで、これをブルックナーは〈まるで「領主様にでもなったように」喜んだという〉（田代櫂）。

この三年後にブルックナーは聖フローリアンの正オルガニストとなる。

第二場　ボーグナーの答え

ボーグナー校長からお呼びがあった。

ブルックナーは、ああ、これはアロイジアへの求婚が認められるのだな、と胸を轟かせながら校長室へ向かった。

アロイジアに捧げるために作曲した『春の歌』は自分でもうまくできたと考えている。歌詞は女性に愛されるだろうハインリヒ・ハイネだ。どうかそのうるわしいソプラノでこれを歌ってほしいと、こと細かに思いを綴った手紙を添えて手渡した。

アロイジアは以前捧げたピアノ曲のときと同じく「ああ、素敵ですね、どうもありがとう、ブルックナーさん」と言ってにこやかに受け取ってくれたのだし、手紙には求婚の旨をはっきり記していたのだから、これはもう決まったようなものだ。

幼さは神に近い。無垢は一度なくしたら二度と戻らない。容姿のよい娘のこの得難さのようなものを自分は神に近い何かと考えている。幼な心、というのは容易《たやす》く消える。大半のさほど美しくない娘には最初からそれがない。神の無垢は選ばれた少女にだけそっと隠し持たれている。だがその神の無垢を自分はすぐ見分けることができる。自分が惹かれる少女には必ず神の無垢がある。とりわけアロイジアにはそれがはっきり見える。

だが神の無垢は年齢とともに消えてゆく。成人する前の娘でなければ真の無垢はない。無垢は容姿の美しさにはっきり現れる。つまり容姿の変容とともに神の無垢は去る。

美しさは得られない。自分にはそれがない。容姿の美が自分には所属していない。だが神はありがたい。美しさのない者にも美しさを所有する方法を与えておいてくれたのだ。

それが婚礼だ。結ばれればその女の美しさは自分のものとなる。成ることはできなくとも手に入れることができる。

アロイジアが自分のものとなる。それが神の摂理なのだ。ありがたいことだ。

思えばずっと以前から、得難さを感じさせる何かを自分は美しさと、光と、呼んでいたのではないか。

あのつらいヴィントハークでの暮らしの中でも、ヨーゼフの妹のアンナを見たとき、そこに光が感じられた。荒れ果てた貧しい、何をやるにも小突き回される日々の中にも、最貧の寒村にも、なんということだろう、神の光はさしていたのだ。それを自分ははっきり見分けた。美しさは自分だけがわかるのではないだろう、周囲のだれもがアンナの尊さを知っていただろう。だが音楽をもってその尊さを讃《たた》えることのできたのは自分だけだ。

とはいえ年十二グルデンだ。女中と同じテーブルで食事を摂《と》る、そんな身分で、アンナに求婚など、さすがに自分にも考えられないと思った。大人しく、自分の心根を示して献呈だけにとどめた。この自制心を誰か褒めてほしい。

だが今はどうだ、諸々あわせて年百五十二グルデンだ。これまでに比べればもう領主並みだ。これがもし、望むとおり正オルガニストになることができればこの上さらに上乗せされるのだ。幼さを失わない、若くて美しい妻を得る。そして自分は心から神に感謝しつつ、日々最高のオルガン演奏を心掛けよう。神に、神のため、神がアロイジアに与えてくれたうるわしい無垢のため、神の与えてくれた無垢を身にそなえるアロイジアを得ることのできたことへの感謝のしるしにだ。

なんという栄光の生涯だ。いや、慎ましくてよい、美しく若い妻とともに音楽で神を讃えつつ生きること。ああ。

校長室に入ると、ボーグナー校長がいつもの大きな机の向こうに座っていた。

「そこにかけなさい、ブルックナー君」

おお、そうだ、もう自分はトーネルとは呼ばれない、ブルックナー君、ブルックナー君なのだ、と彼は心の中で胸を張った。

このとき校長の表情が困惑と憐れみに満ちていたのを彼はまるで見ていない。

机の前の椅子に腰かけ、ボーグナー校長と対面したブルックナーは満身の期待を持って言葉を待った。

校長はなかなか言い出さない。ブルックナーはよいことはゆっくりやってくるのだと合点顔でにこやかにいつまでも待つつもりでいた。

「娘のことだが」遂に校長が始めた。

「はい」と朗らかに答えた。

「君はなるほど有為の青年だ」、そのとおりです、とブルックナーはいよいよ微笑んだ。もう自分は二十八歳、妻がいてもおかしくないですから、と、あと少しで内心の言葉が口に出かけた。

　校長はブルックナーの明らかな期待の表情と、そして、従来の彼の性格、振る舞い、癖、それらを勘案しながら態度を決めた。この青年は、明確に徹底的にはっきりと白黒をつけて示さなければ、言葉の裏を読むとか雰囲気から察するということのできない男だ。これまでもさんざん気の利かない人として同僚にも、そして娘にも言われてきた。ここで曖昧な言い方をしても後が面倒になるだけのことである。悪い男ではない。私は気に入っている。素直で才能あり勤勉で嘘がない。だが、娘が、若い女たちが、愛するようなものをこの男は何一つ持っていない。というより、この男のよさというようなものは十四、五の小娘にわかるものではない。校長は意を決して言った。

「だが、はっきり言おう。アロイジアへの求婚は認められない」

　ブルックナーは耳を疑い、もう一度言ってくれといったような顔で首をかしげた。

「はあ」

少し間があり、ようやく校長が娘の求婚を断っていることに気付くと、信じられないその無情に一瞬憤慨《ふんがい》し、しかし自分の上にいる人への服従は、そしてそれを示す恭順《きょうじゅん》の態度はなんどきも忘れてはならないという、今では身に染みついた習慣が強固にそれを押し隠した。校長先生に逆らうことはあってはならない。だが、当のアロイジアは。

その反応の悪さを見て校長は、念を押さねばならないと思い、言った。

「アロイジアは君との結婚を望んでいない」

ブルックナーはどうしてそんなことが起こるのか、実に不思議であった。ここに稼ぎも未来もある、道を踏み外すことの決してない男がおり、向こうに美少女がいる。その間の道からは輝かしい美しい婚礼と夫婦生活が始まるはずではなかったのか。アロイジアの愛想のよい微笑がこの自分の求婚を退けたと？　そんなことはありえない。自分はもうじき正オルガニストにもなる男だ。年百五十二グルデンの男だ。どこに不足がある。本当に不思議だ。アロイジアの記憶は微笑ばかりだ。結ばれないはずがないのに。可哀想なことだ、お父さんの、校長の意向で、そんなことを言うのだ、校長先生、ここはどうか認めてください。

そうした考えのあまり、なかなか言葉の出ないブルックナーを前にして、ときに彼の親代わりをも自任してきたボーグナー校長は、同情しながらも昨夜の娘アロイジアの泣かんばかりの言葉をもう一度思い出している。

「おとうさん、お願い、お願いです、断ってください。厭です。厭なんですあの人」

仕方あるまい。当人が拒んでいるのだ。娘には近いうちによい婿を探してやろう。だから諦めてもらおう、ブルックナー君。

「娘の意向なんだ。それに娘はまだ幼すぎる。ともかく、結婚は無理だ。ここははっきりしておくよ。まあ、それだけだ。後は全部忘れてくれ。わたしももうなかったことにする。いいね」

ブルックナーは、娘が幼すぎるから、と言われたことから、では来年、あるいは再来年になればよいのでは、と留保の理由を見つけたことに少し心休めつつ、しかし、上司の言葉に逆らおうとは思わず、茹《ゆだ》ったような頭で退出した。

しばらくしてアロイジアは別の男性と結婚したと聞かされた。ブルックナーとも以前同僚だった、ちょっと話のおもしろい教師だった。

3　迷いと音楽家への道と

教会付暫定《ざんてい》オルガニストの任を得た一八五〇年から翌年にかけ、ブルックナーは上級教員をめざしてリンツに通い、実科中学校の教員養成課程を受講した結果、全四学期にわたり優れた成績を認められ課程を修了した。そのおりの支援への感謝として聖フローリアンの教師パウリッチュには男声合唱曲『気高き心』WAB65を献呈した。

この一八五〇年、かつての恩師ヴァイスの自殺が伝えられた。ヴァイスは教会基金の責任者であった。ところがその金額の多くが紛失していることが発覚し、警察はヴァイスの横領によると見て七月十日朝、捜査に来たところ、ヴァイスは墓地へと逃げ、そこで自殺したのだった（田代櫂によると「身に覚えのない疑い」であったという）。ブルックナーは非常に衝撃を受けた。

またこの頃、ブルックナーはアントーニエ・ヴェルナーという十六歳の少女に惹かれたが、このおりは積極的な行動をとれなかった。

真っ直ぐ教職をめざしていると見えた時期だが、ブルックナーは将来の職についての迷いを見せている。一八五一年から上司には秘密で聖フローリアンの地区裁判所に通い、無給で書記を務めた。その方面での職に就くことを視野に入れての行動である。ブルックナーには、音楽的なそれ以外にも美しい字を書ける能力があり、これを生かせると考えたためである。実際にブルックナーはその後、一時、司法関係の役人をめざしもした。五三年、裁判所の官職を求める嘆願書をエンス市に提出したが、後にこれは却下された。〈このときある親切な役人からは、音楽の道を進むよう助言を受けた〉（土田英三郎）

これは先のカッティンガーの、役人としての予期せぬ出世を目の当たりにしたことからのいわば「欲心」によるものと思われる。それとともに、常になるべく多くの可能性もしくは保険を手にしていないと不安であった様子がうかがわれる。

将来への迷いはこの後もたびたびブルックナーに後から見れば無駄なあがきとも見える行動をとらせる。

ひとつにそれは父を亡くして以後の絶対確実な後ろ盾のなさからくる不安によると見られる。ブルックナーは音楽的能力には自負があったが、自分の才覚で安定的に世を渡ってゆける自信はなく、恒常的収入をもたらす確実な職の途絶えを強く恐れていた。そのことが絶えず何かの保証を求める心情をいだかせ、この結果、ブルックナーは繰り返し、目上の人、身分地位の高い人たちからの自分への証明書・保証書を求め続けた。

少し遡《さかのぼ》り一八四八年三月、師カッティンガーに依頼し、オルガン演奏能力に関する証明書を得た。ところがそれでも足りず、同年七月、ニーダーエスターライヒのザイテンシュテッテン修道院に赴き、そのオルガニストであるヨーゼフ・プファイファーから「真の天才的音楽家」と記した証明書をもらっている。

一八五一年、ブルックナーは聖フローリアンの専任オルガニストとなる。マックス・アウアーによれば、このときから彼は本気で作曲家として身を起こそうと考え始めた。

専任オルガニストには修道院の定期的なあるいは特別な機会のための作品が求められたので、ブルックナーはその都度、作曲をせねばならなかった。これによって、教員としての義務とオルガン奏者としての義務、そして作曲者としての義務に時間を配分することになった。すると教員仲間から、ブルックナーは教員としての仕事をないがしろにし、音楽にばかり時間をかけていると批判され始めた。

それを意識したブルックナーは自身の性格と行動と種々の義務への態度の良心性を保証する証明を聖フローリアンの神父の一人に求め、文書によって証してもらった。

一方、修道院長アルネートにも嘆願し、修道院オルガニストとして〈「その職務を規定通りかつ満足に遂行する限りにおいて、従来通りの額を支給する」という保証書〉（田代櫂）を受け取っている。

〈しかし、そういう事件が彼の精神状態を明るくするのに役立つということはなかった。彼の親密な部類に属する友人が幾人も、この頃に、死亡するとか、聖フロリアンを去るとかしたということもあった〉（シェンツェラー、山田祥一訳）

何においても不安で孤立無援と感じていたらしいことがブルックナーの書簡からもうかがえる。この時期、ブルックナーの後任オルガン奏者と目されていたヨーゼフ・ザイベルに宛てた手紙には以下のような文がある。

わたしはいつも憂うつな気持で、ひとりこの小さな部屋にすわっています。自分の心を打ち明けられるような人はだれもここにはいないのです。ときどきわたしはみんなに誤解されますが、このような妨げにも黙って耐えなければなりません。われわれの施設は音楽を扱っているのであり、したがって音楽家をもまた扱っているのですが、まったく無関心なやり方なのです。（和田旦訳）

この言動からは、安心な場を得ようとする願望とともに、自身の音楽をより健やかに発現できる場を求める意志もまたうかがわれる。

なお、友人であったザイベルは大学進学を許されたが、ブルックナーにはそれが認められなかった。

一八五〇年、ブルックナーは、ヴィーンの宮廷楽長イグナーツ・アスマイヤー（1790~1862）が聖フローリアンを訪れたさい、面会する機会を得た。アスマイヤーはミヒャエル・ハイドンに学び、ザルツブルクでオルガン奏者を務めた後、ヴィーンへ出、シューベルトと親交を結び、ともにアントニオ・サリエリの門下となった人である。宗教曲の作曲が多い。

一八五二年初め、ブルックナーは初めてヴィーンに赴き、アスマイヤーを訪ねて、以前フランツ・ザイラーのために作曲した『レクイエム』の批評を乞うた。幸い好意的に受け取られ、励ましまでされたので、ブルックナーは後に礼状を送った。

アスマイヤーに宛てた手紙はその後もう一通あり、この二通目の手紙がブルックナーの上位者への態度をよく示しているので掲げる。五二年七月三十日に書かれたものである。


いと気高き宮廷楽長閣下！

何はさて、閣下の霊名祝日をお喜び申し上げます。願わくば主が閣下の不断のご健康と、末永いご長寿を賜りますよう。失礼をも顧みず、二度目の便りを差し上げることをお許しください。書面でなりと閣下のお側に参り、お話し申し上げようと思う度に、深い慰めを感じ、矢も楯もたまらずしたためました。閣下の温かいおもてなしを、いつも忘れることができません。時々こうしてお手紙を差し上げますことを、閣下は寛大にもお許しになりました。私の手紙を厚かましいと思し召しにならぬことが、何よりの慰めです。昨年宮廷楽長閣下から、たゆまず努力せよとご助言を頂き、力の限りそれに従って参りましたが、そのささやかな証しとして、僭越ながら閣下の霊名祝日に際し、微力な試みではありますが、同封の『詩篇』（第百十四篇）を献呈いたしたく存じます。どうかそのつたなさにご気分を害されぬよう、多くの点で寛大なお目こぼしを賜りますよう、伏してお願い申し上げます。これもひとえに、閣下への多大な崇拝の証しにほかなりません。私はこの地で、心を開く相手もなく、多くの面で誤解を受け、折々は密かに心を痛めております。私どもの修道院では、音楽は、そして結果的に音楽家は、ぞんざいな待遇を受けております。ああ、またお目にかかってじかにお話しできないものでしょうか！　私は閣下の素晴らしいお人柄を存じております。それはなんという慰めでしょう！　私はもうこの地では、朗らかに過ごすこともならず、私の計画に気づかれぬよう気を配らねばなりません。末筆ながら、どうか私のことをお心にとめられ、末永くご温情とご好意を賜らんことを。私の幸運のためにお力添えくださるなら、ご恩は生涯忘れません。閣下に忠実なる修道院オルガニスト、アントン・ブルックナー（田代櫂訳）

形式的かつ大げさである上に、卑屈とも見えるような過剰なへりくだり方である。ここまで辞《じ》を低くして語らないと相手の機嫌を損ねると本気で感じていたらしい様子が読みとれる。以後も、ブルックナーの目上の者に対する態度は常にこのような形をとった。それはひとつに後進的なリンツ周辺地域の封建的身振りの名残であるのかも知れないが、ブルックナー自身の他者への、とりわけ自分に対する決定権を持つ他者への、いつ見捨てられるか知れないという強い不安があったことが理由と思われる。

ただしかし、そうしながら「私の幸運のためにお力添えくださるなら、ご恩は生涯忘れません」と唐突に保護を求めてもおり、実のところ大半の平身低頭の様はただこの一言を訴えるためであったらしくも見える。謙虚さを装う要求の態度は以後の言動にも見られるものである。するとここにほのめかされた秘密の「計画」というものが、いずれアスマイヤーへの何らかの懇願を予期するものではないかと思わざるをえない。これについて、田代櫂は、以下の見解を述べた。

〈ブルックナーはもう二十八歳になっていた。彼は子供の頃からヴィーン宮廷楽団の一員となることを夢み、五一年頃からそれを画策していたと語っている。「気づかれてはならない計画」とは恐らくそのことであり、アスマイアーに接近したこともそれと無関係ではあるまい〉

とするなら、身過ぎ世過ぎのためにになら役人になろうともし、教師であろうと努力もしたものの、やはりブルックナーはかなり早い頃から音楽家をこそ望んでおり、専属オルガニストとなったのを機に、それは内に秘めた確たる最終目標となったに違いない。この後も彼の、安定性への欲求からくる迷走は失せることがない。しかし、この頃からはともかく音楽家であろうとすることを妨げる要因の排除が当面の必要となっていった。

同僚教師たちからの教職に対して怠慢との非難もその意味ではあたっていなくもなかっただろう。確固たる音楽家であるアスマイヤーに訴えた彼の音楽家としての孤独も嘘ではなかった。なお、このときアスマイヤーに贈られた『詩篇第一一四篇』ト長調 WAB36 はドイツ語訳歌詞により、伴奏にトロンボーン三本を用いた五部合唱曲である。

この時期の作品には、四部合唱とピアノのための『詩篇第二二篇』変ホ長調 WAB34 とより大規模な『マニフィカト』変ロ長調WAB24がある。後者は『新約聖書』ルカ伝第一章「マリアの讃歌」を歌詞とし、一八五二年八月十五日、聖フローリアンの新任の聖歌隊長イグナーツ・トラウミーラーに献呈された。

これら三曲はメンデルスゾーンからの影響が強い（門馬直美による）。

それに対し、一八五三年七月、シャールシュミットというブルックナーの知人は、当時の彼の転職志望を強くいさめるとともに、その音楽性に関して次のように忠告している。

〈あなたがメンデルスゾーンだけをただひたすら手本とするのなら、それは間違っています。ともかくあなたはメンデルスゾーンが手本とした作曲家、つまりゼバスティアン・バッハを手本とすべきで、彼を徹底的に勉強しなければなりません〉（喜多尾道冬・仲間雄三訳）

この忠告は以後、ブルックナーに自身の方向性を修正させた。

一八五四年三月二十四日、ブルックナーにとって最大の恩人であった修道院長アルネートが亡くなる。八十二歳であった。ブルックナーは恩師の死を悼んで『リベラ・メ（我を救いたまえ）』へ短調WAB22と『アルネートの墓の前で』へ短調WAB53を作曲した。また一八五一年作の命名祝日のためのカンタータ『あきらめ』変ロ長調WAB14をアルネートに献呈した。

同月二十八日に行なわれた葬儀では新作二曲（WAB22・WAB53）とともにモーツァルトの『レクイエム』が演奏された。また四月二日の埋葬式にはブルックナーの『レクイエム』ニ短調WAB39が演奏された。

なおアルネートのための作品としては他にも、一八五二年、アルネートの命名祝日九月二十九日に初演されたエルンスト・マリネッリの歌詞によるカンタータ『神父様、我らはあなたの気高き祭りを』ニ長調WAB61がある。

半年後の五四年九月十三日、アルネートの後任として、フリードリヒ・マイヤーが聖フローリアン修道院長に就いた。マイヤーもまたブルックナーが年少の頃から親しんだ人であった。音楽活動に理解があり、ブルックナーのクロンシュトルフ転勤のおりや聖フローリアンへの着任のさいにも助力を惜しまなかった人である。一八四五年、カンタータ『忘れな草』ニ長調WAB93がマイヤーに献呈されている。

ブルックナーはマイヤーの就任式のために『ミサ・ソレムニス（荘厳ミサ曲）』変ロ短調WAB29を作曲した。混声合唱と二管構成のオーケストラとオルガンのための曲で、四人の独唱が加わる。なお「荘厳ミサ」とは司式司祭、助祭、副助祭をともなって挙げられるミサをいい、このさいには使徒書簡・福音書の朗読以外のすべての部分が歌われる。

マイヤーの就任式は一八五四年九月十四日に行なわれた。このときブルックナーの『ミサ・ソレムニス』が彼の他のいくつかの作品および三人の他の作曲者の作品とともに初演された。この演奏は現在、記録に基づいて忠実に再現された録音がある。国際ブルックナー協会とドイツの音楽学者ベンヤミン＝グンナー・コールスの協力のもと、ＲＩＡＳ室内合唱団によるコンサートのために新たに校訂されたもので、ヨハンナ・ヴィンケル（ソプラノ）、ソフィー・

ハームセン（メゾソプラノ）、セバスティアン・コールヘップ（テノール）、ルートヴィヒ・ミッテルハンマー（バリトン）、ＲＩＡＳ室内合唱団、ベルリン古楽アカデミー、ウカシュ・ボロヴィッツ（指揮）により二〇一七年六月、ベルリン・コンツェルトハウスで録音され、Accentus MusicからＣＤとして発売された。

それによると以下のような曲・順序である。

1　ブルックナー：ミサ・ソレムニス 変ロ短調 WAB29
　　キリエ
　　グロリア
2　ロベルト・フューラー：昇階誦『キリストはおのれを低くして』ヘ短調 KolF87/14
3　ブルックナー：ミサ・ソレムニス 変ロ短調 WAB29
　　クレド
4　ヨーゼフ・アイブラー：奉献唱『Magna et mirabilia（偉大なる奇跡）』変ロ長調 IHV108
5　ブルックナー：ミサ・ソレムニス 変ロ短調 WAB29
　　サンクトゥス
　　アニュス・デイ

6　ヨハン・バプティスト・ゲンスバッヒャー：テ・デウム ニ長調 Op.45
7　ブルックナー：マニフィカト 変ロ長調 WAB24
8　ブルックナー：タントゥム・エルゴ 変ロ長調 WAB44

ブルックナーの『ミサ・ソレムニス』は大喝采をもって迎えられた。ところが、客が全員就任式後の宴席に招かれたにもかかわらず、ブルックナーは列席を許されなかった。

この件について、ブルックナーの伝記的事実を知る人々には「優れた作品を提出したのに下僕扱いされた」というニュアンスで語られることが多いのだが、実際にはどれほど彼が冷遇されたのかどうかがよくわからない。

田代櫂によれば〈院長就任式などの儀式には、通常聖職者だけが参列したが、ブルックナーは昼間の祝宴で、マイアーのテーブルに招かれるものと期待していた。だがこの期待はみごとにはずれた〉。

土田英三郎によると〈五四年九月の新院長就任の際、『ミサ・ソレムニス』の作曲者であるブルックナーは、当然それにふさわしい扱いを受けてもよかったはずだった。しかし就任式後の宴会にも呼ばれず、普段と同様、使用人と同じ食卓で食事をさせられたのである。この屈辱は彼の孤独感をますます募らせたことだろう〉。

もともとブルックナーとマイヤーとの関係は悪くない。マイヤーはブルックナーが恩を感じ作品を献呈までしている人である。マイヤー自身もブルックナーを嫌って呼ばなかったのではないだろう。そうではなく、聖フローリアン修道院従来のやり方として、聖職者と、客として招かれた重要な関係者以外は声をかけられなかったということではないだろうか。たとえばベートーヴェン級の名士であれば違ったかもしれない。だがブルックナーは飽くまでも儀式用の曲を依頼されて作った主催者側の裏方と目されていたのである。

ただ、このとき、ブルックナーには見事な名作をものしたという強い自負があった。そして、その自負は、自己の修道院内での事実上の立場を無視させ、マイヤーから「彼が今日の名曲を書いてくれたブルックナー君だ」と皆に紹介されることを期待させたのだ。それは慣例墨守の修道院にあっては現実的な期待でなかったのかもしれないが、少なくともブルックナーはこの作品への評価と作者たる自分への扱いについて、非常に不満であり、その不当を憤慨していたことが伝えられている。およそ芸術家らしくない振る舞いの多いブルックナーの、当時の立場からすれば過大なこの要求がおそらく彼の芸術家の部分なのである。

あるいはまた、芸術家意識の有無を別にしてもこのときブルックナーは既に三十歳であり、もはや小僧のような扱いには耐えがたかったであろうことも推察される。確かに扱いは悪かったようで、こうしたことが彼にいずれ修道院から出ようとする願望をいだかせたのだろう。

アウグスト・ゲレリヒ及びマックス・アウアーの伝記によれば、祝宴に招かれなかったブルックナーは一人、修道院の向かいにあるレストランに入り、五コースの料理と三種のワインを注文し、「自分のミサ曲には少なくともこのくらいの価値はあるのだ」とひとりごちながら食事を摂った。

だが冷遇はこのときだけではなかった。後ろ盾をなくしたブルックナーにとって修道院は徐々に居心地が悪くなっていった。

〈好意をもってくれたアルネートの死後、彼の地位は下り坂になった。彼に好意をもたず、あえて過小評価しようとする修道院の人々によって悪くいわれはじめた〉（張源祥）

この時期、『ミサ・ソレムニス』以外に、世俗曲としてマイヤーのために書かれた男声四重唱によるカンタータ『いざ友よ！　楽器を手に』WAB60が優れた作品として記憶される。こうした世俗作品でブルックナーが歌詞を選ぶさいは、多く無頓着に身近な無名人の作を用い、文学的評価の高いものを使うことは少なかった（土田英三郎による）。

マイヤー就任後の一八五四年十月九日、ブルックナーはヴィーンのピアリスト教会でオルガン演奏の試験を受けた。これも彼の根強い資格証明の欲求からきたものと見られる。このときの審査員は宮廷楽長アスマイヤー、同楽長ゴットフリート・プレイヤー、ヴィーン音楽院教授ジーモン・ゼヒター（1788~1867）だった。アスマイヤーとは既にやりとりがあり、またゼヒターは後にブルックナーの師となる人である。

試験の結果としてブルックナーはアスマイヤーから「きわめて熟練したオルガニスト」であるという証明書を得た。なお、この日はたまたま、以前提出していた司法役職請願の却下が決定された日でもあった。

公務員となることを諦めたブルックナーは翌一八五五年一月二十五日にリンツで上級学校教師の任用試験を受け、合格した。しかし、彼は上級学校のポストを志願しなかった。それは彼が、音楽家としての自立を何よりの課題と判断したからである（根岸一美による）。

音楽に関する試験は、ブルックナーの希望によって、同年四月にも別の形で行なわれた。五五年、プラハ出身で当時グムンデンの著名なオルガニスト、ロベルト・フューラー（1807~61）が聖フローリアンを訪れたさい、ブルックナーはこの人にも試験を求め、またも優れたオルガニストであるという証明書を得た。

フューラーはミサ曲の作曲も多く、音楽理論書も出版していたが、その言動に詐欺師的なところがあり、信用ならないと評されてもいた人である（田代櫂による）。が、ブルックナーにとってはいわば転機をもたらした人となった。

フューラーは、ブルックナーの差し出した『ミサ・ソレムニス』を見、オルガンの即興演奏を聴いた後、ヴィーン音楽院のジーモン・ゼヒターに師事して厳格な和声と対位法を学ぶよう勧め、推薦書を書いた。『ミサ・ソレムニス』を見ての、和声と対位法の勉強はかつてマイヤーからも勧められていたことである。

ブルックナーは一八五五年七月、『ミサ・ソレムニス』の楽譜を持参してヴィーンに出、ゼヒターに弟子となることを乞うた。ゼヒターはブルックナーの楽譜を見て直ちに入門を許した。

ゼヒターはチェコ出身、ヴィーン宮廷第一オルガニストであるとともに楽友協会音楽院教授であった。厳格対位法の権威とされ、また作曲家としても多作な人であった。門下にはベルギーのヴァイオリニスト・作曲家アンリ・ヴュータン、ベートーヴェンの研究家として知られるグスタフ・ノッテボーム、ハイドンの研究家カール・フェルディナンド・ポール、オペレッタの作曲家かつ指揮者カール・ミヒャエル・ツィーラー、詩人フランツ・グリルパルツァー、リストの好敵手と言われたピアニスト・作曲家ジギスムント・タールベルク、そして後のブルックナーにとって最高の支援者・友人となる指揮者・作曲家のヨハン・リッター・フォン・ヘルベックがいる。またシューベルトもその最晩年、ゼヒターに師事したが習い始めて十五日ほどで亡くなっている。

ブルックナーは普段ヴィーンに常住できないため、ゼヒターとのやりとりは主に通信教育の形をとった。ゼヒターが課題を出し、ブルックナーが答えを送付し、それにまたゼヒターがコメントする形である。ただし年二回の休暇中はヴィーンに滞在して直に学んだ。

ブルックナーは一八五五年七月から一八六一年三月までの約六年、ゼヒターについて対位法、通奏低音、カノン、フーガを学び、その都度、能力証明書を得ている。

『ミサ・ソレムニス』を見てブルックナーの才能を高く評価したゼヒターは、彼に、聖フローリアンに居続けることをやめるよう助言した。

ゼヒターの教えを受け始めた頃、オルミュッツ大聖堂のオルガニストが募集され、ブルックナーは応募しようとした。だがそのことを知った修道院長マイヤーは、君には他にもっとよい職場があるとしてこれを認めず、ブルックナーの軽率を叱った。

　同一八五五年十一月九日、リンツ大聖堂オルガニスト、ヴェンツェル・プラングホーファーが亡くなり、十一月十三日に後任を決めるための予備試験が行なわれることとなった。

　しかしこのとき、ブルックナーはもはや試験を受ける意志がなかった。オスカー・レルケによればオルミュッツの件があってからというもの、〈ブルックナーは一種のなげやりな、たるんだ気分に襲われ〉（神品芳夫訳）ていたからである。

　プラングホーファー死去のすぐ後、リンツのオルガン調律師アルフレート・ユストは、当然ブルックナーが予備試験に応募していることと思い、その間に大オルガンを調律するつもりで聖フローリアンに来た。するとブルックナーがその場にいるのを知る。そこでユストは予備試験の受験を強く勧め、すぐさまリンツへ行き、ブルックナーの恩師であるアウグスト・デュルンベルガーのもとへ急ぐよう言った。

　予備試験の試験官であったデュルンベルガーもまた、しぶるブルックナーを説得し、こうして当日、ブルックナーは師とともに大聖堂へ来た。

　志願者は他に二人いた。エンゲルベルト・ランツ、ライムント・ハインの二人だが、彼らはいずれもブルックナーの友人であった。最初、ブルックナーはこの二人の演奏を聴きにきたつもりであったのだが、両者とも実力不足で水準に及ばない演奏であったので、デュルンベルガーはブルックナーに登壇することを求めた。

試験課題はデュルンベルガーがその場で書き下ろした主題を用いて即興演奏を行ない、かつ厳格対位法に従ったフーガを演奏するものであった。

ブルックナーは三番目に演奏することになったが、このとき、ずっとひざまずいて祈っており、なかなかオルガンのもとに行かなかった。しかしデュルンベルガーに促され、演奏を始めると、それまでの態度とは打って変わって堂々たるものであった。与えられた主題にもとづく単純な即興から始め、対位法を厳守しつつ次第に複雑なものとし、最後には壮大なフーガが響きわたった。聴衆からは一斉に多大の拍手が起こった。

この結果ブルックナーは文句なしとして予備試験に合格し、その件は十一月十四日の『リンツァー・ツァイトゥング（リンツ新聞）』にも掲載された。

ブルックナーは、聖フローリアンに戻ると、リンツでのポストが与えられる可能性を得たことを、オルミュッツ大聖堂の件があったからであろう、恐る恐るマイヤーに告げた。するとく、〈この院長は彼の肩を叩いて言った、「これは前とは違う、私は君を責めません！君の地位がそれほど向上するのを私はとどめたりはできません。リンツへ行きなさい、神のみ恵みによって」〉（シェンツェラー、山田祥一訳）。

同年十二月八日には暫定オルガニストとしてリンツ大聖堂でマリアの受胎祝日ミサのためオルガンを弾いた。これがブルックナーのリンツでの最初の演奏である。

本試験は翌一八五六年一月二十五日に行なわれる予定だった。ところがここまで周囲の理解を得てもブルックナーは願書を提出しなかった。ここの心理はよくわからないが、後の彼の行動から考えておそらく、聖フローリアンを出た後、たまたまリンツに就職できないことになったり、あるいはまかり間違ってそこを追い出されるようなことがあったりすればもう自分には行く所がない、新たな場所は怖《おそろ》しい、というかなり悲観的な想像から来る怯えが理由だろう。以後のブルックナーにもこうした過度の心配性と小心さがしばしば見られる。

その件を伝えられた聖フローリアン修道院裁判官でリンツ州裁判所参事官であるゲオルク・ルッケンシュタイナーは、十二月十七日付の手紙で志願を勧めた。

〈そのなかで彼は、ブルックナーが暫定オルガニスト着任の宣誓のさいにコートを着たままでいたこと、そのボタンが一つ取れていたこと、首にショールを巻き、オーバーシューズを履いたままであったことを耳にしたと述べ、そうしたことにはこれからは気をつけたほうがよい、また、リンツ市の関係者面々にはきちんと正装したうえで挨拶に伺っておいたほうがよいですよ、と述べた。こうした忠告は善意からおこなわれたにすぎないと思われるが、ここには「田舎者」のブルックナーがリンツという「都会」での堅苦しい生活に移ることを躊躇した理由が裏返しに示されているといえよう〉（根岸一美）

これらの指摘は、普段それほどにブルックナーが身の回りを構わない無頓着な人であったことをもよく示している。

マイヤーや聴罪司祭からもさかんに勧められ、ようやくブルックナーは本試験を受けることを決意したが、彼のたっての願いで、マイヤーは、聖フローリアンのオルガニストの地位を二年間空席にしておくと保証した。

十二月二十四日、クリスマス・イヴの日からブルックナーはリンツに滞在して準備を始め、翌年一月二十五日、本試験に臨むこととなった。

本試験にはブルックナーを含め、四人の候補者があった。試験の様子をオスカー・レルケが次のように記している。

〈応募者中の二人はリンツ市のオルガン弾きであり、もう一人のもっとも有力視されていた男はヴェルス出身の作曲家ルートヴィヒ・パウピエだった。この「オルガン戦争」において、ブルックナーは勝利をおさめた。その経過については、教会内の資料室に納められている記録が、いかめしい調子で伝えてくれている。ブルックナーが登場するところまでは、記録はごく控え目な報告のしかたをしている。一番手は音楽の家庭教師をしている人で、がんばったけれども、挫折してしまった。「この人は演奏のあと、だれにも気づかれないように退場し、その次の合唱の伴奏をするテストには棄権してしまった」。二番手はパウピエだった。彼は課せられたハ短調の主題は自分にはむずかしすぎるし合唱の伴奏はふだんまったくやっていないと告白した。パウピエはその主題に取り組んだけれども、主題からはずれて空想に身をゆだねがちであった。しんがりに登場したブルックナーは、この主題をあつかいながら緊迫したフーガを作り出した。

彼は「自分に課せられたむずかしい賛美歌の伴奏を、傑出した技巧によって編曲して、けんらんたる味わいをもつ音楽に仕上げた。そこで、オルガン演奏においても、堅実な教会音楽を構成する能力においても、この人物の達人ぶりは、じつに卓抜なものであることが実証された」のである〉（神品芳夫訳）

こうしてブルックナーは一八五六年四月二十五日、リンツ大聖堂の正オルガニストに任命された。

ここからブルックナーのリンツでの音楽家としてのキャリアが始まる。

第三場　孤独の食卓

大聖堂に響き渡った『ミサ・ソレムニス』は会心のできであった。聴衆も感激していることがよく窺われた。

ブルックナーはそれを意識して、儀式の終了後、聖堂を出る時、ことさらゆっくりと、背を伸ばし、ここにあの『ミサ・ソレムニス』の作曲者がいるのだと誇示しながら歩んだ。

来客の中には、なんだろう、このやたら堂々とした使用人は、とでも見ていたかもしれない。だが、じきそれは「なんとこの人があの『ミサ・ソレムニス』の作者であったか」と刮目《かつもく》されるはずであった。

通路から出たところでブルックナーとも顔見知りの若い見習い修道士が客たちに「どうぞこちらへ」と、宴席への案内をしていた。

ブルックナーはさらにゆっくりとそこを横切りかけ、声をかけられるのを待った。

「どうぞこちらへ」と見習い修道士は、ブルックナーのすぐ後ろにいた客に言った。

なんだそれは、と思ったが、ブルックナーは、このぼんくらに少し猶予を与えてやろうと思い直して、しばらく近くをぶらぶら歩きまわっては、また宴会場への入り口近くに戻って来た。

「どうぞこちらへ」と修道士が、脇にいた市議会参事官らしい立派な老年男性に声をかけた。

ああ、こういう偉い人が優先されるのは仕方がない、だが次には自分が案内される番だ。

そう思って歩くでもなく立ち止まるでもない、また、何かな、自分はよくわからないから早く案内してくれ、といった風情でそこにいるが、一向に声をかけられない。

もう一度、あたかも何か忘れ物でもあったかのように聖堂へ戻り、少し奥へ行ったところからまた引き返し、宴会場入り口前に来るが、やはり案内はない。既に聖堂から出て来る客はいなくなっていた。

どうしたのだ。

本来なら、ただここに来て、おや、何かあるのかね、という顔でいれば、若者から丁寧に宴会出席への請願を受け、そこで本日のミサの作曲家として「おや、わたしも出ていいのですか」とひとまず余裕の謙遜を示してから、王のように胸を張って進むはずだったのである。

そしてマイヤー新修道院長の隣に用意された席に行くと、修道院長が立って、

「彼がアントン・ブルックナー、本日の『ミサ・ソレムニス』の作曲者であります」

と紹介する。すると聖職者と客たちから盛大な拍手が起こる。その後、修道院長らから「実に優れたミサ曲だった。よくやってくれた」とさんざんにねぎらいと称賛の言葉をもらいながら、吟味された料理と酒を楽しむ。

のではなかったのか。

なのに何の声掛けもない。若い修道士は確認の後、今や場を離れようとしていた。

ブルックナーはここで、何かの間違いで呼ばれないのだったら何より無念であるからと焦り、もう余裕などかまうことなく、質《ただ》しておかねばならないと考えた。

だが、「ぼく招待されてませんか」ではみっともなさ過ぎる。なんとか、すぐ相手に通じるような合図を、と念じ、

「あのお」

と声をかける。

すると若者は案外呑み込みが早く、

「あ、ブルックナーさん、あなたのお食事はあちらの控室にご用意があります」

と言った。

控室、と言うがそれはいつも寺男や下男が並ぶテーブルのある部屋である。自分も普段ならそこで粗末なものを口にする。だが本日は。いや、そうなのか。本日も。

ブルックナーはここではっきり、招待客なのに忘れられていたということではそもそもなく、最初から招待されていないことを悟り、「うん?」という顔をしてみせたが、といって、ここで抗議したところで若者は自分の仕事をしているだけなので届くべきところには届かないわけであるし、決定済みであることは明らかであり、「ああ、そう」と絶望感いっぱいの声音で答えるとそこを去った。

これが普段なら自分も身の程を弁《わきま》えている。使用人に交じるのはいつものことだ。だが違うではないか。この自分は言ってみれば本日の殊勲者《しゅくんしゃ》ではないか。それを下男とともに飯を食えか。

この上、すごすごと「控室」に行くのはどうしても厭であった。そういうことは許し難いのだ。

今日だけは、名曲の作者にふさわしい扱いを受けなければ気がすまない。

何より、この『ミサ・ソレムニス』の価値に見合わない。

やや考えた後、ブルックナーは修道院を出て、近くにある居酒屋をめざした。

バストハウス・シュペールというその店は、そこそこよいものを出すことをブルックナーは知っていた。

店へ入り、案内された席に着くと、給仕に、

「五皿分だ。これとこれ、これ、これこれ。それからワインは」

と、普段はまず注文しない規模の料理とほどほどに高級なワインを注文した。

思った通り、悪くない味であった。ワインもよかった。三種まで頼んだ。

そうしながらブルックナーは思うのだった。

「あのミサ曲には本来、これくらいの価値が十分あるのだ。本当はこれでも全然足りないのだ。とはいえ俺の胃袋にも限界はある。これは不遇な名作『ミサ・ソレムニス』のためのねぎらい

なのだ」

　あれほど皆が耳を澄ませ眼を瞠《みは》ったのにもかかわらず、誰一人ここにいる作曲家を賞賛しないどころか、自分で自分の作を寿《ことほ》ぐ惨めさに少し涙が滲みそうにもなったが、ブルックナーは食うことで心紛らわせた。

　食事が進み、酒が効き、それによっていくらか情けなさが薄れるとブルックナーには次に憤慨が起こって来た。

　マイヤーさんはどうしたのだろう、この俺のことを何も考えてもいないのか。いや、皆の前で紹介とかはもういいから、宴会に呼んで「よかったぞ、おい」くらい言ってくれても罰はあたらないではないか。マイヤー新修道院長のために懸命に何か月もかけて作曲した曲なのだ。修道院長に向かって畏《おそ》れ多い言い方だが、これは礼儀に悖《もと》るのではないか。

　だがしばらくするとその考えもまた違ってきた。こんなことを考えた。

　おそらく、ここの、この修道院の身分制というか、役割が問題なのだ。

　ブルックナーは普段、ことさら頼りなげな態度を取って周りに憎まれないよう気をつけているが、実のところ思考は明晰で、よく見知ったことについてであれば何がどういう仕組みかを推察するのも速かった。

　そしてこんな結論が出た。

　飽くまでも修道院側としては、アントン・ブルックナーはそこに奉公する勤め人であって、作曲をお願いする先生ではないのだ。ゆえに使用人を客扱いすることは無用と、そう判断されたに違いない。

不満だ。無礼だ。侮辱である。

だが、ここ聖フローリアン修道院にいる限り、自分は下男であり、音楽の才能のある使用人でしかないのだ。

思えば、もう自分も三十歳である。にもかかわらず、よほどの若者以外、周りの誰もが「ブルックナー君」と呼ぶ。年長の修道士からは未だに「トーネル（トンちゃん）」だ。

今改めてブルックナーは、自分がひどく見下されていることを意識した。あれほどの作品を書けると知っても、修道院の誰も自分を先生とは見ない。

ここにいればいつまで経っても「トーネル」でしかないだろう。

いつか出よう。全然自分のことを知らない人たちの前で立派にオルガンを弾いてみせよう。そうだ、名人になろう。親方《マイスター》になろう。

ブルックナーは酩酊とともに心を前に向けていた。ただ、次の朝になれば、「やはり居場所はこの修道院にしかない。外へ出るのは怖い」と気持ちが戻ってしまうだろうことも僅かに予感しながらではあった。

第二章　リンツでの修業時代

1856〜1868

1　リンツ正オルガニストに就任、学習と交友

現在はオーストリア第三の都市とされるリンツだが、一八五〇年代半ばにはまだ人口三万五千人ほどだった。教会は九つあった。ドナウ河には船の巡航があり、ボヘミア（現在のチェコの西部・中部地方）のブドヴァイスまで鉄道馬車が通じていた。オペラ劇場があり、ここのオーケストラは高い技量を誇っていた。またいくつもの合唱団があった。「リンツ」の名で知られるモーツァルトの『交響曲第三六番』は一七八四年、彼がこの地に滞在中、作曲されたものである。

リンツでのブルックナーは年収四百四十八グルデン、住居費無料という待遇であった。プファアール（「教区」の意味）広場に面して教会の傍らに建つアパート「メスナーハウス」の三階に三部屋を借りた。

オルガニストとしての仕事は市の大聖堂と教区教会での奏者を務めることだった。そのために日に数時間の練習が必要となった。また右二つの教会のミサや各種礼拝に参加する義務があり、聖歌隊の練習もしなければならなかったので、しばらく後にブルックナーは助手を雇うことにした。また別に臨時収入の必要から音楽の個人教授もこなし、その上、自分自身の音楽理論の勉強にも日々長い時間を費やした。

〈生涯を通じてブルックナーは時間がないことを絶えずこぼしていたが、その忙しい生涯の中でもリンツ時代は彼の仕事が最もはげしい時代であったに違いない〉（シェンツェラー、山田祥一訳）

ただ、そうした多忙に見合う地位でもあり、リンツ大聖堂正オルガニストは当時の地方都市でそこそこの名士であった。聖フローリアンでの下男のような待遇とはまるで異なっている。上司にも恵まれた。その一人、大聖堂楽長カール・ツァッペ一世（1812~71）は親切で社交的な人柄であった。後に師となる若い指揮者オットー・キッツラーを紹介してくれた人でもある。ブルックナーと同じメスナーハウスに住んでいた。

もう一人の上司、リンツ大聖堂の司教フランツ・ヨーゼフ・ルーディギーア（1811~84）は音楽に理解が深く、ブルックナーを招くのにも力を尽くしたと言われる。この人は一八六九年、ビスマルクのカトリック弾圧に抵抗した結果、二週間の投獄に服することとなったが、判決の翌日、皇帝の恩赦がおりた、という経歴を持つ。確信に満ち、激しく意志の強い「鉄のごとき性格」（レルケによる）の人として知られた。

ルーディギーア司教は継続的にブルックナーの支援を続けた。司教はブルックナーのオルガン演奏能力を非常に高く買っており、しばしば大聖堂に一人で来てはブルックナーのオルガン練習に聴き入った。

〈司教はブルックナーの演奏に深い感銘を受けていたし、また彼の人柄にすら、同様の感情をいだいていたものと思われる。後年、ブルックナーがリンツを去ってからは、リンツに来て自分のために個人的に演奏してくれるようにと、彼はしばしば要請していた。ブルックナーの最初の伝記作者、リンツのF・ブルンナーの報告によると、彼は「この音楽家に挨拶されるといつも、普通であれば高位の僧に対してのみ示す、とりわけ目だった敬意をこめてそれに答えていた」そうである〉（エルヴィン・デルンベルク、和田旦訳）

それはブルックナーを達人と認めていたからであろうが、ともすれば屈辱を感じやすい彼の心情もよくわかっていてのことかも知れない。年二回、夏六週間の正規休暇のさいとクリスマス前の三週間とそれに続くカーニバルの時期三週間、直接ゼヒターに学ぶためブルックナーのヴィーンでの長期滞在を許したのも司教である。オルガニストとしての職務に関しては飽くまでも厳格な負担を強いたが、研修旅行や演奏旅行に行かせ、音楽のための活動であれば大抵大目に見た。後にブルックナーが作曲する『ミサ曲第三番』ヘ短調 WAB28 はこの人に捧げられている。

ただ、金銭的に特別な保護はなかったので、ブルックナーは、休暇時のヴィーン滞在費をかせぐため、多くのピアノ・レッスンを受け持たねばならなかった。

リンツではオルガニストとしての務めを果たすとともに、変わらずゼヒターの課題に応え、高度な技法を学ぶ日々が続いたが、もうひとつ私的な音楽活動として、リンツに来た一八五六年の三月、ブルックナーは男声合唱団「フロージン」（Frohsinn）に第二テノールの一員として入団し、同年十月からは次席文書係となった。この合唱団は一八四五年に創設されたもので会員は当時七十名ほどだった。「フロージン」とは「快活」「楽しい気分」といった意味の語である。こちらでの活動もまたブルックナーにとっては重要なものとなる。

一八五六年はまた、モーツァルト生誕百年にあたり、同年九月、ザルツブルクで記念祭が開催された。フロージンはそこでの合唱祭に参加した。

このとき、ブルックナーはザルツブルク大聖堂のオルガンの試演を求められ演奏した。すると、たまたまその場にいたロベルト・フューラーがその演奏に否定的な意見を示した。フューラーは前章に記したとおりブルックナーに請われて試験をし、また『ミサ・ソレムニス』の楽譜を見てゼヒターに学ぶよう助言した人、かつまた詐欺師的な言動でも知られた人である。だがこのおりはどうもブルックナーには敵対的な態度であった様子で、それはやや前にフューラーが望んでいた聖フローリアンでのオルガニストの地位が得られず、ブルックナーに横取りされたと考えていたからであるという（田代櫂による）。

さすがに演奏に関してとなると、このときはブルックナーも引かず、ならば改めて互いのオルガン演奏を披露し、どちらの腕がよいものか、決着をつけようということになった。

フューラーの演奏は伝統的な様式であったのに対し、ブルックナーのそれは即興的で意表を突くものであった。ブルックナーはすべてのレジスターを使い、最後はフーガで終えた。〈居合わせた多数の聴衆は、ブルックナーのことを気がふれていると思ったらしかった。そのときでも、音楽にほんとうに精通している人たちの判断では、ブルックナーがフューラーを完全に圧倒していたということである〉（レルケ、神品芳夫訳）

このレルケの伝える様子ではなにやら先鋭的・前衛的な才能ある若者が見えてくるようだが、本当にそうした鬼才ぶりは演奏中だけのことだったようだ。

だがリンツではそれなりに社交もこなし、重要な友人も何人か得た。

その中、行政官であったモーリッツ・エードラー・フォン・マイフェルト（1817~1904）とその妻バルバーラ（1832~1908）は教養あり学識あり、音楽にも造詣が深かった。モーリッツはさらに文人でもあり絵画も描き作曲も行なった。バルバーラはアマチュアのピアニストだが、かつてクララ・シューマンから称賛されたというほど優れた腕の持ち主であった。ブルックナーはよくバルバーラとピアノを連弾し、古典派の作品を研究した。マイフェルト夫妻との親交はブルックナーが本格的に交響曲の世界に入るきっかけを作った。モーリッツがブルックナーに交響曲の作曲をすすめたのである。

夫妻はまた、ブルックナーに社交界での振る舞い方をも教えようとしたがこちらは成功しなかった。

マイフェルト夫妻の友人の中には著名な作家アーダルベルト・シュティフター（1805～1868）もいる。短篇集『石さまざま』や、ニーチェが絶賛したことで知られる長篇『晩夏』の作者である。当時シュティフターはリンツの視学官でもあった。シュティフターはある知り合いの若者にブルックナーのもとへ行くよう勧めたことがあり、ブルックナーは彼を教会の合唱隊に入れ、オルガンの演奏もさせた。ただ、ブルックナーとシュティフターが直接会ったことがあったのかあるいは語り合う機会があったのかはわかっていない（レルケによる）。

ザルツブルクでの記念祭のおり、ブルックナーは、リンツのギムナジウム（中高一貫校）で声楽を教えていたアロイス・ヴァインヴルム（1824～79）と知り合い、リンツに戻ってからはその弟ルドルフ（1835～1911）を知った。たまたま兄のいるリンツに立ち寄っていたルドルフはブルックナーを紹介され、その後、兄弟ともにブルックナーのオルガンの即興演奏を聴いた。

ここでルドルフはブルックナーの演奏に大変感銘を受け、以後、親交を結ぶ。ルドルフは作曲家、合唱指揮者であったが、一八六二年には大学で声楽を教え、ヴィーン・ジングアカデミー合唱団とヴィーン男声合唱協会のコーラス・マスターとなり、さらに一八八〇年にはヴィーン大学の学部長となる人である。

ルドルフはブルックナーにとってかけがえのない友人となった。リンツ時代、二人の手紙が六十通ほども残っている。

普段ヴィーン在住のルドルフは、ブルックナーがゼヒターに学ぶため休暇ごとにヴィーンを訪れるさい、滞在場所の用意等々、さまざまな便宜を図った。ブルックナーもそれに甘え、助言と情報を求め、楽譜の調達やゼヒターとの連絡まで、多くをルドルフに頼った。後にブルックナーがヴィーンへと移ったさいもこのルドルフによる多大の援助があった。

〈友人や後援者に対するブルックナーの手紙は、往々にして自身の置かれた境遇や精神的不安をめぐる嘆き、いささか手前勝手な求職願いなど、自分のことばかり書いているのが目立つ。世間知らずからくるそうしたエゴイスティックなところも彼の性格の一面だったが、ヴァインヴルムはそんな彼をよく理解した〉（土田英三郎）

先のことになるが、ルドルフはブルックナーの作品の初演もしている。一八八一年十二月七日にリンツでテノール独唱と男声合唱のための『真夜中に』WAB80と八六年ヴィーンのジングアカデミーで男声合唱とオルガンのための『慰めの音楽』WAB88の二曲である。後者の演奏会ではブルックナーがオルガンの即興演奏も行なった。

ゼヒターに学んだこの時期、演奏に関しては成果を見せたが、創作はとめられた。師ゼヒターは「まずは理論、その上で自由な創作」を旨としており、ブルックナーには一切自己流の音楽展開を許さず、修業中の作曲を禁じた。そのため一八五五年から六一年までの七年間、ブルックナーの作曲作品はごく少ない。ただ、全くないわけではなく、小規模なピアノ曲と歌曲のほか、リンツへ移る直前に聖フローリアンへの餞別として贈った『アヴェ・マリア』WAB5がある。ソプラノとアルトの独唱、混声四部合唱とオルガンとチェロのためのヘ長調の曲である。聖フローリアンでアルネートの後任を務めていたイグナーツ・トラウミーラーに献呈された。もうひとつさらに大きい編成の曲としては『詩篇第一四六篇』WAB37がある。ソプラノ・アルト・テノール・バス独唱と四声混声の二部合唱、二管編成のオーケストラのための曲である。聖フローリアンで書き始められ、一八五八年にリンツで完成した。この曲は作曲の目的がわからない。いずれにせよ厳格で知られたゼヒターが例外を認めるはずはないので、これらは内密になされたのだろう。だが他の点ではブルックナーはほぼ完全にゼヒターの指導に従った。

ところで、ブルックナーの友人関係の出発はルドルフの場合がそうであるように、彼の即興演奏の見事さに魅せられてであることが多い。ブルックナー自身もそれを自覚しており、親交を結びたい人には自分の演奏を聴かせようとした。すなわち、オルガンの即興演奏についてブルックナーは揺るがない自信を持っていた。

この即興演奏について、アルフレート・ツァーマラという人が以下のように記している。

足鍵盤による嵐のような音響とともに、ブルックナーは即興をはじめ、速い音型のなかに和音をしのびこませていった。……フーガはひとつの主題ともうひとつ別の主題とを対位法的に組み合わせ、持続低音ですさまじい効果をあげて終了した（門馬直美訳）。

だが、ヴェルナー・ヴォルフによれば、「初見」演奏はそれほどでもなかったという。〈「初見」能力は以前から、真の音楽性あるなしを見る重要なポイントとされていた。それはなによりも冷静さと、はじめて見る楽譜のリズムとハーモニーの構造を一目で読み取り、その曲の核心を弾き出す手腕を必要とする。だれも実際には楽譜から二十も、それ以上もある音符をいっぺんに読みとることなどできはしない。慣れと選択の才が絶対になくてはならない。それに必要などんな才能をもブルックナーはもっていなかったし、またそれをどうしても身につけることはできなかった。彼はあまりに強い自己意識と自我流の思考法にのめり込んでいたために、他の音楽家の作品にすんなりと入って行くことができなかった。彼はたえず自分自身の糸のみを紡ぎ出していた〉（喜多尾道冬・仲間雄三訳）

この見解がどこまで正しいかはわからないが、後のブルックナーの作風と行動について、「自己流の音楽」への固執が強固すぎるため、なかなか多数の他者の望みそうな「受ける音楽」を把握することができず、また自分でその合致具合を判断することができず、そのためかえって周囲の助言を鵜呑みにしてしまうことになった、と考えてみると尤《もっと》もに思われる。また既にオルガニストとしては相当に認められていたにもかかわらず、創作活動が最も充実していて然るべき三十代いっぱいを敢えて対位法と管弦楽法の学習に費やしたことは、ブルックナー自身、自分の能力の欠落を意識していたことによるのかも知れない。ブルックナーは、自由な創作時以外の、ルールに合わせた音楽を創るさいの自分の限界を知っており、その克服のためゼヒターに、またさらにその後、自分より年下の師キッツラーのもとで懸命に学んだのである。

こうした意味で、創作の自由を禁じたゼヒターは当時のブルックナーにとって、最も、かどうかはともかく、相応《ふさわ》しい知識と技術の師であったと言える。

ゼヒターはリンツにいる間のブルックナーに宿題を出し、そのための勉強用ノートは十七冊にも及んだ。ゼヒターは普段、弟子が努力を惜しまないことを常に要求する厳しい教師だったが、これが送られてきたのを見て次のように書いて返した。

　あなたがヴィーンに来るときはかならず健康であるように、からだに気をつけ、じゅうぶん休養を取ることをお願いする。もちろんわたしはあなたの勤勉と熱意とをかたく信じており、それゆえ過度の精神労働のためにあなたが病気になるようなことになれば、わたしは深く悲しむことだろう。これまであなたのように良心的な弟子は知らないといわねばなるまい。（和田亘訳）

毎年二回の休暇時期は必ずヴィーンに長期滞在し、その期間、毎日ゼヒターのもとを訪れ、そこで一日七時間も研究にはげんでいた、とブルックナーは後に回想している。

また、ときにゼヒターは自らリンツに赴き、ブルックナーと語らった。

では、その学習内容はと言えば、〈ゼヒターの和声学の原理は、ラモーによる《根音バス《バス・フォンダマンタル》》、すなわちそれぞれの和音とその転回の基本的な根音の発見に由来するものである。この根音の五度あるいは四度の音程による系統だった進行（かならずしも聴きとることはできない）は、転調の全体系を支配していた〉（デルンベルク、和田旦訳）。

このように相当の訓練のない者にはまず通じないものであった。

学習の成果として一八五八年七月十日、ブルックナーはゼヒターによる「基本和声の正しい配列ないしゲネラル（根音）バス」の試験を受けた。その結果、〈「豊かな資質、勤勉な学習態度、ならびに種々の実践により勝ち得た、前奏と主題展開における熟達」について能力証明書を与えられた〉（田代櫂）。

続く十二日には、ピアリスト教会でのオルガンの実技試験を受け、この演奏については『ヴィーナー・ツァイトゥング（ヴィーン新聞）』七月二十四日の記事となり、審査員の一人でもあった批評家ルートヴィヒ・シュパイデルによる絶賛の評が掲載された。ゼヒターからは「最も優れたオルガニストの一人と認める」という証明を得た。同年八月からは対位法の学習が始まり、翌五九年八月十二日、すべての単純対位法、旋律に和声を加える方法、厳格教会音楽書法の試験を受け「非常に優秀」の証明を得た。次の一八六〇年四月三日には二重・三重・四重対位法の試験合格の証明を得た。

一八六一年二月十三日からブルックナーはヴィーンに滞在するとともに最終教程が始まり、

三月二十六日にすべての課程を修了したとして最終証明書が与えられた。

証明書には「ブルックナー氏は本年、カノンとフーガに関する厳格なる試験に完璧な成績により合格し、したがって本研究を伝達し、すなわち、本科目を真の有用性をもって教授する能力を有するものであることを、私は満足をもって、自署と捺印とにより、証明するものである」（根岸一美訳）とのゼヒターの言葉が記された。

ゼヒターはまた記念に自作の『フーガ』をブルックナーに贈った。

ブルックナーは長い修業修了の喜びと感謝をこめ、無伴奏七声の混声合唱曲『アヴェ・マリア』へ長調 WAB6 を作曲した（WAB5 とは別作品。なおブルックナーの『アヴェ・マリア』はもうひとつ WAB7 も存在する。いずれもへ長調）。

同曲は一八六一年五月十二日、フロージンの創立十六周年記念としてアントニオ・ロッティのミサ曲とともに大聖堂で演奏され、指揮はブルックナーが行なった。これによってブルックナーは作曲家として、また指揮者として知られることとなった。

リンツの新聞『リンツァー・ツァイトゥング』は同年五月十五日付でこのブルックナーの曲について「厳格対位法による宗教的感動に満ちた作品であり、列席者たちに大きな感銘を与えた……。ブルックナー氏は、この曲によって彼の長期におよぶ研究（彼は世界的に有名なゼヒター教授の弟子である）ならびに教会音楽の創作における彼の特別な才能を見事に証明してみせた」（根岸一美訳）と絶賛した。

こうしてブルックナーはいよいよ作曲に乗り出すことになるのだが、勉学修了の前年、一八六〇年十一月十一日、エーベルスベルクにいた母が亡くなり、ブルックナーに父の死以来の悲しみをもたらした。母テレジアにブルックナーは再三、リンツに来て同居しないかと伝えていたが、その都度、母は断り、都会の生活は私に向かない、と言った。

母の死の報を受け取りエーベルスベルクに直行したブルックナーは、ある写真家に依頼して亡くなった母の写真を撮影させた。以来、ブルックナーは亡母の写真を自室に飾り、それはヴィーンに移ってからも同様だったが、通常は彼女の姿を眼にすることを悲しみ、緑色の布で覆いをかけていた。

第四場　ゼヒター先生の教え

ゼヒターは迎えに来た弟子に導かれ、プファール広場と呼ばれるところに来た。左手に教会の塔、右手に古い建物が見えた。

「あそこを住まいとしております」

と弟子ブルックナーが右を指さし、それがメスナーハウスとわかった。

招かれて三階へ上り、飾りの少ない室内に荷を置くと、椅子に腰かけ、通いの女中の運ぶ茶を喫しながらゼヒターは足を休めた。

「君のノートを見て驚いたよ。あそこまで熱心に学ぶ生徒には私もこれまで会ったことがない」

ゼヒターは本心からそう告げた。

ブルックナーはいくらか誇りやかに、

「わたしにには必要なことです」と答えた。

ゼヒターは自分の年齢も考え、この生徒が最後の弟子かもしれないなと思うのだった。

対位法の、おそらくは世界有数の権威と自分は目されていて、そのことを否定する気はない。

ゼヒターは、対位法の到達点を極めた大バッハから今に至るひとつの確かな、貴重な技法の伝授を心得る数少ない一人であると自負している。

ラモー、マールスプルク、テュルク、キルンベルガー、こうした理論家たちが打ち立てた理論はかつて音楽の奥義《おうぎ》であった。とりわけその対位法を自在に操る者は、数学的な厳密さをもってゴシック建築にも等しい威容を打ち立てることができる、いわば建築家のような存在である。それゆえ完全に学び終えるには長い修業期間が要る。その間は自主性というものが敵になる。厳格な規則を身につけ自分のものとしない間は創作意欲が習熟を妨げるのである。

対位法の技法にあって、個の自由は、完全にそれを手中にしてしまってからの発露でないと誤りの多い生半可な失敗を生む。ただ一音の主観的な間違いが全体を崩壊させる。それほどに精妙な法則なのである。

それは言うまでもない事実なのだが、近年のドイツ音楽は、理論・法則を遵守《じゅんしゅ》する姿勢をひどく敬遠し始めている。

「ロマン派」の名のもとに活動する音楽家たち、彼らとて音楽に理論と技術的習熟が必要なことは知っているはずだが、しかし、形式のはっきりした古典派音楽に対抗するという姿勢から、敢えて厳格な形式を守る身振りは見せないように、感情の赴くまま、霊感に与えられたもの、という演出で作曲し演奏する。そしてそれこそ天才の証しであると喧伝《けんでん》し、実のところそれが正確な法則を知っての上での戯れであることを表に出さない。

その結果、本当に理論も知識もいい加減なへぼ音楽家、ただ譜が読めそれらしくピアノが弾けるだけの残念な音楽家たちもまた、その恣意《しい》的な踏み外しを「個性」と呼んで讃《たた》えられている。

そういう場にあって、自由を縛るばかりの理論・法則の価値がどれだけ知られるだろう。ゼヒターはそれを永遠の真理と考える。だが、彼にもはっきりわかるのは、今、その真理は求められていない。

ゼヒターはしばらく前にシューマンのヴァイオリン・ソナタを聴いた。それは恐ろしいほど感情のうねりや深みに達する主観的な、いわば溺れるように聴くべき音楽だった。なるほどそこに対位法のような客観的で知的な、冷徹な、パズルを組み立てるような手順はいらない。用いるとしてもちょっとした綺麗な装飾として一部に加える程度で十分かもしれない。時代は移ってしまっていることがよく感じられた。

シューマンほどの極みには至らないにしても、今なら、心惹くメロディを作り、それに適当な伴奏をつけるだけで人気の曲ができあがる。音楽はそういうものになったのだ。

ゼヒターは思う、私から否定はいくらでもできるが、しかし、快く聴かれ、人々が喜ぶものであればわざわざ口煩《くちうるさ》いことを言おうとは思わない。ただ、この精妙な法則の奥義を、伝えていってくれる者が少数いればそれでよしとする。

このブルックナーは、既にリンツ大聖堂のオルガニストという確固たる地位にありながら、敢えて私の教えを厳格に守り、微に入り細を穿《うが》った課題にもなにひとつごまかさず対応する。私にはありがたいことだが、彼はわかっているのだろうか。自分が寸暇を惜しんで学んでいる法則が、世にも貴重であるとしても、明らかに時代遅れの理論であるということを。ゼヒターは沈思《ちんし》の末に問うた。

「ブルックナー君。君も作曲をめざしているのだろう？」

「はい。修業が終わりましたら」

「そうか。どういう音楽ができあがるか、楽しみだ」

ゼヒターの言葉に嘘がないことを感じたブルックナーが喜んでいると、ゼヒターはまた言った。

「今更変なことを訊くが、君はどうしてわたしに学ぼうと思ったのかね」

ブルックナーは少し戸惑い、しばらく間を置いた後、答えた。

「わたしにとって、先生はわたしの知らない魔法を知る方のように思えます。わたしは魔法使いの弟子になろうと思ったのです」

ゼヒターは、普段、あまり突飛なことを言わない弟子のこの言葉にいくらか興味を感じた。

だがそれ以上問うことはなく、

「そうか。それはおもしろい」

と答えるにとどまった。

このときふと、ゼヒターは、ブルックナーとともにリンツの街を歩いているとき、街行く人々の中に、いくらか笑いを浮かべた表情があったことを思い出した。

この地で自分は異邦人であるから、おそらくその薄笑いはブルックナーに向けられていたのだろうとゼヒターは考えた。彼を知っている人たちだ。彼はこの土地で著名なのである。

改めて見れば、ブルックナーの服装にはいささかならず奇異なところが多い。丈が寸づまりなのに比して幅の極めて広い、寛闊《かんかつ》と言えば聞こえがよいが、それも過ぎて、ぶかぶかとした異様な黒服である。首回りがひどく広い。わざわざ仕立てたものらしい。こういうなりがオルガンの演奏には最適ですから、と初めて会うたおり、その珍なる装束について問うゼヒターに彼は答えた。

よく動くその頭は、芸術家風な長髪の流行る昨今、頑迷に田舎流を堅持した五分刈りである。街では奇妙に四角張った、大きな靴で緩やかに歩を進めていた。大層重そうだが、これまたオルガンを奏するおりに最適の一足であると彼は言った。

すべてをオルガン演奏に向けたなりなのだろう。だが、見栄え、洒落《しゃれ》っけというものが何一つ感じられない。ブルックナーにとってそれは見えない領域なのだろう。

加えて、その対人的対応の稚拙さというか、ぎこちなさというか、自身、相当人付き合いに苦労することのあるゼヒターであればその理解もないではないが、いくらかでも地位のある人に向けてのあの馬鹿のようなへりくだりぶりは、よほど彼を知る人でも辟易《へきえき》するだろう。

そうなのだ。彼ブルックナーには、形式や伝統、序列をないがしろにし、感情と霊感の赴くままに芸術の自由自在を謳歌する、今一番人気の「ロマン派野郎」の流行性が欠片《かけら》もないのである。リンツはヴィーンに比べてあきらかに旧弊で封建的な慣習が多いが、それでも都会であることは確かで、そうした場で、この田舎者ぶりはやはり嘲笑の的なのだろう。少しでも才走った人から見ればのろまな田吾作が気張って音楽家ぶっているのが滑稽に見えて仕方ないのだろう。

「わたしも君に魔法を伝えることができて嬉しいよ。だがね、世に通じる魔法となるかどうか。わたしたちはともに、時代を間違えてきたのかもしれないね」

そう言い、いや、われらに似合う時代なぞあるのか、とも思いながら、ゼヒターは、左手の窓の向こう、夕映えにシルエットとなった教会の尖塔の先の方を見やった。

テーブルを隔てて向かいあうブルックナーもまた、師の視線の先を追い、しばらく無言の時間が続いた。

2　フロージン合唱団を率いて

仕事と練習と学習とに時間を取られていたブルックナーだが、さらに金策のため、音楽理論やピアノの個人教授をも請け負った。弟子には市の要人や名士の子息子女が多く、それなりに豊かな収入をもたらした。

この時期、ブルックナーはピアノのための小曲を何曲か作曲している。それはいずれも弟子の若い女性のための練習曲や贈り物としての作であった。そこには何人か、ブルックナーの心を惹く女性もいたが、いつもどおり、それらの恋が実ることはなかった。

一八六〇年、母の亡くなる四日前、ブルックナーはフロージンの首席指揮者に選ばれた。以後、その指揮ぶりは以下のようであった。

〈彼の厳格な指導のおかげで合唱団の実力は向上し、評判もよかった。練習の際、よく彼は美しい箇所にくるとしばし恍惚《こうこつ》となり、忘我状態に陥ったという。また団員に歌わせながら皆の間に入ってゆき、ちょうどオルガニストが各種音栓《おんせん》の混合に聴き入るように、ハーモニーにじっと耳を傾けたともいう。彼はまずパートごとに練習し、特に発音と呼吸に格別の注意を払った。重視されたのは和声を支えるバス・パートで、「バス、聞こえない」というのが口癖だった。ピアニッシモはことのほか大事にされた。そうした箇所では彼はほとんど跪かんばかりに

指揮をした〉（土田英三郎）
〈ある時ブルックナーはピアニッシモの箇所を、何度やり直させても納得しなかった。いい加減にうんざりした団員は、示し合わせて口だけ開き、声を出さなかった。するとブルックナーは「そう、それでいい！」と歓声を上げたという〉（田代櫂）
練習が終わると、ブルックナーは団員たちとともに料理屋やカフェに行き、食事を摂り、歓談した。
ブルックナーはいつも食事を二人分注文したという。この頃からブルックナーは太り始めている。酒量も多く、煙草も好んだ。嗅ぎ煙草と葉巻が主であった。
人見知りで初対面の相手には気弱く、目上には過度の謙譲を示すブルックナーであったが、身内と判断した相手には大変気安く、陽気で冗談も多く、機嫌よく話した。知的な好奇心が強く、自分の知らない分野について詳しい者がいると尋ね、話を聞くことを好んだ。
フロージンのための自作の提供も始まった。最初は、フロージンの幹部であった故ヨーゼフ・ハッファールの未亡人の死を悼む曲として、以前アルネートの埋葬式用に書かれた『アルネートの墓の前で』WAB53を再使用し『墓場にて』WAB2と改題したものだった。これは一八六一年二月十一日にブルックナー指揮フロージン演奏として初演された。『アヴェ・マリア』初演より前のことなので、これがブルックナーの作曲家としてのデビューということになる。
六一年六月二十九・三十日ニーダーエスターライヒのクレムスで開催された第一回ドイツ・

オーストリア歌唱祭にフロージンも参加した。指揮はブルックナーであった。これには三十二の団体、千百人ばかりが参加している。フロージンは二十九日、アントン・M・シュトルヒ（ミドルネーム不明）作曲『狩人の滞在』とヴァレンティン・エドゥアルト・ベッカー作曲『森の孤独』を演奏し、称賛を浴びた。

引き続き、フロージンは同年七月二十日から二十二日にかけてニュルンベルクで開催されたドイツ歌唱祭にも参加した。こちらはさらに大がかりで二百八十四団体、六千人以上が参加している。聴衆も二十日だけで特設の会場に一万四千人、その周囲に六万人と伝えられる（根岸一美による）。

フロージンは二十一日にフリードリヒ・ヴィルヘルム・キュッケン作曲『目覚めよ』を演奏し、大変高い評価を得た。

当時ヴィーン楽友協会合唱団およびヴィーン男声合唱協会の指揮者であったヨハン・ヘルベックが会場におり、これを聴いて感動のあまり、〈ブルックナーの首に抱きついてこう言ったという。「君、僕には合唱をこれ以上うまく訓練できない！」〉（土田英三郎）

ヨハン・ヘルベック（死後、オーストリア王室から勲三等とともに騎士爵を授けられたので正式にはヨハン・リッター・フォン・ヘルベック、1831～77）は指揮者・作曲家として知られ、後にはヴィーン楽友協会芸術監督、宮廷楽長ともなる。一八七〇年から七五年まではヴィーン宮廷歌劇場の監督を務めた。シューベルトの『未完成交響曲』を発見し、初演した人としても知られる。

この出会いと後述する試験以来、ヘルベックはブルックナーの親友となる。楽友協会楽団を率いつつブルックナーの最も有力な支援者となり、後にはその交響曲の初演を指揮することともなる。ブルックナーのヴィーンへの進出はこの人のおかげである。

フロージンを率いての合唱祭の参加は、結果もよかったが、それとともにブルックナーにとって後々大変に貴重となる人間関係を与えたのだった。

ところが同年九月、ブルックナーは突然フロージンを退団する。

理由は具体的にはわからないが、ブルックナーからの十月三日のルドルフ・ヴァインヴルム宛の手紙には次のようにある。

九月に私は邪悪な侮辱のゆえに合唱団を退きました。（根岸一美訳）

この理由として、合唱祭のためのニュルンベルク滞在時、団員たちがブルックナーに性的なからかいを含むいたずらをしかけたからである、と多くの伝記作家が記している。

その頃、団員とともに夜、何度か訪れていたレストランのウェイトレスをブルックナーが気に入り、内心ひどく惹かれていることを、団員が知っていたことからの行ないであるという。女性の名はオルガ（Olga）と言った。

ある程度わかるところでは、ブルックナーと親しい団員の何人かが、酔いのあまり、ある夜、いたずらをしかけてやろうと決めた。やり方は、ブルックナーを個室に待たせておいて、そこへ団員ではなくオルガ一人を入って行かせたというものである。

オルガに言い含めてのことなのか、オルガ自身も思いがけないことだったのかはよくわからない。団員たちは個室の外で、オルガが入ってきたのを知って驚き慌てるブルックナーの様子をうかがっていただろう。

そのときのオルガの装束について、「おしゃれをした」（門馬直美等による）と記されているものと、薄着の「きわどい身なり」（シェンツェラー等による）と記されているものとがあって、そこは判断できない。単に「おしゃれをした」であればオルガ自身特別に予期していなかったことであったように思われるし、「きわどい身なり」であれば、意図的に誘惑しようとしていたという意味合いになる。それほどの準備もない団員たちのその場の思い付きであれば前者に近く、たまたまその衣装がいくらか扇情的に見えたに過ぎなかったのだろうと、ここでは考えておく。

このような悪ふざけは、すれた若者なら笑って済んだだろうけれども、ブルックナーは女性にはひどく物堅いとともに内気で、慣れたあるいは洒脱な対応の仕方を知らず、しかもこのとき三十七歳未だ独身である。カトリックの信深く、女性との性的関係は結婚してからでなければ許されないと固く決めている人である。そのため、気に入った女性には付き合うより先に求婚することも多かった。おそらく童貞でもあっただろう。

団員を待っていたはずなのにいきなり若い女性が、しかもこのとき意中の人であったオルガだけが入室してきたのを見てブルックナーは驚き、直ちに部屋を出、レストランから走り出て行った。

団員たちはさぞ笑ったことだろう。これには、普段、音楽に妥協を許さない厳しいトレーナーであり指揮者であり、その立場から多くの団員をたしなめ、時に叱りもしただろう、謹厳な大聖堂オルガニストが、女性一人に驚愕し慌てふためく様子を見て、いつも指導されるばかりの団員たちが若干の溜飲《りゅういん》を下げた、という意味合いもうかがわれる。

だが、ブルックナーにとっては酷い侮辱と感じられたようである。

ただ、それはドイツ歌唱祭のあった七月のことのはずで、ブルックナーは「九月に侮辱された」と記している。しかも、ブルックナーとフロージン団員はその後、八月にもシュヴァーネンシュタットへ演奏旅行に出かけ、火事の罹災者たちのための演奏会に出演している。するとこの件が直接の理由ではないということになる。

これは推測であるが、ニュルンベルクのレストランでの出来事は仕掛けた団員たちの謝罪によって一旦はおさまったが、たまたま九月になって、なにか諍いか言い合いかのおり、ブルックナーとはやや性の合わない団員か無神経な発言者かがこのことを蒸し返し、かなりな言い方で侮辱した、というようなことではないだろうか。

レストラン事件以後、ブルックナーという、地位あり堂々と音楽を導くリーダーが、若い女性には形無しである、ということが団員の間でさかんに滑稽話として語られていたのだろう。それを彼に言えば激怒することもわかっていたから誰も敢えて口にはしなかった。だが、何かのきっかけで、団員内の揶揄《やゆ》の視線をブルックナーが強く意識してしまったということと思われる。すなわち、ブルックナーの受けたという「邪悪な侮辱」とは、何度となく若い女性に求婚しながらすべて断られている内気な三十七歳独身男性への性的蔑視を意味したのだろう。

この年、ブルックナーはまた新たに求職活動を始めた。ザルツブルクの大聖堂楽長と同地モーツァルテウム音楽院長を志願し、六月中旬に聖フローリアンおよびフューラー、ゼヒターによる証明書とともに送った。これは九月二十日と二十一日に試験が実施されたが合格にはならなかった。

同一八六一年十月から十一月、ブルックナーはヴィーン音楽院に和声・対位法教授の称号授与を請願した。音楽院は、当院はもともとそうした権限を持ってはいない、として請願を却下した。

ブルックナーは再び請願書を提出し、過去、デュルンベルガーがヴィーンでの公開試験によって教授の称号を得たという例を伝え、ヴィーン音楽院教員としての能力試験の実施を要求した。こちらは受諾され、同年十一月十九日に楽友協会で行なわれることになった。

試験官はヴィーン音楽院教授ジーモン・ゼヒター、音楽院長ヨーゼフ・ヘルメスベルガー

〈父子ともに同名だがこちらは父の方・一世、1828~93）、音楽院教授でありかつ宮廷歌劇場指揮者オットー・デソフ（1835~92）、音楽院視学官アロイス・ベッカー、楽友協会指揮者ヨハン・ヘツェルベックであった。

ブルックナーは〈彼の書いた対位法のすべての習作を提出するよう求められた。十一月の音楽理論の試験で、試験委員のだれひとりとして、口頭試問をすることを望まなかった。受験生は習作で見るかぎり、立派な学識を完全に身につけているので、楽理試験は必要ない、とヘルベックはいった〉（マックス・アウアー、喜多尾道冬・仲間雄三訳）。

続いて、その場で与えられる主題を用いたフーガの即興演奏を試験に代えてはどうかとヘルベックが提案し、試験官は同意した。試験は一八六一年十一月二十一日、場所はブルックナーの希望により三年前の試験のさいと同様、ピアリスト教会となった。

〈ゼヒターは主題を出すよう求められた。それは四小節からなるものだった。ヘルベックはそれを見せられ、デーソフにこういった、「この主題を受験生のためにもう少し長くしてやってくれたまえ！」デーソフは答えた。「いや、無理だよ！」――「ではぼくがやろう」、とヘルベックはいった。そしてそれを八小節に引きのばした。「これはむずかしい」、デーソフは彼に向かって叫んだ。ブルックナーはその主題を書いた紙を渡された。彼はそれにもとづいて対照楽句を考え出すためにしばらくじっと考えていたが、それを見つめる委員たちの顔にやっと安堵の顔色が見られるようになった。そのあとブルックナーは着想を得た。彼は主題の一部からなる序奏を弾きはじめ、そのあと華麗なフーガを展開して弾き終えた。ブルックナーは賞讃された。ヘルベックは同僚に言った、「われわれが試験されるべきだったな」……それからヘルベックはブルックナーの最大の支援者となった〉（アウアー、喜多尾道冬・仲間雄三訳）

翌日、ヘルベックによる証明書が次のように書かれた。

オルガニストとしてのブルックナー氏は、楽器に関する精密な知識と、並々ならぬ技量を立証し、他者の作品の演奏においても、自作および課題に基づく即興演奏においても、同様の熟達ぶりを示した。（田代櫂訳）

『ヴィーナー・ツァイトゥング』紙の記事でもその結果は報告された。

こうしてブルックナーはヴィーン音楽院の教員となりうる能力を実証して見せた。だが実際に教員となるのは七年先のことである。

第五場　からかい

ブルックナーはルドルフに手紙で、このところの惨憺たる有様を伝えようと思った。心からブルックナーを見込んでいるルドルフは、大抵の場合、その言葉に真摯に応えてくれた。ヴィーンでの世話を頼めば引き受けてくれ、日々のつらい事件を伝えれば必ず温かく慰めてくれた。ブルックナーにとってルドルフは限りなく愚痴を聞いてくれる極めて大切な友人であった。

それで今回も、フロージン団員との間にあった無念を思うさま書き送り、知ってほしいと考えていた。

ただ今回、慰めの言葉はいいのだ、ともかくもその不当さ、言語道断ぶりに同意してくれればよい。

そのつもりでブルックナーは発端となった事件を思い返した。

七月、ニュルンベルクの合唱祭で抜群の評価を得、またヴィーン楽友協会合唱団指揮者であるというヨハン・ヘルベック氏に絶賛された栄光の日の、次の日だった。

この成果を携《たずさ》えて明日はリンツへ帰郷というニュルンベルク最後の夜である。酔い心地の、主だった団員たちが、この地では既に行きつけとなっていたレストランへ向かう途中、バスのパートリーダー、フリッツが話しかけてきた。

「マイスター、今回は本当にご指導ありがとうございました。お礼にちょっとした贈り物を用意しています。ぼくたち、それを取りに行って、少し遅れますので、先に行ってお待ちください」

これまで一度も聞いたことのない「マイスター」という呼び方、「ご指導ありがとうございました」なぞという言葉も珍しい。それはいくらかの冗談、わざと大仰にした言い方であることはブルックナーもわかっていた。だが、このニュルンベルクでの好成績は確かに感謝されてしかるべき殊勲《しゅくん》で、その意味では、これまでの例にないことではあるが、彼らの好意は受け取らねばなるまい。わざわざ贈り物とは、よほど結果に満足してくれたようだ。自分もそうだ。ならば、ありがたくいただくことにしよう。何だろう、ペンとかメダルとか、記念の小物だろうか。

そんなことを思いながら本日、特別に予約してあった広い個室で一人、待っていると、しばらくしてドアがノックされ、「どうぞ」と答えると、若い女性が入って来た。

ウェイトレスのオルガであった。

後に誰も続かず、オルガが扉を閉めるのを知って、ブルックナーは驚愕した。

贈り物とはこれか？

オルガは何か曖昧な笑顔で微笑んだ。

いかん、これは悪魔の誘いである。

そう悟るとブルックナーは席を立ち、「どうなさいましたの」と言いかけるオルガの脇を抜けて扉を開き、頭から蒸気を立てんばかりに走り、店を出た。

店から一区画ほど離れた路上で立ち止まり、しばらく呆然としている間に、わかってきた。要するに、からかわれたのだ。彼らは今、自分を嘲笑しているのだ。そう知ると今度は憤怒《ふんぬ》のあまり全身がぶるぶると震えた。

そこへ、第二テノール・パートの若いアルベルトが「ブルックナーさーん」と言いながら走って来て、

「ブルックナーさん、すみません、あいつらがひどいことしました、ぼくたちは止められませんでした、ごめんなさい、ごめんなさい」とひたすら頭を下げ始めた。

それを見ていると、ブルックナーには何か情けないような行き場のない感情をどうしてよいのやら、困惑に耐えがたかった。むっと口を閉じ奥歯を噛みしめて、心内では一からひとつひとつ数を数え始めている。落ち着こうとするときにする癖である。まだも低頭するアルベルトの前で、数が三百を過ぎた頃、ブルックナーはようやく口を開いた。

「ひどいことだ。君たちはなんということをしようというのだ」

「本当にすみません。ぼくはやめろと言ったのです。フリッツさんはどうも酔って見境がなくなっていました。みんなもただもう面白がって同調して……ぼくが止めるべきでした。すみません、どうか許してください」

「いや、止めようと思ってくれたのなら君はいい。彼らは今も笑っているのか？」

「いいえいいえ、みんな、ブルックナーさんがこんなに驚かれたと知って心からすまなく思っています。反省しています」

そしてブルックナーの手をとり、

「どうかぼくたちに謝罪する機会を与えてください。みんな、ブルックナーさんに謝りたいと言っています」

ブルックナーはここで「知るものか」と言って宿に帰ってしまってもよい気がした。

だが、しかし、これまでの彼らとの関係がとてもうまくいっていたという記憶が、昨日までの馬鹿話の応酬、酒場での盛り上がり、そこで指揮者であり中心人物として君臨していた自分の、あの居心地の良さが思い返された。フロージンは自分の居場所なのだ。ここで臍《へそ》を曲げてしまえば、あの楽しい時間は二度とない。

もちろん、大いに反省し、謝罪してもらおう。それなら赦《ゆる》そう。この自分の名誉を重んじる気持ちがメンバーにあるのなら、それを見せてもらおう。確かめよう。それで真剣に謝るなら、まあともかく、今夜の自分の不機嫌は直るまいが、よしわかった、と割り切ることにしよう。

そう決めてブルックナーはレストランに戻った。予約してあった例の個室に入ると、団員全員、しゅんとした顔で、「ブルックナーさん、申し訳ありません」と頭を下げたので、ブルックナーも憮然とはしながら、赦すことにしたのである。

その夜は、オルガが室内に入ってくることがなく、料理や酒、グラスも、すべて扉の外でアルベルトらが受け取って持ち込み、室内は団員だけ、男性だけという珍しいことになった。ブルックナーは確かにオルガを気に入ってはいたが、あんなことがあってからはもう顔も見たくなかった。というより、もう勘弁してほしかった。団員たちはそのブルックナーの心苦しさ居心地の悪さをよく察して、この異例の振る舞いなのだった。

そこを了解したブルックナーは、酒の量とともに次第に機嫌を直し、最後は皆で歌い、談笑して終わった。

これだけであれば、厭な悪ふざけではあったが、忘れてもよいことであった。むしろ、それ以後は、ブルックナー氏の前で女性の話はご法度《はっと》、という不文律《ふぶんりつ》ができ、気を遣ってもらえるようになったのも悪いことではなかった。

それだけであればだ。

八月には予定通り演奏旅行もこなし、毎度の練習では皆で切磋琢磨《せっさたくま》し、ブルックナーのいつもの厳格な指示に皆従い、夕食の場ではともに騒ぎ、笑い、談論風発《だんろんふうはつ》が続いた。

だが、九月二十八日のことだ。練習が終わり、練習会場に使っていた、ある富裕なメンバーの持つ屋敷内の大ホールから出て、皆とともに居酒屋へ向かおうとしたとき、ブルックナーは、ホールに嗅ぎ煙草のケースを忘れてきたことに気づき、戻った。

　団員エーレンライヒ氏の邸宅は広壮であった。門から庭を通り、玄関で応対に出た女中に、自分で探すからと言って入れてもらい、客用のホールをめざした。

　回廊の立派な赤い絨毯を踏んで、大ホールに足を踏み入れようとして扉を開けようとしたとき、部屋の奥の方から声が聞こえてきた。団員の中にまだ残っている者がいたのである。

「それで、アンネローゼとの首尾は？」バリトン・パートのトーマスの声であった。

「まずまずです。ぼくそれなりにモテますからね。いやまあ失敗したところで……」こちらはアルベルトであった。

　ブルックナーが、なんだ君たち、早く行こうではないか、と言って扉を開けようとしたとき、アルベルトがこんなことを言うのが聞こえた。

「ブルックナーさんと比べれば」

　突然、自分の名が出てきたのに驚き、声をかけるのを止めて、ブルックナーは扉の前で動かず耳をそばだてた。

「言うなよ。あの人と比べて勝ったって」

「そりゃそうだ」

「もうなあ、レオポルドなんか、ずっと何回言うか。あの例の」

「ニュルンベルクの」

「それ。オルガ」

「確かに可愛かったですけど」

「で、ブルックナーさんときたら」

「もう見てるこっちが恥ずかしかったですよね」

「本人、気取ってるつもりで、あれは困るなあ」

「いたずらしたくもなりますよね」

「うん。あのつらでいい男やりたいって。考えなおしてほしいよなあ」

「それがですよ、なにも色男じゃないからっていうことじゃないんだよね」

「それそれ。みんな言ってるよな。謹厳そのものの坊さんが一生童貞を守るっていうなら尊敬もするさ」

「あのでれでれ加減じゃねえ」

「とにかくもの欲しそうで、若くて綺麗な娘がいるとすぐ求婚」

「そう求婚。つきあいもなにもなくてまず求婚」

「モーリッツが教えてくれたぞ。この間もまた断られてたってさ」

「それがねえ、もう三十七歳でしょう。ご自分と齢の近い女性ならまだわかるんだけど。いっつも十七、八くらいの」

「いやこの間はなんと十六歳だってさ」

「気持ち悪いですよね。おっさんの少女好み」

「ほんとほんと、マックスも言ってた……」

まだまだ他の団員の名前が出てきた。つまりそれは普段から、この二人の会話のような揶揄《やゆ》と中傷《ちゅうしょう》が、おそらく団員ほぼ全員の間で交わされているということを意味した。

しかも、真っ先に反省しています、謝らせてください、と駆けてきたアルベルトが、裏ではここまで自分を馬鹿にしきっていたと知ってブルックナーは眩暈《めまい》がした。

全員だ。きっと全員が、練習では忠実に自分の指示に従いながら、その陰ではさんざんに自分の女性関係の貧しさ、無様さを嗤《わら》っていたのだ。

ブルックナーは、そっと足音を立てずにそこを去った。嗅ぎ煙草のケースはまたの機会に取りに来ることにした。

次の日、練習の開始のさい、ブルックナーは団員の前で言った。

「今日の練習は中止にします。わたしは降りる」

皆がざわつき、第一テノールのパートリーダーから「どうしたんですか」と問われるとブルックナーは答えた。

「いい齢をした無様な独身男に指導されるのを皆さんは好まないでしょう」

え、え、という団員の声をよそに、

「今日限り、わたしは退団します」

と言い捨てて、そのまま会場を出た。


と、こんな顛末《てんまつ》を、逐一《ちくいち》、ルドルフに訴えようと最初は思っていた。

なんという陰険な態度だろう。いくら非難しても足りない気がする。

だが、と、そこでブルックナーは自らを振り返った。

だが、自分こそ愚かである。尊敬すると見せて陰では嘲嗤《あざわら》い続ける連中を、自分は仲間と思って上機嫌で付き合ってきた。そのうかつさは確かに嗤われても仕方ない。

するとそのことがどうにも惨めに思えてきて、とても具体的には書けなくなってしまった。

それでブルックナーは、

「九月に私は邪悪な侮辱のゆえに合唱団を退きました。」

とだけ書いたのだった。

3　キッツラー先生、ヴァーグナーの作品、ハンスリックとの出会い

ゼヒターの理論を完全にマスターしたと自負するブルックナーであったが、それだけで同時代的な作品を作曲するにはまだ足りないという自覚があったようで、一八六一年九月からリンツの州立劇場の首席指揮者オットー・キッツラー（1834~1915）に師事し、さらに学習を続けることとした。

ドレスデン出身のキッツラーは、ブルックナーの上司カール・ツァッペ一世が主宰していた弦楽四重奏団のチェリストを務めていた。リンツ州立劇場の首席チェリストとして大規模なミサ曲の演奏にも参加し、六一年三月、州立劇場楽長に就任した。ブルックナーは五八年の秋、ツァッペ一世からキッツラーを紹介された。

師弟ではあるが、六一年九月のおりブルックナーは三十七歳である。師キッツラーはブルックナーより十歳ほど若い。だが一八四六年にヴァーグナーの指揮でベートーヴェンの『交響曲第九番』の合唱に加わり、四七年にはシューマンの『楽園とペリ』の初演に参加するなど、演奏経験が豊富で、しかもリスト、ヴァーグナーをはじめとする当時の音楽に大変詳しかった。大規模管弦楽曲を作曲するにはこうした人に習うことが必要であるとブルックナーは判断したのだった。

キッツラーは楽式論と管弦楽法を教えた。古典派からロマン派に至るそれぞれの和声法と管弦楽法を学ばせたが、それとともに、同時代の「新しい音楽」にブルックナーの眼を向けさせた。

キッツラーの著である『音楽の回想』によればブルックナーへの指導は次のようなものである。

〈まず、エルンスト・フリードリヒ・リヒター（Ernst Friedrich Richter; 1808~79）の理論書を教材に、ベートーヴェンのソナタを研究させ、それを交響曲に広げるよう指導している。また、楽器用法では、アードルフ・ベルンハルト・マルクス（Adolf Bernhard Marx; 1795~1866）の大著『作曲法教程』の第三巻を使い、古典派の大家の総譜を勉強させた。当時は、リストやヴァーグナーの楽器法に言及する理論書がなかったので、その方面の勉強は、もっぱら実演に接することでまかなわれた〉（門馬直美）

管弦楽法の実習としては、ベートーヴェンのピアノ・ソナタ第二三番『熱情』第一楽章のオーケストラ用編曲などが課題となった。

その教え方は大変親切であったとのことである。

キッツラーは一八六三年二月十三日にリヒャルト・ヴァーグナー（1813~83）の『タンホイザー』をリンツで初めて指揮し、成功を収めた。この上演の前後、ブルックナーは師とともにその総譜を読み、練習にも立ち会っている。

ブルックナーはほぼすべてのオペラのストーリー内容には興味を持たなかったが、この「新しい音楽」の音響構築には大きな驚きと称賛を示した。

こうしたブルックナーの新たな学習の記録は現在『キッツラー練習帳』と呼ばれるノートとして残っている。これは一九四九年に発見されたものである（土田英三郎による）。

そこには『弦楽四重奏曲』ハ短調 WAB111 およびこの曲のためのもうひとつの『ロンド』、『行進曲』ニ短調 WAB96、『三つの管弦楽曲』変ホ長調・ホ短調・ヘ長調 WAB97、『序曲』ト短調 WAB98、そして初めての交響曲『交響曲ヘ短調』WAB99 などが、未発表の歌曲・舞曲とともに記されている。

見てのとおり、このときからブルックナーは本格的な管弦楽曲を作曲し始めている。『交響曲ヘ短調』は、『練習帳』の記録によれば一八六三年一月七日に作曲が開始され、最終章のスケッチが四月十日に始められた。別に五線譜を用いた総譜が同年二月十五日から五月二十六日の間に書かれた。キッツラーの評価は「特別な霊感は感じられない」（田代櫂訳）というもので、ブルックナー自身もそのスコアに「（一）八六三年における学校の宿題」（田代櫂訳）と書き込んでいる。このため当作品は後に「習作交響曲」と呼ばれることとなった。とはいえ、田代櫂によれば〈確かにそれはブルックナー的語法と前期ロマン派の折衷物ではあるが、メンデルスゾーンやヴェーバーに通じる瑞々しさには聴くべきものがある。この頃に遭遇した『タンホイザー』の影響は、まだここには表れていない〉。

一八六三年九月、ミュンヘンで開催された音楽祭に出向いたおり、ブルックナーは、バイエルン宮廷楽長であるフランツ・ラハナーに会い、『交響曲ヘ短調』等の作品を提示して評価を問うことがあった。〈ラハナーはこの曲の「楽想の流麗さ、秩序と高貴な歩み」を評価し、次のシーズンに演奏してもよいと語ったといわれる〉（根岸一美）。しかし、その約束は実現しなかった。バイエルンでは翌一八六四年、熱狂的なヴァーグナー崇拝者として世に知られるルートヴィヒ二世が即位し、ヴァーグナーとその関係者を首都ミュンヘンに招聘《しょうへい》した。これにより、ミュンヘンの音楽界はヴァーグナーの話題一色となる。〈ラハナーにしてみれば「リンツのメンデルスゾーン」どころではなかったのである〉（田代櫂）。

その後、当『交響曲ヘ短調』は作曲者死後の一九一三年十月三十一日、ヴィーンでフェルディナント・レーヴェの指揮により第二楽章のみ演奏され、全曲の初演は一九二五年二月十九日ベルリンで、フランツ・モイスルの指揮により行なわれている。

キッツラーによるブルックナーへの最も大きな恩恵はヴァーグナーの音楽に眼を開かせたことである。これ以後ブルックナーはヴァーグナーの管弦楽法を当時の現代音楽のひとつの理想と認識し、自らの範とすることとなる。そのきっかけがキッツラーとともに研究した『タンホイザー』であった。

これがブルックナーにどのような視野を開いたかをシェンツェラーの言葉を借りて伝える。〈まず第一に、その楽譜は、創造の衝動が教室の神聖な規則よりも偉大なものであること、創造の天才がそういう規則を破る権利を有し時には義務すら持つということを、実例をもって彼に示した。つぎに彼は、彼が夢想はしても思いきって使うことの出来なかった和声の宝庫に出会った。アウアーの言うように「タンホイザー」はブルックナーをゼヒターの厳格な教育の枷から解放し、ゼヒターが辛辣な攻撃を加えていた半音階的和声と異名同音的転換を使用する許可を彼に与えた〉（山田祥一訳）

すなわち、ゼヒターによって固く閉ざされていた門をヴァーグナーの作品が開いたということである。

ブルックナーは、それまでゼヒターによって禁じられていたイレギュラーな作曲法というロマン派的自由を自分も求めることが、ヴァーグナーという天才の名のもとに、また彼の卓越した才能を実感できるその作品の実例によって、「許された」と感じた。このことが、ブルックナーに重要な転機を与えたのだ。

以後ブルックナーは生涯ヴァーグナーを崇拝することとなった。

とはいえ、〈これ以後ブルックナーが発展させてゆくことになる和声法も管弦楽法も、ヴァーグナーのそれとは似て非なるものだった〉（土田英三郎）。

音楽的影響はあるとしてもそれが崇拝の理由なのではない。上位にある誰かの承認を得ることなしに決定することの難しいブルックナーにとって、その音楽傾向自体よりも、自分に「音楽の自由を承認してくれた師匠」としてヴァーグナーは重要なのだった。

ただし、ゼヒターの与えた堅固な方法意識が忘れられることはなく、それは後の交響曲の展開に生かされた。

一八六三年六月十日、ブルックナーはキッツラーによる教程を修了し、例によって認定書を得た。五日後、ブルックナーとキッツラー夫妻はリンツ郊外の森近くにあったレストラン「キュールンベルクの狩人」で修了を祝った。

またこの時期の学習と実作とはブルックナーに自信を与えたようで、〈後年彼は「こうして私の作曲家としての時代が始まった」と述懐している〉（土田英三郎）。

同年九月、前述のミュンヘン音楽祭開催の頃、キッツラーはリンツを去った。ハンガリーのテメシュヴァルでの職に就くためである。さらにその後、キッツラーはチェコの都市ブルノで楽長となるが、ブルックナーとの親交は以後も続いた。一八八八年四月十三日、キッツラーはブルノ市でブルックナーの『テ・デウム』WAB45を指揮し、ブルックナーが招待された。キッツラーは一八九三年にもブルノでブルックナーの『交響曲第四番』WAB104を指揮し、このおりもブルックナーは招待されたが、病気のため応じられなかった。また一八九六年三月二十五日、『交響曲第二番』WAB102の指揮のさいもブルックナーは病のため当地に行くことはできなかった。その九六年十月十一日、ブルックナーは亡くなり、十二月に追悼演奏会が行なわれたおり、キッツラーは『テ・デウム』を指揮した。

他には六三年七月五日に作曲された作品として混声四部合唱と管弦楽のための『詩篇第一一

二篇』WAB35がある。キッツラーに学んだ時期としては最終段階の作品である。これはリンツのアルゲマイネ病院建設の起工式のために作曲されたのだが、生前には演奏されなかった。しかし、この譜を見た〈キッツラーは、その年の七月十日に、ブルックナーのことを早くも「大家だ」と評するようになる〉（門馬直美）。

また修了後の同年十月にメンデルスゾーンの『無言歌』とりわけ「ヴェニスの舟歌」を思わせるピアノ曲『秋の夕べの静かな思い』WAB123が完成し、ピアノの弟子、エマ・ターナーに捧げられた。

キッツラーの去った六三年、ヴィーン宮廷歌劇場のヴァイオリン奏者であったイグナーツ・ドルン（1829~72）がリンツに来て、しばらく後に州立ラントシュテンデ劇場の第二指揮者となる。ドルンもまたキッツラーと同様、あるいはそれ以上に、当時前衛とされた作曲家ベルリオーズ、リスト、ヴァーグナーに傾倒していた。

カール・グレーべによれば、ブルックナーは〈それらの作品をよく知っていたイグナーツ・ドルンに、いわばキーツラーの代わりを見い出した〉（天野晶吉訳）。こうして両者は親交を深めていった。なおドルンもブルックナーよりは五歳ほど年下である。

ドルンを通じてブルックナーはリストの『ファウスト交響曲』を知った。

〈彼はこの作品の「主題、巨大な構成、管弦楽法、大胆な和声」を、後年まで高く評価していた。音楽史家コンスタンティン・フロロスの見解では、ブルックナーに見られる回想や引用の

手法は『ファウスト交響曲』から学んだものである〉（田代櫂）

前述のリンツの指揮者カール・ツァッペ一世の娘マリアと婚約していたドルンであったが、ポストを与えるというキッツラーからの申し出を受けて第二指揮者となるため一人ブルノへ移った。見捨てられたと感じたマリアは婚約を破棄する。このことをきっかけにドルンはアルコール依存症となり、ブルノでの職をも失ってしまう。その後、ようやく立ち直り、一八七二年五月十二日にはヴィーンでヴァーグナーの作品を演奏し成功する。ここにはブルックナー、そしてキッツラーも来場した。しかし同年五月三十日、指揮中に錯乱し、四十二歳で急死してしまう。

ブルックナーはリンツにいた頃のドルンとも手紙のやりとりがあり、「親愛なるドルン君、来て、まず見てくれたまえ。そもそも私はこんな風に作曲してもいいのか？」（天野晶吉訳）という言葉を含む手紙が残っている。

〈このように天才ブルックナーは不安そうに、大した人物ではない指揮者のドルンに手紙で尋ねている。このとき、交響曲の作曲へと押し寄せていた、彼の心の内なる流れは、もはやとどめようがなかったのである〉（グレーベ、天野晶吉訳）

グレーベの記すように、後のブルックナーの歴史的な仕事と比べれば、ドルンは「大した人物ではない」と言われるかもしれない。不幸ないきさつと早世のため、あったかも知れない彼の可能性は十全に花ひらくことなく終わった。ところが、ブルックナーにとってドルンは、その実際の関係や影響といったこととは異なる、ある奇妙なきっかけを与えた人として記憶される。それがいかなるものであったかは、『交響曲第七番』ホ長調 WAB107 作曲前夜の頃に語られるだろう。

一八六四年八月には、世俗合唱曲『ゲルマン人の行進』WAB70 が作曲された。これは詩人アウグスト・ジルバーシュタインに依頼した詩を用いた曲で、リンツで開催されたオーバーエスターライヒ州とザルツブルク州共催の第一回合唱祭の懸賞への応募作品である。男声四重唱と男声四部合唱、およびソプラノ・コルネット2、テノール・ホルン1、ホルン4、トランペット4、トロンボーン3、バス・チューバ1によって演奏される。

当作品は入選し、同年、これを含む入選作八作品がヨーゼフ・クレンツル社から出版された。これがブルックナーにとっての初めての出版譜となった。またこの作品は後のいくつかの音楽祭に参加するさいにたびたび演奏されたブルックナーにとっての自信作でもある。

十九世紀ドイツ・オーストリアでは合唱の演奏が大変盛んで、またその曲は愛国的高揚感とともに歌われるものが多い。この作品もまたそうした曲の一つであった。

『ゲルマン人の行進』は出版後の六五年六月四日、予定より大幅に遅れて開催された前述の合唱祭で、合唱団フロージンの演奏、ブルックナーの指揮により初演された。

ここでやや不審なのは、先に一旦縁の切れたはずのフロージンを再びブルックナーが指揮していることである。このあたりの詳細はよくわからない。ブルックナーは一度きっぱりとフロージンを去ると告げて退団したようだが、その後も、おそらくはフロージンからの要請があってのことであろう、何度か共演しており、一八六八年には再び指揮者に就任している。そうなるまでにどういうやりとりがあったかは知れないが、まずは団員に、いくつか奇妙な言動はあるにしてもブルックナーの音楽性への信頼があったわけだろう。その前提で、ブルックナー自身、こうした「手勢」を持つことの有利さを求めていたことの結果ではないかと思われる。そこでブルックナーの顔を立てる形での話し合いなり和解なりがあったに違いない。相手の態度のよさが見えるとお人好しの彼はすぐに気を変えたのだ。

ブルックナーは多くの決断の場で優柔不断であり、また何かを失うことをきわめて惜しむところがあった。一度は怒りに任せて行動しても、最終的にはそれで絶交ということにしたくなかったのだろう。常に自身の貧しさを意識するブルックナーには、有為な相手と完全に関係が切れる、あるいは立場を失う、ということが、耐えがたいものだったのに違いない。聖フローリアンを去りリンツ大聖堂の正オルガニストに栄転するというときでさえ、聖フローリアンのオルガニストの地位を二年間空けておいてくれと懇願したところなどにも、その、言ってみれば踏ん切りの悪さがよく表れている。

ともかくもブルックナーは帰って来た。そして合唱祭では大変好評を得、第二位を獲得した。一位は一八五六年以来の友人ルドルフ・ヴァインヴルムの『ゲルマニア』であった。

団員たちは喜んだが、ブルックナーは不満であった。自身の作品が一位にならなかったことで非常に立腹したという。

さて少し戻り、一八六四年五月、リンツ時代の代表作とも言うべき『ミサ曲第一番』WAB26の作曲が始まり、同年九月に完成した。予定では六四年八月十八日の皇帝の誕生日に初演されるはずだったが、完成が遅れたので六四年十一月二十日、リンツ大聖堂で初演され、ブルックナーが指揮をした。演奏後、友人であり支援者のモーリッツ・フォン・マイフェルトが自作の詩とともに月桂冠と繻子のリボンを贈った。〈リボンの左側には「リンツ、一八六四年十一月二十日」という文字が、右側には「かつて神より出でし／芸術は神へと戻らねばならぬ」と詩の最初と最後の行が刺繍されており（おそらくマイフェルト夫人の手によるものであろう）、ブルックナーは、このプレゼントを終生保ちつづけることになる〉（根岸一美）

理解者の支援と評判の結果、この曲は同年十二月十八日にも、リンツの音楽ホール、レドゥーテンザールを会場としたコンサート形式で再演された。これは二百五十人分の客席が満席となって経済的にも成功し、新聞にも称賛の記事が載った。『リンツァー・ツァイトゥング』紙には フランツ・ガーモンがミサ曲の発展に関する連載記事の第四回（十二月二十日）と第五回（十二月二十九日）でブルックナーのミサ曲について紹介するとともに絶賛し、また交響曲に対する才能を見出せるとも記した。また『アーベントボーテ』紙にはマイフェルトの論評が載り、称賛とともにここでも交響曲作曲への期待を記している。

この時代、音楽の最高位は交響曲と見られていた。そしてマイフェルトはブルックナーがそちらへ踏み出すことを強く期待していたのだった。

なお『ミサ曲第一番』は三年後、一八六七年二月十日にヴィーンでヘルベックの指揮により紹介され、その成功から『ミサ曲第三番』へ短調 WAB28 を依頼される契機となった。さらに一八七〇年にザルツブルクでも演奏され、こちらでも成功を収めた。

ミサ曲の好評を認めた後の六五年一月、ブルックナーは『交響曲第一番』ハ短調 WAB101 の作曲を始め、翌六六年四月に完成させる。この作品は彼の晩年、一八九一年に改作されるが、そのとき作曲者のいた場所によって区別し、六六年の初稿を「リンツ稿」、九一年の改作を「ヴィーン稿」と、現在では呼ぶ。

この曲はまず第四楽章から書き始められた。〈ブルックナーはこの交響曲を「じゃじゃ馬」と呼び、「自分がこれほど大胆で生意気だったことはなく、まさに恋する阿呆のように作曲した」と述懐している。この言葉は何よりも終楽章にふさわしい〉（田代櫂）

田代櫂によって「じゃじゃ馬」と訳された語は「das kecke Beserl」で、和田旦による訳では「生意気なわんぱく小僧」（デルンベルク）、門馬直美によれば「生意気な浮浪児」、土田英三郎によれば「小生意気なあまっちょ」、根岸一美によれば「生意気娘」である。九〇年にブルックナーがテーオドール・ヘルムへ宛てて送った手紙の中で、『交響曲第一番』をこう呼んでいることから知られる言葉となった（『ブルックナー／マーラー事典』根岸一美による解説）。

この第四楽章冒頭の主題をブルックナーはとりわけ気に入っていたようで、後の一八九〇年七月三十日に、オーバーエスターライヒの保養地として知られるバート・イシュルで大公女マリー・ヴァレリーの婚礼を祝して行なわれたオルガンの即興演奏のさいもこれが用いられ、そのおりの記録から演奏を再現したエルヴィン・ホルンの録音がある（『ブルックナー：オルガン曲集〔バート・イシュルの即興／前奏曲 他〕』Erwin Horn "Bruckner- Orgelwerke"〈1990 Novalis〉CRCB3024）。

この年一八六五年四月にブルックナーはヴァーグナーの『トリスタンとイゾルデ』初演の招待状を受け取っていた。マイフェルトらの紹介があってのことだろうが、ヴァーグナーにも既に「リンツの作曲家」として認識されていたのである。それで作曲途中の六五年五月、ブルックナーはミュンヘンへ向かうことになる。

出立《しゅったつ》直前の五月十四日にブルックナーは『第一番』の第一楽章を完成させた。ソナタ形式だが、主題が三つ用いられており、以後ブルックナーのいずれの交響曲も第一楽章に主題を三つ持つことになる。

ブルックナーはこの手稿譜を持ってミュンヘンへ来た。このとき第一・第四楽章は完成していた。『トリスタンとイゾルデ』の上演予定は五月十五日だったが、イゾルデ役の歌手が病気のため、上演が順延され、結局は六月十日が初演となった。

ブルックナーは五月十五日から二週間ほどミュンヘンに滞在したが、聖霊降誕祭でのオルガン演奏の務めがあるため一時リンツへ戻り、また前述のとおり、続いて六月四日から六日にかけて開催されたオーバーエスターライヒ州・ザルツブルク州合同合唱祭にフロージンとともに参加した。その後再びミュンヘンに戻って六月十九日にようやく初演三回目の『トリスタンとイゾルデ』を聴くことができた。

五月のミュンヘン滞在中、五月二十五日には『交響曲第一番』のスケルツォとトリオを完成させた。同じ宿にたまたまいたロシアのピアニストかつ作曲家アントン・ルビンシュタインとブルックナーは面識を得た。ブルックナーが彼に、持参の『交響曲第一番』の第一楽章総譜を見せると、〈「面白く、才能がある」との評価を得たが、同時に楽器の扱いについて懸念を示されたようである〉（根岸一美）。

次いでルビンシュタインの紹介で、ミュンヘンの宮廷楽長であり当時のヴァーグナー側近（ただし後に離反）、そして今回の『トリスタンとイゾルデ』初演指揮を行なう予定のハンス・フォン・ビューロー（1830~94）に面会し、ここでも同作品を見せると、フォン・ビューローは大変感嘆し、ヴァーグナーにも紹介をしてくれた。ヴァーグナーはブルックナーに自身の肖像写真を与え、これは以後、ブルックナーの部屋に祭壇の聖人画のように飾られた。

しかし、このとき、ブルックナーは、自己紹介をしたものの、ヴァーグナーに自作を提示する勇気がなかった。気後れしたのである。このことをブルックナーは後で深く悔い、一八七三年、改めてヴァーグナーに作品を献呈するためバイロイトへと赴くこととなる。

こうした後の一八六五年六月四日、ブルックナーは合唱祭に出場したのだが、ここでも新たな出会いがあった。

　合唱祭にはヴィーンの音楽評論家エドゥアルト・ハンスリック（1825~1904）が来ており、ここでブルックナーは、ヴィーン音楽界の御意見番と呼ばれる人と知り合うこととなった。

　ハンスリックは著書『音楽美論』で認められて一八五六年にヴィーン大学講師となり、六一年に音楽史・音楽美学の助教授に就任していた。次の著作『ヴィーンにおける演奏会制度の歴史』を六九年に上梓し、この功績により七〇年に正教授となる。ヴィーンの『新自由新聞（ノイエ・フライエ・プレッセ）』での音楽評によってよく知られていた。

　ハンスリックは後にヴァーグナーとブルックナーの敵対的な批判者となり、ブルックナーの最も恐れる批評家となるのだが、出会いのおりは大変に友好的であった。そもそも当時はまだハンスリックがブルックナーの作品を知らない頃だったこともあるが、ハンスリックのためとしてブルックナーが聖フローリアンのオルガンを用い巧みな即興演奏を聴かせたことが好印象を与えたものだろう。その後もしばらくは良好な関係が続く。

　ハンスリックはこのリンツの有望な演奏家・作曲家にヴィーンへの上京を勧めた。また「友情のしるしに」としてシューマンの『ミサ曲』作品１４７の楽譜とサイン入りの肖像写真を贈った。

　同六五年の八月、ブルックナーは第一回ハンガリー音楽祭を鑑賞しに開催地ブダペストへ赴き、フランツ・リスト（1811~86）のオラトリオ『聖エリーザベートの伝説』を聴く。そこでリストに会い、自己紹介をした。リストは多くの音楽家の支援者として知られたが、このおり、ブルックナーには特に注目しなかった。

また翌一八六六年にはヴィーンで作曲者自身の指揮するエクトル・ベルリオーズ（1803~69）の『ファウストの劫罰』を聴いた。ここでもブルックナーはベルリオーズに面会している。

この六六年一月二十三日には『交響曲第一番』の新しいスケルツォが完成し、既にあるものと交換された。第二楽章のアダージョは一月二十七日に書き始められた。こうして四月十四日に全曲が完成した。〈最後に書かれたこの第二楽章には半音階的な大胆な和声進行が見られるが、これはワーグナー体験がもたらしたものと考えてよいだろう〉（根岸一美）

第六場　偉人たち

去年から今年にかけて、立て続けに偉い人たちに出会ったものだな、とブルックナーはなんとなく感嘆した。どうにも心の具合がよくなくて、さまざまに療養する日々だったが、その合間、いくらか気分のよい日には、数かぞえの悪癖も少し治まり、自分という底辺の存在がそれでも僅かながらは上昇している途中なのだと考えようと、その証明として、こんな大物とも面識があるのだと、順に偉い人たちとの出会いを思い返すのだった。

キッツラー先生は言ってみれば洗礼者ヨハネだな、先駆けだ。神ヴァーグナーの到来を告げ知らせてくれた。ヴァーグナーという人は何かもう話しかけるのもためらわれるような気がして、せっかくフォン・ビューロー氏が勧めてくれたのに『交響曲第一番』の譜をご覧にいれることができなかった。

ルビンシュタイン氏もフォン・ビューロー氏も褒めてくれたではないか。だが『タンホイザー』の作者を前にすると「こんなもの」と思えてしまうのだ。いや、失敗作とは思わない。そうでないのだ、なにかこう、神から求められるのでなければ自分ごときが作品を差し出すのは畏れ多いと思えてならなかった。

なんと愚かで愚図であったか。そこでまかり間違ってヴァーグナー氏から「いいねこれは」と一言でも貰えたら、自分はもう巨人の眷属《けんぞく》に加わったようなものではないか。

しくじった。いつものことだ。自分はいつも大切なところで間違う。

だからやり直そう。いずれ、もう一度、必ず、ヴァーグナー氏に面会に行こう。そして、交響曲の献呈を受け入れてもらおう。そうだ。『トリスタンとイゾルデ』の作者に、その和声進行を学んだ交響曲を認めてもらおう。

だがそれにしても、ミュンヘンで見たあれはどういう話だったか、なんだか女がいて男が出て来て、フロージンのメンバーに「筋書き」とやらを問われたのだが、とても説明できなかった。あれはアラベスクのように絡み、螺旋《らせん》を描いて無限に伸び上がってゆく半音階によるモニュメントのようなもので、それだけで十分だ。いったいオペラの歌詞は音楽に必要なんだろうか。

ヴァーグナー氏はご自分で脚本までお書きになるというが、それは果たして音楽家のすべきことなのか、いや、神のなさることは測り難い。

ともかくもあの音響、あの進行、ああした型破りの、キッツラー先生の言う「未来音楽」の造りを自分も我が物としよう。先生はそれを伝えてくれた。

それに続いてのことだ。「創作の偉い人」に面会した後は「批評の偉い人」に逢った。

合唱祭ではあれほど最善を尽くしたのにヴァインヴルムの作品に負けてしまって憤激したものだが、やはり聴く人はいてくれる。

大批評家ハンスリック氏が合唱祭に来ているのを知ったベヒシュタインというフロージン団員の一人が、終演後、会場近くのクラブで紹介してくれて、ブルックナーはここで初めて言葉をかわした。

広い額、顎鬚がなく、口髭だけを水平に伸ばした細面、細身で小柄で、くっきりした眉とその下の厳しい眼つきが印象深かった。

ヴィーンで『新自由新聞』の音楽評を書いておられる批評家の方です、とベヒシュタインに言われて、ブルックナーが、

「ほお『新自由新聞』で」と言うと、眼の鋭い人が

「ええ。演奏会についてはよく評価を報告します」

と答えたので、ブルックナーは、これは十分な敬意を示しておかなければならないと思い、改めて大きく礼をした。ヴィーンで最も権威ある音楽評のひとつが『新自由新聞』のコラムであることはブルックナーも知っていた。

「大したものですなあ」とブルックナーが何度も言うので、ハンスリックは、

「いいえ、わたしは自身が大したものとは一度も思ったことはありません。音楽の真のあるべ

き姿をより多くの人に知ってもらうために書いています。わたしのことより今、音楽の進むべき道の見極めが何より大切だ」

として、以下、その理念を語ったが、ただただ偉い人だから傾聴しなければ、と学則をよく守る生徒の意識になっていたブルックナーにはその伝えようとしていたところがほとんど記憶に残っていない。

ベヒシュタインらとともにビールで乾杯し、その後は合唱祭での演奏に関する自由な感想の披露になった。中でたまたま、ハンスリックとしては認めがたい作品の話になり、そうした「進むべきでない方向の作品とその作者」というものがあまりに勢力を増してきたときは、批評家の義務を果たさねばならない、と言った。そして、自分には認めるべき方向と認めるべきでない方向性がはっきり見えている、劣悪な方向性からドイツ・オーストリアの音楽を救うのが自分の使命である、と繰り返し、ややアルコールが入っていたせいか、

「なに、ヴィーンで心得違いをしている音楽家は生き残れませんよ。わたしがそうさせない。わたしが破滅させようとした人間は必ず破滅するだろうからね」

と言い放った。

ブルックナーは尊敬より恐怖を感じ、この人には何があっても逆らってはならないと決めた。

幸い、合唱祭で上演されたブルックナーの合唱作品とその演奏についてハンスリックはなかなか好意的に評価してくれたので、いよいよご機嫌をとらねばと思い、

「明日、あなたのためにオルガンを演奏したいのですが、いかがでございましょう」と尋ねると、

「いいですね、楽しみにまいります」という答えを貰えた。

「偉いさん」にはひたすら形式ばった敬意の表し方しかできないブルックナーだったが、といってそれが相手を魅了するものでないことも知っていた。一方、さんざん低頭しても一向に振り向いてくれない相手が、自分のオルガン演奏を聴いた途端、態度を変えるという経験は何度かあった。それで、決定的に重要な人物に好かれたいなら、オルガンを弾いて聴かせる、という手続きがこの頃のブルックナーには確立していた。

　翌日、ハンスリックを聖フローリアンに招き、思う存分に即興演奏を聴かせると、批評家は大変に満足したらしく、

「君、ヴィーンに来るべきだよ。こんな大変な才能の持ち主がリンツにいたとは初めて知った。ありがとう、ブルックナー君」

　と大いに励ましてくれ、後でサイン入りの記念写真まで送ってくれた。

　と、思い起こしつつブルックナーは期待の湧くのを感じた。

　とにかく逆らってはいけない、怖い、なんだかよくわからない難しい考え方の人だが、自分のオルガン演奏を絶賛してくれたからには、この先もヴィーンの音楽界で少しはよい言葉をく

れるだろう。いや、あれほど言ってくれたのだから、そうだ、いつか、ヴィーンへ、都へ行こう。マイフェルトさんもそういったことを勧めてくれたことがあったな。

ゼヒター先生に習っていたとき何度も滞在した。あそこに住めるだろうか。確かな職を得ることができなければ無理だ。良家の子女にピアノを教える程度では難しい。

ヴィーン大学の教授になれたら。資格はあるのだ。ゼヒター先生ほか、四人の偉い人たちの証明ももらっている。なれたら。

そう言えばマイフェルトさんは顔を広げなさいと言った。それでリスト氏にもベルリオーズ氏にも会った。

会いはした。

フランツ・リストはヴァイマールで宮廷楽長を務めていた時期、多くの恵まれない新進音楽家を援助した。ヴァーグナーの恩人でもある。それが自らの不利になることも厭わず、失意とともに逃亡中であったヴァーグナーを最大限に支援し、活動を続けさせた。いかなる他者の才能も豚のように見下すと言われた傲岸不遜《ごうがんふそん》なヴァーグナーでさえ、リストには心からの恭順《きょうじゅん》の意を示したという。

ドルンからその価値を教えられた『ファウスト交響曲』の作者に、ブルックナーは、ヴァーグナーをも上回る尊敬の念を抱いていた。なんといってもヴァーグナーさえ頭を下げる人である。何より「未来音楽」の先駆者である。ブダペストでの『聖エリーザベートの伝説』上演の後、楽屋まで出向いて丁寧至極に挨拶をし、多くの新人を助け育てたこの人に、自分も、と願い奉《たてまつ》ったつもりであった。

リストはこの一八六五年七月、叙階式を終え、聖職者となっていた。ただし在家の神父とされるもので祭儀の資格はなく、代わりに当人の結婚も可、特定の教会に属さないので自宅にいてよく、普段の時間も自由なのである。それは長らく同棲していたカロリーネ・ツー・ザイン＝ヴィトゲンシュタイン侯爵夫人との正式の結婚をローマ教皇庁が認めず、結果、二人が距離を取る暮らしを始めて以来、心に決めたことであった。リストはかねがね聖職者に憧れていた。ただしそこで望んだのは、飽くまでも自由な活動のできる、形だけの司祭であった。これにより音楽活動が遮《さえぎ》られることは求めなかった。

このことから、ブルックナーが面会したおり、リストは白いカラー、黒い長衣という司祭服を着ていた。信仰篤いブルックナーはそのなりを見て、音楽の巨匠への尊敬だけでなく、神父への敬いも盛り付けるつもりで膝をつき、

「ああ、お師匠《つしょ》さん」とわざとお国で呼ぶ言い方をして頭を垂れた。

その態度にリストは鼻白んだ。師匠どころか聖職を認められてまだひと月である。しかも自分のそれは実際には単に信仰深さ祈り多さの印を示す程度のもので、もはや女性関係に飽いて厳《おごそ》かに黒服を着たかったから、くらいの気持ちである。身を慎む意図があるだけで心は今も

奔放な音楽家である。まだまだ意欲ある作品を世に問いたい。本日のオラトリオの上演もその一環だ。

何より田舎の司祭を前にしたような「お師匠さん」が気に入らなかった。上流階級の間を優雅に渡り歩いてきたリストにとって、司祭服もまたストイシズムを示すファッションであって、無粋な奉《たてまつ》り仕草はやめて欲しかった。いやそれより、音楽家として作品を聴きに来たのであればまず音楽家として接するのが礼に適《かな》ってはいしないだろうか。

とはいえ常にエレガンスを忘れないリストであれば、いくらか苦笑した後に「お師匠さんは勘弁してくれたまえ、ブルックナー君」とにこやかに告げただけであった。

その後、くだくだと自己紹介を続けるリンツの自称作曲家の言葉は聞き流され、リストにはただ、才の感じられない野暮天が会いに来たという記憶だけが残った。

楽屋を出るといつものように、多数の女性たちが待っていた。一人一人に短く声をかけつつ去る美男の神父の後ろ姿を見送りつつ、ブルックナーは溜息をついた。

ベルリオーズとのおりは？　ここではもうブルックナーは挨拶を許された程度で、ほとんど言葉をはさむこともできなかった。老ベルリオーズが劇場支配人と盛んに言い合いを始めたからである。

よほど待ってみたが状況は変わらず、諦めたブルックナーは一礼してそこを出た。

4　気鬱の日々、脱する準備

一八六六年六月十四日、普墺《ふおう》（プロイセン‐オーストリア）戦争が勃発した。これはオーストリアの敗北に終わり、八月、プラハで講和条約が結ばれた結果、オーストリアはシュレスヴィヒとホルシュタインをプロイセンに明け渡すことになった。それまで所属していたドイツ連邦から脱退した後、連邦そのものも解体し、翌一八六七年にはオーストリア＝ハンガリー二重帝国が成立する。

大きな社会的変化のあった年だが、ブルックナーにとっての六六年八月は、ヨゼフィーネ・ラングという十六歳の少女に求婚した時として記憶される。ヨゼフィーネは音楽愛好家の肉屋の娘で、ブルックナーはピアノを教えていた。

八月十六日、ブルックナーは金時計と美麗な祈禱書とともに手紙を送った。手紙には以下のような文面があった。

……どうか率直で明確なご返事をお書きください。求婚を受け入れてくださいますか、それとも未来永劫に拒絶なさいますか？（どっちつかずや言葉の綾など、あいまいなご返事をなさらないでください、私にはもうぎりぎりの時なのです）……（田代櫂訳）

ヨゼフィーネはあまり間をおかず、拒絶とともに同送品二種を送り返して来た。「尊敬していますが、結婚はできません」というのが答えだった。年齢が二十以上も離れていることが一応の理由としてあった。当時ブルックナーは四十一歳である。

ブルックナーとヨゼフィーネとはそれまで師弟関係にあって、それなりに親しく、確かに尊敬もされていたはずだが、これほど性急に回答だけを求めてきたのでは、たとえうまくゆく可能性が万に一つあったとしても、無理と判断されて当然ではなかっただろうか。

しかもよく読めば、拒絶については「未来永劫に拒絶」などとひどく高いハードルを置く言い方でそちらを選びにくい修辞となっている。相手には修辞でごまかすな、イエス／ノーを文書で答えよ、と言いつつである。

しかし、自らの能力、資格さえ、どれも師と先達からの証明書として記録しておかねば確信できない、かつまた、揺れ動く人の心というものがまるで読めないブルックナーであってみれば、相手がそれまでいかなる態度を見せたにせよ、求婚受け入れなのか拒否なのか、改めてそれを言葉で尋ね、はい／いいえ、いずれかの、中間のない固定した言葉での答えを得ねば事実として認め切ることができなかった。

が、求婚が不首尾に終わったとはいえ、ある程度の親密さはこれによって消滅することがなく、以後もブルックナーとヨゼフィーネの実家とのつきあいは続いた。ヨゼフィーネはこの四年後に有能な商人ヨーゼフ・ヴァイルンベックと結婚した。ヨーゼフはその後まもなくノイフェルデンの市長となる。ヨーゼフの兄カールはリンツで教師をしておりブルックナーの友人でもあった。

そうしたこともありブルックナーはヴァイルンベック家とも親しい交際を続けた。一八八九年、ヨゼフィーネは夫と死別する。翌九〇年、ブルックナーはかつての弟子、このとき大聖堂楽長であったカール・ヴァルデックとともにヨゼフィーネを見舞った。ヨゼフィーネには娘カロリーネがおり、その当時十九歳だった。ブルックナーは母親に似て美しいカロリーネを「可愛らしい代理人」と呼んだ。

これら考えようによっては悪くない話ではあるのだが、一八六六年八月に戻ってみると、ヨゼフィーネから拒絶されて後、ほとんど間もなく、ブルックナーはヘンリエッテ・ライターという当時十八歳の女性に求婚し、また断られている。「ぎりぎりの時」とまで記して拒絶されてから、たった数日後である。しかも先立つ同年一月、ブルックナーは友人ヴァインヴルムにこのヘンリエッテの身辺調査を依頼している。そのさいの手紙には「十八歳で財産は三千グルデンほどある。もっと多いかもしれない。自分の年齢はしばらく伝えないようにお願いする」といった内容があった。さらに同じ手紙に「六千グルデンの持参金付きの別の娘にシューベルトの『セレナーデ』の楽譜を贈ったのだが返されてきた」といったことも記されていた（田代櫂による）。

ヨゼフィーネへの求婚が不器用であったにせよ純真に見えるのに対し、〈ここには中年の芸術家の打算が、あけすけに語られている〉（田代櫂）。

ブルックナーにはこうした面もあった。

いずれにしても妻帯できないゆえの不如意は続き、そこでブルックナーの最も年下の妹マリア・アンナ（1836~70）が身の回りの世話をしようとやって来た。当時マリア・アンナは三十歳である。愛称「ナニー」と呼ばれた。以後マリア・アンナは兄がヴィーンに移ってからも献身的に世話を続ける。

作曲に関しては一八六六年初頭、リンツの新しい大聖堂の奉納礼拝堂献堂式のためのミサ曲作曲の依頼があった。遡《さかのぼ》る一八五四年にローマ教皇から発せられた教条「聖母マリアの無垢受胎」を記念し、司教ルーディギーアが建立を決定した新聖堂の完成を祝うものである。そのさいルーディギーアから定礎式のための『祝祭カンタータ』ニ長調 WAB16 の作曲がブルックナーに依頼され、これは六二年に完成していた。

献堂式のための委嘱作品は『ミサ曲第二番』ホ短調 WAB27 として六六年十一月二十五日に完成したが、礼拝堂の完成が三年ほど遅れたため、一八六九年九月二十九日にブルックナー自身の指揮により初演された。ブルックナーがヴィーンに移った後のことである。野外演奏だった。祝いの式であり受け入れの態勢が整っていたこともあって初演は大成功した。

混声八部合唱に伴奏が付くが、工事中の野外での演奏を想定して委嘱されたため、楽器としては管楽器だけが用いられ、オーボエ2、クラリネット2、ファゴット2、ホルン4、トランペット2、トロンボーン3、という構成で、その使用も控えめである。〈これは近代的な和声をまとってはいるが、パレストリーナのア・カペッラ様式（礼拝堂風＝ルネサンス時代の対位法的な多声合唱様式）を想起させる〉（土田英三郎）

この作品は一八八二年七月二十六日、リンツ近郊のヴィルヘーリンクで改訂され、この稿をもとに一八九六年刊行された。

一八六七年になると二月十日、前述のとおり『ミサ曲第一番』がヴィーン宮廷礼拝堂でヨハン・ヘルベックの指揮によって演奏された。これがブルックナーの作品のヴィーンでの最初の公開演奏である。その成功を認めた宮廷楽団はブルックナーに『ミサ曲第三番』の作曲を依頼した。

後の不遇に比べればなかなか順調に見える創作作品の発表状況だが、ブルックナー本人は『ミサ曲第一番』上演の直後くらいから精神状態・身体状態が非常に悪化し、静かに音楽を聴くということができなくなった。それが目に余ったため、ルーディギーア司教の許可のもと、六七年の五月八日から八月にかけて保養地であるクロイツェン温泉に滞在し、冷水療法を受けることになった。司教は一人の司祭を看護人として付き添わせた。この治療によりブルックナーはいくらか借金を負ったが、ルーディギーア司教はその一部を援助した。

症状の詳細まではわからないが、身体の不調とともに、ともかく何かあるごとに数を数えて止まなかったという。窓、柱、扉、手元にある書類のページ、窓外の木、木の葉、花びら、星など、あげくには川辺に座って砂粒の数まで数えたとも伝わる。見舞いに訪れたマイフェルト夫人が話しかけてもブルックナーは彼女の着ていた服についている真珠の数をすべて数えあげようとばかりするので、以後、夫人はブルックナーの前では真珠つきの服を身に着けることを控えた。

この数字へのこだわりは病状が治まった後もことあるごとにあらわれ、ブルックナー生涯の癖となった。

門馬直美によれば〈過労と将来に対する不安、果たして芸術家として認められるかどうかという心配、女性への自信の喪失などが重なり合った結果の神経の消耗による精神的疾患だった〉。

療養中、ブルックナーはヴァインヴルムに何度も手紙を寄せ、厳密で規則正しい療養方法の報告とともに、音楽活動一切を禁じられていることの焦りを訴えている。

またあるときは近くに来た楽隊の演奏の音がきっかけで錯乱したブルックナーが湯治場から逃げ出し、付近にあった谷底に隠れたまま上がれなくなってしまい、見つけた従業員たちが梯子やロープを用いて助け出したという（田代櫂による）。

幸い、治療の効果は認められ、八月八日に療養所を出てリンツに戻ると、作曲活動を再開する。ヴィーン宮廷楽団に委嘱された『ミサ曲第三番』の「キリエ」の作曲を九月十四日から始めている。

ブルックナーが療養に専念していた六月十九日、オーストリア皇帝フランツ・ヨーゼフ一世(1830~1916)の弟で、メキシコ皇帝であったフェルディナント・マクシミリアン(1832~67)が共和主義者に捕らえられ銃殺された。その遺体は翌一八六八年一月、ヴィーンに戻った。このときブルックナーはマクシミリアン帝の遺体を直接見たいが可能か、と緊急、真剣にヴァインヴルムにその状況を問い合わせている。結局は無理だったが、この真剣さには後々にも見られるブルックナーの、死体への執着がうかがわれる。

ただ、『ゲルマン人の行進』の完成した一八六四年頃、メキシコ皇帝から自分への招聘《しょうへい》の打診があったように読める手紙を、ブルックナーはヴァインヴルムに宛てている。どれだけ実現性があったかはともかく、当時、それなりの成功を収めながらもブルックナーは自己の状況に極めて不満であったらしく、同じヴァインヴルムへの手紙で、ともに海外へ脱出しようか、というような言葉も記していた。それだからといって「遺体を見たい」という要望の理由は不明だが、ブルックナーにはマクシミリアン帝への特別の意識があったようで、以後もその不運に深い同情を寄せた。

一八六七年十二月二十四日、ブルックナーは『ミサ曲第三番』のための「ベネディクトゥス」の楽想を得るとともに〈この時彼は完全な精神的回復を自覚したという。この時の感謝のしるしとして、後年の『交響曲第二番』のアンダンテ楽章には、「ベネディクトゥス」の楽章が引用されている〉（田代櫂）。

ブルックナー最後のミサ曲『ミサ曲第三番』ヘ短調 WAB28 は一八六八年九月九日に完成する。ブルックナーがヴィーンに居を定める直前である。初演は四年後の七二年となる。

このミサ曲完成の翌日にはピアノのための小品『幻想曲』ト長調 WAB118 が作曲され、これがリンツでの最後の作品となった。

クロイツェンからリンツへ戻って一か月後の一八六七年九月十日、恩師ゼヒターが亡くなったとの知らせを受け取った。七十九歳であった。

ヴィーンに来るときは家に立ち寄ってくれと言われ、たびたび師のもとを訪れてもいたブルックナーの悲嘆は当然のことながら、一方、このとき彼には野心も復活していた。ゼヒター没後はヴィーン音楽院教授と礼拝音楽堂オルガニストの席が空くことになる。一八六一年に行なわれた能力試験の評定書には、ゼヒター、ヘルベックら、試験官によって、「音楽院の教師としても推薦されうる」と記されていた。またブルックナーはゼヒター晩年の一番弟子でもあった。これらからブルックナーとしては自分にゼヒターの後を継ぐ資格があると考えたものだろう。

六七年十月十四日、ブルックナーは、ヴィーン宮廷楽団を管轄する宮内長官コンスタンティン・ツー・ホーエンローエ゠シリングスフュルスト侯爵（1828~96）に上申書を提出した。

上申書は、自作の『ミサ曲第一番』が宮廷礼拝堂で演奏されて高い評価を受け、その結果、宮廷楽団のためにもう一つミサ曲の作曲を依頼されたこと、それを既に作曲中であることを記した後、宮廷オルガニスト、ないし宮廷楽団員外無給副楽長としての採用を願うものであった。

しかしゼヒターの後任として宮廷オルガニストに決まったのはピーウス・リヒターで、この人は一八六三年二月以後、病身であったゼヒターの代理を務めていたのでその着任は当然のものであった。

それで次にブルックナーは同六七年十一月二日、ヴィーン大学哲学部長へ、作曲法の講座を新設し、自分をその和声法および対位法の講師に任命してほしいと請願した。

哲学部長は音楽史担当のエドゥアルト・ハンスリックに意見を求めた。

〈ハンスリックは、ブルックナーのオルガニストとしての能力は評価しながらも、「作曲に関する実践的な授業は専門学校すなわち音楽院に相応《ふさわ》しいものであって、大学には馴染《なじ》まない」として反対したため、大学の件は却下された〉（土田英三郎）

なお、この件については後年のようにハンスリックがブルックナーに反感を抱いていたからというわけではない。当時はむしろ好意を持っていた。これ以前、ルドルフ・ヴァインヴルムも作曲法の教師としての任命を申請したが、そのさいも断られており（ただしその後、声楽の講師となる）、そうした前例からしても、「哲学部」という学部の理念としても、ハンスリックの意見は妥当と言えた。

こうしてブルックナーのヴィーン進出の希望はひとまず潰えた。それでだろう、翌一八六八年三月には以前請願したザルツブルクの大聖堂楽長、それとともにモーツァルテウム音楽院長の地位を求めた。これも叶わず、「大聖堂音楽協会名誉会員」という称号を与えられただけであった。マイフェルトやヴァインヴルム、あるいはかつてのハンスリックの言葉にもよるものだろうか、ともかくこの時期、ブルックナーはリンツ大聖堂オルガニストの地位に飽きたらず、さらなる出世をめざしていた模様である。

一八六八年一月六日、前年二月にヴィーンで演奏された『ミサ曲第一番』の好評によって、同曲がリンツ大聖堂で再演され、これもまた大成功を収めた。八日の『リンツァー・ツァイトゥング』紙にはマイフェルトによる絶賛の記事が載った。

この演奏にも合唱団としてフロージンが加わっていたので、ブルックナーは一月十日付の手紙に、感謝の意と、「もし貴合唱団からのご要望があれば応えるつもりでおります」との意向を記した。

ブルックナーの復帰を望む団員が多かったことを当人は知っていたのだろう。一月十五日、フロージンの総会が開かれ、全員一致でブルックナーを首席指揮者とすると決めた。こうしてブルックナーは正式にフロージンに戻った。

フロージンは続いて、来《きた》る創立記念演奏会に向け、ヴァーグナーに名誉会員となっていただきたい、また、創立記念演奏会のための合唱曲を書いていただきたい、という意向を記した依頼状をブルックナーの添え書きとともに一月二十八日に送った。新曲委嘱はブルックナーの発案である。

ヴァーグナーからは同月三十一日、ブルックナー宛に回答が来た。それには、名誉会員となることを承諾する、曲については、近く初演される予定の『ニュルンベルクのマイスタージンガー』第三幕終結部の「歓喜の合唱」を提供する、とあった。

同六八年四月四日、リンツ・レドゥーテンザールで記念演奏会は開催された。シューマン、メンデルスゾーンの作品とともにヴァーグナーの『タンホイザー』から「貴婦人たちと騎士たちの合唱」が演奏された後、『ニュルンベルクのマイスタージンガー』第三幕終曲が初演された。これは譜を刊行するショット社から送られた試し刷り楽譜を用いての演奏で、ブルックナーとしては〈全曲初演に先立って一部初演が許可されたことは、彼にとって大変な栄誉だった〉（土田英三郎）。

その後、『ニュルンベルクのマイスタージンガー』全曲初演はハンス・フォン・ビューロー指揮によって同六八年六月二十一日、ミュンヘンで行なわれた。ブルックナーもミュンヘンへ出向き、六月二十九日の第三回公演を見た。

これより少し前の六八年五月九日、演奏困難のため公演延期の続いていた『交響曲第一番』の初演がリンツのレドゥーテンザールで行なわれた。ブルックナーの純粋器楽曲の公開はこれが最初である。だがオーケストラの人員が足りず、リンツ劇場の管弦楽団、リンツ音楽協会会員の演奏家、さらにアマチュア音楽家、リンツの二つの連隊バンドの団員らによって構成された臨時のメンバーによる演奏だった。

　当日は午後五時から始まり、フロージンの合唱とカティンカ・フォン・ザクセのソロによるメンデルスゾーン、シューマン、シューベルト、ブラームスの声楽曲の演奏の後にブルックナー自身の指揮によって『交響曲第一番』が演奏された。ルーディギーア司教も客席にあったが、前日ドナウ河にかかる橋が崩れるという大事故があったこともあり、客数は多くなく、また決して満足のゆく演奏ではなかったようである。だが、例によってマイフェルトが五月十三日付の『リンツァー・ツァイトゥング』紙に長い好意的な評を載せ、そこで、ブルックナーについて「私たちは、彼が彼の能力と音楽的知識にふさわしい地位を帝都ウィーンにおいて見出し、創作の活動に専念できるようになることを切望している」（根岸一美訳）と記した。教会オルガニストが交響曲を発表したことは驚きとともに迎えられた。

　さらにヴィーンの『新自由新聞』に、ハンスリックによる好意的な感想が載った。ただし、カール・グレーベによれば〈エドゥアルト・ハンスリックは、リンツでの上演を聴かなかったし、またブルックナーの「交響曲第一番」のスコアを見もしなかったが、しかし彼は「新自由新聞」に、ウィーンの聴衆にこの作品とその上演について、よい印象を与えるような報告をのせた〉（天野晶吉訳）。

〈つまりハンスリックは、ブルックナーの教会音楽作品のひかえめな特質を知っていたが、才能ある批評家としての鋭い感覚で、ブルックナーの今後開花すべき天才をかぎつけていたよう

に思われる。それが彼をして、ブルックナーを保護する気にさせ、事実彼を援助しようとしたのである〉（同右）

ハンスリックによる好意的評価の実情はこのグレーべの伝えるようなものだろう。

シェンツェラーによればハンスリックはさらに次のように結んだという。

〈ブルックナーがウィーン音楽院の教授陣に加わるという噂があるが、そのことが本当であれば、われわれは学校当局にお慶びを申しあげてよい〉（山田祥一訳）

続いて五月十二日には、ザルツカンマーグートへ向かおうとしていたヨハン・ヘルベックが途中、リンツに立ち寄り、ブルックナーを訪ねた。ヘルベックはそのとき、ゼヒターの後任としてヴィーン音楽院教授の志願を強く勧めた。また音楽院教授になれば君が前年志願してなれなかった宮廷オルガニストの候補者にもなれると言った。

ブルックナーの才能に心酔していたヘルベックは、彼を迎えるよう、ヴィーンで準備を整えていてくれたのである。音楽院からの授業の条件は、対位法の授業を週六時間、オルガンの授業が週三時間、計週九時間、であった。そこでの俸給が六百グルデンとリンツでの収入より低く、この点にブルックナーは多大の不安を覚えた。これでヴィーンでの生活は可能なのか、何かあったとき持ちこたえられるのか、ヴァインヴルムに手紙で相談している。

『ニュルンベルクのマイスタージンガー』初演鑑賞はこの迷いの中であったので、ブルックナーは初演の前日六月二十日にフォン・ビューローに手紙を送り、ミュンヘンでの宮廷オルガニストあるいは宮廷副楽長等の地位を得ることが可能かどうか打診している。だがそこでブルックナーはこの求職の件はヴィーンには内密にしてくれるよう頼んでいる。

〈彼はヴィーンとミュンヘンを秤にかけながら、同じ日の手紙でヴァインヴルムに同情を乞うているのだ。この時期のブルックナーの無節操ぶりは、なにがなし私たちを考え込ませる。その無節操さにおいて、彼もまた私たちの隣人なのだと……〉（田代櫂）

フォン・ビューローはと言えば、おそらくこうした問いに回答する余裕はなかったと思われる。リストの娘でありフォン・ビューローの妻であったコジマ（1837~1930）がこの頃、ヴァーグナーといわば不倫の関係にあり、この件をフォン・ビューローも知りつつの初演指揮であった。そしてこの後、コジマはフォン・ビューローのもとを去り、正式にヴァーグナーと結婚する。それとともにフォン・ビューローはヴァーグナーから離反し、ブラームスの音楽を理想とするハンスリックらの「反ヴァーグナー派」に加わる。が、こうした件はブルックナーのまるで与《あずか》り知らないところである。

一方、ブルックナーによる給与額不満の件はヘルベックにも伝えられ、ヘルベックがヴィーン音楽院上層部と交渉した結果、増額となり年額八百グルデンが認められた。ヘルベックは俸給をリンツでの現状とほぼ同じとする用意がある、としてさらにブルックナーを説得した。

これによってブルックナーは一八六八年六月二十三日に承諾を回答し、同年七月六日、ヴィーン音楽院から、ブルックナーを通奏低音・対位法・オルガン演奏の担当教授として採用するという通知が届いた。

リンツ大聖堂オルガニストの後任はブルックナーの弟子カール・ヴァルデック（1841~1905）に決定したが、ここでまたしてもブルックナーの請願により、ルーディギーア司教は二年間、オルガニストの地位を空けておくことを約した。

ブルックナーはこの年の夏もクロイツェンで療養した。

九月二十九日、ホテル・シュタット・フランクフルトでフロージンによる送別会が催された。

九月末、ブルックナーは妹「ナニー」（マリア・アンナ）とともにヴィーンに移り、ヴェーリンク通り四十一番にあるヨハン・ヘーネ氏所有の家（ヘーネハウス）の三階（オーストリアで「一階」というのは日本なら二階にあたる。よって当地の言い方では「三階」と呼ばれるところは実質四階）に居を定めた。リンツでの十三年間の暮らしを終え、このときからブルックナーのヴィーンでの生活が始まる。

第七場　谷底で

気づけば暗い谷の底にいた。

確か、ボヘミア人たちだという楽団がひどい音をたて何かどんつくどんつく演奏し始めて、その粗野な音に耐えきれず、逃げた奔《はし》ったはよいが、いったいどこに来たのかもわからず、ただもう静かで暗い場所を求めているうち、どうやって降りたものか、谷底の狭い岩の間にいた。四方、壁のような岩に囲まれて、ここでひっそり暮らすならもう世の中のあらゆる競争から隔たっていられると思った。目前の石塊《いしくれ》を数えながら、自分もまた一塊の岩となり、永遠の自然の中で永遠の音を聴きながら地の底にあることを想像するといくらか心鎮まるようでもあった。

十一、十二、と数えて次の石が見いだせず、ふと数かぞえが途絶えると、しかし、一気に揺り戻しが来た。

そんなことは望まない。自分はただ消えてゆくつもりはない。己の中には是非人々に聴かせたい響きがあること、そしてその素晴らしい響きを創り出した者として十分の尊敬を得ること、どこへ行ってもあの偉大な音楽家だと頭を下げられること、その威光のもとに、容姿の優れた若い娘を妻とし、充実の中でさらなる天界の音楽を組み上げてゆくこと、それら決して手放さない手放せない希望が期待が執着が、燃えあがるように身中に湧いて、ブルックナーはひととき、息をもつくことができなかった。

身は顫《ふる》える。視界は揺らぐ。おーあ、おーふあ、と言葉にならない呻《うめ》きが洩れる。

あと二十二の石塊を見つけ出そう、二十二まで数えよう。それは世界をあらわす数であるはずだった。リズムを作り出そう、一、二、一・二・三、一、二、一・二・三、それが重なって、重なって、石は石塊は、あるぞある。そこにまだひとつ、ふたつ、みっつ、しごろく、しちはちく、リズムは一で一拍、二で一拍、一・二・三で二拍。

及ばないと知った。数に没頭するはずが、これほど無音のこれほど無人の、これほど深い場所には、神の永遠の時間のほうが優勢である。神の前では無限のリズムに意識も薄れ、いや、違う。

無念、残念、そしてふつふつと滾《たぎ》る、これをなんと言うか。ヨブが、心から神に帰依《きえ》しながら、神に異議を申し立てること一切せず「わたしはこれこれとしております」とただその正直を訴えかける。家族を亡くし財を失い全身瘡《かさ》に覆われ灰の中で痒《かゆ》み痛みに耐え得ず転がり回りながら神に訴える。自らの潔白を見ていただきたいと魂から訴える。

自分にはできない。そこまでの信を示せるか、知らない、ただどこまでも不満である。奪われている。そしてこれは私の心から湧き出《い》ずる音楽、神に捧げる音楽であります。これを捧げ奉る。これに見合う地上の栄誉を、望みますは不遜《ふそん》でありますか。

そのためにヴィーンへ出よと知人友人は言います。いや、やめておけ、馴染みのリンツで大人しくおだやかに音楽をやれ、と別の知人友人は言います。選ぶことが自分には難しくあります。より高く大きくなりたい。それには首都に移ることが必要であります。しかし、首都ヴィーンに根を持つ有為な方々と違い、自分は幾人かの知人友人がいるだけで、権力を持って圧倒的に自分をそこに根付かせてくれる支援者はおりませんのです。

安心が欲しいのであります。どこへ行っても誰に何を言っても怖くないほどの資産と地位があれば、と片時もそう思わないことがありません。不安であります。安心して音楽を創りだしたくそればかり望んでおります。

心細く寄る辺なく、心配と不安と見捨てられた孤独の中にただおります。

過去みな偉人には多大の支持者支援者パトロンがついておりました。

バッハ、ヘンデル、ハイドン、モーツァルト、ベートーヴェン、シューベルト。メンデルスゾーン、シューマン。リスト、ヴァーグナー。これら偉人たちの間に立つことを許したまえ。

まだまだ励みます。ミサ曲、交響曲を生ある限り。捧げ奉ります。

一番、二番、三番、四番、五番、六番、七番、八番。まだ先を続けます。

無念、残念、であります。神よ。私には時間が、あまりに足りず、創作だけに時間がかけられません。神よ。貧しい教師の倅《せがれ》であります。本来なら教会に引き取ってもらえなかったかも知れない、父を亡くした子であります。財のなかった者であります。身分の乏しい者であります。懸命の克己《こっき》練習でリンツ大聖堂のオルガニストにまでなった勤勉者であります。

メンデルスゾーンは豊かな資産、教養に恵まれ、幼少時から著名な音楽家たちに囲まれ自由自在に作曲をし、もとよりある才能を先達たちの指導によって飛躍的に伸ばし、財ある両親の与える自由時間を存分に用いて一大名曲をものしてゆきました。生まれのよい人はこうして、私のいるような底の底より数千尺も高い所から出発するのであります。

容姿のよい振る舞いの美しいリスト大人《たいじん》は、その人気、愛される能力でいかなる地にいても誰からも求められ敬われ、身分高い方々から重用され、翼ある人のように高くを飛翔して渡ってこられたと聞くではありませんか。

自尊の高みに立つベートーヴェンには皇帝さえ頭を下げたというではありませんか。

バイエルン王に見込まれ、既にその作品公開が国家行事となっているヴァーグナー師の権勢はどれほどまで拡大することでありましょう。

社交界で愛される音楽家、王に皇帝に望まれる音楽家。

それは人々方々、違いとはありましょうが、私の音楽は劣りますか。蔑まれるべきものでありますか。この惨めな小さい、誰にも嫌われぬよう気遣い続けてようやく、なにがしかの機会を与えられる、この、この、不利な、貧しい、愛されるところのない、自尊の許されない、この。

だが音楽は。私の作りだす音楽は、天上のために響く、世界を鳴動させるものではありませんか。

芸術家も一流ならば求められ愛される機は常にありましょう。私はそれでもオルガンの腕なら大抵の者には負けませんうえ、またそしてゼヒター先生直伝の対位法一切を心得、自家薬籠《じかやくろう》中《ちゅう》のものとした世界でただ一人の免許皆伝《めんきょかいでん》の弟子であります。

その貴重な尊い、完全音楽の担い主が、最初から数え上げれば二十と二回も、求婚を断られる道理がどうしてありますか。

十五から十九歳の、若く美しい女性は悉皆《しっかい》、天使であります。神よ。与えられるのを待ちました。私が心からその容姿振る舞い声を好めるのであればどの天使でもよかったのであります。天使は降りて来るのであります。機を逃さず、逃さない心構えで求めたのであります。いつも好む若い女性を幾人も決めておいて、断られたら次に、次にと、求婚し、そのどの天使でもよかったのであります。

神よ。一人の天使も降りてきませんでした。ただ一人も。神に捧げる音楽に手を染める者に、天使が来てくれません。この私には、神の恩寵が与えられないのであります。

神よ。とりわけヨゼフィーネが無念であります。他とも違い、よく言葉もかわし、尊敬の視線を認めていたのであります。遠くから見知っていただけではないのであります。

求婚は退けられ、その拒絶が未来永劫と決まりました。未来永劫であります。天使が去ってゆきました。私はその激甚な痛みに耐えようと、かねて調べの依頼してあった別の娘にすぐ求婚しました。神よ。拒絶されました。神よ。次には、次には、あるいは、一人くらいは、次に次に、すべて断られました。神よ。見捨てられております。私は天使らから近寄るなと命じられました。すべての天使から避けられております。汝のもとに天使は伴わないと言われております。

神よ。痛みを与えなさいますか。悠々と愛の世界に遊ぶ音楽家たちがいくらでもおります。私には許されません。神よ。神よ。ひとつ、ふたつ、みつよつ、いつつむつ、ななつやつここのつ。

ブルックナーは内心の不穏一切を内なる言葉にして取り出そうと思った。それは教会で懺悔するときのようでもあったが、違う。罪の告白ではない。貧しさの訴えである。信徒であれば神の御業《みわざ》に物申すことはできない。掬《すく》っても掬っても湧き出してくる果てない不服を失意を抱えながらそれを不服と言ってはならない。試練と受け取らねばならない。ただ、神に惨状を見ていただくのだ。心貧しい自らをあからさまにして憐れみを乞うのだ。

幸《さち》を。幸いを。安心を。世の敬い、女性の慈《いつく》しみを、創作の自由を。御願《おんねが》う。御願います。

それは祈りでも信仰告白でもない。

何だろう。ブルックナーは自身の心が破れていると思った。そして破れ目は時とともに拡がり、中から中から惨めな欲望が次々と零《こぼ》れてきた。

もう隠すものは何もない。その情けなさを神に見ていただこう。これほどにわたくしは欲しがり、しかし価値なしと投げ捨てられております。ヨブに比べる身の程知らずはいたしますまい。だが、何も手にない、何ひとつ与えられもしない地上の石塊《いしくれ》とご覧くださいませ。ただひとつ、神に差し上げうる能力があります。音楽の能力であります。このただひとつのわたくしの、ただひとつの取り柄を生かす、道筋をくださいまし。

わが心は今も破れ、もはや隠す術《すべ》もありませず、今更に破れを縫うには、縫うには、数の力に頼ることしかわたくしにはできません。人の世過ぎ、人のこころと違って揺らぐことのない、確実な、数字、数の世界だけがわたくしには信じられて、今も数えます。ひとつふたつ、みつよつ、いつつむつななつ、やつここのつ、とお、とおとひとつ、とおとふたつ、とおとみっつ。永遠に数えます。そうしては心縫い、心縫い、神よ。神よ。

必死であった。カトリックの教えから、地上の栄誉ばかり求める者は戒められる。だが、地上でしかできぬこと、地上からでしか響かせ得ぬ音のありと、信じ心得、懸命に、ブルックナーは地上の幸いを願った。

暗闇にただ一人、思う存分嘆き迷い、そして数え、心縫い、心綴じ、ようやく次第に心固く収まってゆくとともにブルックナーはやや眠気を覚え、暗闇の中でうずくまり、まどろんだ。

遠くから名を呼ばれる気がして目醒めると、確かに聞こえる、「おーい」「おーいブルックナーさーん」「おーい」

それは湯治場に勤める人々の声と認められた。

俄かに自分の居場所の辺鄙さが察せられた。こんな暗い、寒い、地の底のような所に、どうして長居をする気になったのか、自身の気が今、不審であった。

宿に戻らねばならない。こんなところにいることはおかしいのだ。そう考えるとともに、一体どうやってここまで降りたのか、もう一度考えるがわからない。すると再び地上に上る道もわからない。これはいけない、ここで餓死する気はもとよりない。

ブルックナーは顔を上へ向けて叫んだ。

「ここです。ここにいます。助けてください」

すると遠くであった呼び声が近づいてきた。

「どこですかー」「ブルックナーさーん」

「ここです。谷の底です」

そのやり取りが幾度も繰り返され、遂にブルックナーは発見された。

だが彼を谷の上にまで引き上げるために、従業員たちは一度戻って梯子とロープとを取って来なければならなかった。

こうしてブルックナーはどうにか谷底から戻ることができた。

探索していた人々は、いったいこの人はどうやって現地の者も行かない谷底深くまで降りたのだろうと皆訝《いぶか》しみ、それからしばらく、宿での語り草となった。

第三章　ヴィーンでの苦難の日々　*1868〜1878*

1　教員生活、演奏生活、作曲生活

ブルックナーがヴィーンに定住するのは一八六八年だが、その前年六七年のオーストリア国政上の大きな変化をいくらか記す。

オーストリア帝国は普墺《ふおう》戦争（プロイセン‐オーストリア戦争、一八六六年）の敗北後、一八六七年、オーストリア＝ハンガリー二重帝国となった。何も知らずにこの名を聞くとあたかもオーストリアがハンガリーを併合したかにも思えるが違う。もともとオーストリア帝国領土内にあったマジャール人を主たる住人とする地域に「ハンガリー王国」としての独立を認め、帝国を二分してオーストリア帝国と別に扱い、ただしハンガリー王をオーストリア皇帝フランツ・ヨーゼフが兼ねる、という形式をとったのがこの「二重帝国」である。

すなわち、オーストリアを統治していたハプスブルク家が外交上の失政と敗戦により弱体化し、それにより国内のマジャール人の民族運動を無視できなくなった結果、君主はオーストリア皇帝のまま、マジャール人によるハンガリー王国独立を認めたといういわば妥協の産物がこの国体だった。これにより外交と軍事以外にはハンガリー王国に独自の内政決定権が認められた。

一方、ヴィーン市内にも大きな改変が行なわれていた。一八五七年、フランツ・ヨーゼフ帝は軍部の反対を押し切り、市を囲む中世以来の長大な防壁を撤去することを命じた。事実上軍事的な意味がなくなっていたためと利便・発展のためである。撤去後の跡地には幅五七メートル、全長六・五キロの広い環状道路「リンク」が作られた。現在「リンク通り（シュトラーセ）」と呼ばれるそれである。さらにその周囲には多くの公共建築が建てられ、市街は大幅に拡大し、経済活動が活発化した。

ブルックナーがヴィーンに移住してきた頃はリンクの造成工事が最も盛んであった時期にあたる。リンクができあがるとともにリンク外側近隣はリンク内に次ぐ高級住宅地となった。ブルックナーの住んだ「ヘーネハウス」のあるヴェーリンク通りはリンクの外側に接していた。ヴィーン音楽院教授ブルックナーはその四階（前述のとおり、「三階」と呼ばれるが実質は四階）の二部屋を使った。

〈ヴィーン市民のステイタスは、市の中心近くに住む者ほど高く、ブルックナーはいわば第二階級に属していた〉（田代櫂）

ヴィーン音楽院はヴィーン楽友協会付属音楽院というのが正式の名で、ヴィーン楽友協会の活動の一環として一八一七年に発足した機関である。一八二二年以後、「音楽院（コンゼルヴァトーリウム）」と称することになった。これが現在のヴィーン音楽大学の前身である。

なお、ヴィーン音楽院は楽友協会ホールとともに都心の「赤い針鼠館」という建物の中にあったが、一八七〇年に新たな建物が完成し、音楽院はリンク外に移転した。

ブルックナーの音楽院での担当科目は音楽理論（和声法と対位法）週九時間、オルガンの授業週六時間（当初の約束に三時間追加）で、年俸八百グルデンであったが、その後、時間数の増加とともに二百四十グルデンが増額される。

オルガンの教授については当人の提案により理論とレッスンを三時間ずつ行なうことになったが、当時の音楽院にはオルガンが設置されておらず、最初はピアノで、次いで大型の足鍵盤付きハルモニウムで代用することになった。その後、一八七二年にようやくオルガンが設置され、そのさい使用されなくなったハルモニウムはブルックナーが買い取った。

理論教授のさいブルックナーが用いた教科書はデュルンベルガーの『和声学および通奏低音初等教本』とゼヒターの通奏低音ならびに対位法に関する著作である。

ブルックナーはその師ゼヒターに倣い、「まず規則、しかる後に自由な創作！」（土田英三郎訳）として課題の回答には一切自由を認めず、和声の規則に完全に忠実であることを求めた。だがその講義は多くの卑近なたとえ話を用いて学生らの興味を惹くことができ、人気があった。

〈様々な教え子の伝える所から、ブルックナーの教え方のかなり明確な像を描くことが可能である。顕著な事実が二つある。理論の分野にしろ、作曲の分野にしろ、オルガン演奏の分野にしろ、ブルックナーが厳密であり厳格であったことと、生き生きとした自然な教え方をしたこと、である〉（シェンツェラー、山田祥一訳）

以下は田代櫂によって再現された授業中のブルックナーの教え方の例。

主和音は庭で、属和音は庭師だ。庭師は庭を牛耳っとる。そこへ山羊がやって来る。庭師は山羊の脳天に棍棒をぶっ食らわす。（ぎゃ！）諸君、これが不協和音だ。

諸君も田舎で一度くらい、百姓のおかみさんがにわとりを追っかけるのを見たじゃろう。にわとりゃ走る、おかみさんも走る。にわとりゃわめく、おかみさんもわめく。互いに相手の行く手をさえぎろうとする。これすなわちフーガだ。

またこれも人気の理由となったであろうところが次。

〈実践例をピアノやハルモニウムで弾いたが、これはしばしば長い即興演奏になって聴講者を喜ばせた〉（土田英三郎）

一方、厳格さの例は以下。

〈後に大変有名な指揮者になったフェリックス・モットルは、和声法で禁止されている平行五度が一つあったため、まるで小さい生徒のように教室の扉の前に立たされた〉（グレーベ、天野晶吉訳）

このモットルの伝える言葉として次のようなものもある。

〈モットルは和声の練習問題の少し自由な答案をブルックナーに渡した日のことを語っている。ブルックナーは、その宿題を見て、「学校では何事も規則通りにしなければいけない。禁じられている音符はただの一つでも書いてはいけない。しかし学校を終えてしまって、そんなに厳密に規則通りのものを私の所へ持ってきたら、私は抛り出してやる！」と、とてもひどいオーストリア訛りで言ったそうである〉（シェンツェラー、山田祥一訳）

指揮者フェリックス・モットル（1856~1911）の他にも、音楽院でのブルックナーの弟子からは後に著名となる音楽家が多数出た。

ブルックナーの作品を世に広めようと活動したことで「ブルックナーの三使徒」の内の二人として知られるシャルク兄弟、ピアニストのヨーゼフ・シャルク（1857~1900）と指揮者のフランツ・シャルク（1863~1931）、「三使徒」のもう一人、指揮者フェルディナント・レーヴェ（1865~1925）、ブルックナーの伝記を書いたアウグスト・ゲレリヒ（1859~1923）、音楽文筆家エルンスト・デチャイ（1870~1941）、ピアニストのヴラディーミル・フォン・パハマン（1848~1933）、音楽学者のグイド・アードラー（1855~1941）、指揮者ルドルフ・クルシジャノフスキ（1862~1911）、音楽文筆家フリードリヒ・エックシュタイン（1861~1939）、指揮者エミール・パウル（1855~1932）、音楽理論家ハインリヒ・シェンカー（1868~1935）、後にブルックナー『交響曲第六番』の楽譜を校訂したシリル・ヒュナイス（1862~1913）、ブルックナーの交響曲のピアノ編曲を行なったピアニスト・作曲家アウグスト・シュトラーダル（1860~1930）、作曲家フリードリヒ・クローゼ（1862~1942）、作曲家カミロ・ホルン（1860~1941）、作曲家ハンス・ロット（1858~84）。作曲家フランツ・シュミット（1874~1939）など。

また音楽院で学んだわけではないがブルックナーに私淑し傾倒した作曲家にグスタフ・マーラー（1860~1911）とフーゴー・ヴォルフ（1860~1903）がいる。

初期には学生数も少なかったとされるが、長く続けるうちには多くの有能な生徒を集めていったことがわかる。

〈ブルックナーはどの学校でも生徒の評判は良かった。彼も弟子たちを殊《こと》のほか愛した。リンツ時代と同じように、晩ともなれば料理屋や酒場で夜遅くまで飲みかつ談笑した。（中略）彼らはやがてブルックネリアーナーを形成する〉（土田英三郎）

この点に関してカール・グレーベは次のような見解を示している。

〈ブルックナーは、彼が世間や周囲の環境に対して示した彼の無力さを、それが権威のある態度によってであれ、また親しそうな態度によってであれ、生徒たちとの関係で補おうとしていたのである〉（天野晶吉訳）

もうひとつ、伝えられているのは、当時「解放された女性」と呼ばれた好学的な女性への態度である。当時、女性が作曲法を学ぶのは例外的と考えられていた。受講者の中に若い女性がいるのを見るとブルックナーは近寄って行って「ほお、きょうびのご婦人がたは対位法なんて勉強なさるんですか」とわざわざ問うた。出席するたびにそういうことを繰り返すのでその女性は出席をやめた（ヴォルフによる）。

この態度は、ブルックナーが、気に入った若い女性とは実質的な交際期間をほとんど経ずにすぐ結婚を申し込む、といった行動と同列にある。考え、意識する主体としての女性には反感を抱き、その内面に関係なく、若く美しい、見られ愛される女性を得たいとする保守的異性愛男性の一典型的姿勢である。

が、ともあれ男子生徒たちとの関係はよかった（これも典型的なホモソーシャル――男性中心、女性排除、女性蔑視、性愛としての同性愛は禁忌としながら男性同士の深い絆を構成する行動様式――のグループ形成である）。しかし、音楽院でのブルックナーの待遇はよいとは言えなかった。とりわけ、協会事務総長のレオポルド・ツェルナーからは非常に疎まれた。ツェルナーは、当然自分が継ぐものと考えていたゼヒターの後継ポストを得たブルックナーを敵視した。ツェルナーはブルックナーの授業中にわざと教室の明かりを消したという話もあり、隣室で用務員にサイレンを鳴らさせたという話も伝わる。また、この用務員シュヴィングルはブルックナー同様田舎の出身で、それでか、ブルックナーとはことあるごとに張り合い、ブルックナーもいちいち対抗した。

ブルックナーは別にまた、一八六八年九月に帝立王立宮廷楽団のオルガニスト候補者（エクスペクタント）の発令を受け、宮廷オルガニストの職にも就いたが、これは無給の職である。一八七八年に正式の宮廷礼拝堂楽団員となるまで十年間、ブルックナーはここに無給で奉仕した。宮廷礼拝堂に勤めることは当時の教会音楽家にとって非常な名誉であり、その正式採用を強く望んでのことである。

その後一八七五年、同楽団の宮廷副文書係と少年聖歌隊代理声楽教師に任命されたことで三百グルデンが支給されるようになった。

また一八七〇年十月、ヘルベックの紹介によりリンク内聖アンナ通り帝立王立教員養成学校の助教員の職に就いてピアノを教え、年五百四十グルデンを得ることとなった。

ヴィーンでのブルックナーの勤めは以下の通り。

〈ヴィーン音楽院教授（一八六八～九一）、宮廷オルガニスト候補者（六八～七八）、宮廷副文書係・少年聖歌隊代理声楽教師（七五～七八）、宮廷礼拝堂楽団の正式メンバー（七八～九二）、聖アンナ女教員養成学校講師（七〇～七四）、ヴィーン大学講師（七五～九四）〉（土田英三郎による）

これらの他、自宅でピアノの個人教師をも続けた。また一八六八年十二月には文化教育庁から「大規模な交響作品の制作のための奨励金」として五百グルデンが支給された。これもヘルベックの働きかけによる。引き続き七〇年にも四百グルデンの支給があり、また七四年一月にも助成金五百グルデンを得る。

　教師ほかの仕事による多忙で作曲のための時間が思うようにとれない状態だったが、しかし、この収入であれば貧窮していたとは言えない。

〈かつての師デュルンベルガーに宛てた手紙によれば、教授活動による一八七一年度の全収入は、二千八十グルデンだった。十九世紀後半のヴィーンで、四人家族の年間支出が平均六百から八百だったというから、独身のブルックナー教授はきわめて裕福だったといわねばならない。だがブルックナーはいつも生活の不安を訴えていた〉（田代櫂）

　これだけ得てどうか、とも言えそうだが、ブルックナーは、著名な作曲家演奏家と違い、一音楽教師でしかない自分に未来の保証がないという意識を拭えなかったのだろう。

　さらに後々不幸・不都合や不満もつのるのだが、ただ、ヴィーンに来た当初のブルックナーはその快適さをアロイス・ヴァインヴルムに伝えており、またモーリッツ・フォン・マイフェルトの手紙の文面からもその様子がうかがえる（根岸一美による）。

　また最初の半年間、ブルックナーはヴィーン大学に通い、ハンスリックによる音楽史の講義を聴講した。ハンスリックは一八六九年に『ヴィーンにおける演奏会制度の歴史』を公刊し、この著作への評価から七〇年に教授に昇進する。ブルックナーの知るところではなかったが、六七年のヴィーン大学への求職申請が拒絶されたのはハンスリックの意見によってである。しかし先述のとおり、この時期、ブルックナーとハンスリックとの関係は悪いものではなかった。ハンスリックのブルックナーへの見解は明確である。オルガンの腕前は認めるし、すぐれた音楽家であるとも認める、よって音楽院の教授には推薦する。しかし、実践的な技法の伝授とは異なるべき大学の講義を行なうには向いていない、ということであった。

ブルックナーがヴィーンに来た頃、〈当時二人は晩に酒場などで親しくつきあったものだが、ある日ハンスリックは「大学で教えるなんて考えはお捨てなさいよ」と釘を刺したことがあった〉（土田英三郎）。

それでその後もブルックナーから何度も出される大学講師のポスト申請に対しては意見の通る限り拒絶したが、一方、六九年のフランスでのオルガン演奏のための派遣人選のさい、ハンスリックは候補者の中から特にブルックナーを推薦している。

フランス、ナンシーでは、旧エプブル教会の跡地にゴシック大聖堂が建設されつつあったが、聖堂完工より早い一八六九年の初め、パリのメルクリン＝シュッツェ社製の大オルガンが完成した。そこで教会はヨーロッパ各地から優れたオルガニストを招き、新オルガン奉納式として競演させることを企画した。これにオーストリアからはブルックナーが選ばれることとなった。

一八六九年四月二十四日、ブルックナーはナンシーでのオルガン演奏旅行に出発する。

同月二十七日の落成式・試演の後、二十八・二十九日に演奏会が開催された。

各国、ということだったが演奏者はフランス人・ベルギー人が主で、ドイツ語圏からはブルックナーのみの参加となった。

一日目、ブルックナーは、バッハの『平均律クラヴィーア曲集』から「前奏曲とフーガ嬰ハ短調」を演奏した後、自由な即興演奏を行なった。

二日目にはオーストリア国歌『皇帝讃歌』にもとづく即興演奏があった。

これはいずれも大成功を収め、聴衆は喝采した。

この演奏に感銘を受けたメルクリン＝シュッツェ社の社長はブルックナーをパリに招いた。予定より長く滞在することになるのでブルックナーはヘルベックに手紙を送り、三日間の休暇延長を依頼し、それは認められた。その後に精霊降誕祭の休日が続いたのでブルックナーはしばらくパリに滞在することができた。

五月に入ってすぐ、メルクリン＝シュッツェ社で新しいオルガンを試奏し、続いて工場内でのコンサートで『交響曲第一番』第四楽章の主題による即興演奏を行なった。

次いでノートルダム寺院の大オルガンを弾くことになった。

この演奏会は非公式だったが、そこには著名なフランスの作曲家、批評家が招かれていた。セザール・フランク、カミーユ・サン＝サーンス、アンブロイーズ・トマ、ダニエル・フランソワ＝エスプリ・オーベール、シャルル・フランソワ・グノーらである。

ブルックナーは同席していたサン・トリニテ（聖三位一体）教会のオルガン奏者アレクシス・ショヴェーから与えられた主題にもとづいて前奏曲とフーガ、即興演奏を行なった。

ここでブルックナーはナンシーでのそれを上回る成功をおさめ、オーベール、グノー、そして大オルガン改装者のアリスティド・カヴィエ゠コルらから招待を受けた。

その後、パリから再度ナンシーに向かい、リンツを通って五月十九日、ヴィーンに戻った。フランスでの成果は直ちにオーストリア国内に伝えられた。

翌六月、その音楽批評をハンスリックが主導していた『新自由新聞』には「フランスにおけるオーストリア人オルガニストの成功」との記事が掲載され、以下、各紙での称賛が続く。

これによりブルックナーは合唱団フロージンの名誉会員の称号を得た。

また帰京途中に立ち寄ったリンツ近郊のヴェルス市の男声合唱協会からも名誉会員の称号を贈られた。

この年一八六九年の作品制作・作品実演の状況は次の通り。

八月十一日、ア・カペラによる混声四部合唱曲『この所は神により作られた』ハ長調 WAB23 が完成した。リンツの新大聖堂の奉納礼拝堂の献堂式のミサのために書かれたものだが、式当日は演奏されず、一か月後の同年十月二十九日、リンツ新大聖堂聖歌隊指揮者ヨーハン・バプティスト・ブルクシュタッラーの指揮によって初演された。

九月十二日には後に『交響曲第〇番』と呼ばれることとなる『交響曲ニ短調』WAB100 が完成した。

九月二十九日、リンツ新大聖堂奉納礼拝堂の献堂式で『ミサ曲第一番』WAB27 が初演される。先の章に記した通りブルックナー自身が指揮し、成功を収めた。この作品の優秀さを讃え、ルーディギーア司教から褒賞金《ほうしょうきん》二百グルデンが贈られた。

十月二十九日から三十日にかけて、変ロ長調の交響曲のスケッチ WAB142 が六十八小節ほど書かれたが、これは未完のままとなった。

翌年、一八七〇年となってすぐの一月十六日、同居して家事を受け持っていた妹マリア・アンナ（ナニー）が肺結核のため三十四歳の若さで亡くなる。ブルックナーは妹をヴィーンに連れてきたことを悔やんだ。当時のヴィーンは埃風《ほこりかぜ》が多く、かなり空気が悪かった。

独身のブルックナーには身の回りの世話を頼むべき人が必要になった。このとき雇われた人が「カティ」（ブルックナーは「Frau Kathi カティ夫人」と呼んだ）の愛称で呼ばれ、後々、名物家政婦として語られることになるカタリーナ・カッヒェルマイヤー（1846~1911）である。

〈この「カティ夫人」はブルックナーより二十歳も年下であったが、健全な分別と的確な判断力、そしてユーモアをもち、当意即妙な受けこたえができ、ブルックナーが亡くなるまで、毎月七グルデンの手当で、彼の「家長」として忍耐強く働くことになる〉（根岸一美）

日々、カティ夫人は特定の時間に来て家事をこなした。

〈彼女は主人の死に至るまで忠実に仕えたよい家政婦だったが、家政以外のことは何もせず、ブルックナーの方も在宅時は仕事一点ばり、ときには夕食や、学生を連れての飲屋歩きの外出で気ままにふるまった〉（張源祥）

なお先述のリンク内聖アンナ通り帝立王立教員養成学校の助教員となってピアノ・音楽理論を教え始めたのはこの年の十月である。

この増収に加え、文化教育庁の当年度芸術家奨励金として十一月、昨年に続き四百グルデンが支給された。

一八七〇年の作品実演については以下。

五月十五日、フロージンの音楽祭で『真夜中』WAB80初演。

九月十一日、『ミサ曲第一番』がザルツブルクで演奏された。これについて『ブルックナー／マーラー事典』の年譜（根岸一美による）には〈長すぎる等の理由であまり評判はよくなかった〉とあるが、田代櫂の記すところでは〈好評を博し〉た。ともあれたびたび再演されているのだから、いくらかずつブルックナーの名が知られてきていたことの証しではあるだろう。

そうした件とともに前年のオルガン競演での名誉から、この年の秋、オーバーエスターライヒ州教員組合の名誉会員に推され、また聖セシリア祭の十一月二十二日、故郷アンスフェルデンの名誉村民にも選ばれた。〈ただ、いずれも故郷とその周辺における評価にすぎず、ヴィーンでは居住地ヴェーリンガーの合唱団から名誉会員に指名されただけだった〉（土田英三郎）

一八七一年七月下旬から八月にかけてブルックナーは再びオルガン演奏旅行に出る。今回の行き先はイギリスであった。

この年三月、ロンドンにロイヤル・アルバート・ホールが完成した。六千人以上を収容可能な大ホールである。

ここにはヘンリー・ウィリス制作による巨大オルガンが設置された。四手鍵盤、パイプは約一万本が用いられている。委員会はこのオルガンの試演会の開催を決定し、各国の商工会議所を通して高名なオルガン奏者の派遣を求めた。オーストリアにも依頼が来たので、三人の候補者の中から今回もブルックナーが選ばれた。ハンスリック、ヘルベック、ツェルナーら、審査員全員の同意による決定である。

ブルックナーは一八七一年七月二十日にヴィーンを出発し、途中ニュルンベルクに立ち寄って英語の通訳者を雇い、七月二十九日にロンドンに到着した。なおニュルンベルクでは通訳者（あるいはその知人）の妹アントニエ・ツィンマーマンに惹かれ、その後数年、文通を続けたとのことである（田代櫂による）。

コンサートは八月二日に始まり、その後、三、四、五、八、十一、十二日に行なわれ、ブルックナーは六回（あるいは五回）出演したとされる。フランスでの場合と違い、当初、英国の新聞は外国の演奏者に好意的でなかったようだが、実演に接した人々は大きく感銘を受け、その評価は徐々に上がっていった。

〈初日には、正午からバッハのトッカータ・ヘ長調、このトッカータにもとづく即興演奏、ヘンデルのフーガ・ニ短調、自作主題にもとづく即興演奏、バッハのフーガ・ホ長調による即興演奏、そして英国国歌《ゴッド・セイヴ・ザ・キング》による即興演奏をおこなった。二日目には、午後三時からメンデルスゾーンのオルガン・ソナタ第一番、バッハの嬰ハ短調フーガ、メンデルスゾーンのソナタによる即興演奏、オーストリア国歌による即興演奏、ヘンデルの《ハレルヤ》による即興演奏、そして自由即興演奏をおこない、彼の演奏にたいして日増しに高い評価が寄せられていった〉（根岸一美）

この評価から、さらにクリスタル・パレス（水晶宮。一八五一年ロンドンのハイド・パークで開かれた第一回万国博覧会の展示館として建設された建物。ここもオルガンを持つ）での演奏をも求められ、一週間のロンドン見物の後、八月十九、二十一、二十二、二十三、二十六、二十七、二十八日に演奏を行なっている。こちらも大変に評判がよく、〈八月二十一日にはドイツ帝国創建を祝うコンサートが行なわれ、聴衆は『ラインの護り』による即興演奏に熱狂して、オルガニストを肩にかつぎ練り歩いた〉（田代櫂）。

以下は八月二十三日にリンツのマイフェルトに送ったブルックナーの手紙から。

いま終わったところです。十回独奏会を開きました。六回はアルバート・ホールで、四回はクリスタル・パレスです。いつも果てしなくつづくたいへんな拍手。アンコールの要求。とりわけ二つの即興曲を幾度か繰り返さなければなりませんでした。

（中略）

昨日わたしは七万人の人々をまえにして演奏し、委員会の懇請でアンコールをひかなければなりませんでした。というのはたいへんな拍手を軽んじたくなかったからです。月曜日には独奏会で同じように成功をおさめました。（以下略）（和田旦訳）

二十三日の段階でクリスタル・パレスでの独演が四回とあるが、このあとの日にも演奏したようで、計六回もしくは七回、いずれも大喝采を受けた模様である（田代櫂・根岸一美による）。〈ブルックナーはロンドンでの成功をけっして忘れず、後年、ヴィーンで自分の交響曲が演奏され、認められることを切望し懇願していたころ、彼はしばしば自責の念にかられたものだった。「あのときイギリスに行ってさえいればよかっただろうに！」〉（デルンベルク、和田旦訳）

ところで、この大反響の主たるところはやはり即興演奏の部分であるようだ。そこはブルックナー自身、自覚していた。

〈興味深いことに、イギリスへの出発に先立ち、彼は彼の教え子たちに次のように言ったと伝えられている。「もう私はバッハにあまりかまけたりしないつもりだ。そんなことは想像力のない人にまかせる。私は題による自由な即興演奏をやる。」これはオルガン演奏に対するブルックナー自身の態度を明瞭に示していて、オルガンの名手である彼がなぜ語るに足るオルガン曲を書き残さなかったか、その理由を明らかにしている〉（シェンツェラー、山田祥一訳）

演奏と記譜ということに関してはまた、次のような意識もあった。

〈またあるときは、彼は自分のオルガン演奏だけを賛美してくれるのはごめんだといった。「わたしの指が演奏するものは消えてゆく。わたしの指が書き記すものは永遠に残る」と彼はいうのだった〉（レルケ、神品芳夫訳）

さらに、ソロとして卓越した即興演奏の能力に比較すると、ブルックナーのアンサンブルの能力はきわめて劣っていたという報告もある。

〈オルガニストとしてのブルックナーは、優れた即興演奏家だった反面、伴奏は得意でなかった。臨機応変さに欠け、間奏ではインスピレーションが湧かなかった。宮廷楽団の合唱児童たちによれば、彼はひっきりなしにペダルを踏み間違えていたという。ソロではペダルの名手だったという証言があるので、彼はアンサンブルの苦手な演奏家だったのだろう〉（田代櫂）

一方、即興演奏となると我を忘れた。

〈ブルックナーはオルガンの即興演奏に夢中になりすぎて礼拝に支障をきたすことがたびたびだったので、ヘルメスベルガーは後年彼の起用をかなり限定するようになった〉（土田英三郎）

演奏会の後、ブルックナーはブリュッセルを経由して聖フローリアンとリンツに滞在した後、十月にヴィーンへ帰った。このたびはフランス旅行の際とおなじく凱旋《がいせん》とでも言えそうな帰還である。

ところが、ちょうどその頃、ヴィーンの職場でブルックナーにとって非常に屈辱的な問題が発生していたことを彼は知った。

聖アンナ通り帝立王立教員養成学校でのブルックナーの品行に関する告発があったため、査問に応じなくてはならず、結果次第では退職勧告にもなりかねないというのだった。

〈夏のオルガン旅行前と思われる〉授業中、ブルックナーが一人の女子生徒に「リーバーシャッツ（Lieber Schatz）」と呼び、馴れ馴れしく話しかけた、ということが問題になっていた。Lieber Schatz とは日本語で言うなら「かわいこちゃん」（英語なら「マイダーリン」「スウィートハート」）とでもいったくだけた呼びかけ方で（シェンツェラーによる）、それを親しみととるか馴れ馴れしいととるかは受け取る側の問題だが、生徒からは拒絶されたことになる。なおこれは現在であればやはりセクシュアル・ハラスメントと言われることもありうる件だが、当時、これだけで退職まで求められるというのはやや異様に見える。

〈査問の結果は特に問題は出なかったが、この些細《ささい》な事件はいつのまにかブルックナーの女学校教員としてのモラルや適性の問題にまで発展し、あわや退職に追い込まれるところまでいった〉（土田英三郎）

これについては、呼ばれた当人ではなくその女子生徒の隣に座っていた生徒が告発した、とも、それを知った女性の助教員が告発したとも言われており、おそらくのところ、当の生徒の友人がブルックナーの態度に義憤《ぎふん》をいだいて訴え、それを女性教師らが問題視して養成学校の上層部に「あの不埒《ふらち》な教員を辞めさせよ」という談判を行なったのだろうと察せられる。

それはつまり、ブルックナーという田舎びた言葉使いの多い無神経な中年独身男性に、養成学校での何人かの女性たちが嫌悪感をいだいていたのだろうということ、またもうひとつ、こんな件が大事《おおごと》にされてしまったところに、〈このスキャンダルの背景には、彼の成功を喜ばない者の悪意が感じられる〉（田代櫂）ということである。

また新聞がこの件を掲載し、ブルックナーは大いに心を痛めた。〈調査が始まり、十月十二日にはリンツの『ターゲスポスト』紙に解雇をほのめかす記事さえ載ってしまい、十五日にはシュタイアの『アルペンボーテン』紙にも書かれるなど、厳しい日々が続いた〉（根岸一美）

とりわけひどかったのは『ボンベ』という新聞で〈それは彼のいかがわしいピアノ・レッスンについて、ヴィーンの娼婦が女友達に告げ口するという設定になっていた〉（田代櫂）。

次はそのおりにブルックナーがマイフェルトに送った手紙から。

十月二十二日の「ボンベ」紙をお読みになりましたか？　私はあれで熱を出しました。

（中略）

さて、気の進まぬ告解をせねばなりません。リンツの名士シュトラインツ（実科学校校長）の二人の娘たちが、私に侮辱されたとか、その一人に私が腹を立てて馬鹿娘とののしったとか、誰かがご注進に及んだのです。ただしこそこそと匿名で。父親は娘たちを学校から引き上げさせましたが、以来私は何者かの（というかその父親の）匿名の告発で迫害されているのです。いわく、私が娘たちの手を握って揺すったとか、誰やらに特に親切だとか、はては私が危ない男だとか……。明らかにこちらの親切心や善意を、逆手に取ろうとしているのです、私にはまったく疚しいところがないのですから。（以下略）（田代櫂訳）

ブルックナーとしてはこんなことで教師としての資質まで問われるいわれはなかったので、懲戒免職などとても認め難かった。そのため、例によって聖職者に人格の正しさを証明する証明書を書いてもらい、当時音楽院院長のヨーゼフ・ヘルメスベルガー一世にも証明書を依頼している。

が、これについては、ブルックナーの才能を高く買っていた当時の文化教育庁長官カール・フォン・シュトレーマイヤーによる決断で一気に疑惑の根拠なしと認められ、教員養成学校にも復帰が認められた。しかし、この件で女子生徒からの敵意と猜疑《さいぎ》を感じたブルックナーは、女子部の受け持ちをやめ、男子部だけを受け持つことを要求し、それは認められた。ただし、その結果として年俸の五百グルデンを失い、また三年後、一八七四年の同教員養成学校のカリキュラム改変によってこの職自体を失うことになる。

こう見るとブルックナーが教室で女子生徒を教えていた期間はほぼ一年だけである。男性の弟子たちとの長く親密な関係と比べるとその相性の悪さがうかがわれる。

一八七一年から七二年の作品制作状況は次のとおり。

ロンドン滞在中にその終楽章スケッチを始めていた『交響曲第二番』ハ短調 WAB102 の作

曲を七一年十月十一日から本格的に開始し、これは七二年九月十一日に一応の完成となる。これが一八七二年版とも言われる「第一稿」である。

またこの作業とともに初演のため『ミサ曲第三番』の修正を進めていた。これは一度初演を拒否されたためで、その後、改めて一八七二年六月十一日にヴィーンの宮廷礼拝堂での初演と決まったが、会場の広さが足りなかったため、聖アウグスティヌス教会に場所を移すことになった。しかも宮廷歌劇場楽団（＝ヴィーン・フィル）を雇うため、ブルックナーは三百グルデンを自費で負担せねばならなかった。しかし結果としては大きな成功を収めることができた。聴衆の中にはシュトレーマイヤー長官、そしてフランツ・リストがいた。

〈センセーショナルな成功にほとんどの新聞は賛辞を惜しまなかった。中でもハンスリックはベートーヴェンとヴァーグナーからの強い影響を指摘しつつ、優れた対位法技術と感動的で独特な美しさを讃《たた》え、この作品が演奏会場でも上演されもっと大勢の聴衆に知られるべきだと書いている。リストから好意的な評価を得たことも作曲活動を継続する上で大きなはげましとなった。この作品はブルックナーの生前に十数回は演奏された〉（土田英三郎）

『ミサ曲第三番』はソプラノ・アルト・テノール・バスの独唱と混声四部合唱、管弦楽、オルガンによって演奏される。これは現在も大変評価の高い作品で、その価値について『作曲家別名曲解説ライブラリー5　ブルックナー』から以下引用する。

古今のあらゆるミサ曲のうちの、最大傑作の一つはあきらかにブルックナーの《大ミサ曲第3番》である。

このミサ曲の初演のステージ練習を担当した当時の指揮者、ヘルベック（Johan Herbeck 1831~1877）は、練習の途中に、その音楽のもつ、あまりの重厚な迫力のため、極度の感動に襲われて、指揮台の上に倒れたと伝えられている。そして初演後、ヘルベックはブルックナーを抱きしめて、「私の知る最高のミサ曲は、この曲とベートーヴェンの《荘厳ミサ》だけだ」と語ったというが、この逸話の示す内容は、けっしてヘルベックだけの個人的感想でないことは、一度でもこの曲をきけば了解できるにちがいない。（菅野浩和）

なお、ここでベートーヴェンの『荘厳ミサ』の名をあげて礼賛し抱擁したのはヘルメスベルガー一世であると伝記作家ゲレリヒは記していたが、後にアウアーによってそれはヘルベックであったと訂正されており、ここではそちらに従う。

この初演の本番ではブルックナー自身が指揮をして成功した。それというのもヘルベックによる綿密なリハーサルがあったからである。

ところで、『交響曲第二番』にとりかかった時期、ブルックナーは聖アンナ通り帝立王立教員養成学校での問題で大いに煩わされていたわけだが、生活上のトラブルは彼の作品制作の進捗には影響していなかったことになる。作品の内容にもそのおりの実人生の苦難は反映されていないと見てよいだろう（シェンツェラーによる）。ブルックナーはそういう作曲家なのだった。

また、一八七二年のあるとき、ブルックナーは先に書き上げていた『交響曲ニ短調』（『第〇番』）のスコアを指揮者デソフに見せて判断を仰いだとされる。

〈ブルックナーは、完成したこの交響曲をウィーンで初演させようと思って、当時ウィーン・フィルの首席指揮者をつとめていた指揮界の実力者オットー・デッソフ（Otto Dessoff 1835~92）にこの草稿をみせた。ところがデッソフは、とくに第1楽章について「一体どこに主題があるのかね」と質問したので、ブルックナーはおじけづいて、作品を引っこめてしまった。こうして、ブルックナーの生存中には、この交響曲は、初演されなかった〉（『作曲家別名曲解説ライブラリー5　ブルックナー』から、門馬直美）

『交響曲第一番』の後に完成したとみられるこの『交響曲ニ短調』WAB100は本来なら『交響曲第二番』となるはずだったのだが、右のような経緯からいったん破棄された。その後について、『ブルックナー／マーラー事典』では以下のようにある。

〈1895年、最晩年のブルックナーは、ベルヴェデーレに移るに際して初期の作品の多くを破棄したが、その際にニ短調交響曲を捨てることはできなかった。彼は上記の楽譜冒頭における「第2番」という数字に斜線を施し、その下に「無効」を意味する「annulliert」という語を添えた。そして、この曲を、リンツの上部オーストリア州立博物館（当時の名称は「フランチスコ・カロリーヌム博物館」）に「第0番」として遺贈したのである。この場合の「0」とは、

「1」の前を意味する数字としてではなく、「無効」とか「無価値」という意味での「0」（Null）として理解されるべきであろう〉（根岸一美）

この結果、『〇番』の後に完成した『交響曲ハ短調』が「第二番」となった。

なお、作者は「無効」としたとされる『第〇番』だが、シェンツェラーは、〈もちろん、この交響曲は九「大」交響曲の水準には達しないけれども、かなりの本質的価値と個性を持つ作品であり、音楽学者の物置のような所に入れられてしまわず演奏会のプログラムにもっと登場してもよい作品である〉（山田祥一訳）と評価している。

『交響曲第二番』で〈ブルックナーは、まず構成感を出すことが重要だとして、ひとつのセクション（たとえば第一主題部や呈示部など）が終わると、比較的長い休止をおいて、それぞれの部分を性格的に際立たせるようにした。こうしたことで、ブルックナーの交響曲は、「パウゼンジンフォニー（休止交響曲）」と呼ばれるようになる。この休止による区切りが、その後のブルックナーの交響曲のひとつの大きな特徴となることはいうまでもない〉（門馬直美）。

この「区切り」の強調は以前、デソフに「主題はどこだ」と言われたことへの回答だろう。主題はこれですよ、と駄目押ししていると考えるとなにやら子供じみても思えるが、〈このいわゆる「ブルックナー休止」は、オルガニストとしての性癖に由来するともいわれる。オルガニストは音楽の切れ目切れ目に、オルガンの豊かな残響が消えるのを待ち、ストップを切り替え、新しく弾き始めねばならない〉（田代櫂）という指摘もあり、その意味ではオルガニストには当然の仕草であり大きな響きを制御するには効果的な方法とも言える。

なお、ブルックナー自身は指揮者アルトゥール・ニキシュ（1855~1922）に、改訂された後期の作品に用いられる休止符の意義を次のように語ったといわれる。


なにか重大なことをいおうとするとき、わたしは息をつかなければならないのだ。（和田旦訳）

それ以外に見られる〈この曲での特徴としては、付点リズムとそれに関連する三連音への愛好もあげていいだろう。なかでも、第一楽章の第一主題部の終わり近くで、低弦が付点リズムの旋律を出し、トランペットが三連音をおいたリズムで加わるところがある。この立体的な様相がいわゆるブルックナー・リズムと呼ばれるものであり、このリズムは、今後ブルックナーの作品でしばしば見受けられるようになる〉（門馬直美）。

また、第一楽章冒頭での弦のトレモロは、後の作品ではもっと拡大され、「ブルックナー開始」と呼ばれることになる。

三か月前の『ミサ曲第三番』初演の成功を意識していたブルックナーは、この頃完成した『交響曲第二番』のパート譜をヴィーン・フィルに提出した。十月に行なわれた試演で、最初、デソフからは演奏不能と言われたが、楽員から好意的意見も出たため、ブルックナーによるテンポの指示のもとで再度演奏してみるとこれはよいではないかという意見が増えた。だが曲の長さのため、結局初演の話は立ち消えになり、後に短縮した楽譜によって一年後の一八七三年十月二十六日、このとき開催されていた万国博覧会の終了演奏会としてブルックナーの指揮でようやく初演されることになる。これまたヘルベックによる働きかけの結果である。

第八場　聖アンナ通り教員養成学校での災厄

一八七一年の夏、ブルックナーはオルガン即興演奏の巧さを見込まれてイギリスへ招聘された。ロンドンのアルバート・ホールと水晶宮でオルガンを演奏して絶賛を浴びた。

心に高い帆を張るようにイギリスから帰国してヴィーンに戻り、十月十日、久しぶりに帝立王立教員養成学校に出勤した。するといきなり校長室に呼ばれて、校長のヴィンケルホック氏から、本日以後、停職とすることを告げられた。

「え、なんでです？」

と驚くブルックナーだったが、さらに校長は、数日後の査問委員会に出ることを命じた。

先月来、女生徒たちの間で、君の態度が問題になっているのだ、と、ヴィンケルホック校長は白髯に手を添え、もともと長い顔をもう少々長くして言うのである。

「君は以前授業中、受け持ちのフランツィスカ・シュトラインツに『Lieber Schatz』と声をかけたそうだね」

「はい」

「君の田舎では当たり前の言い方なのかね」

「ええ。それが何か？」

「そのことを知った彼女の父上がひどく憤慨しておられるのだ」

シュトラインツ氏はリンツ実科学校の校長で当地の名士である。会ったことはないがブルックナーもその名は知っていた。

「そりゃまたどうしてですか」

「君のその言い方は馴れ馴れしくて下品で、かつフランツィスカへの性的誘いかけを意味しているそうだ」

「誰がそんな？」

「そういう匿名の告発が父上へ届いたと報告されている。君の『Lieber Schatz』については同席していた妹のヴェロニカも同じことを聞いたと言っている。それから最近も匿名で、ブルックナー助教師は教室でいかがわしい話をするとか、授業後、女生徒を待ち伏せしている、とか、これは嘘だろうけどね」

「なぁーにー？」

姉妹は同じ授業に出ていつも並んで座っていた。確かにブルックナーは夏期休暇前の授業中、なにやらさかんに妹とこそこそ話すフランツィスカに注意を促そうとした。そのとき厳しい言い方は避け、リンツ育ちの娘ならその親愛の意味を察しもするだろう当地の言葉で、「よく聞きなさい、いいね、」という注意とともに「Lieber Schatz」と呼びかけたのだった。「これこれ、そこのお嬢さん」ほどのつもりである。

「そんな一言で、しかもです、そのときフランツィスカは全然、厭そうな顔はしとらんのですよ」

「そう見えたのかね。だいぶん違う話も……いや、この件のすべては調査の上、査問委員会の席上で当事者に質疑すべしという取り決めがあるので、詳しくはそこで聞く。でもなあ」

と困り顔の校長なのである。

聞いているうち、何もしていないのにどうして査問委員会なんぞにかけられねばならんのか、と、ひどく理不尽に思われ始め、ブルックナーはいつになく激昂《げっこう》して、

「一言ぉ親愛の言葉をかけただけであんでっさ。どこが悪《われ》えんだってよぉ」とお国言葉が出る。

「いや、待ちなさい、シュトラインツだけじゃない、他の生徒、アンナ・ベルニウスもゾフィー・アードラーも、まだ他に数名、証言してるんだ。君は以前からフランツィスカ・シュトラインツを狙っていて、ことあるごとに馴れ馴れしい言葉をかけていた。それが教室の外であったら君はそのままフランツィスカに怪《け》しからぬことをしただろうとね」

「がああす冗談じゃねえっつぜ。わしゃあかっちかちのカトリックでよさぁ、やるわっきゃねえっつだろ、そういう地獄落ち」

いよいよ怒り狂うブルックナーを、校長は、訳知り顔で制し、

「言いたいことはわかるし、私もこう見えて馬鹿ではない。君がそういう狼藉《ろうぜき》をはたらける人

間であれば四十いくつかまで独身で浮名一つもないなんということはないだろうさ。いや、すまん。でもとにかく、君にまともな手はずで女を誘う度胸はないことぐらい、ここの職員全員が知ってる。だがね、その不器用な男がたまに機嫌よく『いよう可愛《めんこい》こちゃん』とかなんとか、田舎弁丸出しでぞんざいな口をきくと、女たちはおぞけをふるって嫌がるし、その嫌悪を理由に、あることないことでっち上げて破滅させたがるというのも、女たちにはあるだろうなあ、と、こういうことが、われわれ普通の男にはよく察せられるのだ。以前、女性の教師たちがなんとかかんとか言い出したところで私もこういうことが早晩起こるのではないかと思ってはいたんだが」

ひどい言い草だが、しかし校長が、いつまでたっても世慣れない田舎者に対して、その不体裁と不利を認めた上で味方になろうとしているらしいのも、ブルックナーには知れた。

「じゃなんですか、わしはどうしろって。どうなるってんでっか」

「よくて戒告、悪ければ馘首《くび》かねえ。委員会には私から、くれぐれも君の名誉だけは守ってやってほしいと伝えるが。でもねえ、被害者だと言ってる生徒が頭から君を猥褻漢《わいせつかん》と決め付けていて、それを撤回しないんだからどうしようもないんだなあ、これが」

「当学校に正義はないんですか」

「それだよ、対人関係に正義とか言い出すからここヴィーンで君はもてないんだ」

そういう問題じゃないだろう、とまずは言うべきだが、既に都会暮らしも三年目になろうとするブルックナーには、校長の語ろうとする、自分と周囲に横たわる越えられない壁の様相がおぼろげに見えてもいた。ここ、世界でも有数の爛熟《らんじゅく》した世紀末都市ヴィーンでは、野暮は罪である。いや、もてないことが罪である……いやそんな馬鹿な。

と、こうして憤然としつつ、九区ヴェーリンガー通り、ヘーネハウス四階の自宅へ帰り、通いの家政婦カティが作り置きしておいてくれた夕食を腹に入れた後、どさりとベッドに身を横たえると、周囲の家具と書籍やペン、ピアノの鍵盤などを、もう何十回目か、改めて数えた。

馴染んだ室内ではものの数に間違いがなく、改めて見てどれも二と三の組み合わせで、これでブルックナーはいくらか安心できた。自分流の不変定数と言うべき特定の数値の連続を得たときブルックナーは、ゆっくりと青い水底に沈む気がしてくる。それなりに冷静さも来た。

フランツィスカには手も触れてないし、一声かけただけである。確かである。それはどういうことであるか、何か、俺がどう？　どうしてだ、どういうことなのだ？

あとは全身全霊で身の潔白を訴える他ないと野暮天らしい根性を決めると、ブルックナーは、いつも用いている机の前で、このところ作曲を始めた交響曲第二番第一楽章のスケッチにいつもどおり手を入れ始め、いつもどおり没頭し、没頭は、オットー・ワルベルクという青年によってドアベルが鳴らされるまで続いた。その日、夕刻以後の予約で、ピアノの個人教授を受けにやってきたワルベルク青年が数分遅れたのを、ブルックナー先生がいつになくなじり、指導のさいの言葉も荒れていたのは、青年には災難であったことである。

個人教授の後にはヨハネスガッセにある行きつけのレストラン「ガウゼ」へ出向き、音楽院の弟子たちを集めてビールがぶ飲みの小宴会が続くのだが、この日のブルックナー先生は全く意気上がらず、弟子たちは絶えず続く愚痴を聞き、また慰めるのに往生《おうじょう》した。

それでも彼らは帰ることなく話のくどい傷心の先生をいたわった。厳格対位法と和声学を平易な言葉で教えるブルックナー音楽院教授は、教室外でこそ無能そうな小心者だが、男子生徒たちの間ではその深い知識と独特の比喩の多い講義から人気があった。オルガンの代わりに設置されたハーモニウムを用い、ときおり聴かせる即興演奏は得難い臨時リサイタルで、皆聴き惚れた。必ず自分に従うとわかっている者に囲まれ命令するときなら、それを安心な予約として、ブルックナーは、他の場にない偉大な顔つきで適正な指示ができ、王者のような鷹揚《おうよう》さも発揮できるのだった。

帰宅してから寝に就くまでの眠れない時間はひたすら知人友人への手紙を幾通も書くことに費やされた。ブルックナーはこれでもかと自己の境遇の不当さを訴えた。

こんなことを毎日続けて五日後、呼び出しがあったので、市庁舎に赴《おもむ》いた。五日前より気分は悪化していた。先日は、行きつけのカフェ・インペリアールに置いてある新聞『ターゲスポスト』紙に「教員養成学校の教員が素行不良から辞職を勧告されているとの報告」という記事を見たため、カフェで突然「物数え」発作を起こしたところだった。

三階、小会議用の一室へ来いと言われていたので、予定時刻どおりに出て見ると、窓側の正面、一直線に置かれた赤黒い重厚な紫檀《したん》のテーブルを隔て、市助役のウルバッハと校長、文化教育庁事務次官付きの視学官というフォン・ヴァルダーゼー、そして芸術院副委員長を務めるグロスハイムが並んで座っていた。臨時編成の査問委員会にはしかるべき良識的なメンバーを揃えていると校長に聞いていた。人選にブルックナーからの不服はなかった。

四人はいずれも手前のテーブル上に置かれた書類を点検していた。ブルックナーは面接を受ける生徒のように彼らに向いてひとつぽつんと置かれた椅子に座らされた。ここまで若干急ぎに階段を上ってきたのでじくじくと背中に汗が湧いて、痒《かゆ》かった。四人か、そして自分を入れて五人だな、書類の数はええと十六枚、いや十七枚か。横を向くと、壁際に書棚がある。そこに大部の赤い『ヴィーン市史』と深緑の『年度別名士録』の背表紙が並んでいる。おや、『ヴィーン市史』は全五巻、『年度別名士録』はええとええと二十八巻あって、あれれ、中の一八六八年の巻だけ抜けている。困るなあこういうの、じゃあ窓ガラスの数の方は……と数え続けていると、

「ヨーゼフ・アントン・ブルックナー君だね」と、よく太って禿頭《とくとう》、校長に勝る美髯《びぜん》のウルバッハ助役がやや高い声で確認した。はいと応答すると、いくつかの経歴と現状の身分を問われた。

ありのまま答えると、続いてヴィンケルホック校長が今回の件での報告書を読み上げた。

「休暇中の九月十一日に当校と数名の保護者宛に匿名の告発文が届き、そこには以下のように

記されていた。ブルックナー助教師は本年六月十八日の音楽理論指導のさい、妹のヴェロニカ・シュトラインツと私語を交わすフランツィスカ・シュトラインツに対して『Lieber Schatz』と声をかけた。フランツィスカ・シュトラインツはその言葉と態度を、教師にあるまじき馴れ馴れしさと感じ、ヴェロニカに『ひどい下衆《げす》な先生もあったものだわね』と言った。それを聞きとがめたブルックナー助教師は『この馬鹿娘どもが』と悪態をついた。

告発文では、このように低劣な言動をとるブルックナー助教師は教師失格である、と結ばれていた。

告発内容は以上で、その後、同じ告発文を受け取った父上のシュトラインツ氏から抗議があり、『こういう品性下劣な教師のもとで娘を学ばせることはできない』として、二人を退校させ、郷里に呼び戻すこととなった。シュトラインツ氏は現在も、ブルックナー助教師への憤慨を伝えてきており、同助教師の退職を求めている。が、学校側としては、これだけのことで助教師の職を解くことはできないと回答した。

すると、その後、また匿名で、『あのブルックナーという猥褻漢を教師にしておくのは許せない』という抗議文書が頻繁《ひんぱん》に届くようになった。しかも中には教室であった事実を改めて示すとするものがあり、……」

ここで校長は少々間を置いた。それは、この後の文面をどういう抑揚《よくよう》で読もうかという判断のための一瞬の遅れであった。

「そこには、ブルックナー助教師は、フランツィスカが不満を漏らしたさい、怒りのあまり、『このアマ、でかい乳してうるせえんだよ』と言い返した、などと記されていた」

ブルックナーはよほど立ち上がって叫ぼうかと思った。そのさなか「いえフランツィスカの乳はさほど大きくありませんのでそういうことをわたしは言えません」という反論が、ふと脳裏のどこかに浮いて出て、それは確かに事実でありブルックナーの考えるにはきわめて論理的と思えるのだが、しかし、これを言えばすべてお終《しま》いだ、と、一方の、乏しいながらもこれまでかつかつ培《つちか》ってきた社会性が、彼の脳内中央少し左寄りの場から真顔で主張したのであやうく自制した。その後すぐ思い当たったのは、そもそも抗議すべき理由はそこではない。が、さすがに校長はじめ、この誹謗を本気には取るまいと判断して一旦は耐えた。

「そりゃ酷いな」と隣のウルバッハ助役が言った。

「事実かね、ブルックナー君」とウルバッハ助役。

よしここぞと、

「大嘘であります。『Lieber Schatz』と声をかけた、までは事実ですが、後は全くの虚偽《きょぎ》です」

と、ブルックナーは煮え立つ腹を抑え抑え、懸命に冷静を保とうとしながら返答した。背中の痒みがつのって、よほど手で掻きたかったが、ここで変な格好をすると疚《やま》しさのせいかと思われて不利と考え、姿勢をくずすまいとした。もう一度『年度別名士録』を一八五四年の巻から数えた。

「では、『この馬鹿娘ども』と罵ったというのも虚偽かね？」

「はい。誓ってそのようなことは言っておりません。シュトラインツ姉妹はそのときすぐ自分たちの行儀の悪さを謝罪したのですから怒る理由がありません」

そこへ校長が、

「この点に関しましては、姉妹たちも否定しています。念のため周囲にいた生徒たちにも聞き込みましたが、証言に統一性がありません。ある者はブルックナー助教師がただ不機嫌そうにしていたと言いますし、ある者はシュトラインツ姉妹が素直に謝ったと言っておりますし、しかし、『この馬鹿娘』と怒鳴ったという報告はありませんでした」

「では彼が暴言を吐いたというのは事実に反すると考えていいのかね？」と助役。

「はい。調査の結果、その事実はないと判断されます。ただ……」

少し間をあけて校長は続けた。

「それとはまた別の告発文が来ていまして、一週間後の六月二十五日、ブルックナー助教師は講義後、裏庭へ来て、裏門脇の菩提樹《ぼだいじゅ》の後ろに一人で立っているフランツィスカ・シュトラインツを見かけると、『そんなところでどうしたね、フランツィスカ』と声をかけ、なにやらにやにやしながら近づいてきてその手を取ろうとした。あまりの不気味さにフランツィスカは怯《おび》えて動けずにいたが、たまたまそこへ誰か来かかる様子があったので、すぐさまブルックナー助教師は逃げ去った。ここでもしあのままであれば尋常ならざる事態になっていたであろう、というもので、これはそのときたまたま目撃したという、とある生徒による匿名の告発とのことであります」

これまた先を上回る大嘘に大驚愕して、

「なんということです、そんなことは考えもしてません、どうしてそんな嘘が」

とこれだけは言っておかねば、と慌てて告げた。この上、発言を許されるまで待つことはできなかった。

そこへ校長は、

「ええ、この末尾の部分は飽くまでも予想であって事実の報告ではありませんし、いくらなんでも彼が学内でそういうことはせんでしょう」

「手も触れようとはしておりません」とブルックナー。

「それも認めたいと思います」と校長。

そこで少しほっとしたところへ、

「で？　その日、裏庭へ出たのは事実なのかね」とウルバッハが問い、

「はい」と答えると、

「校舎を出てどうして裏庭へ行ったのかね、正門から出ないのはどうしてかな」

「私が制作しました楽譜の清書を写譜屋に頼んであって、その日、取りにゆくことになっておったのです。写譜屋の店は裏口から出るほうが近いのです」

「ふん。なるほど。君は作曲をやっておるとのことだね」

「はい。既にいくつかは実演されており、よい評価もいただいております。文化教育庁から交響曲作曲のための奨励金も受け取りました」

　嘘のないブルックナーである。奨励金も事実であった。ヴィーン楽壇内ではともかく、官僚や貴族さらには王族の中に案外、認めてくれる人はいたのである。とりわけミサ曲の素晴らしさは郷里近辺で讃えられていた。とはいえブルックナーという者の意味合いは未だ一音楽教師であって、よく知られた作曲家、ではない。その自己紹介を聞いた助役の脳裏に、どういう図が浮かんでいたかは知れないが、少々何か思うような様子の後、さらに訊《たず》ねた。

「では声をかけた後、君はどうした？」

「このときは確かにフランツィスカが何か気を悪くしたように見えたので、そのままさっさと帰りました」

「それだけかね？」

「それだけです。その場へ誰か来たという記憶はありません」

「しかし、だとすると、どうしてこんな告発がなされるんだね」とウルバッハ。

「それがわかりません。私は以前より、何名かの女性講師から理由のない非難をされております。これはあきらかに悪意ある誹謗と考えます」

「校長、そのところはどう思うね？」

「ええ。ブルックナー助教師の言うことは私もかねて認識しておりました」

「ではこれはでっちあげなのか」

「そこなんですが、その目撃者が誰かはわかりませんでした。フランツィスカ・シュトラインツに事実を質《ただ》しますと、確かにブルックナー先生には声をかけられた、結果として何もされはしなかったが、そのときとても厭な気がした、と証言しております。あの先生の態度は前々からとても厭だった、辞めてほしかった、とも、退校後に伝えてきています。また、書類にありますとおり、生徒でありますアンナ・ベルニウスから、ブルックナー助教師は普段からフランツィスカ・シュトラインツ、ゾフィー・アードラー、クリスティナ・ヘルガ・ハーネマン、という計三名の女生徒への態度が特別で、それらいずれにも機会あらば言い寄ろうとする意志があきらかであった、という報告がありまして、これについては他の生徒らからも当見解を肯定する証言がありました」

校長はいくぶん困り顔で、というのは、「君のことは庇《かば》うつもりだが、ここは提示しておかないとならない報告なので悪く思うなよ」というサインとしての苦い表情をして見せて言うのだった。

だが、こんな陥《おとし》れをいったいどこから釈明すればよいのか、ブルックナーは、校長とは異なる種類の苦々しい表情で口を強く結び、息を飲んで、あれとこれと、と発言を用意した。

ではまずはそこからとほぼ意を決しようとしたとき、校長の左隣に座る、白皙《はくせき》のヴォルフガング・フォン・ヴァルダーゼー視学官が言葉を発した。

「ブルックナー先生。これまでは何もなかったにもかかわらず、今回いきなりあなたが教えておられる生徒から訴えられるとはどういうことでしょうか」

それがわかれば苦労はない、そう言いたかったが、しかし、ここで投げてはならない。ブルックナーは常から粘り強さだけは人に負けないつもりでいた。

「女生徒たちの考えは私にはわかりません。ただ、中に、ほんの数人、あるいは一人二人、私を嫌う者がいたのでしょう。ご存知と思いますが、彼女らは、私らよりも周りに同調する度合いが大きい。一人か二人が言い出したことでも、その親しい数人がことさらに意見を一致させることはよくあると思います」

よし、俺賢い。と少し自賛のブルックナーの高揚した声であった。

「フランツィスカ・シュトラインツがあなたに言われた言葉に厭な気がしたとまで言ったのはどうしてでしょうか」

「もともと私が彼女に嫌われていたのでしょう」

「それをあなたはわかっていて、『Lieber Schatz』という、われわれにはいささか馴れ馴れしい響きに感じられる言葉をかけたのですか？」

「いいえ。彼女が私にそこまでの嫌悪感を抱いているなどとそのときは全く知りませんでした。六月十八日当日もそのような態度は見ておりません。どうして心変わりしたのか私にはわからないのであります。フランツィスカはいつも愛想のよい子なので、私からも一言、親しみをこめて声をかけただけであります。ゾフィーもクリスティナもそうでした」

なんとか釈明はできただろうか。

「いや、それにしても……」と、静観していたグロスハイム副委員長がここで初めて言葉を挟んだ。黒衣に長く伸ばした白髪、無髯で細面、絵や写真で見るリストにいくらか似ている。あるいはリストに似せた作りをしているのかも知れない。この当時、ある種の芸術家の間では大作曲家フランツ・リストに近い立ち居振る舞いをすることが才能の証しであるかのように考える向きがあった。

「裏庭にどうして娘が一人でいたんでしょうな。私も知っているが、あの菩提樹は中でも人目につきにくい場所にあるでしょう、そこに隠れるようにしている娘に声をかけるというのがどうもやはり、疑わしく思われるところではありませんか」

「既に申し上げたとおり、私にはそこを通る理由がありました。出口へ向かえば樹の後ろも見えます。このとき私はフランツィスカから嫌悪されているとは知りません。が、しかし、そもそも普段多くの人が通るわけでない裏庭を、たまたま私の後に都合よく生徒が通りかかるというのはそれこそおかしいではありませんか」

とブルックナーはこの日、最も鋭い発言をした。

「なに、すると、これは誰かが仕組んだことと言うのかね」とグロスハイム、

「はいそうです」とブルックナー。

「ううん、しかしねえ、そうだとしてもそうでなかったのだとしても、結局ブルックナー君は実際にシュトラインツには何もしていないわけだろう？　われわれが審査せねばならん理由もないではないか」

とウルバッハ助役が、この日ブルックナーの最も聞きたかった言葉を吐いてくれた。

「そうです。何かやった、のではなく、何かやりそうだからあいつは罷免《ひめん》だ、という、そういう理不尽なことがまかりとおってよいのですか」と身を乗り出して膝をぱんぱん叩きながら告げた。

「それは私も同意見です。しかし」

と、ここではどうしても敵役となってしまうヴィンケルホック校長なのであった。続けた。

「『この告発を契機としまして』と、その匿名の告発文によれば、ブルックナー助教師は女性を指導する資質に欠ける、ということなので、こうして常日頃、女子生徒たちにとって不快かつ有害な態度をたびたび平気でとる、それだけで教師失格だというのです。そこをシュトラインツ氏も強調しておられます」

問題が違う。言動に不道徳な意図があったかなかったかが当初の問題であって、本来の資質がどうとかはここでは問われるべきではない。と、そんなような方向へと、なるべく反論しようとするのだが、多数の非難すべき点が重なっていてひとつに決められず、ブルックナーはただ顔色を変えてまごついた。焦っている上に激怒しているので適切の語彙が適量出ず、それでさらに焦りと怒りを募らせていた。指先が数をさし示したがっている。必死でこらえる。その様子をしばらく見ていたフォン・ヴァルダーゼー視学官がこう言った。

「つまり、現実の行為ではなく、教師の資格が問題にされているというわけですね」

「そういうことになりますな」と校長。

「ではこの件は、ブルックナー助教師の教師としての資格を問う問題として審査することになりますね」とフォン・ヴァルダーゼー。

「ええ。そうです」

「了解しました。ではここで事実確認は終了として本日は散会としましょう」とウルバッハが告げた。

　次回は十月二十五日とする、同じ場所で決定事項が通達される、と校長から伝えられ、ブルックナーは大いに言い足りないまま市庁舎の薄暗い螺旋《らせん》階段を降りた。

　委員会の二日後、カフェ・インペリアールで、ブルックナーはまたしても自分に関する記事を見出した。こちらはオーバーエスターライヒ州シュタイアー市で発行されている『アルペンボーテン』紙で、そこには、「アントン・ブルックナー氏、女性への不道徳な言動から教員養成学校解雇か？」と名前まで出ていた。またブルックナーの盛大な物数え発作が始まった。

　十月二十五日、ブルックナーは再び市庁舎三階の小会議室にいた。同じ四人が前におり対面することになった。

席に着くとともに、ヴィンケルホック校長が言った。

「四日前、ことの次第を知ったシュトレーマイヤー文化教育庁長官からの通達があって、このように愚劣な匿名の告発によって能力ある音楽教師を退任させることはまかりならん、とのことでした」

ああ、文化教育庁長官、カール・フォン・シュトレーマイヤー閣下、あの方が自分を救ってくれたのだ、とブルックナーは泣きそうになった。シュトレーマイヤーはブルックナーのミサ曲第二番の公演以来の理解者である。やはり思わぬところに味方はいたのだと思うともう一度泣きそうになった。今度会ったらもう世界で最高の閣下の犬になります、長官閣下。

「なので、審議はもう必要ありません。ブルックナー助教師には一切の咎《とが》なしとします」

これで終わりなのだった。だがあんまりあっけないので、ウルバッハが一言、駄目押しをした。

「で、ヴィンケルホック校長殿、ブルックナー助教師には女生徒を教える資格があるとお考えですか？」

「ええ。あると判断して雇用しました」

これでようやく校長も本音で語ってくれたとブルックナーは喜んだ。校長は続けて、

「彼の優れたオルガン演奏能力と対位法の理解の深さは経歴書にあったとおりであり、たとえ

立ち居振る舞いにヴィーン風でないところがあったとしても、それを理由に解雇するというのは毛色が好みでないからと言ってみすみす名馬を捨てるようなものと考えます」

よい譬えでさらにほっとするブルックナーであったが、グロスハイムはもう少し踏み込んだ意見を持っているらしく、

「音楽的能力と教師の資格には問題なしとしても、こう女性たちに嫌われるようではねえ」

と言い出して、結局ブルックナーのもてない問題に回帰させてしまうのである。あんたのようないつももてもての洒落者《しゃれもの》による小洒落《こじゃれ》たコメントはこういう実質の判定の場ではもうやめてもらいたいものだ、という気持ちが露骨にブルックナーの顔に出た。

「いや、それは学校側の決めることで、査問委員会で決定すべき事項ではありません」と一旦は役人的応答をした校長だったが、すぐ、世慣れた人らしい妥協案を提示した。

「こうしたらいかがでしょう、私はブルックナー君に落ち度はないと確信しますが、確かに一部女生徒および女性教師に評判が悪いのも、今回の顚末《てんまつ》を見ますと事実であります。後は学内の問題で、かつまた当人との話し合いを経ねばなりませんが、敢えてここで申し上げておきますと、今期からブルックナー助教師を男生徒のクラス担当専門に変更することにしたいと思います。いかがだろう、ブルックナー君」

「はい。異議ありません。というか、そうしてください」

男子生徒専門となると授業数が減るので、変更はブルックナーのかなりな収入減を意味して

いたが、もういい、ああ、最初からそうしてほしかった、とブルックナーはこのときになって初めてそう考えた。もともとこの教員養成学校では、女生徒のクラスに空きができたからという契機での雇用であった。リンツにいた頃は良家の子女へのピアノの個人教授なら随分やっていたが、複数の若い女性たちを教えるという経験は当初、なかなか乙《おつ》に感じられたこともあって、わざわざ女生徒クラスを避ける理由もなかった。鈍重な見かけからは思いもよらない素早さと繊細なタッチでピアノを弾いて見せて、女生徒たち全員の感心げな反応がきたりすると、案外俺人気かも、といい気でいた。

が、こうなってみるともう二度とあいつらの顔も見たくないと思うのである。

「では、これでブルックナー氏に関する疑義は晴れたとします」と校長が告げた。

「やれやれだなあ」とあくび混じりのウルバッハ助役、だが、

「しかし、それにしてもね」と、うっ、まだ言うか洒落者グロスハイム、とブルックナーがうんざり注視する中、続けた。

「それまで愛想のよかった娘たちが、一気に彼を憎むようになったというのは、何があったんだろうね」

知ったことじゃありません、女の心なんぞわたしにわかるものですか、と、もう少しで怒鳴りそうになったが、無駄に敵をつくるのは絶対避けようという予めの方針から、ブルックナーは固く口を噤《つぐ》んだ。

「それはこういうことではありませんか」とフォン・ヴァルダーゼーが、これまでにないくだけた口調で話し始めた。

「フランツィスカ嬢は最初、人目につかない場所にいたわけですね、それには理由があるでしょう？」

「理由？　ああ、そうか」とグロスハイム。

「ええ、そうです」とフォン・ヴァルダーゼー、しかしブルックナーには何のことやらまるでわからない。

「なるほどなあ、そういうことはよくあるのかね」とウルバッハ。すると校長は、

「いや、それは学校として認めてはおりません。しかし、絶対禁止としているわけでもありませんので」

どうしたんだ、みんな、俺を置いてどこへ行ってしまうのだ、どうした、教えてくれ、ブルックナーはなんとしてよいものか、困惑の中、控え目に尋ねた。

「あのう、どういうことかお教えいただけますでしょうか」

四人から、なるほどなあ、こういう人だからなあ、という視線が集まったが、そのことにもブルックナーは気が回らず、ただひたすら、状況を説明してほしかった。

「ああ、そうですね、つまり」とやや気の毒そうにフォン・ヴァルダーゼーが答えるのだった。

「フランツィスカ嬢はそこで誰かと待ち合わせしていたのでしょう。もちろんそれはあなたと

ではありません。おそらくは学内の男子生徒と。他には知られたくなかったんでしょうね。とりわけ父上には。そこへたまたまブルックナー先生、あなたが通りかかって、見ぬふりをしてそっとしておけばよいものを、『いようどうしたね、君』などとけっこう大きな声で呼ばわるものだから、いつもは愛想のよいフランツィスカ嬢も大いに気を悪くした、しかもこの件が父上に知れるとまずい、とこういうわけでしょうな。無神経な先生の態度を憎んだのはそのときからですよ、きっと。

そこへ後から友人たちがあれこれと、あの先生はもともとあなたに気があって、隙あらば取り入ろうとしている、などと言うものだから、フランツィスカ嬢はもうすっかりあなたのことを許しがたい奴と思い始めた。そのうちに、表面上態度はよいものの、内心ではちょっと馴れ馴れしくて嫌だなと感じていたゾフィー嬢らも加わった、と私には考えられます。

おそらく六月十八日段階ではそれほどでもなかったのを、後から周囲の友人たちに同調していくうち、フランツィスカ嬢には、妹ともにいよいよ嫌悪がつのっていったのでしょう。そこへ匿名の告発状が父上に届き、激怒した父上によって退学とされてしまった。肝心のことが父上に知られなかったのはよいが、しかし、退学となると、例の想い人に会えなくなる。だったらあの邪魔な教師を馘首にしてもらって、そして復学したい、という彼女の思惑がこの問題を大きくした。告発者はそれをよいことに、シュトラインツ家の事情までもその目的に利用した。おおよそはこういうことと考えます」

はあ、そうですか、とブルックナーは、深いため息をついた。娘の気持ちですか。娘たちの考えることの成り行きはなんと複雑で予想もつかないことですなあ。数えることもできず決まった繰り返しもなく。予定も予約もなにひとつ役に立たない。規則性も反復の安らぎも全然ない、きっちりした定数もない。なるほど色男たちには、俺に見えないこの世界の、曲がりくねり、割り切れない半端な数に満ち満ちた有様がよく見通せるらしいわい、という意味のため息である。

就任以来、生徒らの何人かが自分をどう見ていたか、しかもそんな中、何も思わず大抵は上機嫌で彼女らに接していた自らがどれだけ滑稽だったかを今、芯からよく知らされた気がして、ブルックナーはいよいよ屈する思いであった。

2　バイロイト詣で、ヴィーン大学教授職申請

『交響曲第二番』に続く『交響曲第三番』ニ短調WAB103は『二番』完成から間もない一八七二年の秋に書き始められた。

なおこの時期、ヨハンネス・ブラームス（1833~97）がヴィーン楽友協会の芸術監督に就任している。

『交響曲第三番』は一八七三年五月にアダージョの総譜が完成し、七月頃に第一楽章・スケルツォ・トリオの総譜も完成、八月一日から最終楽章のスケッチが開始された。

この頃ヴィーンではコレラが流行し始めた。ブルックナーはこれを避け、『交響曲第二番』と作曲中の『交響曲第三番』の楽譜原稿を持った上、八月初めからボヘミアで過ごすことにした。温泉地カールスバート（ドイツ語名。チェコ語ではカルロヴィ・ヴァリ）へ赴いて数日いた後、これも温泉地として知られるマリーエンバート（ドイツ語名。チェコ語ではマリアーンスケー・ラーズニエ）に滞在した。

この地で八月三十一日、『交響曲第三番』最終楽章のスケッチが完成した。

当時、バイロイト祝祭劇場の建設のためヴァーグナーがバイロイトにいることをブルックナーは知っていた。国境を隔ててはいたがマリーエンバートはバイロイトに近い。

そこでブルックナーは、八月初め、第一から第三楽章までは総譜が完成し第四楽章はじきスケッチのできる予定の『交響曲第三番』と既にある『交響曲第二番』とを見てもらうべく、訪問の許しを願ってヴァーグナーに手紙を送った。しかし『ニーベルングの指環』制作と劇場建設に忙しいヴァーグナーからは九月になっても返事が来ない。

ブルックナーは、許しのないままバイロイトを訪れ、ヴァーグナーに面会を求めることにした。

以前、わざわざ面会の機を得たにもかかわらず『第一番』の楽譜を見せることをためらったブルックナーにしては強気の行動である。フロージンの合唱曲にヴァーグナーから未発表部分をも含む楽曲の演奏を許されたという実績がブルックナーにこの決意を促したのだろう。このときブルックナーはヴァーグナーが自分にいくらか期待をしていると判断していた。それでブルックナーは勝負に出た。ヴァーグナーというブルックナーにとって最高位にある作曲家に自作を認めてもらい、あわよくば献呈を許してもらおうというのである。実現すれば作曲家としては未だ無名の自分がドイツ・オーストリア圏における「新しい音楽」の作者の一人として名を得るという期待が持てた。

九月十三日、あるいは十四日、ブルックナーはバイロイトに到着し、ダムアレー街にあるヴァーグナー邸を訪ねた。どうにか面会を許されたので、『交響曲第二番』と『第三番』の楽譜を見てほしい、と告げた。ヴァーグナーは、今はとても時間がない、と言ったが、ブルックナーは、わずかに主題を見ていただくだけでよい、と願い、根負けしたヴァーグナーがまず『第二番』を一瞥し、なかなかよい、と言った。続いて『第三番』はさらによいと言ったので、遂にブルックナーは「このどちらかの献呈を受け入れていただきたい」とその日の目的を伝えることができた（渡辺護『リヒャルト・ワーグナー　激動の生涯』による）。

ヴァーグナーは、「では夕刻までによく見ておくので、夕方五時にヴァーンフリート館に来てくれたまえ」と答えた。このおり、ヴァーンフリート（Wahnfried、合成語、Wahnは「妄想、狂気」、Fried(e)は「平和、自由」を意味する）館と名付けられたヴァーグナーの別邸もバイロイト祝祭劇場とともに建築途中で、一部未完成だったが、既に居住可能だった。

ブルックナーは夕刻までの間、建築中の祝祭劇場を見学したが、ある所で足を踏み外し、モルタルの入っていた樽に落ちてしまった。モルタルの多くは残っていなかったが服についてしまい、ブルックナーはたってと頼み、職人たちに落とせるだけの汚れを落としてもらった。しかし上着は斑《まだら》の状態となり、しかも時間にも遅れ、ようやく辿り着いたヴァーンフリート館では出迎えたコジマ夫人に最初、浮浪者と間違えられたという。

この大失態ではあったが、ヴァーグナーは特に『第三番』を気に入り、ブルックナーを抱擁して迎えた。献呈は許され、さらに館での晩餐に招かれ、コジマ夫人の胸像を制作中だった彫刻家グスタフ・アドルフ・キーツ（ヴァーグナーの親しかった画家のエルンスト・ベネディクト・キーツとは別人）とともに地ビールを一樽空けて振る舞われた。

ところがこのとき飲み過ぎてしまったブルックナーは、翌日になると、献呈することになったのが『交響曲第二番』か『第三番』か、わからなくなってしまっていた。

幸い、同じ宿に彫刻家のキーツがいたので、昨夜、自分がどちらを献呈する話になっていたかを尋ねると、「お二人の話の間は仕事をしていたのでよくはわからないが、どうもニ短調の交響曲がどうとか、またトランペットがどうとかという話でした」という答えだった。これで第一楽章の主題がトランペットによって始まる『交響曲第三番』ニ短調と判明した。

だが過度の心配性で、それでも不安の残ったブルックナーはホテルの便箋に、

「トランペットで主題が始まるニ短調の交響曲の方ですね？　A・ブルックナー」

と書いて、至急ヴァーグナーに送った。

ほどなく、同じ便箋の下部に「そうです。よろしく！　R・ヴァーグナー」と書かれたものが返ってきたのでようやくブルックナーの憂いは晴れた。

一方、この件以来、ヴァーグナー家ではブルックナーのことをいくらか嘲笑気味に「トランペットさん」と呼ぶようになった。

ただ、ヴァーグナーがブルックナーの音楽を高く評価していたのは事実のようで、実際にそのための便宜を図ってやるといった行為はなかったものの、ヴァーグナーは常々、ブルックナーの交響曲はもっと演奏されるべきものであると公言していたという。

その日（引用者注＝ブルックナーが『交響曲第三番』の献呈を許された日）から後は、ワーグナーはいつも自分のことをブルックナーの友人であり支持者であると公言した。たとえば、彼が一八七五年にヴィーンへ行ったとき、彼の取巻きの歓迎委員たちが駅で彼を待っていたのであるが、ワーグナーはその連中を無視してブルックナーの所に駆けより「あの交響曲はいつ演奏されるのだ」と訊ね、それから他の人たちに向って「ブルックナーだ――私の親友だ！」と言った。（シェンツェラー、山田祥一訳）

ヴォルフによれば〈このような言葉がワーグナーの口から漏れるのはきわめて異例のことだった。ワーグナーはこれまで同時代の音楽家にさほどの関心を示したことはなく、彼のいちばんの親友で擁護者だったフランツ・リストにすらこのような言い方はしたことがなかったからである〉（喜多尾道冬・仲間雄三訳）。

また、ヴァーグナーが〈最晩年にはこう言ったと伝えられている。「ベートーヴェンの域に迫る人物をひとりだけ知っている。それはブルックナーだ」〉（土田英三郎）。

『交響曲第三番』は同一八七三年の十二月三十一日、現在言うところの「第一稿」が完成し、翌七四年五月に総譜が製本されてバイロイトへ送られた。表紙には作曲者の名より献呈先の名の方が大きく書かれていた。六月二十四日に『交響曲第三番』献呈譜を受け取ったとの連絡が来た。ヴァーグナー多忙のためコジマ夫人による筆であった。以来、ブルックナーはこの曲を

『ヴァーグナー交響曲』と呼んだ。その名の通り、第一稿には『トリスタンとイゾルデ』『ヴァルキューレ』『タンホイザー』からの引用が含まれている。するとこれはもともとヴァーグナーへの献呈を念頭に置いていたとも思われる。なお、一八七七年に初演に向けて改訂された「第二稿」ではこれらの引用は削除されている。

バイロイトからヴィーンに帰ってほどなく、一八七三年の十月、ブルックナーはヴィーンの「アカデミー・ヴァーグナー協会」に入会した。献呈の件からして当然の行為だが、この入会によってブルックナーは後々「ヴァーグナー派」と認識されることとなり、それによって敵をも増やすこととなる。

『交響曲第二番』の初演が同じ十月である。これはヴィーンでのブルックナーの交響曲の初演でもあった。

一八七三年五月から十月にかけてヴィーンでは万国博覧会が開催されていた。それまでで最大の規模を誇るもので、このとき日本（当時、明治政府）も出展し、日本庭園、茶店などの人気がきっかけとなってジャポニスムが始まる。

『交響曲第二番』はその万国博覧会の閉幕記念公演として十月二十六日、演奏されることとなった。初演に向け、演奏の便宜のためと言うヘルベックの勧めでブルックナーは曲を短縮した。今回もブルックナー自身の指揮によって行なわれ、『ミサ曲第三番』同様、ヴィーン・フィルを雇ったが、ヘルベックの働きかけでヨーハン・フォン・リヒテンシュタイン侯（1840~1929）

による資金援助が実現し、これによって経費をまかなうことができた。

『交響曲第二番』初演はまずまず成功したと言える。〈当時の指導的な批評家ルートヴィヒ・シュパイデルは「フレムデン・ブラット」紙にこの曲のことを熱狂して書き、エドゥアルト・ハンスリックは、この作品の形式についての疑問と個々の部分の美しさについての留保なしの承認とを区別して書いた〉（グレーベ、天野晶吉訳）

またこの『交響曲第二番』は聴衆の受けもよく、演奏後、楽員たちに喝采されもしたのでブルックナーはこの曲をヴィーン・フィルに献呈しようと手紙で問い合わせたが、回答はなかった。

なお、万国博覧会の最中、株が暴落し、オーストリアに金融恐慌が始まる。万国博は他国からの援助を得て継続された。またブルックナー自身について大きな経済的打撃はなかったもようである。

だが依然としてブルックナーは身過ぎの仕事による作曲時間の不足を不満としており、一八七三年にもシュトレーマイヤー文化教育庁長官に、作曲に専念するための恒常的な助成金を申請している。これは不受理となったが、翌七四年一月に一時金として文化教育庁から五百グルデンの助成金が支給された。

一八七四年一月二日、『交響曲第三番』初稿の完成のはや二日後には『交響曲第四番』変ホ長調 WAB104 第一稿第一楽章のスケッチが開始された。このおり「ロマンティック」（ドイツ語では「ロマンティッシュ」）という副題が予定されていたかどうかはわからないが、初稿完成のさいにはこの語が記され、また後々、ブルックナーはこの『第四番』を「ロマンティッシュ交響曲」と呼ぶことになる。

『第四番』第一楽章のスケッチは二月二十一日に完成し、四月十日に書き始められた第二楽章が六月十日に完成、七月二十五日には第三楽章スケルツォ完成、三十日からフィナーレのスケッチが始まり、そして十一月二十二日、『第四番』全楽章を書き終わる。この後も改訂されるがひとまず第一稿がこれで完成した。

この間の三月二十一日には男声合唱曲『モットー』ニ長調WAB147が書かれている。

作曲活動を別とすると、一八七四年のブルックナーが最も求めたのはヴィーン大学でのポストだった。既に一八六七年にヴィーン大学哲学部長に宛て、作曲法講座の新設を求めるとともにその担当教官を志願し、却下されている。だがブルックナーは諦めていなかった。

七四年四月十八日、ブルックナーは文化教育庁にベルリンやパリの大学と同様、ヴィーン大学にも音楽理論の講座を新設し、その専任教師として自分を採用していただきたいという旨の手紙を送った。ここで他大学の例を挙げているのは、前回の却下のさいの理由として「大学に音楽理論の講座は不要」と伝えられたことへの反論だろう（土田英三郎による）。

また前置きとして、前回にはなかった自身の実績についても事細かに訴えている。フランス、イギリスでのオルガン演奏への絶賛、作曲作品へのヴァーグナーやリストらによる高い評価、文化教育庁長官自身からの『ミサ曲第三番』への賞賛、『交響曲第二番』への聴衆及び演奏者からの賞賛などである。

これらを告げた後、次のような文面となる。

　私はすでに五十代に入っております。それゆえ創作のための時間はきわめて貴重なものとなっております。私の目前に設定された課題を遂行し、作曲のための時間と余暇を得て、愛する祖国にとどまることができるために、私は恐れ多くも、出来うるかぎり帝立王立大学に、和声学等音楽理論のための、しかも帝立王立高等学校、ギムナジウム等の全学生のための（給与ならびに退職後の年金を伴う）専任ポストを設立していただきたくお願いを申し上げる次第です。（根岸一美訳）

この後、倣《なら》うべき形として他国の大学での音楽理論講座新設の例が挙げられるのだが、しかし、引用の部分を読むと、祖国の音楽教育発展のためといった建前すら唱えることなく、「自分の作曲の時間と資金を得るために講座を設立し教官にしてくれ」という要求であることがあらわである。これではハンスリックならずとも「公教育のためとは言えない貴下の個人的希望はかなえることができない」と答えざるをえまい。

文化教育庁はこの請願書をヴィーン大学哲学部に送り、判断を委ねた。学部長は音楽に関する問題ゆえとして再びハンスリックに意見を求めた。

ハンスリックは五月四日付の回答で、およそ次のように記した。箇条書きにしてみると、

一、ブルックナーの申請は単に当人の作曲活動の便宜のために行なわれたものである。
二、作曲法は本来、大学の科目ではなく、音楽学校のものであり、音楽関係機関の多いヴィーンで大学にそれを設置する必要はない。
三、ブルックナーには学問上の基礎教養が欠けており、大学での講義には適していない。

よってこの請願を却下すべきと考える。（主に根岸一美による）

前二項については確かにそのとおりである。ただ第三項は公平な見解とは言えまい。確かにブルックナーは大学教育を受けていないが、といってこれだけ実績のある音楽家の音楽的知識を全く認めないというのも偏った断定である。

ここには前回の意見よりもさらに否定的な態度が見られ、それはやはり前年、ブルックナーがヴァーグナー協会に加入したことが大きな理由ではないかと思われる。

〈少なくともブルックナー自身は、七四年頃にハンスリックの態度が変化したと言っている〉（田代櫂）

そうした件の背景として、ここで十九世紀後半ヴィーンでの音楽上の対立について記す。

それは当時、「ヴァーグナー派」と「ブラームス派」の対立と認識されていた。

ヴァーグナーは、「楽劇」（「単なるオペラ」と区別しての命名）と呼んだ自身の舞台作品を芸術全体の理想形態であると主張した。すべての芸術は音楽と物語・劇が一つとなって作り上げられる「総合芸術」を目指すべきであるという意見である。この主張はそれまでになかった新たな音楽のあり方を示すものとして、若い層に多く支援された。ヴァーグナーに傾倒する音楽家たちは「ヴァーグナー派」と呼ばれ、またその手法の前衛性をさして「新ドイツ楽派」とも呼ばれた。

だが一方の「ブラームス派」はブラームスが主導し主張したわけではない。こちらはハンスリックが反ヴァーグナー音楽の理想としてブラームスを称賛したためにこのように呼ばれたものである。こちらの見解では、音楽は物語や歌詞、標題などといった音楽以外の要素による制約を受けることを避け、音楽が音楽だけで自律的な美を構成する「純粋音楽」をめざすことこそが理想であるとし、またそれは、ベートーヴェン以来の伝統的な形式性を捨てることなく創作されねばならないという見解でもあって、その最上の実践者としてブラームスがいる、としたものである。ブラームスの音楽はロマンティックではあっても伝統を無視した破格さには行かず、そのバランスがハンスリックには理想的と見えたのだ。こうした伝統と権威を意識した方向性が当時としては保守的な立場とされた。

もともとこれはヴァーグナーとハンスリックの間でなされた論争から始まっている。

実はかつて、ハンスリックは『タンホイザー』鑑賞以来、熱烈なヴァーグナー傾倒者で、綿密な『タンホイザー』論を新聞に連載することで知られることになった批評家である。その当時ヴァーグナーにとって彼は、自己の正当性と優越性を論じ広めてくれる最もよい宣伝係と認識されていただろう。ところがある時期からハンスリックは古典回帰的な志向を示し始め、ヴァーグナーの音楽の自由な逸脱性に批判的となっていった。

意見の変化はハンスリックという批評家の自立した見解の発展の結果であったのだが、批評家に対しては自己宣伝への協力にしか価値を見出さないヴァーグナーには許せない裏切りと見えたことだろう。

その意趣返《いしゅがえ》しとしてこんなことがあったと伝えられている。ヴァーグナーの『ニュルンベルクのマイスタージンガー』がまだ台本しかできていない一八六二年頃（ヴァーグナーの楽劇は作曲者自身の台本による）、ヴィーンに来ていたヴァーグナーによるその朗読会が開かれ、このときはハンスリックも招かれていた。ここで、後には名前を変更されるのだが、『マイスタージンガー』の敵役、保守的で規則にうるさく、歌比べで敗北し嘲笑される、現在ではベックメッサーにあたる役割の登場人物の名前が「ハンスリッヒ」であった（デルンベルク・田代櫂・渡辺護による）。

このやり方にはハンスリックも相当に憤慨したのだろう、それまでは批判のさいもいくらかは慎重な配慮を心がけていたハンスリックのヴァーグナー批判は以後、徐々にためらいのない表現となっていき、両者は完全に敵対する。

こうしてヴァーグナーとハンスリックの、あまり冷静とは言えない論争と敵対が始まり、長く続いた。

もともと両者の違いは「総合芸術をめざすべきか、純粋音楽をめざすべきか」という意見の差だったのだが、それが次第に「冒険的で新しい破天荒な音楽を認めるか、伝統に根ざした調和的音楽を認めるか」という意味にもなった。

ヴァーグナー派にはヴァーグナーが最も尊敬していたリストが加えられた。確かにリストの「交響詩」が古典的ソナタ形式を排し、標題音楽としてその都度の自由な形式を持ち、ときに後の後期ロマン派に通ずるメガロマニアックな志向をも持つところはブラームスよりヴァーグナーに近いものだろう。ただしリストは楽劇の作曲家ではない。すると、ヴァーグナーの楽劇を認め、またその音楽性に近いものを持つ作家、「新しい音楽」をめざす音楽家、というような意味で「ヴァーグナー派」は「新ドイツ楽派」とも言われることになり、後はおよそ人的つながりがその派を決めていった。ただ、保守と革新、という意味は広く認められ、ブラームス派を評価するのは保守的な新聞、ヴァーグナー派は革新主義的な新聞で称賛されるのが常だった。

さて、ブルックナーは、ヴァーグナーの古典主義的でない拡大されたロマン主義の、いわば破格の音楽構成・調性破壊に至るぎりぎりの和声進行といった前衛性には強く惹かれたが、その「楽劇」のストーリーにはまるで興味もなく理解もできなかったことが弟子たちの証言から知られている。

合唱曲作品はあるとはいえ、交響曲がその創作の中心であり、オペラに携《たずさ》わることのなかったブルックナー自身はあきらかに純粋音楽をめざした作曲家である。ハンスリックも最初その純粋音楽的な意味でブルックナーを認めるところはあったかもしれない。ただ、『交響曲第三番』以降の、前例を見ないような形式や和声にはその理解が及ばなかったもようである。

しかしそうした内実への分析よりも、ハンスリックにとって、ブルックナーがヴァーグナーの傘下に入ったという事実が既に敵対を意味していた。これ以後、ハンスリックはブルックナーの最も厳しい批判者となる。

なお、ハンスリックの周辺にはマックス・カルベック（1850~1921）、リヒャルト・ホイベルガー（1850~1914）といった批評家仲間がおり、さかんにブルックナーを否定しさまざまに嘲笑していた、という様相をカリカチュアにした画家オットー・ベーラーの彩色画が残っている（ヴィーン市立歴史博物館所蔵、一八九五年頃のものとされる）。土田英三郎は〈日傘をさしながらリングを散歩するブルックナーと、あとをつける悪戯小僧ハンスリック、カルベック、リヒャルト・ホイベルガーたち〉と題し、〈批評家たちはブルックナーの大きなハンカチに羽根ペンで悪戯しようと狙っている〉と記している。

このように、ブルックナーが日々を過ごした十九世紀末のヴィーン音楽界は二派の派閥争いが常態となっていたが、作曲家同士としては激しい対立というわけでもなく、ブラームスはヴァーグナーを認めており、『ヴァルキューレ』初演のおりはミュンヘンまで出向いている。ヴァーグナーもブラームスの作品に興味はなかったがその才能は認めていたと言われる。

ブルックナーはと言えば、ヴァーグナーが「我々はともに第一人者だ。私は楽劇で、君は交響曲で」（田代櫂による）と高く評価していたこともあり、特にヴァーグナーの没後は「交響曲のヴァーグナー」といった意味で若い人たちに人気を得てゆく。この時代、ブルックナーの交響曲の破格なところが「新ドイツ楽派」らしい「前衛」と見られたのである。ただしそれはヴァーグナーの音楽性になぞらえての意味が大きく、ブルックナー独自の音楽として受容されるには時間がかかった。

文化教育庁からの回答を受け取ってヴィーン大学での職が得られないと知ったブルックナーは、一八七四年六月二十二日、今度は英国大使に芸術上の支援者となってもらえないか、許されれば英国移住も考えている、と手紙で打診したが、その後、回答はなかった。

だがまだその回答がないと判断される前の七月十五日、ブルックナーは改めてヴィーン大学哲学部長に手紙を送り、再びヴィーン大学での音楽理論講座開設とその担当者としての自分の採用を請願した。今回は資格証明として『ミサ曲第三番』『交響曲第二番』および『交響曲第四番』の完成部分である第一・第二楽章を同封し、また『交響曲第三番』の楽譜がヴィーン・フィルに送られているとも記した。

それとともに、ヴァーグナーに『交響曲第三番』を献呈した事実を告げ、この曲は〈この上なく著名な劇的音詩人より、口頭によっても文書によっても、忘れがたき、この上ない鼓舞となる賞賛を得た〉（根岸一美訳）ともあり、ここがまたハンスリックの怒りを誘ったであろうことが推測される。当然ながらハンスリックは前回同様の意見を告げたはずである。

この件は十月三十一日の教授会で判定され、無記名投票の結果、反対二十一、賛成十三で却下と決まったものの、賛成者がこれだけいるということもわかり、それを知ったブルックナーは翌一八七五年にもう一度申請することとなる。

前年の七四年の秋、例の聖アンナ通り帝立王立教員養成学校での学則の改訂により、（男子生徒向け）ピアノの授業が必修でなくなったため、ブルックナーはここを退職せざるをえず、それによって年五百四十グルデンの収入を失うことになった。女子生徒のクラスを降りた際とあわせ、これで年間約千グルデンを失ったことになる。

ブルックナーはこの経済的窮境をリンツのマイフェルトに宛てた一八七五年一月十二日および二月十三日付の手紙で記している。

それによれば『交響曲第四番』の写譜のための資金もなく、昨年は生活のために借金をも余儀なくした、という（根岸一美による）。

しかし手紙の日付一八七五年二月十三日の次の日、二月十四日から『交響曲第五番』変ロ長調WAB105のアダージョ楽章が書き始められている。ここを見てもブルックナーの創作は生活上の不如意とは無縁に着々と進んでいたことがわかる。むろんそれは貧窮を嘆きながらもヴィーンでのそこそこ上等の環境があってのことではあるが。

一八七四年末から七五年前半がブルックナーにとって経済的に最も困難な時期であったとすれば、七五年六月からそれはやや好転する。

少し前から空きのできていた宮廷楽団第二文書係および宮廷楽団少年聖歌隊教師代理として、ヘルベックから推薦され、六月にそれが承認されたため七月一日から年三百グルデンを受け取ることとなった。

続いて七月十二日、以前の結果を意識していたブルックナーは文化教育庁に四回目の申請を提出し、ヴィーン大学に和声学と対位法の講座を設け、そこに講師として雇用されることを求めた。今回は飽くまでも講師として、ということで、これはシュトレーマイヤー長官の助言によったものとされる。また今回は国会議員アウグスト・ゲレリヒ（伝記作家ゲレリヒはこの人の同名の息子である）の援助があり、シュトレーマイヤーも協力した。

十月二十九日、教授会で、講座を開設し、ブルックナーを無給講師とするという決定が出席者全員の賛成によってなされた。このときハンスリックとジュース学部長は欠席した。

こうして一八七五年十一月十八日、ブルックナーはヴィーン大学の和声学・対位法の無給講師に任命された。が、望みは達せられたものの、無給講師という最低の地位である。ただ、この講座は人気が高く、多くの学生が集まり、後々ブルックナーの権威と知名度を上げることに貢献した。また一八八〇年十一月には有給が承認される。

七五年十二月には講義が開始され、翌年にはヴィーン大学就任講演が行なわれた。

ヴィーン大学講師就任を後援してくれたシュトレーマイヤー長官に対しては感謝の意をこめ、七六年五月にその第一稿が完成する『交響曲第五番』が献呈されている。

第九場　ヴァーグナーとの一夜

一八七三年の夏、ブルックナーは、このときコレラが流行していたヴィーンを離れ、避暑地マリーエンバートに滞在していた。八月初め、ここからなら鉄道を用い一日で行けるバイロイト在住のヴァーグナーに宛てて、面会の希望を記した手紙を出していた。しかし八月を過ぎても返事は来なかった。予定外であった。八月中に訪問するつもりで滞在の予算が考えられていたのだ。

八月三十一日、持参してきた交響曲第三番ニ短調・第四楽章のスケッチを終えた。これを機として、ブルックナーはヴァーグナーの承諾を待たずに面会を求めにゆくことを決意した。

マリーエンバートからは列車で国境を西に越える。朝早くバイロイト駅で降りるとひとまず宿を決め、小雨の中、傘を手にダムアレー街にあるというヴァーグナー邸へ向かった。九月十三日のことである。

邸では執事らしい、深緑色の背広を着た中年の髭のない男性に、三時間後、来るよう言われて一旦宿に戻った。これでともかく予約はされたのだ、拒否はされなかったのだということにブルックナーはひと安心した。気の張ることでも、予約とか先の予定とかがあるとブルックナーは少し楽になれる。何にしてもいきなりが苦手なのである。

時間がきたので、まだやまない雨の中、歩数を数え数え、ぼんやりと進むうち、再びヴァーグナー邸の前に来たので、執事に面会を願うと、すぐ現れた若い召使に、

「どうぞお入りになってお待ちください。先生に取り次いでまいります」

と言われて控えの間に案内された。

ふと耳にピアノの音が届いた。奥の扉の向こうらしい。あのピアノはヴァーグナーその人の演奏なのだと思うと、邪魔してはならないと思い、動けなかった。手には丁寧に包んだ重い二冊の総譜がある。時間とともに重さが増す気がする。だがいかん、直立不動で先生を待とうとするうちに、しかし、ブルックナーには生真面目の一方で常にある子供らしい好奇心がどうしてもまさってきて、演奏中の曲がまだしばらくは終わらないだろうことを予測すると、誰も見ていないのをさいわい、奥の扉のところまでそっと進んで、膝をつき、鍵穴から中を覗いてみた。

そこからピアノは見えなかった。

それだけ確認すると、出来心で言いつけに背いた子供のように急いでもとの位置に戻り、ときおりシャンデリアを見上げながら、再び総譜二冊の重さに耐えた。

一曲が終わると、静寂が来た。それがなかなか破られず、これはまた緊張が高まってくるなあ、とやはり不動でいると、がたりと正面の扉が両開きに開き、遂にその人は現れた。

「ブルックナー君、ようこそ」

と、ヴァーグナーは、足りない身の丈を補うように背を反らしながら、言葉だけはひとまず歓迎したが、劇場と自邸の同時建設、そして二十年にもわたる『ニーベルングの指環』作曲の完結を急ぎつつその上演の準備、という多忙の中であったから、この一ファンには通り一遍の挨拶で済ませ、一刻も早く帰らせる算段をしていた。

「お目にかかれてまことに、まことにまことに光栄です」とブルックナーが近寄って片膝をつき、その手にうやうやしくくちづけをすると、ヴァーグナーは、なんだかなあという迷惑そうな顔つきにもなったが、しかし、忠臣を無下《むげ》にすることは彼の本意に反する。ここはともかくも体《てい》よくあしらっておこうとして穏やかに笑みを見せた。ただ、相手の手にした分厚い楽譜らしいものが気になった。

引き続き、「わが偉大な師匠にご挨拶に伺いました」から後のブルックナーは、いつもの過度なへりくだりを次々と繰り出したが、しばらく続けると、もう運を天に任せる気持ちになった。なんだかもうこれ以上はいいやと、こんな偉人の前にもかかわらず、珍しく早めに要件を告げることにして、

「このたび持参しましたこの交響曲を一目ご覧いただきたく、お願いにあがった次第です」

と言った。言ってしまった。深さ数千メートルに及ぶ谷を一気に飛び渡り、向こう岸に着いた気がした。言ってしまったではないか。やればできる。

ひとたびはいくらか愛想を意識したヴァーグナーではあるが、これを聞くと、やはりか、と途端にうんざりして答えた。

「誰もがそういうことを言ってやってくる。君の作品の評判は聞いている。だからできれば見てみたいとは思う。だがこれほど多忙ではね。すまんがじっくりと見て差し上げる時間がないのだ」

ここでブルックナーは、飽くまでも念入りにへりくだりつつ、諦め知らない厚顔な執拗さをもって願い奉った。わずかにざっとだけご覧いただけるなら、それで十分なのです、ほんの一目、どうかどうか、どうかお願い申し上げます。

それに応えて、

「三日後に来なさい。今は無理だ」

と言うヴァーグナーの言葉とその素っ気無さは、このへんでもう諦めて帰りたまえ、のソフィスティケートされた合図だった。世慣れたヴァーグナーも作品を介しての交際相手の多くは芸術家知識人都会人そして上流階級である。いわば洗練された誇り高い人々であり、自らのセンスを自負し勘の悪さを恥じる人々である。そうした相手にはこの程度で十分通じたろうけれども、さすがのヴァーグナーも、頑固な田舎の人の押しの強さにそうそうは慣れていなかった。

そしてブルックナーの方は、依然、背景や空気を考えることなく、師の言葉をそのとおりに受けとっていた。三日後には見てもらえるのだ。すなわち拒否されず、見てくださると、ここに晴れて約束がなされたのだ。予定。予定である。何より安心をくれるこれからの決め事が申し渡された。犬としてはこれで一気に目的の半分を達した気になっていた。

ならばここで最大の御礼を捧げて退出し、言われたとおり三日後に再び来訪するのが本来の犬なのであろうけれども、ブルックナーにはそうできない理由があった。はや乏しくなっていた懐が、あと三日の滞在を許さなかったのだ。何ごとにも予定通りを基本にしてきたブルックナーにとって今回の大冒険はかつてないほど珍しい予定外の滞在であり、そのための不意の出費であったからだ。そこでさらに田舎出の根性をもって粘り強く訴えた。

「貴重なお時間をいただこうとは毛頭、考えておりません、慧眼《けいがん》であられるそのお目で、ほんの一巡り、さわりをご覧いただくだけでよろしいのです。問題があればすぐおわかりになるはずです。どうか、ここはほんの数分でよろしいのです、どうか、どうか、今、ここでお願いできませんでしょうか」

これはなかなか手ごわい、というより、こんな根強い執拗さを見せる相手にはなかなか出会えまい、家来の分際でここまで要求してくるとは、とヴァーグナーはむしろブルックナーというぼんくらを少しだけ見直していた。こいつは徹底して無粋者だが、だが、それゆえの無神経な野蛮さがある。線の細い高級芸術家たちにはないものだ。

僅かばかり譲歩してみようか。というより、ここでざっとでも見てやる素振りを示さないとこいつ、絶対帰らないいな、なら、こいつに関してはここで簡単に見てやるほうが時間を取られる度合いもむしろ少ないということになる、言われるように一見して、つまらない作品ならそこですぐ拒否してたたき出せばよいのだ、と、そのあたりの観察と判断もヴァーグナーは的確であった。

ヴァーグナーは苦笑しながら、ブルックナーの肩をたたき、

「ではこちらへ来たまえ」

と居間へ導いた。

細かい模様の浮く真紅の布を張ったロココ調の椅子に腰かけて、家来から手渡された大きな総譜の一冊を見開くヴァーグナーの前で、ブルックナーは、椅子を勧められても立ったまま、教師の採点を待つ生徒のように畏《かしこ》まっていた。

「そちらがハ短調の二番であります」

一楽章から順にテーマだけ追ってみたが、思ったより自分の好みに合うことにヴァーグナーは驚いていた。そこで管弦楽法と和声にも目をやるとこれがまたなかなか意表を突いている。

「ふん、なかなかよいね」

と口に出してみると、前に立つブルックナーが両手を組み、おお、光栄です、おお、と感に堪えない様子を見せる。ここまで歓喜をあらわにされると、それは思ったよりはよかった、というに過ぎず、ちょいと喜ばせすぎたか、とヴァーグナーは持ち前の気難しさを再来させ、

「だがまだまだ型通りのところがね」

と、その形式のおとなしさに触れた。伝統的な規範に反逆することの多いヴァーグナーは常に先鋭的な響き、新しい様式を望む。交響曲第二番はブルックナーの交響曲すべてのうちでもとりわけ古典的な様式性を残している。

続いて「こちらがニ短調の三番であります。三楽章までは完成しておりますが四楽章のみ、スケッチの形で持参いたしました」と手渡すと、

「うん」と言ってヴァーグナーは一楽章に目をやり、バスとチェロの保続音に木管の五度音で始まるかと見ていくと、珍しいことにトランペットが第一主題を始めたではないか。この時代には主題をこうした方式で提示する交響曲というのは見当たらなかった。しかもそれがなかなか旋律的にも華やかでヴァーグナーの気に入るものである。さらに続く主題は穏やかなホルンで、そこから後、展開部へゆくと思ったらなんと、もうひとつ主題がしかも総奏で出てくる。大変な響きだ。これでもソナタなのか？

だが、和声進行の破格ながらの巧みさ、これまでに見たことのない緩急の型破り加減が、新しい音楽に志すヴァーグナーを強く引き止めた。しかも、ところどころ、わざわざ『トリスタンとイゾルデ』の「愛と死」のモティーフやら『ワルキューレ』の眠りのモティーフやらが短く引用されている。気に入られようとする配慮だとしてもなかなか巧みで、ヴァーグナーは心くすぐられた。なんだこいつ、作品だけ見るとけっこう如才のない奴ではないか。

「おお、これはよいぞ、うん」

とは思わずの言葉である。このときヴァーグナーは本気でこの不思議な新しさを持つ交響曲に惹かれていた。

「ううん、すごい、すごい、けっこう、これはけっこう」

ひとしきり唸《うな》ると、はや恍惚《こうこつ》となったブルックナーに、

「よいと思う。これは気に入った」と告げて昇天させかけた。

だが、ブルックナーの、どこまでも我欲を忘れない野太い田舎魂は、ここで足りて先を遠慮するということをしなかった。遠慮の演技だけ見せておずおずと、心弱げではあるが、

「あのう、もし、もしお聞きいただけるのでしたら、とは思うのですが、とても申し上げる勇気がありません」と始め、「なんだね」とヴァーグナーが促すと、「いえやはり申し上げていいものかどうか」とまたも躊躇《ためら》い、といって、止めることはなく、もじもじと言いよどんでいるので、

「かまわないからはっきり言いたまえよ」と少々焦《じ》れたヴァーグナーに、

「よろしければ、それが先生の御名を汚すことがないのであれば、ですが、この二曲のどちらか、あるいは両方を、先生に献呈させていただきたいのです」

とうとう告げてしまうと、またも千仞《せんじん》の谷をもうひと跳躍しおおせた、総毛立つような気分が全身に染み透る。

「ふうん」とヴァーグナーは少し考え、

「この作品はお預かりしよう。もっとちゃんと目を通したい。よく見極めない間は献呈を受け入れない方針なのだ」との言葉もブルックナーには帝王の誠実さに涙が出る思いである。

時間がそろそろ昼食時にかかっていた。

「では、午後五時に別邸のヴァーンフリート館に来たまえ」

とヴァーグナーは言った。

「それまでにじっくりと見ておくよ」

と、それが面倒がっての追い払いではなく、本気の言葉であることだけはブルックナーにも知れたけれども、ブルックナーにとって何より大切なのは明確な約束そのものなので、相手がどう考えてということにも関係なく、ただ予定された大感謝を繰り出すばかりであった。

ともあれ総譜を二冊とも置いて、ヴァーグナー邸を退出したブルックナーは再び宿に戻り、ここまでさんざん心細る思いであった分を盛大な昼食で埋め合わせた。時間をかけて食い、しかしまだ五時にはかなり間があったので、バイロイト駅前の広場からあちらこちらとさまよい歩き、そのうちふと思い当たって、ヴァーグナーに勧められたとおり、建設中のバイロイト祝祭劇場を見学することにした。

朝からの雨は止まないが大降りでもない。バイロイト駅からも見えていた丘の上の目立つ建物がそれとはすぐ知れた。

中央に大三角の屋根が出てその下に円形の張り出し部があり、さらに左右にも幅広く広がっている。外壁は煉瓦だったたが、まだ積んでいる途中の箇所が多い。近寄れば一層、未完成のところがわかる。外からうかがえる内部はどこも木造であった。

「やあこんにちは」と土工や左官たちに挨拶して、

「少し見学させてくださらんか、先生からお勧めいただいて」と告げれば皆快く迎え入れた。目新しい造りと特殊な構造にブルックナーは目を見張り、子供のようにあれは何これは何と尋ね、職人たちはその好奇心に嘘がないと見て取ると親切に説明してくれた。

舞台とオーケストラピットはほぼ完成していた。

後ろほど高くなっている客席はすべて舞台に向いていて、歌劇場によく見られる馬蹄形のスタイルをとっていない。二階三階で舞台を横から見るという席はなく、貴族・ブルジョワらが社交のために取るボックス席も見あたらない。すべて舞台を見、聴くことに集中するための劇場なのだ。そのひとつひとつ吟味し効果を計算し、工夫を凝らした造りにブルックナーは驚嘆し続けた。

「すんごいですなあ」と連発し、職人達の微笑みを得たが、ともすれば作業に邪魔なところまで近づいていちいち尋ねるので、若い者たちは少々閉口し始めた。

舞台からすぐ後ろ、まだ作りかけの、足場がよくないところをオルガン演奏に慣れた者の案外の身軽さでわたってゆくと、また面白い内部の構造が覗けて、ほお、と身を傾けたところ、やはり足場がよくなかったため、あれと思った刹那《せつな》、ブルックナーは後ろ向きに床下へ落ちていた。

そこに、運悪く、空になったモルタルの樽があり、ブルックナーはちょうどその中に背中からはまりこんでしまい、空とはいえ縁にけっこう残っていた白いモルタルが衣服にべったりとついた。

「おやおや」

「おやおや」

と職人たちが半ば笑いながら案じると、コメディの一場面のように樽の中からブルックナーが情けなさそうな顔を出し、幸い身を傷めはしなかったものの「しまった、これはしまった」と慌てている。

おり悪《あ》しく、そこへ、

「ブルックナーさんはおいでではありませんか、先生がお待ちかねです」

と、ヴァーグナーから遣わされた若い召使が、呼びに来た。聞けばもう五時を過ぎているという。珍しいと見れば何にでも熱中するブルックナーは熱心に過ぎて、時間を忘れてしまっていたのだ。いよいよまずい。

だが、このモルタルまみれのなりではとても先生の前に出られない。宿に戻って着替えをする時間もない。

「なあ皆の衆、どうかこれ、なんとかしてもらえんか。これじゃわしは人前に出られんよ」

と大の男が泣きそうになりながら言うので、しかたないなあ、という顔で周囲にいた左官職人三人が、外へ連れ出してブルックナーの上着とズボンを水でじゃぶじゃぶと洗った。こびり着いたところはこての先でがりがりとこそげ落とした。モルタルがまだ乾いてなかったのでいくらかは取れたが、あちこちに不体裁《ぶていさい》な染みが残り、しかしこれ以上は無理と言われて仕方なくそのまま劇場を出た。

よりにもよってこんな身なりで、弟子の分際で遅刻までして、と悔やみつつ、なんとか冷静にもどろうと歩数を数え、迎えに来た青年のチロル風の綺麗な深緑の仕着せについた襟飾りの数を数え、脚を急がせて馬車に乗り込み、ヴァーンフリート館の門前に着いた。Wahnfried とは、妄想・迷い（Wahn）が安らぎ（Frieden）を見出したところ、という意味でヴァーグナーが自邸の名としたものである。

太く四角い二本の門柱の間に真っ直ぐ、並木に縁どられた広い道が通じ、その先に薄茶色の煉瓦積みによるネオ・ルネサンス様式の四角い屋敷が見えた。よく見回せばまだ一部普請中《ふしんちゅう》で、正面の装飾も完全ではない様子だがその完成後の華麗さは十分うかがえた。

ちょうどこの館を見上げる角度が自分のヴァーグナー師への見上げ方と同じだなあ、この建物の高さがきっとヴァーグナー師の本当の背丈なのだ、ブルックナーがそんなことを思ったかどうか、何にせよ、使いの後ろから入り口の前の階段をいちにさんしごろくしちと数えて上がり、青年が扉を引くと、玄関ホールにはヴァーグナーよりやや上背のあるらしい細い女性が薄青い衣装を着て立っており、この人がコジマ夫人であると知れた。

このとき夫人が、こんな汚い物乞いをどうして通すのか、召使のアルフレートに文句を言おうとしたところ、「ブルックナー氏です」と言われたので驚いた、という話が後々伝えられることとなる。

汚い服のブルックナーは、

「アントン・ブルックナーであります。お目にかかれて光栄です、奥様」

とひざまずいてその手にくちづけ、わざわざ自分を呼び寄せまでされたことについて、

「お取り計らい、まことにありがとうございます」と、仔鹿のような感謝の眼で見上げると、

「いいえ、これは主人の意志です。自分からあなたに会いたいと申しております」

そう言われてまたも感激の湧き起こる中、広間へ通され、入ったすぐ先が真紅の絨毯である。広々と敷き詰めてあった。踏めば踵が埋まりそうな分厚さであった。壁も派手に赤い。正面の扉は縁が黒い、重そうな樫《かし》か何かだ。

まだ完成していないが、それぞれに肖像画かレリーフをはめ込むためのスペースだろう、部屋の四方に飾り枠がある。見上げれば金のきらびやかなシャンデリアがとても高い位置にあった。そこはホールで、一・二階吹き抜けとなっていた。側壁の二階位置に回廊があってホールの周囲を囲んでいた。手すりの曲線的な装飾が繊細である。緋色の壁、白い天井、どれも美的な装飾が豪華だが、ブルックナーはそうしたところをいちいちは観察していない。ただ、すん

ごいなあ、とだけ、感想を持った。

するとと、奥の部屋からまたもピアノの音が聞こえてくる。よく聞くまでもなくそれは交響曲第三番第一楽章のテーマで、これが三回ほども繰り返された。

奥方に促され、扉をたたいて中へと進むと、待ち構えていたヴァーグナーは一瞬、感慨深げに見つめ返した。これについても後には感激のあまりと語られているところだが、実は昼会ったときとのあまりの違いに呆れたというのが実際のところである。

こいつ、たった五時間でどうしてこんなに小汚くなっているのだろう、とヴァーグナーは五秒ばかり考えたが、すぐと近寄り、ブルックナーを抱擁した。

「待ったかいがあったよ、ブルックナー君」

部屋の隅にはたくさんの楽譜が積み上げられていた。それを指し、ヴァーグナーは言った。

「どうだこの山は。どれも献呈願いだ。もらおう、と言えるものはほとんどない。だが君の作品は真正だ。わたしが受け入れるに値する傑作だよ」

このときヴァーグナーはブルックナーを友人として遇していた。ただし、それにより、もともとの忠犬的意味がすべて打ち消されたわけではない。単なる宣伝に利用すべき使徒というだけにとどまらず、そうであるとともに、これほどの才能の者がまた、自分からついてくるのだという意味でヴァーグナー自身の魅力と偉大さを証す、才能ある仲間としての新たな意味が加わったということだ。

ヴァーグナーは自らの歌劇をドラマ芸術と呼んで、従来の、歌手や劇場の都合主体の安オペラとは区別していた。それはつまり自分が歌劇の世界の王であり、他の作者のものはどれも自分に及ばないという自負のあらわれである。もしブルックナーがオペラ作家として歌劇作品を持ってきていたらどれだけ優れたものと感じてもヴァーグナーは認めず、むしろそれが優れていればいるほど警戒し相手を否定したかもしれない。だが、一、二曲は自分も試みたことがあるものの、早くから手を引いてしまった交響曲の分野で、自分好みの新しい音作りの天才的な作品を書く作者が見つかり、しかもその天才的作曲家が自分に帰依《きえ》し限りなく謙譲に振る舞っている、ということがヴァーグナーに大変な満足を与えもした。

「わたしはドラマ芸術で、君は交響曲で、ともに第一人者である」と後々もヴァーグナーはブルックナーを同朋《どうほう》と呼んだ。

ヴァーグナーが率先して話し始めた。ヴィーンの音楽界のことである。そして多くが批判であった。とりわけ宮廷劇場を罵った。自作が上演されたさい、大幅なカットが行なわれたことをヴァーグナーは許せなかったのである。

ブルックナーは、自分の支援者で、楽団指揮者と宮廷劇場総監督を務めるヨハン・ヘルベックの弁護だけは必死で続けたが受け入れられなかった。作曲家として現在ヴィーンで最も尊敬されているブラームスの、その評価の高すぎることへの疑念にはどう対応して良いか、わからなかった。音楽批評家ハンスリックへのヴァーグナーの激しい非難についてもそうである。まだこのとき、そこに登場して間もないブルックナーはヴィーンの音楽事情の敵味方関係を深く考えていなかった。

改めてコジマ夫人を紹介された。リストの娘で、元は指揮者ハンス・フォン・ビューローの妻であり、後にヴァーグナーのもとへ走った、それによってヴァーグナーとフォン・ビューローとの関係が決裂した、というような事情を聞いて想像されるような奔放さからは遠い、物静かで内気そうな女性であった。

「食堂へ」と言われて別室へゆくと、そこにもう一人、男性がいた。灰色の上っ張りを着てひょろりと背の高い、黒髪の、頰のこけた髯男で、無口朴訥《ぼくとつ》な様子に見えた。彼の前に立つまだ荒削りの制作物を見ると彫刻家であるとわかった。部屋の一角に陣取って作業中なのだった。

「グスタフ・アドルフ・キーツ君だ。彼には今、家内の胸像を制作してもらっている」とヴァーグナーは言った。

「祝おうではないか」と、ヴァーグナーは人々を卓につかせると、召使にビール樽をひとつ持ってこさせ、並べられたフランケン地方風のソーセージ、温野菜の数々とともに、盛んにブルックナーとキーツにビールを勧めた。キーツは、仕事中であるので、と一杯つきあうだけにとどめ、しばらくすると部屋の脇へ戻った。

ブルックナーは『ローエングリン』上演のさいのヴィーンの人々による賞賛のありさまについて語ろうとしたが、ヴァーグナーからは、

「まあ、そんなことはどうでもいいよ。わたしにはわかっている。騎士と一緒に白鳥がやってくる、それが新しい趣向だ、というんだろう？　それより君、飲みたまえ、この『ヴァイエンシュテファン』というのは素晴らしいビールだ」

と大ジョッキの乾杯で遮《さえぎ》られた。そして、ここでまたヴァーグナーによるヴィーン楽壇への悪口がより激しく繰り返された。よほどヴィーンには憎いものがある様子であった。

「あそこの批評家たちときたら、役人より前例主義だ。新しいものは舞台の小道具しか認めたがらない。昔の思い出しか好きじゃないんだろう。今が貧しすぎるから。それで、音楽の新しさというものまでも奴らはすべて憎んでいてだ、いつもいつも昔ながらの音作りのブラームスさんだけは最高、とよ。鰯《いわし》の頭でも拝んでろってとこだね」と、酔うにつれヴァーグナーはだんだん口汚くなっていった。

ブルックナーはこのとき、静養中ですので、と一旦はビールを辞退しかけたものの、上機嫌なヴァーグナーの勧めを断るわけにはゆかなかった。しかも樽一つ分空けられたのでは、普段相当の酒豪であるブルックナーも泥酔せずにはいなかった。これまでの生涯で最高に、と言って良いほどに幸せな気分であったことも酔いを深めさせた。

確か午後八時頃に館を辞したと記憶する。覚束《おぼつか》ない足取りでようよう宿へ戻り、そのまま寝入った。

翌日、ブルックナーは、前日、ヴァーグナーに献呈したのがどちらの交響曲だったか、すっかり忘れていた。酔いのせいである。それほど酩酊していたのだ。絶望し、途方にくれていると、たまたまホテルの朝食の場に彫刻家キーツがいるのを見かけ、これこそ救世主と、確認すると、どうも二短調の方の話が出ていたとのことである。少しほっとしたが、まだ心配だったので、ブルックナーは部屋に戻るとホテル専用の青い便箋に、

「トランペットの主題で始まる二短調の方ですね？　A・ブルックナー」と書いて、ボーイに預け、これをダムアレー街にお住まいのリヒァルト・ヴァーグナー氏に届けてくれたまえ、と言ってチップを渡した。

午後に便箋はそのまま戻り、そこにはヴァーグナーの書き込みで、

「そのとおり。よろしく。　R・ヴァーグナー」

とあり、これでブルックナーの不安は解消した。

このときの「トランペットの主題で始まる方ですね」というわざわざの手紙がまるで子供のお使いの念押しのように見えたので、ヴァーグナーはさかんに可笑しがり、妻コジマに「このトランペット君が」と言い、コジマもその後、本人のいないところでは「あのトランペットさんが」と呼ぶようになった。たまたま初めて聞いた友人知人がいぶかしがると、ヴァーグナーは、その呼び名の由来とともに交響曲第三番献呈のさいのアントン・ブルックナーその人のモルタルまみれのみすぼらしい服装と小心で卑屈でどたばたした振る舞いとを面白おかしく語った。

決して本人には伝えられることはなかったし、ヴァーグナーもブルックナーの作品の価値は最後まで認めていたけれども、その作者がきわめて幼稚で滑稽な人物であることは常に笑い話の種とされた。

3　交響曲第三番初演

一八七六年二月二十日、第三回楽友協会演奏会でブルックナーの『交響曲第二番』の二回目の演奏が行なわれた。ブルックナーの指揮である。今回は相当の喝采を受けた。

ここで用いられた楽譜が「第二稿」と呼ばれるもので、ヘルベックの説得によって多くの部分が削除されている。さらに演奏後もヘルベックの助言によりいくつかの削除を行なった。

この曲は一八七三年の初演時からヘルベックの助言によって改訂され、以後もさらに何度か手を入れられたが、一八七六〜七七年の改訂が最も抜本的である。

『交響曲第二番』は現在、ロベルト・ハース（1886〜1960）校訂による一八七二年と七七年の両方の楽譜をもとにしたハース版、レオポルド・ノヴァーク（1904〜91）校訂の一八七七年の稿にもとづくノヴァーク版（これが「第二稿」）があり、その後一八七二年の稿によるノヴァーク2版（実現すれば「N2」と通称されるはずだった「第一稿」）が作成される予定であった（ノヴァークは改稿ごとに別の楽譜として校訂する方針をとった）がノヴァークの死によって成らず、一九九〇年代になってウィリアム・キャラガン（1937〜）が一八七二年の第一稿と、初演のための一八七三年の改訂第一稿とを作成した。

なお、初稿の一八七二年第一稿は改訂第一稿と違い、第二楽章（アンダンテ）と第三楽章（スケルツォ）の位置が逆で、スケルツォの後にアンダンテが置かれている。

一八七六年四月二十四日、ブルックナーはヴィーン大学哲学部への就任講演を行なった。演壇に立ったブルックナーには大きな拍手が起こった。このときの原稿が残っており、〈この講演は原稿を見る限り大変に格調のある名文で、ブルックナーのインテリジェンスを証明する最良の例となっている。彼はここで、和声法と対位法について充分な知識をもつことが、創作にとってばかりでなく、音楽作品の正当な評価と正確な判断にとってもいかに必要であるかを力説した上で、自分の講義をわかりやすい説明と生きた実例によって進めてゆくことを約束している〉（土田英三郎）。

田舎びた言葉使い・振る舞いで知られるブルックナーだが、必要な際の標準語はきわめて正確で、また明晰であったという（田代櫂による）。

ブルックナーの受け持つ科目への聴講生は初年度七十人ほどであった。新規科目にこの数は異例で、非常に人気があったようだ。その中には、工科大学の学生で後に「人智学」の提唱者として知られるルドルフ・シュタイナー（1861~1925）がいた。七七年から七八年の聴講者の中にはヴィーン音楽院生だったグスタフ・マーラーの名もあった。

同年五月十六日、『交響曲第五番』変ロ長調 WAB105 がひととおり完成した。

七月三日には『ゲルマン人の行進』がヴィーン初演を果たす。

七月二十六日には『この所は神により作られた』WAB23 ヴィーン初演が続く。同日、大学助教授への昇任を請願しているが認められてはいない。

夏の間に『ミサ曲』第一番・二番・三番の改訂が行なわれた。

この時期、バイロイト祝祭劇場が完成し、ヴァーグナー六十三歳の誕生日にあたる五月二十二日に開場式が行なわれた。六月三日から『ニーベルングの指環』四部作の本練習が始まり、初演は八月十三日と決まった。公演には多くの著名人が招かれた。チャイコフスキー、サン＝サーンス、グリーグなどの有名作曲家とともにブルックナーも招待を受けている。

初演指揮者はハンス・リヒター（1843~1916）である。ブルックナーは三回目のチクルスを鑑賞した（『ニーベルングの指環』は序夜・第一日・第二日・第三日ですべて鑑賞するのに四日かかる）。八月、バイロイトに赴《おもむ》いたブルックナーはヴァーンフリート館での夜会に招かれ、そこでベルリンの音楽評論家ヴィルヘルム・タッペルト（1830~1907）を知った。

タッペルトは「新ドイツ楽派」とヴァーグナーの作品の熱心な信奉者で、バイロイト音楽祭を支援するパトロン協会ベルリン支部の主宰者であった。ブルックナーはこの評論家には自分の理解者となってもらえるかもしれないと期待した。ヴィーンに帰って後、何度も手紙を送り、『交響曲第四番』の制作経過を伝え、また自身の業績を伝え、また意見を請うた。しかし色よい回答はなかったもようである。

なおタッペルト宛の、自分の業績に関する記述の後に追伸として次のような文面がある。

大学における私の活動のゆえに、すなわち和声学と対位法の無給講師としての仕事ゆえに、ハンスリック博士は私にとって悪しき敵となりました。（根岸一美訳）

このときブルックナーが明確にハンスリックを敵と認めていたことがこれでわかる。ただ、その勢力・影響力の大きさを恐れ、以後もブルックナーはハンスリックに対しては非常にへりくだった態度を取り続けた。

『交響曲第四番』には改訂の必要を感じた、とブルックナーは一八七七年五月のタッペルト宛の手紙で告げ、改訂の作業を続けた。それと並行して七六年から七七年にかけて『第三番』のヴィーン初演をめざしていた。

『交響曲第三番』は七四年秋、ヴィーン・フィル指揮者デソフから初演を断られ、その後、いくらかの訂正を加えた。七五年になってデソフは試演を認めたが初演は拒絶した。

〈一八七五年八月、ふたたびヘルベックを通して、ウィーン・フィルハーモニーに初演の話をもちかけた。今回は首尾よく事が運び、練習段階にこぎつけたものの、その第一回目の練習の間にすでに、楽員たちは演奏不可能と決めつけて、結局初演は流れてしまった。ただし、有名なチェロ奏者のダーヴィト・ポッパー（David Popper; 1843~1913）だけがこの演奏に積極的な協力ぶりをみせた〉（門馬直美）

七六年夏のバイロイト音楽祭から帰って後、ブルックナーは『第三番』を大幅に見直した第二稿を作成し始め、七七年四月二十八日に完成させた。

一八七七年のブルックナーの活動は一月七日のアム・ホーフ教会聖歌隊長への志願から始まる。無給の大学講師の仕事では現状は変わらないとしての求職だったのだろう。しかし得られない。五月二十六日に別人を採用との連絡を受けた。

また文化教育庁に再び年俸を申請したがこれも無駄であった。

春は『第三番』の改訂、夏は『第五番』の見直しに時間を費やした。

七七年十一月、ブルックナーはヘスガッセ七番にある邸宅の五階（当地での呼び方は「四階」）に居を移した。アントン・フォン・エルツェルト゠ネーヴィンというヴィーン大学の聴講生の厚意による。彼はブルックナーへの尊敬の念から、自身の所有する住居のひとつを実質無料で提供した。

これと前後して続いていた『第三番』初演の働きかけはなお達せないでいたが、ヘルベックの決断により遂に実現が見込まれることになった。

ブルックナーによるメモ入りのカレンダーには九月二十七日、「ヴィーン・フィルによる交響曲第三番、三度目の拒絶」と記載があるが、実はこの日、ヘルベックが来《きた》る十二月十六日の楽友協会コンサートでブルックナーの『交響曲第三番』を指揮すると表明していた。これにより、遂に『第三番』がヴィーン・フィルによって初演されることがほぼ決定した。

ところが、十月二十八日、ヘルベックは旅先で病死する。四十五歳の若さであった。

これで、指揮者を失った『第三番』の十二月の演奏会での初演は見送りとなるところ、ブルックナーは自分が指揮をするとして初演実現をめざした。

なお、ヘルベックの死後、ブルックナーはその後任として宮廷楽長を志願したが果たせず、就任したのはヨーゼフ・ヘルメスベルガー一世だった。

ヘルメスベルガーは、ブルックナーの『交響曲第三番』初演の意向を受け入れ、既に決定していた同演奏会のプログラムの後に改めてブルックナーの『第三番』を加えることを認めた。

こうしてともあれ『交響曲第三番』の初演は決定した。

だがそのリハーサルでのブルックナーの指揮ぶりがあまりに拙劣であったため、またブルックナーという人の自信のなさ指導性の弱さから、団員たちは大変に見くびった態度をとった。

ヴィーンでの『ミサ曲第三番』や『交響曲第二番』ではブルックナーの指揮で成功したではないかと思われるかもしれないが、それらは予めヘルベックが団員たちに十分なトレーニングを施し、本番だけをブルックナーに任せたからであって、ブルックナーが最初から指導したのではなかった。しかも新たな、当時としては前衛的な部分を多く含む新作の価値を十分に伝え、ときに団員たちを圧してでも従わせるような能力がブルックナーにはまるでなかった。

〈これまでにない新しい作品をオーケストラになじませるには、卓越した技術だけでなく、オーケストラの心理に感情移入できる能力、さらに指揮者にはかくべつ語彙の豊富さが要求される。わたしたちの知るかぎり、ブルックナーはこういった能力をすべて欠いていた〉（ヴォルフ、

喜多尾道冬・仲間雄三訳）

もうひとつ付け加えると、ブルックナーの性格による、明らかに目下とわかる相手には相当強く出ることが出来るが、自分より格上と感じる相手には全く強いことが言えないという態度のせいでもあるだろう。ヴィーン最高の楽団員たちをブルックナーは自分が支配する対象とは感じられず、その指示には常に遠慮とへりくだりが含まれたであろうし、それをまた楽団員たちは舐めてかかっただろうということである。

その結果、練習風景は惨憺たるものとなった。そのほぼすべてを見学していた出版業者、テオドール・レティヒは次のように記した。

若い楽員たちが老人のぎくしゃくした指揮をからかう様は、無惨でもあり腹立たしくもあった。ブルックナーに指揮の知識は皆無であり、テンポを指示するにしても、まるで体操人形《ハンペルマン》のようにぎくしゃくと動くだけだった。（田代櫂訳）

この状態では演奏が成功するわけもない。

一八七七年十二月十六日となった。この日のプログラムはベートーヴェンの『エグモント序曲』、シュポーアの『ヴァイオリン協奏曲第九番』、モーツァルトの『フィガロの結婚』からの二つのアリア、ペーター・フォン・ヴィンターの『中断された犠牲の祭り』からの抜粋、ベートーヴェンのカンタータ『静かな海と楽しい航海』、そしてその後にブルックナーの『交響曲第三番』というもので、もともと『第三番』なしで行なわれるはずの予定に無理やりブルックナーの交響曲を足したため、大変に長いコンサートとなった。楽団員には負担が大きく、それはすなわちプログラム末尾の長い交響曲演奏への不満となっただろう。聴衆の方でも最後まで聴く気にならず『第三番』の前に帰宅した人がいた。『第三番』以外の演目の指揮はヘルメスベルガーが行ない、それが終わった後、ブルックナーが指揮台に上がった。

本番でもごく一部を除く楽団員の軽蔑的態度は変わらず、その結果、『第三番』はその真価を示すことなく、聴衆は楽章が進むごとに席を立って去った。終楽章の終わったとき、ホールには二十数人しか聴衆は残っていなかったとも、平土間に七人程度しかいなかったとも伝えられる。

そんな中で立見席にいたブルックナーの弟子たちだけがステージ前に来て懸命に喝采した。フリードリヒ・ブルーメの『ブルックナーの生涯』（根岸一美訳、『音楽の手帖　ブルックナー』に掲載）によれば、このとき来ていたブルックナーの弟子・支援者は、〈マーラー、ゲレリヒ、フオックナー（彼は、ブルックナーの和声学と対位法の全十二年の授業をはじめから終りまで受講した唯一の生徒である）、A・シュトラーダルであり、そして、彼らの所には、あとからシャルク兄弟、K・レーヴェ、Fr・クローゼ、F・エックシュタインらが加わってきた〉。

ほかに田代櫂はクジザノフスキ（クルシジャノフスキ）の名を、土田英三郎はエルンスト・デチャイの名を挙げており、するとこのとき応援者は十一人以上ということになる。さらにブルックナーを嘲笑した人々も別にいたわけだから、全ホール内に二十数人説を採用しておく。しかし楽友協会の大ホールにたった二十数人である。

楽団員たちは最後の音を奏し終わるとともにすぐさまステージから去った。

一人指揮台に残ったブルックナーは振り返ってほとんど人のいない客席を見やった。

弟子たちはステージに歩み寄って拍手し、師を讃えた。

だがブルックナーは「放っておいてくれ。わたしを理解しようとする人はいないのだ」と言いながら常に持つ大きなハンカチで顔を拭った。

誰が見ても悲惨な大失敗であったが、ここに奇蹟的なことが起きた。『第三番』のほぼすべての演奏練習の様子を知る出版業者テオドール・レティヒから楽譜出版の申し出があったのである。レティヒは楽友協会のメンバーであり、またその仕事の必要から大抵のオーケストラの練習には立ち会っていた。そして彼は、ブルックナーの指揮は全くひどいものではあるが、しかしその作品は大変優れていると判断したのだった。

レティヒは若い弟子たちに囲まれ呆然とするばかりのブルックナーの前に立ち、自らの費用でこの作品の楽譜を出版させてほしいと告げた。費用はおよそ三千グルデンにもなるものである。

この『交響曲第三番』について、ハンスリックは『新自由新聞』一八七七月十二月十八日付に次のような評を載せた。

われわれにはこの作曲家を傷つけたいという気持は毛頭ない。人間としても芸術家としても彼に対して尊敬の念をいだいているし、彼の芸術の目的は、その扱いが奇妙であるとはいえ、誠実なものである。それゆえ批評するよりはむしろ謙虚な気持で、彼の巨大な交響曲は理解できなかったと認めるほうがよいだろう。詩的な意図はなんら示されなかったし、——たぶんこれはベートーヴェンの第九がヴァーグナーの『ヴァルキューレ』の味方となり、そして結局は相手に踏みにじられてしまうという光景だったのだろう——またこの音楽の首尾一貫性もうまくつかむことができなかった。作曲家がみずから指揮をして拍手を受けた。そのあとで、最後まで残っていた聴衆のなかのわずかな者たちが、他の人たちが逃げてしまったことについて彼を慰めた。（和田旦訳）

今読むとそれほど酷評といった感じはしないが、これは当時の結果を知る人たちから見ればかなり嘲笑的な言葉だったのかもしれない。特に、ベートーヴェンといういわば規範から外れ、ヴァーグナーという邪道に踏み込んだばかりに惨めに潰れてしまった哀れな作品、というハンスリック的因果応報の表明としてブラームス派からは読まれたことだろう。

　なお、ブルックナーの『交響曲第三番』初演の二週間後である十二月三十日に、同じ会場、同じ楽団員により、ハンス・リヒターの指揮によってブラームスの『交響曲第二番』が初演され、大絶賛を浴びた。ブラームスの『交響曲第一番』が大変重々しいものであったのに対して、ベートーヴェン以後に交響曲を書くことのいわば重圧を『一番』で突破したと感じたであろうブラームスの『二番』は知られる通り、明るく愛されやすい名曲である。これについて、ハイドンの伝記作者であるフェルディナント・ポールが「どの楽章も黄金です」（根岸一美訳）と記したことはよく知られている。〈さらにハンスリックはブラームスが「ファウスト的な魂の闘いのパトス」［交響曲第一番のこと］のあとに、「花咲く春の大地に」ふたたび身を転じたことを歓迎した。こうしてウィーンの音楽界は、ブラームスのほうがブルックナーよりも比較にならぬほど重要な作曲家であることを見せつけたのである〉（根岸一美）

　ブルックナーがどれほど意気消沈したかはこの後、交響曲の新作『交響曲第六番』を書き始めるまでに約二年半も間を空けたことで知れる。

　が、翌一八七八年、ブスイェーガー・ウント・レティヒ社からブルックナーの『交響曲第三番』の総譜とパート譜が出版された。それとともに、マーラーとクルシジャノフスキによるピアノ連弾用の楽譜も出版された。

　一八七八年一月には『交響曲第五番』の見直しが完了した。

　この『交響曲第五番』WAB105は作者の生前にあまり演奏されることがなかった。ブルックナーは一八八七年四月二十日に二台ピアノ版での演奏を聴いただけである。一八九四年四月九日、グラーツでシャルクによる大幅な改竄稿《かいざんこう》を用いたシャルク指揮の初演がなされているが、ブルックナーは健康状態の悪化のため現地に行くことができなかった。一八九五年のブダペストでのレーヴェ指揮による再演にも同様の理由で出席していない。そのため、七八年の「見直し」完了後に演奏用の便宜として自ら訂正したり演奏時の評価を見て後で改稿したりするということがなかった（『第六番』も同様）。ただしシャルクによる作者の認可によらない改訂稿はあり、以後長らくそちらの楽譜が流布した。

原典版の完全な初演は一九三五年十月二十日ミュンヘン、ジークムント・フォン・ハウゼッガー（1872~1948）指揮ミュンヘン・フィルハーモニーによる。

『第五番』は現在、『第八番』と並ぶ規模、精度を持つブルックナーの代表作ともされるが、他の作品に比べ、高評価の定着は遅かった。ようやくその認識が成って以後、この曲についてはとりわけブルックナーの対位法の技術が称賛される。

その意味合いと価値について『ブルックナー　交響曲』の著者ハンス＝ヨアヒム・ヒンリヒセンが次のように記している。

ブルックナーは会話の中で、交響曲第五番のことを自身の「対位法上の傑作」と称したと伝えられている。これは表面上、特に両端楽章において模倣の技法が重要な役割を演じているという明白な事実と結びついているようにみえる。実際この点において、ブルックナーの崇拝者たちも、受容の初期段階からすでに、本作品が西洋音楽におけるポリフォニーのひとつの頂点であると評価してきた。

だが（中略）、ブルックナーは、この発言によってまったく別のことを意図していた可能性も考えられる。というのも、交響曲第五番の構成要素は、バッハやワーグナーの《マイスタージンガー》前奏曲の対位法と関係していると主張されることも多いが、実際にはほとんど無関係であるためだ。

まず、本作品では交響曲の全体構想の拡充が体系的に推し進められている。ここでは交響曲第三番や第四番でみられた以上に、動機連関による密なネットワークが各楽章のみならず交響曲全体に張り巡らされている。そしてこの動機連関のネットワークを背景に、作品のドラマトゥルギーの主役を担うのが、冒頭楽章の主要主題である。（髙松佑介訳）

ヒンリヒセンの告げるとおり、この「動機連関のネットワーク」が『交響曲第五番』の最も大きな特徴そして優れた成果であるとここでは認めたい。

またブルックナー自身はこの『第五番』を「幻想的《ファンタスチック》」と呼んだ。

なお、ゲレリヒはブルックナーの伝記で『交響曲第五番』について「置き去りにされた天才の深い孤独の音がこのなかに鳴りひびいている」（張源祥訳）と記しており、ブルックナーの当時の状況を考えるなら支援者からそういった言い方をされるのも尤《もっと》もではあるが、実際の『第五番』はベルリオーズの『幻想交響曲』のような作曲家の個人史に沿った音楽では全くないので、これは無用な解説である。

『第五番』の完成後、しばらく、依頼によって作曲した一八七九年の『弦楽五重奏曲』へ長調WAB112以外は『交響曲第三番』と『交響曲第四番』の改訂作業が続く。

七八年一月二十四日、ブルックナーを帝立王立宮廷楽団正会員と認める旨の通知が宮廷楽長ヘルメスベルガーから来た。前年末に亡くなった会員の空席がブルックナーに与えられたのである。こうして二月以後、ブルックナーは正会員として年俸六百グルデンを得ることとなり、またこの年の後半からは宿舎手当として二百グルデンをも与えられた。ただし、これまでの第二文書係と少年聖歌隊歌唱教師代理の仕事は免じられることとなり、その三百グルデンの報酬は失われた。

その後三月三十日、オルガン伴奏とともにテノール独唱と混声四部合唱とが交互に歌う『マリアよ、あなたはことごとく美しく』WAB46が完成する。これはリンツのルーディギーア大司教在任二十五年を祝するために書かれ、七八年六月四日、リンツ新大聖堂の奉納礼拝堂で、同礼拝堂の聖歌隊長であるヨハン・ブルクシュタラーの指揮によって初演された。

経済状況が好転する中、『交響曲第四番』の改訂が進められ、同七八年七月二十五日に第一楽章の改訂終了、七月三十一日に第二楽章の改訂終了、九月三十日に第四楽章の改訂終了、そして十二月に第三楽章に差し替えるための新たなスケルツォが完成し、十二月九日に、タッペルトに宛てて「交響曲第四番が完成しました」と伝えている。

ブルックナーとしては、この上ヴィーンでの演奏には期待が持てないので、タッペルトの紹介によるベルリンでの演奏を望んでいたのだが、こちらからも依然よい回答は得られなかった。

『交響曲第四番』の稿についてだが、まず一八七四年に初稿が完成（一八七四年稿）、七八年に改訂が一度は完成、これが一八七八年稿とされるが、この後、終楽章をさらに改訂して一八八〇年六月五日に完成させている。現在、多くの場合に演奏される形態は、第一・二・三楽章を一八七八年完成の形、終楽章のみ一八八〇年完成の形で、これを一八七八／八〇年稿と呼ぶ。これを第二稿とする場合もあり、第二／三稿と呼ぶ場合もある。ノヴァーク校訂によるノヴァーク第一稿を別とすると、ハース版原典稿とノヴァーク版一八七八／八〇稿については大きな差がない。

初稿と第二／三稿の最も大きな差は新たに作曲された第三楽章である。ここは初稿のそれとは全く異なる音楽となっている。

一八七八／八〇年稿完成の後に、ブルックナーの弟子であり、その作品の宣伝・紹介に努めたことで知られるフェルディナント・レーヴェの改訂した改訂版が「初版」として出版され、これを「第三稿」と呼ぶことがしばらく続いたが、ハースによる校訂が進むと、これはブルックナー自身による改訂ではないとして「レーヴェ改竄版」と呼ぶこととなった。ところが、二〇〇四年、国際ブルックナー協会から、この稿をもとにしたベンジャミン・コーストヴェット校訂による「第三稿」が出版された。コーストヴェットはこれをもブルックナーが正当に認めた稿であるとしており、現在では再度こちらを「第三稿」とすることとなっている。なお、『第四番』の、作曲者以外による改訂としてはレーヴェ編による版のほかにマーラーによる演奏用の版も存在する。

第十場　人生最悪の日

交響曲第三番が宮廷歌劇場楽団（ヴィーン・フィル）の定期演奏会で演奏されることに決まったのは一八七七年のことだ。しぶる楽団員を宮廷楽長のヘルベックが自分で指揮すると言って説得してくれたおかげである。

ミサ曲のときも、交響曲第二番のときもそうだが、ヘルベックが団員に十分なトレーニングを施した後、実演だけブルックナーが指揮する、というやり方で成功を得たので、このヘルベックが指揮してくれるというのであれば、何の心配もなく、再びの成功は半ば約束されたようなものと思えた。

だが同年十月二十八日、ヨハン・ヘルベック急死という報がブルックナーに届いた。旅先で、肺炎にかかってのことという。享年四十五。活動の最盛期にたまたま事故死のようにして亡くなってしまったのがブルックナーに信じられなさをつのらせた。

彼の死が現実感を得る頃、ブルックナーには、かつて父を亡くしたとき以来の衝撃が来た。友人でもある最大の保護者を失い、加えて第三番成功の鍵をもなくしたことになる。

新楽長にはヨーゼフ・ヘルメスベルガー一世が着任した。しかし彼はブルックナーの交響曲第三番を指揮する意志はないと伝えてきた。これで初演は頓挫と思われたがブルックナーはようやく得た機会をみすみす捨てることを頑として肯《がえん》じず、各方面に訴え、かろうじてプログラムからの削除はまぬがれた。

だが指揮をしてくれる人が見つからない。だからやはり十二月の演奏会のプログラムからは外すことにしようではないか、と再度新楽長から言われたが、それなら自分が指揮をするとブルックナーは答えた。

こうしているうちに十二月となり、第一回の練習日が来た。ゲネラルプローベ（通し稽古）を含めて二回しか練習の機会はなかった。ヴィーン・フィルはオペラでの演奏を主としているため、他のオーケストラに比べると単独コンサートのための練習時間は少なくしかとれない。

一方、劇場での実演ではその都度の状況にあわせ全員が素早くまた適度に対応できるようなチームワークと融通の利かせ方を心得ている。歌手の声が小さければ伴奏の音量を下げ、次に聴かせどころがくるので拍手の欲しくないところではリズムを強調してここは静かに、と聴衆に合図を送る。あるいは歌手が間違えたところは木管や弦が正しい音をなぞってあたかもそこが歌手の声であるかのように聴かせる。あるいは、指揮者が振り間違えても全員の即座の判断で必要な音やリズムを補い、何事もなかったかのように演奏を続けたり、より情緒が必要と皆が判断する部分は指揮者の指示に従わず全員が申し合わせたようにゆっくりと演奏したり、等である。

そのため慣れた曲ならほとんどリハーサルなしでもその場での集団的判断でうまく聴かせられるという自負がメンバーにはあった。反面、初見で演奏しづらい新曲にはすぐ「演奏不可能」と言い出す者が多く、ブルックナーの交響曲の持つ破格な書法の多さには何度も「演奏不可能」を宣告された。その都度ブルックナーはここを変えそこを変えした。

この経緯がブルックナーに教師と生徒の関係を発生させていた。楽団員の方が主体を持つ教師で、ブルックナーは命じられて宿題をこなす生徒、という役割の枠ができた。

一度決まった行動の型を変更することができないブルックナーは、楽団員が自分に命ずる側で自分は命じられる側という意識を持ったまま指揮者として臨むことになった。

リハーサルは朝十時に始まる。

あのメンバーならなんとか聴ける曲にしてくれるだろう、と交響曲第二番の成功を思い返しながら、ブルックナーが楽友協会ホールの扉を開けると、ステージにメンバーの半数ほどがいたが、楽器の音が一つか二つしかなかった。リハーサル前は各自パートの練習をしているのが本来である。だが、聞こえるのはがやがやとした会話の声ばかりである。しかもそれは指揮者が来たところで収まるはずなのが、一向に静まらない。むしろ、「なんだか」というような揶《や》揄《ゆ》めいた言葉が増えたような気がする。

「みなさんおはよう」

と挨拶をするが、顔をブルックナーの方に向ける者があまりいない。

一人、チェロの名手として知られるダーヴィド・ポッパーだけが「おはようございます」と言った。ポッパーは先年、第三番の試演のときから曲の価値を認め、協力的だった。がやがやの中で貴重な楽器の音を響かせている一人だった。

ブルックナーは全員が揃うのを待つことにして舞台脇に立っていたが、なかなか人が増えない。開始予定の時間になってやっと何人かやってきたが、中の一人は後ろの椅子に座って、朝食であるらしい、ソーセージを挟んだパンをかじり始めた。誰かと見ればコンサートマスターのヤコブ・グリューンだった。

「あのう、そろそろ」

と言い出すと、グリューンが後ろで手をあげて、「ちょっと待て」の合図である。食べ終わるまで待て、ということらしい。ブルックナーは待った。だがそれによって貴重な練習時間が減る。

ふと客席の方を見ると、中央の席に一人、身なりのよい、髭の豊かな四十過ぎくらいの男性がいるのがわかった。見学者らしい。楽友会員にはリハーサルの見学が認められている。

十時二十分ほどになってようやくグリューンほかの全員が所定の位置につき、投げやりながら楽器を手にし始めたのでブルックナーは指揮台に進み、

「あのう、ではお願いします」

と言うと、一瞬、静寂が来た。そして次の瞬間、至るところで笑い声が始まり、それは限り

なく拡大するかに見えた。

　何がおかしいのかなあ、と困惑しながら、ブルックナーは、しかしそんなことに時間を費やしてはいられないと、

「ではまず一楽章から」と精一杯指揮者らしく声を張って見せたが、ポッパーとあと二人ほど以外、誰も反応しない。

「始めます」と大声で言って、いきなりタクトを高く掲げ、最初の拍子をとってみせるとようやく、弦が音を刻み始めるが、全く揃っていない。そもそも全員が同時に始めておらず、まるで分散和音のようになった。

「あのう、そこ、もっと揃えてもらえますか」

　おずおずと言い出すと、コンサートマスターのグリューンが、

「センセエ、こういうのもいいんじゃないですかねー」と笑った顔で言う。

「いや困ります」

「だってそもそもここ、わやわやわやっと始まるだけじゃないですか。別にどうだって」

「違うんです、そこにはリズムと決まった出だしが……」

「どうしてこんな変な始まりを忠実にやらなきゃならんのか、よくわかりませんよ、ヘルベック氏のようにきりっと理由を示してくださいよ」

　と言われても、ヘルベックでない自分にはどうにも楽譜の必然性に関して的確な説明ができ

ない。作曲家は自分なのだから、自分が一番よくわかっている、としても、それでは通じない。ではその必然性を説明できるのかと問われると答えられない。

「いやそれはなんとなく……でも決めたことですから」

これまでは練習段階でヘルベックが論理的に、かつ権威をもってびしびし命じてくれた後に、ブルックナーが本番で指揮台に立つだけで、当人は実際上何もしなくとも統一のとれた演奏が実現した。だがヘルベックの役を演じることはとてもできない、とブルックナーは逃げたくなった。あとは楽譜にあるとおり演奏するのが当然という常識に頼るばかりだ。

「とにかく、楽譜にあるとおりに」

と言うとグリューンは、まああんまり最初から苛《いじ》めるのも気の毒だからな、といった表情を後ろの団員によく示すよう振り返って見せて、その後、ようやく最初の刻みだけはできた。そこにかぶせて例のトランペットのソロが始まるのだが、それが弱音の所を朗々と響かせるのも正しくないが、それ以上にリズムもメロディも違えているではないか。

「あのうー、トランペット、それ違うんですけど」

するとソロを吹いていたトランペットの首席キルンマイヤーが、

「センセエ、この方がずっといいですよ」

とこれも笑い顔だ。みな「センセエ」と呼ぶのはブルックナーが音楽院の教授だからだが、「先生」と、仮に日本語なら漢字で表記される発音ではない。この場合定めしカタカナで書かれるべき言い方で、どれも嘲笑の表れである。

「そうじゃなくて、そこはほら、うー、うー、う、うー、ううう、うー、うーうーうー、でオクターヴ下がって、うー、のD音です、上げないで」

「こうかなー」

とキルンマイヤーは吹いてみせる。音の高さはほぼ楽譜にもとづくが、のばすべきところをスタッカートで切り、しかも途中、合いの手のような装飾音をいくつも加えている。

「そうじゃなくて、楽譜どおりに……」

「いいじゃないですか、この方が。ねえ」と周りに同意を求めるキルンマイヤー、周囲から拍手が起こった。

「みなさん、ここはあのヴァーグナー氏が絶賛してくれた箇所なんですよ、そのとおりにやってください」

ひたすら低姿勢でいたブルックナーも、たまりかねて、しかし自分の威信が足りないので、確実な権威を盾にして、押そうと考えた。しかし、現在の団員の八割はハンスリックを信頼するブラームス派なのである。グリューンが口を挟んだ。

「ブラームス氏が絶賛、ならともかく、ヴァーグナーねえ、彼はいったい交響曲というものの造りをわかって褒めてたんですか」

と聞き捨てならないことを言い出す。ここでヘルベックなら「黙りたまえ」と一喝したんだ

ろうなあ、と思いながらブルックナーは、

「いや、そんな、もちろん、とにかくヴァーグナーなんですから」と語調を強めるのが精一杯で、ブルックナーがこれだけ尊敬するヴァーグナーもコンサートマスターにはまるで権威が通じないのだから到底動かせない。

だははは。とまた笑いが起こった。「とにかくヴァーグナー」「とにかくヴァーグナー」「とにかく」とあちこちで言い合っている。自分より偉い人の名に頼らねば何も言えないブルックナーの主体性のなさを嗤《わら》っているのだった。

「ちょっと。みなさん、それはいけませんよ。ここは指揮者の意向を知るための場でしょう?」と長身のポッパーが立ち上がり、彼はリード奏者で前の方に座っていたので、後ろを向いて告げた。

「まずは指示通り、その上で新たな案があるならそうしましょう」

と静かに言ってくれて、ようやく全員が嘲笑うことなく演奏が始まった。ポッパーに人望があってよかったとブルックナーは拝みたい思いである。が、しかしそういうおどおどしたところを、団員は軽蔑し嗤っていたのである。直接の行動に出されることは減ったが、しかし大半が「こののろま」と見ていることは馬鹿でないブルックナーには痛いほど知れた。知れたが、かといってそれを払拭《ふっしょく》できるわけではない。ふと、そうだなあ、音楽院で学生に教えているときとか、合唱団「フロージン」で指揮をしているときなら、全然別人のように偉い人でいられるのになあ、ここの団員は自分より偉いからなあ、と弱気のままである。

指揮だって、自分に対して指揮してくれと願う合唱団にはそれなりにできたが、本職ではないのだ。ひどくぎこちない動きだった。まるで柔軟さに欠ける。だがそうしたことに気を回す余裕もないブルックナーは、築こうとしても端から崩れてくる音の砂山の崩壊をなんとかして抑え、直し続けるのに懸命であった。

ヘルベックが、ヘルベックが、と詮《せん》ない軋《きし》みが聞こえそうである。彼がもう少し生きていて、これを指揮していたら、たとえほとんどのメンバーが曲に否定的でも、うまくよさを伝えて団員を操って、その上で望ましい演奏をこなすよう厳しく命令しただろう。指揮者というのはそういうものだ。だが重音の中の一音の違いを聞き分け厳しく指摘できたヘルベックに対するような信頼が向こうに全くないのだからブルックナーは崩れに追いつけない。

外れた音を指摘すればもっと外した音を出され、ここはもっとゆっくりと言えば遅すぎ、速くと言えば速すぎ、言われてもわざと音を出さない者あり、どんなに訂正してもブルックナーの望むところには行き着きそうになかった。

最初は好意的な気持ちがあった少数のメンバーも、これじゃ駄目だと思い始めているのがわかった。

「そんな面倒な指定はやめときゃいいのに」とこそこそ言われているのが聞こえた。

ポッパーの忠告にもかかわらず、いくつものソロのところで予定していない装飾音を入れられ、音をのばすべきでないところでのばされ、切るべきでないところで音が途切れた。

ポッパー他二、三人くらいしかこの曲の意図するところを考えてはいなかったようだ。部分部分でソロが目立とうとし、そこで名人芸を披露してみせるためにだけ、やっているとしか思えなかった。交響曲全体はどうでもよく、そうした部分を目立たせるように演奏する気なのだ。しかもこの曲にはそれほど面白いソロの部分は多くないので、合奏のところでさえわざと変な音を入れ、訂正を要求すると「スパイスですよ」と言う弦楽器奏者がいる。木管奏者もまた、肝心なところで活躍せず、音符のないところで合図のように高い音を響かせた。やめてくれと言えばやめたが、本番でもやられないとは限らない。

一楽章では「なにこれ。ここでもうひとつ主題？」と、これは嘲笑ではなく、本気で不思議がる団員に、「いえ、第三の主題が出るのはモーツァルトでもあったし」と言うと、「でもこんなユニゾンで馬鹿でかい音にはしてないでしょう」と責められ、「でもそれでもやるのです」と答えはしたものの、誰も納得はしていない。

二楽章では二小節・二小節の組みになった旋律で始まり、その後、最後の一小節を執拗に繰り返す形になっているのを、ヴィオラのリーダーが「これ、音楽ですかあ？」と訊く。真顔であった。あまりに稚拙であるというのだ。旋律とも言えない二音が全く同じか少しだけ音程を変えて繰り返される。和声が変わらなければ音楽とも言えないのは確かかも知れない。しかもそれは古典和声法ではなく、和音を機械的にずらしてゆくだけである。

ここの非音楽性をコンサートマスターからも強く問われた。

「あなたが和声学を教えておられるなんて信じられませんな。小学生か、これ？」

「いえ、ここはヴァーグナーの『トリスタンとイゾルデ』の『愛の死』みたいな進行の様式なので……」

すると「ヴァーグナー」「とにかくヴァーグナー」「とにかく」と波のように笑いが起きて、それはすぐ津波となってブルックナーにかぶさってきた。

なお、ヴァーグナーの『トリスタンとイゾルデ』に見られるような半音階進行と絶え間無い転調の連続から、調性の破壊と、その結論としての無調十二音を用いる作曲技法が発想され、後の新ヴィーン楽派は生まれたと言われる。ブルックナーの交響曲はヴァーグナーのオペラとともにこの時代の前衛音楽なのだった。

三楽章の、オーストリア地方の舞曲であるレントラー風のリズミカルなスケルツォと明朗なトリオとでようやく皆、いくらか乗り気になってくれたが、四楽章へ来るともう誰も構造を考えてはくれなかった。ソナタ形式とも思えない並列的な主題の置き方と変奏だったからだ。

総じて舞曲風のところとコラール風の旋律は抵抗感なく受け取られたようだが、突然の金管の咆哮や急激な転調にはまったく協力的でなかった。ポッパーでさえあまり容認していないらしいところがあった。

「なんでここでこのフレーズが出るんですか」と悪意なく問われたが、答えにつまった。

自分の作る音楽はどうも異様なものらしいと今更感じたが、といっていかにも自然な形にすべきとも思わない。思わないがその理由が言えない。そうすべきなのだ。それでは通じないだろう。すべて言うとおりにしてみたらわかる、そんな言い方しか考えつかない。音楽そのもので語りたい。たとえばオルガンで示せるなら。苛立ちつつ無力感に追われた。

最後の和音までなんとかたどり着くと、大きなため息とともに俯《うつむ》いて、ブルックナーは「では来週」と言って一人先にホールを出た。このときふと、あの唯一の見学者はなんと思って見ていたことだろう、とそこに意識が行って、初めてとても惨めな気になった。

次の回は通し稽古だった。今回の演奏会は本来予定のプログラムをヘルメスベルガーが、その後、最後の一曲をブルックナーが、指揮することになっている。

ブルックナーは早く来てプログラムの最初から見ていたが、ヘルメスベルガーがやって来ると団員は皆立って拍手をした。全員時間前から集まっていた。後ろでパンをかじる者はいなかった。ヘルメスベルガーが時間を取ったあと、ブルックナーの三番はひととおりだけで終わった。団員の間違いや勝手な変更のまま、ブルックナーによる前回の指示はほとんど生かされていなかった。

このときは数人の見学者がいたが、中に今回もあの身なりのよい中年男性がいた。

十二月十六日となった。

演奏会には音楽院の学生と、ブルックナーが二年前ようやく講師になれたヴィーン大学での聴講生たちが聴きに来ると言っていた。開演前、数人ほどがホール入り口に集まった。後半からあと五、六人来ると言う。

後に指揮者となり、ブルックナーの楽譜を改訂することになるヨーゼフ・シャルク、後のヴァイマール宮廷楽長ルドルフ・クルシジャノフスキらとともにグスタフ・マーラーがいた。二十年後に宮廷歌劇場芸術監督となり、かつヴィーン・フィルを率いることになるマーラーは、その突出した才能を認められ、このとき弱冠十七歳でヴィーン大学特待生となっていた。大学でのブルックナーの講義を聴き、オルガンの演奏や、ときに例示される自作からその音楽に心服していた。

開場とともに学生たちは全員、一階後ろの安い立ち見席に入った。

この日のプログラムはベートーヴェンの『エグモント序曲』、シュポーアの『ヴァイオリン協奏曲第九番』、モーツァルトの『フィガロの結婚』から二つのアリア、ペーター・フォン・ヴィンターの『中断された犠牲の祭り』からの抜粋、そしてベートーヴェンのカンタータ『静かな海と楽しい航海』であった。

ここまでの指揮がヨーゼフ・ヘルメスベルガー一世である。実はもうこのあたりで多くの客はおなかいっぱいだ。ここで終わりにしてよかったところへ、ブルックナーの第三番が追加されたという形なのだった。

ヘルメスベルガーが退出した壇上に、ブルックナーは、緊張のあまり機械のような歩調で出てきて、これ以上ないくらい深々と頭を下げると客席に背を向けて指揮台に立った。

これだけで既に団員から苦笑と失笑とが漏れて、それは聴衆にも容易《たやす》く感染した。団員たちが「ここまでは本気でしたが、ここからは冗談ですよ」と言っているように見えたからだ。中でも、ヴァーグナー協会員であるというブルックナーの立場を知る、ブラームス派の楽団関係者たちはことさらに笑い募った。なんだあれ、あのブリキの玩具のような動きのおじさんは、と、まずはそういった外見から面白がった。

客席から「へーいへーい」「駄目だあー」といった野次が飛んだ。

少しうつむいていたブリキおじさんは、意を決したように顔を上げ、指揮棒を高く掲げた。しかしそこにさっぱり威厳がない。団員の失笑はさすがにやや抑え気味にはなったが依然続いた。そして次のひと振りの後、確かに演奏は始まったのだが、ブルックナーにも聴衆にも、わやわやわやや、という雑然とした音が響いただけである。

そこへ、途方もないフォルテでトランペットが第一主題を吹き始め、それは案の定、スラーのところをスタッカートにして、あるべきでないリズムを作っていた。

もはやリハーサルではないので、ブルックナーにはそれをとどめる術《すべ》がない。途中で止めてやり直させたかったが、もうそんなことにかかわってはいられない。途切れさせずに次を次を続けねばならず、その指揮はいよいよ機械のように拍子を取るだけとなった。メトロノームをひとつ、指揮台に置いておけば足りるような、そんな指揮ぶりで、団員はわざとその機械的なリズムに合わせてはおかしがり、またわざと外しては楽しんでいた。それがいつもの劇場でのチームワークとともに行なわれるのだった。ポッパーほかの数人が困った様子をしたが、とどめられない。

聴く側は何が起こっているのか、最初、わからなかった。始まり方も奇妙である。トランペットの異様な大音響が度肝を抜くが、それが交響曲の第一主題だとすぐ呑み込める人は少なかった。加えてソナタ形式となるはずのところに二つでなく三つの主題が出てくるので、いったいこれは何だろうと思う人も多かった。しかもその展開部がどこからか、一聴しては判別できない。と思ううちに再現部らしいところが始まり、何度か聴いたメロディがユニゾンで奏される、らしい。らしいというのは、演奏者たちがそのようにせず、変奏された部分なのか、勝手に変えているのかわからないからだ。さらに途中入ってくるのは雑音なのか本来の楽譜に記された音なのか。

多くの部分で本来のそれから音がずれているな、というのは耳の肥えた聴衆には察せられた。至るところで歪んだ和声が聴かれた。明らかに練習不足である。練習をする気のないメンバーが多かったのだから当然である。しかし、それを演奏のせいと考え、そこから作曲者の描いた音を推測する人は僅かしかいなかった。作品そのものがひどいのだ、と大半は思った。

ブルックナーはここが違う、ここも違う、と数えだしそうになったが、しかし、それを始めればもう本当に音が崩壊してしまうので、ぎりぎり身を固めながら、指揮だけに集中した。しかし、かといって団員たちの暴走を止めることはできなかった。

長い一楽章だった。ハイドンならこれで四楽章全曲になるのではないかと思われるほどの時間の後、何やら阿鼻叫喚《あびきょうかん》のコーダとともにようやく第一楽章が終わった。

ホールにはなんだこれ的な空気が支配的であったが、かなり拍手も聞こえた。目新しいことをやっている、という評価だろうか。ブーイングと半々くらいである。むろん学生たちは後ろから絶賛の拍手とブラボーである。

後にマーラーが総監督となり、ヴィーン・フィルを仕切るようになって以後、複数楽章を持つ曲の楽章間の拍手は禁止されたが、この当時は誰もが当然のこととして一楽章ごとに拍手した。それが評価の基準にもなった。演奏中にもあちこちで囁きや雑音がけっこう煩かった。バイロイトのヴァーグナーに倣《なら》い、演奏が始まるとともに客席を暗くしてできるだけ静かにさせたのもマーラーである。実は、そのようにしてでも、あるべき鑑賞態度をもたらす仕掛けを彼に考えさせるに至ったきっかけが、このひどい演奏会なのだった。

ブルックナーは普段用いている赤いハンカチをズボンの尻ポケットから取り出して顔を拭《ぬぐ》った。振り返って客席の方を見ると、ちょうど一階の正面にいた客が、ふん、と言うように席を立って帰っていくのが見えた。席を立ったのはその一人ではない。既に何人かがぞろぞろと出入りの扉のところへと向かっていた。皆、これからさらに三楽章分も聴くほど暇ではない、という顔つきである。

招待席にはハンスリックの顔が見えた。周囲はほぼすべてブラームス派の面々なので、なんだこの曲、と、顔を見合わせ、一致して馬鹿にした、嘲《あざけ》り笑いの表情の様子の中、ハンスリックはそれらに同調せず、笑わず、訝《いぶか》しがるような、不機嫌そうな、いつもどおりの厳しい表情が、ブルックナーをひときわ怯えさせた。

見ないことにして、演奏者の方を向き、第二楽章を始めることにした。そっと、そっと、ゆっくり旋律を始めよう。

と思うと、ヴァイオリンがひときわ粗野な響きを強調し、聴かせどころのはずの箇所をやたら速く弾く。どうしてこんな台無しにしてしまうのだ、と大声で言いたくなるが、演奏途中で小言は挟めない。いや、ここで怒り狂って退場してしまうほどの気迫がもしブルックナーにあれば、また事情は違ってきたのかも知れない、十九世紀の他の天才たちと同様。

しかし、これまでも今も上下関係に敏感な勤め人であり続けてきて、権威にも上司にも逆らわないようやってきた従順なブルックナーには、こういう作業の半ばでそれを抛《ほう》り出す勇気はもとよりない。お願いします、お願いします、もっとましに弾いてください、と、それも口には出せず、心中で懇願《こんがん》するしかない。上役から無理難題を押し付けられた平社員と同様。

それですらよく聴けば豊かな楽想である、とそのように学生たちは聴いていた。なのにあんな忙しく演奏する必要はないではないか、と、このとき、学生マーラーは考えた。癇《かん》の強い彼はひどく憤慨した。

だが、それとともにマーラーは、ふとこの場を離れ、この奇妙な、味わい深くロマンティックな旋律を敢えて急激な速さで演奏するという操作によって生じる異化の効果に思い当たった。それは陶酔的な音楽を一気に滑稽なものに変え、そのことで叙情的な繊細さを故意に打ち捨てるグロテスクな音楽が生まれる。あるいは逆に、甘美でない、忙しげなメロディをきわめてゆっくりと奏することで憂愁を描き出すこともできるのではないか。こうしたやり方はメロディというものの持つ扇情性への批判のようにマーラーには思えた。

ここでの記憶は後のマーラーが作曲する交響曲に、速度急変による対比というプランを与え、それは彼の交響曲第一番の三楽章にも、あるいは五番のスケルツォにも、九番の中間楽章にも用いられるマーラー特有の、シニカルでヒステリックな技法に発展する。それはさらに後のショスタコーヴィチの音楽にも影響することだろう。

が、後にどれだけ新たな発想をもたらすにせよ、今ここにあるのは楽団員のただの恣意による揶揄的演奏でしかない。ブルックナーが何年もかけて育ててきた叙情は今、陵辱《りょうじょく》され、弄《もてあそ》ばれていた。

ブルックナーはああここの、ああここの、いいメロディが、いい和声が、ああまた駄目にされた、これで五回、六回、七回、とついつい数えてしまう。いかん、これでは、と気づくとき既に指揮は乱れ、初めてメトロノームでは表現できない振り間違えが起こる。そこで団員たちはオペラのステージ上でのように、よい塩梅《あんばい》に補うことをせず、ここぞと、敢えて指揮者のタクトのとおりにリズムを間違えてみせる。そしてまた聴衆の嘲笑を誘った。待ってましたとばかり、「なんだこれー」「やめとけー」等の野次が飛んだ。

これはまるでモーツァルトの『冗談の音楽』ではないか。わざと音を外し、落第点の和声進行と、下手でしょうといわんばかりの不器用な展開と。

我に返ったマーラーはやはり憤激していた。

だがステージ上では憤激の余裕もない。振り違えからどうにか立ち直ったブルックナーだが、しかし、もうあとは本当にメトロノームとなってとにかく間違えずに振ることだけを考えている。冷汗三斗《れいかんさんと》の過程がどうにか過ぎ、最後だけは団員のお情けか、静かに穏やかに響く音を迎えた。

終わったところでまたしてもけっこうな罵声とさいぜんより乏しくなった拍手とが聞こえる。弟子たちは手が痛くなるほど懸命に拍手していたのだが、後ろの方からではあまり届かなかった。

それでも喝采はないではない。聴くべきところは聴いてくれたか。それがただ身内からだけとも言えないらしいのを心にとめ、再びハンカチで顔も頭も拭うと、もう一度気を引き締めてやろうと大きく息をし、ブルックナーは第三楽章を振り始めた。

リハーサルでもそうだったが、いくらかはその本領を発揮できる部分だとブルックナーは思っていた。だが、今回はリハーサルよりも妙に遅く奏されるのに気づいた。ここはもっときびきびとやらねば、だれてしまうではないか。だがそれをわかって、逆効果だけを狙おうとする者がいる。コンサートマスターが率先して指揮を無視していた。他の者もそれに合わせてしまう。

もうやめようか、やめるべきだ、といったような後ろ向きの発想は全くないものの、そのブルックナーでさえ、もうこれはどうにもならないと、そう覚悟したとき、たまたま、トリオの、第二ヴァイオリンとともにチェロが先導するところに来て、そこではポッパーが適正な速度とリズムとで、初めてこの曲の真価を聴かせてくれたのだった。

ブルックナーは感激しつつ、全編こうであれば、と詮《せん》ない思いも束の間、またスケルツォとなって間延びしたリズムが始まった。ブルックナーの作るトリオ・スケルツォ楽章は必ず、トリオを挟んでその前後に完全に同じスケルツォが来る。最初のスケルツォが駄目なら後のスケルツォも同じく駄目なのだ。

四楽章中、ここが最も短く、不満は多いがそれでも大きな破綻なく終わったので、よし、次で最後のひと気張りだ、と深呼吸して、ブルックナーは若干《じゃっかん》の休みを置いた。その間、団員には音合わせをしてもらうことにする。わざと音の外れた楽器で演奏するという嫌がらせもありえただろうが、そこはプロ意識か、調音は怠らず、むーん、という唸りが始まる。

ブルックナーはもう一度客席の方を向いた。

そして愕然としたのである。

ひどく席が空いている。中央席には十数人くらいしか座っていない。大勢の聴衆が通路に立って、次々と退去しつつあった。

ややも響きのよくなったホールに最後部からの懸命の拍手が虚しく響いてきた。学生たちがもし席に座っていたならここで立ち上がって拍手するだろう。ただもともと立ち見であるから新たな示威《じい》的動作ができない。それでどんどんと床を打ち、ブラボーを叫び、その場だけが浮いていた。だが帰ってゆく人々を止めることができない。ああ、またあそこもここも、もう十分、もうこんなのには付き合っておれん、という表情だろうか、なかなか馬鹿馬鹿しくて愉快な笑劇だった、とそういう顔だろうか、よくは見えないが、皆、続々と去ってゆく。

このまま誰もいなくなってしまうのではないかとブルックナーは危機感を持った。待て、待て、みんな、長いと言ってももうあとせいぜい二十分程度なんだから、と、いやそれでも結構長いけれども、でもまあ待て、待ってくれ、待ってください、と一人一人に言って回りたかった。

見ているとそれでも、三分の一くらいの人は残った。いや全然よい数ではないが、ともかくこれだけでも人が残ったことでブルックナーは僅かに心を静め、終楽章を始めた。

始まりはだんだん音を増していく弦の八分音符と木管の空虚五度の保続音で、くりくりくりくり、と勢いよくいく。はずなのだが。弦が全く揃っていないので、くりくり、ではなく、またしても、わやわや、である。三楽章の後に休憩を置いたさい、気を取り直そうとしていたブルックナーに、団員たちはもう一度教えたのである。あなたはこれまでどおり、無能な機械人形をやりなさい、あなたが何を指示しても、わたしたちは従わない。あなたから渡されたまるで価値のない音符の群れを、わたしたちはわたしたちの工夫で聴かせてさしあげる。だからそこで無意味な動作を続けておればよい。わたしたちはプロだから義務を果たす。しかし、どこにも納得できないこんな曲に親身になる気はない。ただ音にしてやるだけだ。ありがたく聴いていなさい。

一人一人の顔がそう告げているかのようだった。

ここの金管の響きはそれでもましだった。ティンパニも過たなかった。だが移行のところでまたもわやわやになる。あたかも団員が雑談を始めたように聞こえた。

ブルックナーは仕方ない、もう自分には選択肢がほとんどない、だが続けるだけだ、と倒産間近の商店主の気分で指揮を続けた。

ブルックナーがそうやって果てしない後退戦を強いられ他に意識を向けられない間、弟子たちは客席の事態の悪化にはらはらしていた。

この四楽章の途中でさえ、さらにぞろぞろぞろぞろ、群れになってホールを出てゆく人々が出始めたからだ。もうわかったこの先はどうでもいい、後は家に帰って夕食の席で大笑いしながらこのへぼ曲のことを語り合おう、そういう調子でホールを出てゆく人、人で、ただささえすかすかの席が次々に空いてゆく。

どうなることかと弟子たちは、音楽よりそっちが気になっていると、再現部が終わって遂にコーダが来た。それは先に楽譜を見て知っていたマーラーやシャルクたちにとっては実に輝かしい終曲なのだ。一楽章冒頭にあったあの、短調のトランペット主題が最後には堂々たる長調で壮大な凱歌《がいか》となって帰ってくる。遍歴《へんれき》の末の偉大な騎士の帰還のようだ。ならばこれを演奏するときは必ずアラルガンド（だんだん遅く強く）でやらねばその偉大さが伝わらない。なのに演奏者たちは、これをベートーヴェンの五番コーダのようにストレット（だんだん速く強く）でやってしまった。そのため、まるで安い喜劇オペラの幕切れのようであった。

威厳も何もない、ただの人間サイズの悲喜にしかならない、なんという残念な解釈なのだ、と、嘆き苛立つマーラーとシャルクらをよそに、最後の音が響き渡った。

そこで本来なら満場の拍手喝采、のはずが、改めて見れば、一階の平土間席中央には七人、ほかを見回してもせいぜい二十人くらいしか残っていない。

しかも終わると同時に、席にいた人達が一斉に笑い始めた。拍手でなくて嘲笑を浴びせるためにわざわざ残っていたのである。

楽団員はと言うと、最後の音が消えもしないうちに、さっさと立って、がやがや言いながら壇上から去ってしまった。そこでは「ああ馬鹿馬鹿しい」とかいったような言葉がかわされていた。のだろう。今さっきまでの自分たちの演奏は、仕方なく義務でやったものだぞ、あんなの本気でできるもんか、という態度を誇示しているのだ。

弟子たちはここでやらねばいつやるか、とばかり、大喝采をした。ブラボー出しまくり拍手しまくりだがせいぜい十人少々なので、あたりに北風が吹くような空気はどうしようもない。

この様子を、一階席に残った人々がおかしげにシューシューと歯の間から息をもらして嘲り笑った。ああ、あのダメ作曲家の仲間たちね、と意地悪そうにほくそ笑んでいる者もいた。すると弟子たちはさらに張り合うように、ステージの際まで走り寄って行って拍手応援である。

ステージでは放心した様子のブルックナー先生が一人、しばらくしてふと自分の楽譜をかき集めて小脇にかかえたかと思うと、振り向いて、どよんとした顔で客席を眺めやった。言いようもない眼差しだった。

道に迷った子供が、これからどうしよう、と途方に暮れているように見えた。弟子には、後々、ことあるごとに、このときの先生の様子が思い返されることだろう。

弟子たちは喝采し続けた。

脇から楽友協会事務総長のレオポルド・ツェルナーが出てきて、ステージに向かい、晴れ晴れとした声で嬉しそうに言った。

「ブルックナー君、大失敗だねえ。君、もう交響曲の作曲なんてやめた方がいいよ。才能がないよもともと。君の交響曲なんか肥やしの中に捨てて、せいぜいピアノの編曲でもして稼いだらどうかね。その方がずっと利口だよ。じゃあね。ごきげんよう」

弟子たちは喝采し続けた。

マーラーとシャルク、クルシジャノフスキ、デチャイらが用意してきた月桂冠を、指揮台にいるブルックナー先生に渡そうとした。それを見たツェルナーはすぐ部下を五人も呼んでブルックナーと弟子たちとを隔てさせ、マーラーが手にしていた冠を無理に奪い取った。

「これは成功者にわたすものですよ。彼に資格はない。わかったね。じゃあ、ごきげんよう、学生諸君」

そう言ってツェルナーは部下とともに行ってしまった。

ホールにはブルックナーと弟子たち以外、あとは事態を見物している気まぐれな客が一人か二人ほどしかいなくなっていた。

弟子たちはあれこれと褒めそやして、先生をなんとかなぐさめようとした。

するとブルックナーは、ようやく麻酔から醒めたように、

「ほうっといてくれようし。皆人にわしをわかろうという気が土台ないのだっで」

と言っていつものハンカチで眼を拭った。

この上どうしてよいのやら、弟子たちは言葉を失った。

そこへ、こつこつと靴音を響かせて、中肉中背、髭が両頬にふわふわと広がった髪の薄い中年の紳士が後ろの席から近づいてきた。

ブルックナーにはそれがあの、身なりのよい見学者だとわかった。

見学者は壇上のブルックナーに向かい、言った。

「わたしはテオドール・レティヒと申します。印刷業を営んでおります。ブルックナーさん、お願いがあります。あなたの交響曲第三番ニ短調を、わたしに出版させてください」

そこにいる全員が耳を疑う言葉であった。

レティヒ氏は続けた。

「費用はすべてわたしが負担します。この作品を立派な装丁で出版させてほしいのです」

なにかまた自分を馬鹿にしに来たのか、とブルックナーは警戒した。よく人に騙される。何でも本気にするからだ。だがこの完敗の状況では、さすがのお人好しの自分にもそれはないだろうと察せられる。どういうことか、どういう思惑か。この大失敗の体たらくを知って言うことなのか。

そうした疑問は弟子たちも同じである。

さらにレティヒ氏は言った。

「わたしはジングフェラインのメンバーなのでいつでもリハーサルを見学できます。宮廷楽団の定期演奏会のリハーサルは大抵見ています。この間とその前、あなたがこの三番を指揮しておられるのもすべて見学していました。そこで」

レティヒ氏はさらに顔を上げ、ブルックナーの眼を見た。

「正直言ってひどく下手なあなたの指揮、そしてまるで協力的でない団員の様子も見ました。あの態度はひどいと思います。しかし、相当に歪められた演奏からではあるものの、この音楽が大変優れたものであると、わたしにはわかったのです。これをヴァーグナーが絶賛したのも当然と、わたしには思えます」

こうして、翌一八七八年、『交響曲第三番』ニ短調の総譜とパート譜、そして四手ピアノ譜が出版された。ピアノ譜への編曲はマーラーとクルシジャノフスキが行なった。

4　天才らしさのない天才の悲しみ

ここまでで提示できなかった、ブルックナーの人となりについての見解、および伝えられているエピソードをいくつか、各書から引用する。
まずエルヴィン・デルンベルクによる見解。

　彼をよく知っている人々は、ブルックナーという人間になにを見いだしていたのだろうか？　音楽理論に関する該博な知識とそれを教授する能力をもった、素朴で敬虔な田舎者。それがすべてであった。ほとんどの人々の判断は、直接受ける印象に依存するものであり、ブルックナーの田舎くさい抑揚、よく口にするオーストリアの北部方言、卑屈な態度、そしてもちろん彼の信心深さ、これらはヴィーンの《知識人》に、彼を笑いものにする機会をあたえることになった。（中略）
　もちろんブルックナーという人間に接しても、彼の音楽から聴きとれる力強さとヴィジョンはほとんど認められないが、しかし彼が作曲したような作品は、まぬけな田舎者に書けるものではない。（和田旦訳）

次にヴェルナー・ヴォルフによる見解。

　ブルックナーの宗教性は、孤独と密接な関係を有し、孤独は彼にただ神との交わりのみを願わせた。実際、彼は、どこまでも孤独なひとであった。彼はそれを希求した。というのも、おのれの仕事を完成させるためには孤独でなければならぬと感じていたからである。フランツ・シャルクは、「ある途方もない深淵が彼を周囲から隔てていた」といっている。だが、それは気むずかしい不平家の孤独とは別ものだった。彼が世間から引きこもったのは、それが彼の本性にかなっていたからである。「彼には他人との交際というものがなかった。シューベルトのように志を同じくする友の一団もなく、ベートーヴェンのように世界を揺り動かす世界観ももたず、ワーグナーのように国王のパトロンも、バッハのように家庭もなかった」。（中略）

　彼はあらわれるのが遅すぎた作曲家だといわれた。実際、彼が二十世紀直前まで生きていたということは、ほとんど信じがたいように思われる。さらに、奇妙なことに、生まれるのが遅すぎたにもかかわらず、作品は、世に登場するのが明らかに早すぎ、そのため長いあいだ認められるのを待たなければならなかった。（喜多尾道冬・仲間雄三訳）

こうした性格はそのオルガン演奏のさいにも見て取れる。

ブルックナー自身、自分の演奏に酔って、この「素朴で内気な男」ががらっと変ってしまうさまを、ある聴衆のひとりが生きいきと描写している、「それはもう以前の素朴で内気な男ではもはやなかった。頭を昂然とあげ、恍惚とした眼差しで、この芸術家は怒濤のようにうねるひびきの大海原のなかにそびえ立ち、並々ならぬ力と卓越した意志で、天にまでとどけと逆立ち、泡立つひびきの奔流を意のままにする」。（ヴォルフ、喜多尾道冬・仲間雄三訳）

次に、ブルックナーの容姿についての報告をいくつか。

アウアーによれば、「彼は中肉中背（一七三—五センチ）で、ワーグナー、ブラームス、フーゴー・ヴォルフのような同時代人にくらべれば、はるかに背が高かった。胸板が厚く、そっくり返っていて、威風堂々とした印象を与えた。彼はいくらか太り気味だったため、実際よりも背は低く見えた。鼻は巨大で、髭はなく、髪はいつも短く刈り込んでおり、若いころはブロンドだった髪も、年をとるにつれて灰色がかり、そういった全体の風貌はローマ時代の皇帝のように見えた」。（ヴォルフ、喜多尾道冬・仲間雄三訳）

それ自体は大変立派な容貌と言えたようだが、よく知られたオットー・ベーラーによるシルエット画では、ヴァーグナーから嗅ぎ煙草を勧められうやうやしく受け取るブルックナーの図でも、ブラームスと握手をする図でも、ハンスリックに挨拶する図でも、いずれもブルックナーの身長はその相手と同じか、やや小柄に描かれている。

実際には彼らよりずっと背が高かったにもかかわらず、このように描かれたのは、ブルックナーのへりくだった、時に卑屈な態度を強調するためだったのだろう。特にヴァーグナーに対するブルックナーは頭を下げ、ひどく恐縮した様子に見える。確かに小男のヴァーグナーの前で大きな身を縮め、頭を低く保とうとしたであろうブルックナーの様子はありありと想像される。そうした方向で描けば確かにこのようになるだろう。そこには当時の人々による、ブルックナーの、著名人を前にした態度姿勢のイメージがよく表れている。

では、ブルックナーのいでたちはどうだっただろうか。

彼は、その作法、外見、生活態度全般において、常に田園地方タイプのままであり、国際都市ウィーンの微妙な社交の世界に同調することはなかった。特に彼の服装は嘲笑を招いた。窮屈を嫌うため襟がだぶだぶのワイシャツ、オルガンを弾く時に邪魔にならないようワイシャツ同様にゆったりと裁断されズボンが短かめにしてある黒いスーツ、それに鍔の広いソフト帽であった。彼の服装で「芸術的な」所は弛く結んだクラヴァット（引用者注＝ネクタイの起源とされる、首に巻く装飾用の布）だけであった。彼の人相もいろいろ取沙汰されていて、彼の横顔は「オーストリアの農民とローマの皇帝の雑種」と言われている。（シェンツェラー、山田祥一訳）

靴は、横側にゴムの入った長めのものを愛用していた。ブルックナーは、そのような靴にこだわっていて、靴箱には、そういう靴が少なくとも三、四十足、入っていたという。（門馬直美）

ブルックナーの服装でとりわけ目立つのは、馬鹿でかい派手なハンカチだった。それは婦人用のショールほど大きく、赤や青の水玉や、市松模様のものだった。これらは物を包む風呂敷としても使われた。（田代櫂）

こうした見かけながら、ブルックナーはダンスが得意であった。

ブルックナーは若い頃からダンスを好んだ。デュルンベルガーの姪マリー・マドレーヌによれば、「かなり達者な踊り手」だったという。彼のポケット日記には、ダンスの相手をした娘たちの名が、几帳面に書き留められている。（田代櫂）

なおまた、水泳にも優れていた。

ブルックナーは六十歳を越えても、水泳と潜水の名人だった。彼は水泳場の飛び込み台から飛び込み、若者たちに数を数えさせながら潜水した。そして彼らが座っている木の階段の下まで潜って行って息を継ぎ、彼らが心配そうに五十、六十と数えるのを聞きながら、もとの場所に戻って顔を出した。(田代櫂)

住環境について。ブルックナーが一八七七年以後九五年まで住んだヘスガッセの部屋の様子。以下はピアニスト・作曲家のアウグスト・シュトラーダル（1860~1930）による『アントーン・ブルックナーの思い出』から。

一八八三年一月初旬のこと、わたしはブルックナーの住居へ階段をのぼって訪れ、個人教授を受けることになった。巨匠は当時、ヘス街七番地の建物の最上階にある二部屋の住居に住んでいた。とっつきの部屋の真中にはおそろしく古いベーゼンドルファーのグランドピアノがあり、その白鍵はほこりと嗅ぎたばこのために……黒鍵と区別がつかなくなっていた。そして一方の壁にはシュトゥットガルトのトライザー社のリードオルガン、二つの手鍵盤、ペダル、六つの音栓のあるハーモニウムがあり、もう一方の壁にはベッドとその横に大きな十字架があり、窓のまえには書きもの用の小さなテーブルがあったが、これは晩年には食卓として用いられた。そこには生前に必要な最小限のものしかなかった。すでに部屋の設備そのものが、『無用』なものとは何かに気づかせた。

ピアノには楽譜がうず高く積まれ、そのなかで目立つのはバッハ、ベートーヴェン、シューベルト、ワーグナーの楽譜だった。書物はというと、当時ブルックナーは二冊の本しかもっていなかった。それは聖書とナポレオンの伝記だった。この二冊の本を巨匠はくり返し読んだ。そして聖書にはたいへんよく通じていたために、博覧強記という点で下手な神学者にまさることができたほどだった。

奥の部屋はまったく空っぽで、なにも置いてなく、住むのに使われてはいなかった。ただその一隅には原稿、新聞、手紙の類が山と積まれていた。ここに彼の交響曲やミサ曲の自筆譜が、レーヴィ、ニキシュ、リヒターらの手紙や新聞の批評などとごっちゃに置かれていた。（喜多尾道冬・仲間雄三訳）

また、弟子フリードリヒ・クローゼの報告では次のようであった。

一八八六年、ブルックナーの弟子になったフリードリヒ・クローゼも、彼の部屋の様子について似たような観察をしている。服と楽譜がピアノの上に散らかるがままになっていた。彼は暗くなってから巨匠を訪ねると、部屋のなかには二本のろうそくが点っているだけだった。火事に対する用心のため、彼はこの習慣を几帳面に守った。一八八一年、彼は何百人という人たちが死んだ、リング劇場のおそろしい火事を目撃したのだった。(ヴォルフ、喜多尾道冬・仲間雄三訳)

なおブルックナーが所持していた書物については次のような報告もある。

クローゼによれば、巨匠の家にはつぎに挙げる四冊以外の本は見たことがないという、すなわち『メキシコ戦史』、『極地探険の世界』、『ハイドン、モーツァルト、ベートーヴェン伝』、『ルルドのマリアの奇蹟論』である。(ヴォルフ、喜多尾道冬・仲間雄三訳)

ブルックナーの女性に関するエピソードは数多くあるが、晩年のイーダ・ブーツとの関係を除くと、どれもブルックナーが結婚を申し込み、拒絶された、というものばかりである。それについて、ヴェルナー・ヴォルフは次のような見解を示している。

ブルックナーの孤独の願望が、おそらく女性たちの間でいちばん深い不人気の原因だった。彼はある女性に、他のすべての感情を忘れ去るほどの強烈な愛を感じたことがあったかどうか。彼と交際があり、鋭敏な感受性をもつ女性なら、そのことに気づいただろう。一彼女たちは、彼には自己の内面生活を女性と分つ気がないということに気づいていた。一方、単純で、素朴な娘たちは、この変人と結ばれるには、興味の対象と生活方法に違いがありすぎると感じた。彼女たちが彼を受け入れなかったのは、彼以上に彼のことをよく知っていたからだ。（ヴォルフ、喜多尾道冬・仲間雄三訳）

この見解によれば、ブルックナーは単に容姿や振る舞いに魅力がなかったため、もてなかったのだ、ということ以前の問題があったようである。

またこんなエピソードも伝わっている。

キッツラーは一八七四年にブルックナーを訪れたとき、ブルックナーの住いの乱雑な様子に仰天して、彼に結婚してはどうかと言ったが、ブルックナーは「ねえ、きみ、私には暇がないのだ。私は私の第四交響曲を書かなければならない！」と答えたという。（シェンツェラー、山田祥一訳）

この場合、キッツラーから勧められた「結婚」は「生活の便のために家事のできる女性とともに暮らすための手続き」の意味だが、ブルックナーにとって結婚とは最後まで「理想の女性をわがものにする手段」と考えられていたとおぼしい。

また、ブルックナーの性向としてよく語られるのは死体への執着である。およそ次のような様子だったという。

彼はリング劇場の焼けた翌日、死体置き場へ行って焼死者の炭のようになった死体を見物した。（中略）彼は殺人事件の裁判に並々ならぬ関心を寄せ、よくその裁判の傍聴をし、犯罪者の処刑の日をわくわくしながら今か今かと待ちかまえていた。メキシコで処刑されたマクシミリアーン皇帝の遺骸がウィーンに運ばれて来たとき、彼はリンツからヴァインヴルムにあてて、どうしてもその遺骸を見たい、皇帝の柩の蓋が開けられているか、それともガラス板がかぶせられているか、知らせてほしい、もし遺骸が見られるようなら、間に合わないと困るので、ぜひ電報で知らせてもらいたい、と書き送った。

一八八七年、ベートーヴェンの遺骸が、ヴェーリンガーから中央墓地へ移されたとき、ブルックナーはその儀式に参加し、自分の手でその頭蓋骨をなでまわした。（ヴォルフ、喜多尾道冬・仲間雄三訳）

一八八八年には、シューベルトの遺骨が写真撮影と科学的な調査のため発掘された。ブ

ルックナーは、この尊敬する作曲家の頭蓋骨にどうしても手をふれたいといって迫っている。（グレーベ、天野晶吉訳）

従兄であり初歩の音楽の師でもあったバプティスト・ヴァイスが自殺したさいの、まだ少年の頃のブルックナーにも次のような件が伝わっている。

ヴァイスは自殺によって自分の生涯を断ち切ったが、ブルックナーは故人の自筆の楽譜を記念としてたいせつに保存し、故人の頭蓋を貰い受けようとこころみた。（レルケ、神品芳夫訳）

次に他者に対する姿勢・態度。

まずはヴァーグナーに対しては次のようだった。

ブルックナーのヴァーグナーに対する「犬のように忠実な献身」は、ヴァーグナーが彼を援助するために指一本動かさなかったという事実にも、なんら影響されることはなかった。このような状態だったので、崇拝する巨匠のときおりのやさしい言葉は、彼にはこの世における最高の喜びのように思えた。（中略）しかしながら、ヴァーグナーが話題になってているときですら、彼が現実的になる瞬間があったということは注目に値する。あるとき、彼はこう書いている。「ヴァーグナーの好意を失うことのないように、彼に対しては何事もけっして求めてはいけません。」（一八七五年二月十三日、モーリッツ・フォン・マイフェルト宛）（デルンベルク、和田旦訳）

ブルックナーという人は人の言葉をすぐ信じてしまうお人好しでもあったが、一面、それが常にではないとしても、崇拝する師の性格や行動様式、ときにその嘘をも冷静に見ており、その上で自分の出世にとって不利にならないよう配慮するところもあったということを、この報告は示している。ただの崇拝者なのではなく、師に嫌われないように振る舞い、その権威を利用しようとする野心家でもあったのだ。

一方、ブルックナーにとってのヴァーグナーの楽劇に関しては以下。

ブルックナーはヴァーグナーを崇拝していたが、ヴァーグナーの台本にはまるで無関心だった。（中略）

ブルックナー研究者ロベルト・ハースによれば、ブルックナーは『ヴァルキューレ』の終幕を観ながら、「あの連中はなぜブリュンヒルデを焼き殺すのか？」と訊ねたという。ブリュンヒルデは焼き殺されるのではなく、やがて最強の戦士の手で目覚めさせられるために、ヴォータンによって炎の円陣の中で眠らされるのである。その「眠りの動機」を、ブルックナーは『交響曲第三番』に引用してさえいる。（田代櫂）

他の場合でもブルックナーは音楽にしか興味がなかった。

オペラの台詞でも、彼は、音楽に変える値打ちのあるものだけを取り上げた。宗教的な劇を読みたいという気持はもっていたらしかったが、それ以外の創作のドラマや小説は、彼にとってまったく余計なものに思えた。（レルケ、神品芳夫訳）

次に、ハンスリックへの態度。

フライシュタットのアントン・フェルガイナーがブルックナーに、彼についての記事を書きたい旨を知らせてきたとき、ブルックナーはただちに次のような願いを述べた。
「どうかわたしのためを思って、ハンスリックを非難するようなことはなにも書かないでください。彼の怒りは恐ろしいものですから。彼は他人を滅亡させるような地位にあるのです。彼と争うことはできません。ただ懇願をもってのみ彼に近づきうるのですが、それすらわたしにはなんの役にもたちません。なぜなら彼はけっしてわたしに打ち解けること

がないからです。」（デルンベルク、和田旦訳）

これだけ恐れていたのだが、しかし無駄とわかっていても懇願するほかないというあたりが、ブルックナーのいわば自身の無力感と、ベートーヴェン的な闘争意志の欠落をも伝えている。同様にこんなことも伝わる。

一八七七年秋のある日のこと、ブルックナーは彼の階段講堂があふれるばかりにいっぱいになっていることに気がついた――これはあらゆる教授の夢であり願望であった。これに対し、ブルックナーは学生たちに懇願した。「諸君、このようなことをいうのを許していただきたいのだが、ハンスリックもここで講義をするのだ。わたしが諸君を妨害したと彼に思われたくないので、どうか彼のときにも同様に聴きに行ってくれたまえ。」（デルンベルク、和田旦訳）

しかしこれでは名指しされた方はより気を悪くするだろう。これはむしろブルックナーの他者への気遣いのできなさと人の心への無理解・無神経さをも示している。

同様な言動としてもうひとつ次のような話も伝わっている。こちらはまだブルックナーとハンスリックの関係が良好だった頃のことである。

ハンスリックはこの五十男の花嫁候補として自分の従姉妹《いとこ》を紹介した。若く美しい娘には何度も求婚したことのあるブルックナーだが、この時ばかりは自分の方から断った。こうしたこともハンスリックの不興を買う原因となった。（土田英三郎）

ブルックナーの指向からしておそらく、ある年齢以上の女性との結婚は論外だったのだろうけれども、その断り方にはおそらく必要な配慮が欠けていたことと思われる。

他の著名人はブルックナーをどう見ていただろう。次にあげるのはリストのブルックナーへの反応である。

ブルックナーは、その田舎者まる出しの振舞いと、田舎出まるだしの言葉づかいで、この僧職に就いている偉大な同業者に田舎者に対するように接した。それが神経にさわるリストは、こういったことがある、「彼がわたしのことを『おっしょさん』などというのには我慢ならない」。（ヴォルフ、喜多尾道冬・仲間雄三訳）

アウアーによれば、リストはブルックナーの音楽を真に理解していなかったという。それにもかかわらず彼は、そのもちまえのだれも真似のできない愛他精神で、この若い巨匠

に助力を惜しまなかったのである。（ヴォルフ、喜多尾道冬・仲間雄三訳）

次は、ヴィーンでライバルの関係にあった、ブラームスへのブルックナーの対応。ただし、このときブラームスはブルックナーより遥かに著名であり権威があり、優勢であった。

ブルックナーは自分の気持ちを隠し立てはせず、友人たちにこうはっきりと語っている、「彼はブラームス博士、ぼくはブルックナーさん。そしてぼくは自分の曲の方が好きだ」。彼はブラームス自身に対しては、「わたしがあなたの音楽を理解しているほどには、あなたはわたしの音楽をわかってくださっていない」と述べている。（ヴォルフ、喜多尾道冬・仲間雄三訳）

かつてブルックナーは、自分の弟子に向けて、ブラームスのことをつぎのように語ったことがある。――「彼は有能な音楽家であるかもしれないが、交響曲作家ではない。彼は主題というものをもっていない」と。ブルックナーは、交響曲でも協奏曲でも、ブラームスの主題には不満を抱いていた。そして、彼の展開部は皮相で、オーケストレーションも内容と色彩感に乏しい、という見方をもっていたのである。（門馬直美）

一方、ヨハン・シュトラウス二世との関係は以下のとおりである。

彼がヴィーンへ来たときには、ヨーハン・シュトラウスのワルツに心を奪われた。彼はそのワルツをブラームスと同じように好んだ。シュトラウスはというと、彼は作曲家としてのブルックナーの才能を早くから認めていた。シュトラウスは、〈交響曲第七番〉の初演を聴いたあと、どんなに深く感動したか、その演奏にどんな強い印象を受けたか、それを電報にしてブルックナーに打った。ブルックナーの方でも、やや簡単ながらこう言った、「わしはブラームスの交響曲よりも、ヨーハン・シュトラウスのワルツの方が好きじゃけん」（ヴォルフ、喜多尾道冬・仲間雄三訳）

弟子との関係について。

その生涯の最後の二五年間を通じて、大学の若者たちとの接触が彼の変らぬ喜びの一つであった。ブルックナーは彼らのことを「私のいざ愉しまん《ガウデアムス》」と呼んだ。（中略）学生と教師の接触も大学に限られることがなかった。教室の外でブルックナーは気に入った教え子たちと少なからず親睦の時間を過したのであり、幾人もの教え子にとって（ブルックナーが決まって遅い時間に様々なレストランのうちの何処かでとる）夕食をともにするのが事実

上の命令であった。（シェンツェラー、山田祥一訳）

尊敬する師に対するブルックナーの若い友人たちの献身的な態度については、これまでにたびたび述べてきた。この忠誠は、なによりもまず、彼の音楽を世間に発表しようとする彼らのたゆまぬ努力に示されていた。彼らのなかでもっとも積極的な者たちは、この作曲家を囲む一種の親衛隊を組織した。ヨーゼフ・シャルク、弟のフランツ・シャルク、フェルディナント・レーヴェ、フリードリヒ・エクシュタインがそれである。だがブルックナーの弟子のほとんどすべての者たちは、家長のような威厳と燃えるような熱情とを兼ね備えた、この奇妙な個性の持主の魔力にかかることがときおりあった。この個性たるや、自分の音楽に関することであればすべてにかくも有能でありながら、世間との交渉においてはかくも無能ぶりを示したのである。この若者たちは彼の作品の宣伝を行ない、出版者と交渉し、楽譜を清書し、その時期に必要なあらゆることを行なったのであった。（デルンベルク、和田旦訳）

この記述で興味深いのは、ブルックナーが「世間」に対しては無力・無能、弟子に対しては「家長のような威厳」を見せたというところである。この乖離した二面がブルックナーの性格の特徴と言える。

彼は自分の生徒に絶対の忠誠を求めた。彼の言うなりになれば、彼の家長的な好意と信頼を得ることができた。（ヴォルフ、喜多尾道冬・仲間雄三訳）

さらにもっと露骨に権力的なふるまいも伝わっている。

リートホーフ（引用者注＝飲食店名。ここに医者の集まりのあった際にブルックナーも同席し、熱心に質問した）では謙虚な態度を堅持していた彼も、ガウゼという店（ときには「赤いはりねずみ」やそのほかの店）などで弟子たちに囲まれているときは、まったくの暴君に化するのだった。弟子たちは休みの晩といえども仕事のつもりで立ちむかわなければならなかった。親分のお気に召すような話題を出すよう心がけていなければならなかった。時間に遅れると叱られ、早く解散しすぎても悪態をつかれた。オペラとか演奏会とか芝居とかに行きたいなどというのは、欠席の言い訳とは認められなかった。暑くて汗をかき、はでなタオルで涼気を入れながら、ときにはいらいらと両腕を机の上について、ふだんたいていはとても親切なこの専王はもうもうたる煙のなかに坐し、だれかれとなく貢物を要求した。ピルゼンのビールが新鮮な泡とともに彼の前に運ばれるためには、何人かの弟子たちが叫びながら駆けまわらなければならなかった。（中略）ブルックナーの心をとらえないような話題はしりぞけられた。古い馴じみも新入りも、その態度がおもしろくなかったり、誤解を招くようなことをしたら、たちまち退去を命ぜられた。きげんを損ねはしまいか、爆発が起こりはしないかとびくびくしながらも、純粋な尊敬という基本的性質に魅了されて、みんなじっとがまんして踏みとどまっていた。（レルケ、神品芳夫訳）

最後に、ホーエンローエ侯爵夫人マリーによるブルックナーについての回想。ブルックナーにさまざまな援助を施し、後の受勲のおりにも力を及ぼした宮内長官ホーエンローエ侯爵とは逆に、侯爵夫人はブルックナーに対し、非常に辛辣《しんらつ》な指摘をしている。以下は伝記作者アウグスト・ゲレリヒの問い合わせに対しての回答からの抜粋である。

私の夫は、自国の作曲家としてブルックナーに援助を惜しまぬ反面、その芸術と人間性を峻別しておりました。ブルックナーはそのビーダーマイアー的ポーズにより、一部の宮廷人の人気を博しましたが、これは家父長的だったフランツ帝のいわゆる「良き時代」の伝統に連なる気風です。そこでは芸術家の繊細で社交的な側面よりも、卑小で垢抜けない側面の方が好まれるのです。これはリストの個性とまったく正反対のものでした。けれども夫と私は、ブルックナーが宮廷とのコネを利用することに長けているとも感じていました。彼が世に吹聴した様々なことには、真実のかけらもありません。交響曲の献呈に関しても、私は特別な「エピソード」は何も存じません。夫はブルックナーの功績を確信し、彼の献呈と皇帝の受諾について、単に仲介の労を取っただけです。誰も証人のいない拝謁の件については、彼のファンタジーが少しばかり羽ばたき過ぎたものと、私は信じて疑いません。彼は夫に宛てた書面で、例のへつらうような調子で謝辞を述べたほか、特別に何も書いて寄越しませんでした。

私は率直さこそが最良の語り口だと、常に考えております。私たちの見解があなたの崇拝に反するなら、どうかお許しください。きっとあなたは、まったく自然体のブルックナーをご存じだったでしょうね。巨大な才能というものは、粗野な面を併せ持っているのかも知れません。残念ながら彼は私たちに、不快な仮面だけを見せていました。彼の宮廷作法の根底には、自惚れと鈍感さに由来する、ある種の打算が横たわっておりました。（田代櫂訳）

厳しい評価である。だが、どうしてブルックナーがある種の旧弊な貴族に好まれ、リストのような自由と洗練を愛する最先端の芸術家には軽蔑されがちだったか、ここにはっきりとその理由が語られている。それというのもマリー夫人がリストの義理の娘であり、その優雅と自由精神をよく見習っていたからに他ならない。

以下、山之内克子の『ウィーン・ブルジョアの時代から世紀末へ』の記述をもとにその背景を記しておく。

当時のハプスブルク帝国にあっての宮内長官には、帝室のかかわる文化芸術すべての指揮と監督の権限があり、すなわちそれはオーストリア＝ハンガリー帝国全土の文化動向を決定することを意味した。本来の役割である、文化芸術上の決定にはとりわけ夫人のマリー・ホーエンローエが主催するサロンでの社交が多大の重みを持った。ホーエンローエ侯の芸術にかかわる人事はマリー夫人の手腕に頼っていたと言ってさしつかえない。

マリー・ホーエンローエ侯爵夫人は、ロシアのヴィトゲンシュタイン侯爵を父としポーランドの富裕な貴族イワノフスカ家出身のカロリーネを母とし、そしてフランツ・リストを、非公式ながら義理の父に持つ。カロリーネは父の意向によりヴィトゲンシュタイン侯爵に嫁ぐとともに領地であるキエフ近郊に住み、ここでマリーを産んだ。豊かな芸術教育を受けて育ったカロリーネに、自分の居住する地の文化的な貧しさが厭わしく思われていたところ、たまたま訪れた天才ピアニスト、フランツ・リストと出会ってたちまち心奪われる。カロリーネは地位と領地を捨て、幼い娘のマリーを伴ってリストとともに故国を出た。ただしもともと所有の財があったので放浪者リストの暮らしを支えることができた。

リストはしばらく後にヴァイマールの宮廷楽団長に就任する。そこでカロリーネとマリーはリストとともに当地のアルテンブルク城に住まうこととなった。事実婚のままであり、多くのしきたりから婚姻関係を結べなかったカロリーネとリストではあるが、マリーは母の愛人、天才音楽家リストを父として慕った。

　カロリーネはアルテンブルクの館に内外の芸術家や知識人を招いて大規模なサロンを主催した。そこにリヒャルト・ヴァーグナーやフリードリヒ・ヘッベル、アレクサンダー・フォン・フンボルト等々、著名な音楽家や知識人が集い、演奏会を開き、文学や学問を語ることが常となった。

　こうした環境に育ったマリーは、母のサロンで早くから優れた知と才を示した。十一歳にして数か国後を話し、大人たちの芸術批評を深く解する利発な美少女に批評家・学者らが魅せられ、画家や詩人は彼女に作品を捧げた。

　マリーは一八五九年、コンスタンティン・ホーエンローエ侯爵夫人としてヴィーン入りした。一八六六年、ホーエンローエ侯爵が宮内長官に任命され、アウガルテン宮殿に起居することとなって、このときからマリーはより望ましい社交界を自らプロデュースし始める。宮内長官はヴィーン社交界を率いる立場にある。自邸となったアウガルテン宮で多く公式レセプションを執り行なう義務も生じた。ここで行なわれる催事はすべてマリーが取り仕切った。

　都会的なそして自由な発想にもとづくマリーの凝らす趣向は先進を好む知識人からの礼賛の的となった。

　マリーはそこに、居心地の良かったヴァイマールのサロンを再現しようとした。そこで、帝室関係者、宮廷貴族とともに芸術文化にかかわる中でマリーが関心を持った者は出自国籍に関係なくホーエンローエ家の夜会に招待された。マリーが気に入ればそこに参加するのに爵位も称号も必要なかった（本来の貴族サロンへの参加には爵位か名誉ある称号かが必要とされる）。ここで最も重んじられる資格は芸術的洗練であった。

やがてヴァイマールでの事情と同じく、そこに加わることが知識人と芸術家の名誉の証しとなった。さらにこれまで宮廷貴族とは全く交わりのなかった第二の上流階級、ブルジョワ市民たちが参加を始めた。芸術的に優れた意識を持つ市民であればマリーから宮廷貴族らより劣った扱いを受けることがなかったからだ。

ここにもヴァーグナーはおりおり出入りした。ヴァーグナーに限らず、かつてカロリーネのサロンに通った外国の芸術家たちはヴィーンを訪れるさいには必ずマリーのもとに立ち寄った。こうしてホーエンローエ侯のサロンは国際的な文化的選良の集う場という意味を持った。

この高度な文化環境にいる人からブルックナーはどう見えたかという回答がマリー夫人の言葉なのである。

第十一場　ホーエンローエ侯爵家の夜会

一八七五年の六月半ば、ブルックナーはホーエンローエ侯爵家の夜会に出席した。貴族的振る舞いには縁遠い彼だが、こうした場に出入りすることはあった。以前ヘルベックの紹介で出席を許されて以来、アウガルテン宮にも何度か出向いている。洗練された選良たちがどうとかいうことは知らず、ともかく偉い人と有名人の集まるところに出る機会が与えられるならブルックナーはどこでも行く気でいた。偉い人と有名人に頭を下げて回ることが自作の演奏機会を増やす、少なくとも減らしはしない、と考えるからである。

長らく続いていた治水工事の完了によって蛇行を改められたドナウ運河にかかる大橋を渡り、ヘルベック夫妻とともに馬車を降り、ヴィーン二区の広々とした宮殿の敷地に立ったブルックナーはいつもどおりこう考えた、「すんごいなあ」

だが、建築物の巨大さや敷地の広さには他でも驚き慣れている。広壮なアウガルテン宮の「すんごさ」はよくわかっているはずなのだが、それとは別に来るたび、何か趣向があって、その緻密なアイデアにまた「すんごい」を感じるのである。バイロイト祝祭劇場の水も漏らさない工夫の「すんごさ」にも通ずるものがあった。

今夜はとりわけ、マリー夫人が実の父より慕うフランツ・リストが来場するという話で、おそらくリストの歓迎会的な意味を持つ集まりなのだろう。

ならば何をおいてでも駆けつけねばなるまいと、ブルックナーは、その尊敬の念もだが、これからの自分の、わさわさ毛の生えた野心の、持って行き方を算段しつつ、広大なバロック様式の宮殿の石段を上がっては、囲む大理石像あり巨大画あり、中世の貴婦人を描いたタピストリーあり花ありヴェールあり大きなリボンあり、の世界が、そうだ、あれ、とブルックナーは思い出そうとするのだが、なんだったかな、と考えているうち、会場の入り口にいた。ブルックナーが思い出そうとしていたのはアタラクシア、だっただろうか、あるいはユートピア、いや、ヴンダーヴェルト、だっただろうか、考えていると、少しブルックナーの気になる娘の召使がいて、本日は特別に、と大ホールへ案内された。舞踏会の催されるところだが、来てみれば、向かい奥に宮廷楽団員たちがいる。

そこでしばらくの時を経ていると、大広間には次々と名士が姿を見せ、ブルックナーは、おおあれはヨハン・シュトラウス二世、あれは確か建築家のオットー・ヴァーグナーか、あちらにはエステルハージ侯爵が、芸術保護者として知らぬ者のない大企業家ニコラウス・ドゥンバが、と眺めるばかりである。

来るべき人がほぼ揃い、挨拶の応酬も落ち着き始めたと思われる頃よりもう少々の待ちを置いて、音楽は始まった。リストの『前奏曲』である。団員たちはこのために雇われているのだった。人数の規模は大きくないが、管楽器群はサロン的室内楽に留まらない激しい響きをもたらした。指揮者は最近宮廷オペラ楽長に就任したばかりの若いヴィルヘルム・ゲーリッケだ。交響詩がドラマティックに終わると、盛大な拍手、それとともにホーエンローエ侯爵夫人が挨拶と紹介を、そして今夜の主役、今年六十五歳ながら変わらず長身細身、姿勢のよいフランツ・リストがゆっくりと中央階段を降りてきて、貴族風な一礼をし、ゲーリッケと握手を交わし、またも盛大な拍手が続いた。

燕尾服のホーエンローエ侯のかたわらでこの日マリー夫人は花嫁のような白一色に装い、リストの方はいつもどおり裾の長い僧服に白いカラーである。リストは何年も前から僧籍にあった。ただし在家の神父なのでそれは名だけと言ってもよい自由なものである。日本なら吉田兼好や鴨長明あたりの身分を連想されたい。

形ばかりとは言えブルックナーのとりわけ敬愛する神父という立場の人であり、かつヴァーグナーの兄貴分、そして現代音楽界に君臨する天才ピアニストにして、交響詩という新たなジャンルを創り出した大作曲家であるその人を目の当たりにしているとなれば、否応なくブルックナーの尊敬心は大きく振れる。

既に面識はあって、以前確かに二度は挨拶とともにできる限りの尊敬の意を表していたが、そんなのではまるで足りない。ブルックナーにとって、偉い人との間に対等な言葉というものはないので、議論や気軽な会話など一切できないし、できることは限りなく崇《あが》めている態度を逐一見せ奉るだけである。それで今日こそはもう神として頭を垂れる気持ちでいることを伝えねばと思うのだが、毎度ながら、あまりに人気と尊敬の対象でありすぎるフランツ・リスト大《たい》人《じん》の周囲には絶え間なく人が群がって、次から次へと盛大な社交が続いている。あ、シュトレーマイヤー長官が。リスト大人と言葉を交わしている。あ、今度はなんとリヒテンシュタイン侯爵が。侯爵、いつぞやは演奏予算本当にありがとうございましたです。

とても割り込む隙はなくて、しかもこのたびはマリー夫人が付きっきりで、それとなく取り巻く人選まで仕切っているようだ。大ホールへ、と案内された時から予想はしていたが、本来内輪な集まりであるはずのサロンと言いながら本日は少々人が多すぎる。

ブルックナーは遠くから頭を下げていたが、しかし有名人に対して必ず音楽営業を心がけるブルックナーとしてはただ心で尊敬しているだけでは意味がないのだ。形にして崇めて見せ、それをさんざん駄目押しして、ここに犬ありと憶えてもらわねば。

といって、これじゃあなあ。

リストはなにかエレガントな身のこなしで右手を高く上げ、じゃ、ここで一曲、という意味だったのだろう、脇に用意された大型のピアノの前に座ると、いきなり、驚くばかりの技巧と打鍵の強さで、複雑な、音の多い曲を弾き始めた。

青年時にはさらに技が上回っていたと言うが今でも凡百のピアニストには及びもつかない派手で華麗で、そしてドラマティックな演奏に皆聴き惚れた。聞かれるところでは、特に若い頃のリストの麗しい容姿とその超絶技巧に、淑女たちが何人も何人も失神したという。それどころでなく、置いていった手袋の片方、残した髪の一筋まで女性たちが奪い合い、中にはリスト宿泊後のホテルのバスルームに残った湯を飲みに忍んで来た貴婦人もあったという。

ここに見る大御所フランツ・リストは、齢《よわい》を経たとはいえそれは銀の渋さを増すばかりのことで、登場以来、楽壇の頂点に君臨し続け人々に求められ続けた芸術家の雅びに一層磨きがかかって見える。今や神父の威厳が加わり神々しくさえある姿に、女性たちの眼の向かい方が違う。ピアノの左脇にいるジャンノール男爵夫人など実際にも失神しそうで、本人それを周囲に強調したがっているようでもある。

ホーエンローエ侯爵夫人の誇りやかな表情は、この天才芸術家こそがわたしの真の父である、と言いたげだ。

自分とは違う世界にいらっしゃるなあ、と見、聞き、するばかりで、やはりブルックナーは一歩も近づけないのであった。確かに自分だってオルガンを弾かせれば大喝采を湧かす人なのであって、ロンドンではあまりの熱狂に、演奏後、聴衆の肩に担がれて堂内を練り歩いた。だが自分に失神する女はいなかった。手袋を片方くださいと言われたこともない。若い貴婦人になら、いつも尻ポケットにつっこんでいる赤いハンカチの一枚くらいさしあげてもよいのだが。汗付きで。

やっぱりここにも厳《げん》と、演奏の天才性自体とは別の空間が広がっており、見えないが決して越えられない壁で隔てられている。自分はこれまでもこのたびも足を踏み入れることができない。そしてこの先も、と、言い出せばどこまでも続く、湿って気の重い主題だったが、音楽のほかは先まで細かに分析することをしないブルックナーである。ただなんとなく、普段忘れていてもときおり必ず刃を向けてくるあのいつもの痛い何か、の気配は感じ、向かうところ刺《とげ》だらけの光輝くステージの、輝きの由来などに心向けることはやめて、ただ演奏の素晴らしさだけを讃え切ろうと、かたわらのヘルベックとその奥方に言うのである、「すんごいなあ」。

激しかったが数分で終わったリストの、ブルックナーは初めて聴くものの、おそらくよく披露される馴染みの一曲なのであろう、演奏後、ホール内は大歓声に沸いた。

一人一人美男で長身の給仕たちが、ダンサーの出なのかと思わせるような動きで小盆に載せたシャンパングラスを配った。緩やかに微笑みを絶やさない口元と、必要の際、マダム、と声をかけるときの甘さ、上品さ、そうした要素の吟味はきっとマリー夫人が義父リストの世界にならあってしかるべきと決めたひとつひとつなのだろう。

というようなこともブルックナーによくは捉えきれないが、何度も確かめるとおり彼は気が利かないだけで無知蒙昧《むちもうまい》なのではないから、思い切り仕組み、凝った庭園と宮殿の華美な飾り付け、楽団の本格的な雇用と雇われ人の見かけのよさ、等々すべてに、女主人の求める理想の優雅が託されているとは知れる。

切れ者との評判に反して、見たところやんわりと人の良さそうなホーエンローエ侯の、しかし間延びしない、退屈の忍び寄るはるか手前で終える分別を持つ、締まって短い言葉とそれに次ぐ乾杯、そして会話が、社交が、論議が始まった。

リヒテンシュタイン侯、シュトレーマイヤー長官、と順繰りに、知る顔を見れば誰彼となく深々と礼をして何重にもへりくだって見せるのに忙しいブルックナーに、華々しく繰り広げられる哲学と美術、文学の議論はほぼ意味を持たないので加わることもない。しかし本日はリスト大人来臨の功もあってか、中央近くに歩み来て音楽のあるべき理想を語り出そうとする者がいたので耳を傾けてみた。

演説調で始めたのは、ブルックナーも親しい、新聞で主に音楽動向について執筆している若い著述家カール・アルブレヒトであった。

「お聴きになりましたか、皆さん、フランツ・リスト氏の即興曲を。新鮮な展開、形式にとらわれない自由なしかし切実な様式はさきほどの『前奏曲』と同じですね。わたしたちは何より自由でありたいのです。なぜソナタ形式だけがこれほど重要視されるのか。対位法は必ず用いられねばならないのか。和声展開の狭くかたくなな慣習は。もっと魂の欲する形に忠実でありましょう。そうではありませんか、カルベックさん」

と呼びかけられたマックス・カルベックは詩人でかつこちらもまた音楽に関わる文筆家として知られる。上背があり焦げ茶色の髭が濃い。ブルックナーの知るところ確かアルブレヒトとほぼ変わらない二十代後半だが、アルブレヒトに比べるとかなり老成した顔つきで、広い額の下のくぼんだ眼が思慮深げに見える。

いきなり指名されても慌てずまたにこやかに余裕を見せて語るのがこうした場での作法である。いつも偉いさんに向けて真剣一生懸命一本槍のブルックナーには満足に出来たためしがないが、少し奥まった所にいたカルベックは心得たもので、ゆっくりと中央へ歩み寄って、質問者を若干見下すような調子で、しかし、緩やかな笑みをたたえて答えた。

「全く素晴らしい音楽であり演奏ですね。私からも最大の礼賛を捧げたく思います。ただ、アルブレヒトさん、あなたは自由の意味をどうも混同しておられるように私にはお見受けします。リスト氏の自由と、リスト氏以外の者の自由では意味が異なるのです」

とやや芝居がかって周りを見回し、

「それはすなわち、天才にのみ認められる自由と、凡人に認めれば惨めなことにしかならない自由、ということです」

ほほう、始まった、なら受けて立とうではないか、と少し顔つきを変える若気のアルブレヒトにあたかも二十歳ほども年上であるかのような語り口でカルベックは続けた。

「ルールとは何かをなすための貴重な補助と考えればよい。十分な才を持つ人はそのルールを引き受ける権利とともに破る権利をも持つ。それを自由と呼ぶのです。そういうことなので、アルブレヒトさん、リスト氏に許される特別の自由を敷衍《ふえん》して、誰にでもあてはめようとするのは、才のない方には過酷でしょう」

と、このように天才という名のもとにならなんでもあり、天才でない者は黙っていろ式論議は、ロマン主義全盛、天才至上の十九世紀、案外どこでも交わされた定型だろうけれども、ちょっと老けぎみのカルベックにはその言葉を支える威厳のようなものがほの見えたので、皆人はこれを今新たに耳にする画期的な論理のように聞いた。

そしてここでの凡庸な人とは、自分のことを言われたようで、どことなく貶《おとし》められたような気もしつつ、ブルックナーは、その弁の立ち様に、やっぱり批評のできる人はすんごいなあと感心していた。

「ほほう、カルベックさん、それではどうなんですか、規矩《きく》正しい古典主義、その偉大さはそれとして、しかしもう数十年近くも前にあった流派の素晴らしいトンボー、いわゆるところの記念碑、しかし別の意味で言うなら墓碑銘、墓、それを敬うあまり、古典派に続こうとばかり考えるかたくなな不自由さは」

『トンボー』(tombeau) はこの時代よりもう少々後に作曲されることになる、ラヴェルによる『クープランのトンボー』などで知られるそれである。バロック時代の頃から『……のトンボー』と名づけて偉大な先人を讃えつつ曲を捧げるさいに付されたフランス語で、「……の偉大さを偲《しの》んで」ほどの含みだが、直接にはアルブレヒトの言うとおり、「墓」と訳されるのが普通である。

が、これは実のところ、カルベックが最も尊敬しているブラームスの立場への、聞く者には誰にでもわかるくすぐりであり揶揄なのである。カルベックはブラームスの作品を常に絶賛しその偉大さを伝え続ける役割を受け持っていることはここにいる誰もが知っていた。なお後に彼は大部のブラームス伝を著すことにもなる。

ここで敢えてアルブレヒトが用いた「墓」の語の背後にはかつてブラームスに向けられたとある冗談の記憶がある。以前、ブラームスがジングアカデミーの指揮者として演奏会のプログラムを決めたとき、同時代作曲家をまず演奏する当時、当然の習慣に反して、第一回が、バッハ、ベートーヴェン、シューマンという古典および少し前の作家の作品での構成、第二回はバッハのカンタータとルネサンスの無伴奏合唱曲、という完全に過去だけを向いた選曲であった。これに聴衆は当惑し、「もしブラームスが本当にはしゃいだりなどしたら『墓は我が喜び』とでも歌わせることだろう」という冗談が流行った。アルブレヒトによるやや唐突な「墓」の語の使用は、誰もがよく記憶しているこの冗談とともに、ブラームスと「墓」の連想を思い出させ、かついくらか嘲笑しつつ否定する、そういう二重三重のからかいなのであった。サロンとは修辞の場である。

天才理論からカルベックにリストの天《てん》衣《い》無《む》縫《ほう》の自由を褒め讃えさせたのも、その後にブラームスと対比させようとする、アルブレヒトの人の悪い目論見であったことがこのとき知れた。サロンとは知略の場である。

本日出席しておらず、またその極度に内省的な気性から社交の場にはなかなか出たがらない、ヨハンネス・ブラームスは、この当時ヴィーンでは最も尊敬されていた作曲家で、それというのも、このカルベックや、またエドゥアルト・ハンスリックをはじめとする有力批評家たちが『新自由新聞』ほか権威ある媒体でことあるごとに礼賛するからである。

古典派からの伝統継承を堅持した上での、夾雑物《きょうざつぶつ》のない「よき音楽」をめざすこの派は「ブラームス派」と呼ばれ、交響詩を開拓したリスト、総合芸術をめざすヴァーグナーらの「新ドイツ楽派」あるいは「ヴァーグナー派」と激しく対立していた。アルブレヒトがヴァーグナー派、カルベックがブラームス派であるのは言うまでもない。

というような背景をもとにアルブレヒトとカルベックの討論は起きたのである。

カルベックはアルブレヒトの切り込みにこう答えた。

「それが言いたかったんだと思いましたよ。でもアルブレヒトさん、天才の自由というのは必ず型を破ればそれでよいというものではないはずだ。さいぜん申し上げたとおり、天才にはルールを受け取るか破るかのどちらも認められる、そこを私は、天才の自由と呼んだのですからね。天才ゆえにルールを破って新境地に向かうのもなるほど自由であるが、それとともに、天才ゆえに先人の残した遺産を受け継ぐ選択も、栄光ある選ばれた者にのみ許される自由なのであり、そのことの是非を、天才ならざる、自由にあらざる凡人が推し量るとすれば大きな過ちを犯すわけです。で、まあ、簡単に言うなら、あなたが念頭に置いておられる方は伝統的手法と規範を不自由ではなく限りなく自由な創造の手立てとお考えでしょうね」

とやはり慌てず優雅に返すカルベックはひとまず優位に立っていた。天才にしかわからないことを天才でない君が決めるな、という辛辣《しんらつ》な批判もそこには含まれている。

そこへ、アルブレヒトが、

「果たして限りなく自由なのか、才のなさの補いなのかは、なかなか決められそうもありませんが」

と言い返し、いくらかの笑いとともに体裁を保ったけれども、そもそもが揶揄してかかろうとするアルブレヒトの若気があまり優雅でなかったので、それに対して大人の言葉でうまく、慌てずにこやかに擁護しえたカルベックはこの優雅試合では勝者と言えた。

なんというかなあ、こういう受け答えでうまくやれるというのが優雅洒脱《ゆうがしゃだつ》とやらだろうけれども、わしには関係ねえなあ、でもすんごいなあ、というのがブルックナーの感想で、他の人の意見は知らず、確かにマリー夫人も今回はカルベックに軍配をあげたようではある。

とはいえ、それはリスト大人の偉大をよく認めた上での礼儀正しい反論であったからで、もともとカルベックの主張するブラームス至上主義的な音楽論には、リスト〜ヴァーグナーの側に立つべきマリー夫人としては認めがたいところもあったろう、しかし、こういうところでは優雅勝ちを認めるのが度量あるサロンのルールであって、などというのは隣のヘルベックが考えていればよいことで、ブルックナーには、これからどうやってリスト大人に崇拝の念を伝えるか、そうだ、このアルブレヒト君に頼むか、といったことが主要な心算であった。

「賢明なご意見ですね」とマリー夫人はカルベックをまず讃え、

「その、伝統的なお方にも是非お聴きいただけるとよかったですけれどもね、ではいかがでしょうか、これは」

と後ろを顧みて目配せをすると、再びゲーリッケが指揮棒を取り、そして壮大な音楽が始まった。

「あ、ベートーヴェンだ」と、これはブルックナーにもすぐ知れた。『プロメテウスの創造物』序曲である。

するといきなり、見目好《みめよ》い男女が、つい、と移動の間も思わせないほど素早くホール中央へ集合し、位置を取ると、静かに舞い始めた。次々と優雅なポーズ、きりりと引き締まったポーズが繰り出されてくる。ソロがある、二人の掛け合いがある、集団の踊りがある。バレエである。

もともとベートーヴェンの『プロメテウスの創造物』はバレエ音楽として書かれている。そして、それは、ベートーヴェン自身が、古代ギリシアのアイスキュロスによる悲劇『鎖に繋《つな》がれたプロメテウス』をもととして、文学、演劇、そして舞踏と音楽の総合をめざそうとした作品と言える。

リストの音楽思想には対立するとしても、ベートーヴェンを持ってこられてはさすがのブラームス派も譲らざるをえない。すぐ後のロマン派に通ずる激しさと進取の気風を先取りしていたとは言え、飽くまでも古典派の巨匠であり、そしてリスト、ヴァーグナーをはじめ、ブラームス自身もまた、偉大な先人と認めるベートーヴェンの発案であれば、それは決して予め反論できるような一意見ではなく、まずは謹厳に受け取りその意図をよく学ぶべき正典としてある。その残した膨大な音楽はまだまだこれから発見されてゆくべき広大な森である。

ブラームス派が伝統として重んじるのはハイドン、モーツァルトと、そしてやはりベートーヴェンなのでもあってみれば、その伝統を用意した一人ベートーヴェンが既に総合芸術をめざしていたと言われてしまうと、いかにカルベックでも優雅にはぐらかしはできまい。

そんな思惑を秘めたマリー夫人の、またおそらくは義父リストの発案によるのだろう、これは実例による優位性の獲得ということになった。

音楽だけに聴き惚れるブルックナーにはそういった複雑な策略と序列権威の交錯は見えない。あとはただ、眼前に乱舞するダンサーたちの、特に白いキトンをまとう何人かの女性たちに眼を奪われるのみである。すんごい。あ、可愛い。

目正月耳正月のひとときが終わると、今度はどうだ、『タンホイザー』のドレスデン初演でタイトルロールを歌ったヴィーンの名歌手、ヨーゼフ・ティハチェックが奥の扉から現れ、中央に進み出ると、その力強い声で朗読を始めた。これまたブルックナーには知れなかったが、アイスキュロスの『縛られたプロメテウス』からの一節であった。

「おお輝《て》りわたる大空、翼も速い風の息吹《いぶき》よ、

また河々の、もとの泉、また数知れぬ大海原の
波の秀《ほ》の笑いさざめき、また万物の母なる大地、
さらにまた世界を見渡す日輪に訴えるのだ、
見てくれ、この私が、神々から、どんな仕打ちを受けているか、同じ神であるのに」

抜粋ではあるが、強力な音楽の余韻とともに、いよいよ古代の物語と舞台芸術とが展開してゆく。集う面々にはプロメテウスというだけでその背景も意味も直ちに通じるので、台詞を最初から最後まで逐一読み上げる必要はない。主要な言葉だけを深く鑑賞すればよかった。ただブルックナーにはアイスキュロスによる台詞も、ティハチェックの優れた声を聞くための便宜でしかない。言葉に注目していない。他のロマン派作曲家たちが自作の歌曲にはできるだけ名高く才能ある詩人の優れた詩を用いようと目論んでいた中、ブルックナーは歌曲を作曲するさいにも歌詞にはまるで無頓着で、たまたま知り合った素人詩人とか友人とかに適当な詩句を書いてもらってそれに曲をつけることが多かった。

「おお、聖なる私の母テミスよ、おお、万象にあまねく光をめぐらす高空、見てくれ、私がどんな不正を受けているかを」

ギリシア神話に語られるティタン族のプロメテウスはゼウスに抗して人間たちに火を与え、その咎《とが》で岩山に縛《いまし》められ、日々その肝臓を禿鷹につつき食われ続けることとなる。不死であるので肝臓は毎日再生し、その苦しみは終わることがない。だがプロメテウスは飽くまでもゼウ

スに許しを乞うことを拒む。そこまでを描いたのがアイスキュロスの『鎖に繋がれたプロメテウス』で、ベートーヴェンの音楽もここに典拠《てんきょ》を置いている。

朗読が終わると、今度は脇にいたリストが進み寄って指揮棒を持たず楽団員の前に立ち、またも魔法のように手をひと振りすると、危機を孕んだ新たな音楽が始まった。

リスト自身の交響詩『プロメテウス』である。

この曲はもと、ヴァイマールでの、哲学者ヨハン・ゴットフリート・ヘルダーの記念像の除幕式にあたって、『ヘルダーの縛られたプロメテウスへの合唱曲』が上演された際、序曲として書かれた。

またしても壮大華麗な音の絵巻が広がり、そこへダンサーたちが妙技の限りを尽くし、一同、陶酔に浸った。

クライマックスを過ぎ、遂に終結してみると、ここにリストの望んだ総合芸術、標題音楽の、理想的な提示がなされたことを、芸術に通を自負する知識人芸術人たちは否応なく知らされた。このとき、舞踏と物語、文学と音楽が、見事に支え合っていた、と、後にアルブレヒトをはじめ、ヘルベックもシュトレーマイヤーも語ったものである。

あまつさえ、ベートーヴェンという第一テーゼをその最初に置いている。この部分には誰も逆らうことができない。

さらには、古い神ゼウスよりも新たな挑戦者プロメテウスを礼賛し導きとするという新ドイツ楽派らしい新しい時代新しい理念への期待と肯定がプロパガンダされている。

リストは、たいへん人あたりのよい、そしてさまざまに他者のために心砕くことのできた利他的な人格者であると言われ、それは間違っていないが、しかし、同時に、他者に有無を言わせず何事かを成させる方法を知悉した人、人は何に魅惑され動かされるのかをよくわかっていて実践できる人だったのだ、とこれも後でヘルベックがブルックナーに伝えたことである。そのときブルックナーはそうなんですか、すんごいなあ。と答えたのみであった。

なるほど愛され続け目立ち慣れた人は人への眼の向け方からして違う、という感想さえブルックナーには持てず、ただアウガルテン宮にいた招待客たちが一様に深い感慨に耽っているに合わせ、ただ自分は、耳に残る音楽の構造を、こればかりはかなり専門的な仕方で分析するばかりであった。

ややあって周囲に眼を向けてみれば、哲学者ヘルダーの言葉、そしてまた詩人シェリーの『鎖を解かれたプロメテウス』がどうとかいう話がしばらく主題となっていたようである。プロメテウスは長い緊縛《きんばく》の期間の後、ヘラクレスによって鎖を解かれ、解放される。それをもとにしたパーシー・ビッシュ・シェリーの詩が『鎖を解かれたプロメテウス』であった。

が、ブルックナーに、やはり文学の議論は意味を持たなかった。

「そろそろ挨拶でもね」

と、勧めてくれるありがたいヘルベックと奥方についてリストのそばへ寄り、そのときちょうどリストとギリシア悲劇について言い交わしていたアルブレヒトが譲ってくれて、ヘルベック夫妻の挨拶に次ぎ、僅かにものを告げる隙間をもらったブルックナーは、

「あちらに控え申しておりましたアントン・ブルックナーでござあります。いつぞんやは、お見知りおき幾重にも御礼申し上げまっす。お師匠《つしょ》さんのこのたびの素ん晴らしい御作《おんさく》をお聴き出来申しまして、いんや、まことまことに、心より崇め奉るの心境を深め高めくるばっかりでございまっす」

と、ところどころ故意に高地オーストリア方言を混ぜて田舎ぶり、普段、神父がたにはそうした言葉で語る態度が喜ばれるので、ここでも、いかにも素朴で懸命で善良な、犬々しい生真面目一本な崇拝者を演じて見せたのはブルックナーの目一杯の工夫のつもりだったのだが、当のリストは、あ、面倒なのがきたという顔で、

「ああブルックナー君、その『お師匠さん』はやめてくれないかね」

が、ブルックナーが普段、神父にはその尊敬の表れとしてよく用いるその語のどこがいけないのかわからず、

「いえお師匠さん」と言い出すので、うんざりしたリストは、

「まあいいから、うん、聴いてくれてありがとう」

と至極気楽な切り上げ方をした。ブルックナーは身分の高い人の言葉とも思えない軽さに戸惑って、

「ああ、神父様」と言い方を変えてみるが、

「いやまあそうだがね、もういいから」

喜ばれていないのはわかったので大人しくして聞くと、

「ねえブルックナー君、その型にはまった口調や振る舞いと分相応とかの意識は、芸術の庭ではひとまず忘れてみないかね。わたしは思うんだ、音楽も文学も、舞踏も、およそ全芸術に必要なのはポエジーだ。ポエジーの表現の模索として音楽も文学もある。もとはその不思議なひらめきひとつなのだ。そして、ポエジーとは常に臨機応変に発する感覚で、身分にも立場にも関係ない。予めこうしようと決めたことだけしかしなかったり、見たいものしか見ようとしなかったり、かたくなに型を守っていつも同じ態度をとろうとするといった行ないはポエジーを殺す。ポエジーにとって最も邪魔になるのが、われわれが普段義務的にやっている決まりごとではないかと思うんだ」

「ははあ、お言葉の通りってござあります」

と言いながらブルックナーはその心内、正直な言葉で言うなら「わかんねー」であった。

「というわけで」

と言いざま、とてももう付き合う気になれないと思ったのか、リストはそこで再びピアノのところへ向かい、

「ではみなさん、今度はもう少し趣の違う曲を」

と言って鍵盤の前に座り、一気に静まり返ったホール内に、またも激しい音が響くかと思っていると、今度は、漣《さざなみ》のような不思議なトリルから始まり、繊細で内省的な曲調が続いた。中程には深刻な響きにも至ったが、その後再び、内心の顫《ふる》えのような音の連続に戻った。最後の微かな一音が消えて数十秒の沈黙が訪れた後、拍手とともに、これはまた新境地と知った会場の面々から、あの力の権化のようなリストとともにこんな軟らかで微かなそよぎに耳を傾けるリストもいるのだという、そういった驚きと礼賛の囁きが続いた。

このときほぼ即興で演奏された曲はその印象をもとにしばらく後にやや構成を変えて記譜され、曲集『巡礼の年　第三年』に収録される。これが後年、ドビュッシーを驚愕させ、「われわれの遥か以前、このとき既に印象派があったのだ」と言わせる『エステ荘の噴水』である。

ブルックナーもこれには心惹かれたが、しかし、何より心づもりだった営業仕事はほぼ失敗であったことにひたすらへこんでいた。今回はせいぜい顔つなぎとでもしておく他はない。ブルックナーには「うまくゆかない」以上の言い方はないが、もう少し踏み込むとすれば、優雅と洒脱と美的陶酔に生きるリストに、田舎の誠実と敢えてするカトリック好みの物知らずめいた頑固な崇拝を、飽くまで低頭の堅苦しさとともに見せつけても喜ばれるものではなかっただろう。しかし、黒い僧服をまとうリストにブルックナーが他の言葉遣いをできたわけもない。

その後、ホーエンローエ侯爵、そして侯爵夫人にも例の田舎ぶりで善良と純朴を見せてみたものの、特に侯爵夫人には受けが悪かったのがブルックナーにもはっきり感じられた。

「けっこうなお作法でございますね」

と侯爵夫人はわざと棒読み風に言った。

この後は型どおり、舞踏会に移行し、大盛況のうちに夜会は終わりを告げ、三々五々と帰途に就く人々の間で、なんの収穫も得られなかった顔つきのブルックナーが、しかし、音楽の富は得た、それは確かに行き帰りの馬車代を払うべき価値がある、と、自らを納得させようとしていると、それまで懇《ねんご》ろに挨拶をしても一向応じることのなかった楽友協会事務総長のレオポルド・ツェルナーが楽しげに笑いながら言葉をかけてきた。

「ブルックナー君、大失敗だねえ。さっき、ホーエンローエ侯爵夫人とお話ししたら、『このサロンに田舎者の無神経は必要ありません』とさ。君、もうここには来ない方がいいんじゃないかな。資格がないよもともと。じゃあね。ごきげんよう」

本日最高の賓客《ひんきゃく》、リストに、煙たがられている様子を横からにこにこしながら見ていたのであろう、異例なことにツェルナーの方から語りかけてきたのはよほど機嫌がよかったのだ。

言われて素直に、そうかなやはりここは自分に向いてないか、と思いかけたブルックナーだが、しかし、今回が失敗だとしても、これからの音楽営業には絶対に必要な場所であり、ホーエンローエ侯爵から拒絶されさえしなければ、自粛《じしゅく》はすべきでないと急ぎ考え直した。

そこはサロンとはいえ、アウガルテン宮で開催される、芸術家にはある程度開かれた公に近い集まりでもあり、本日のように、小規模ながら全ヨーロッパ音楽に重大な意味を持つ披露《ひろう》の場であったりもする。であれば、仮に侯爵夫人にいくらかうとまれても、世界に知られたオルガンの名手というわが実績ある限り、門前払いはされない約束のはずだ。資格があるなら有用に用いなくてはならない。

ここは背を伸ばし、どんな面白くない扱いがあっても、資格なしと言われ蔑まれ嘲笑されても、許される間は出よう。味気ない思いばかり多く、リスト大人には快く思われなくとも、根気よく愚直に、いっそいかにも愚かそうであればよい、あちこちで、てんてんと頭を下げて回れば、何か始まることもあるだろう。そんなあたりで踏ん切りをつけ、帰りの馬車ではごとごとと揺れの数を数えながら帰宅した。

第四章　遅れに遅れた名声　1879～1889

1　弦楽五重奏曲、テ・デウム、交響曲第四番・第六番・第七番

一八七八年の末に『交響曲第四番』の改訂を完成させたブルックナーはその年の十二月九日付のヴィルヘルム・タッペルト宛の手紙に「第四番が完成しました。今私は弦楽五重奏曲［第一楽章］を書いています」と記した（『ブルックナー／マーラー事典』ブルックナー年譜、根岸一美）。

翌一八七九年の三月三十一日、ブルックナーは『弦楽五重奏曲』ヘ長調 WAB112 の緩徐楽章を完成させた。これは最初第二楽章として書かれたが、後に第三楽章とされる。『弦楽五重奏曲』は弦楽四重奏に第二ヴィオラを足した形態で演奏される。

ブルックナーの室内楽には一八六二年に『キッツラー練習帳』に習作として書きとめられた『弦楽四重奏曲』ハ短調 WAB111 とそのための異稿として残された楽章、および、ヴァイオリ

ンとピアノによる非常に短い『晩鐘』ホ短調WAB110があるが、ブルックナーの生前に公開された室内楽としては『弦楽五重奏曲』が唯一のものである。なお、『弦楽四重奏曲』の異稿には『ロンド』ハ短調があり、『弦楽五重奏曲』の異稿には『インテルメッツォ』ニ短調WAB113がある。

この『弦楽五重奏曲』の作曲は、一八七六年にヴィーン音楽院長に就任し、当時副宮廷楽長をも務めていたヨーゼフ・ヘルメスベルガー一世から求められたものである。当時ブルックナーの上司でもあったヘルメスベルガーはヴァイオリニストとして一八四九年以来、弦楽四重奏団を主宰しており、そこからブルックナーにも室内楽の作曲を勧めた。これは随分前からの約束であったようだ。

〈かつての一八六一年十一月、ヴィーンのピアリスト教会での、音楽学校の教師の資格取得のためのオルガンの試験が終わったあと、試験官のひとりヘルメスベルガーは、ブルックナーの才能に驚嘆して、ブルックナーに弦楽四重奏曲の作曲を依頼する。しかし、ブルックナーは、すぐにはこれに着手しなかった〉（門馬直美）

その十七年後にようやく制作が始まったことになる。ただ、ブルックナーとしては弦楽四重奏では足りず、ヴィオラをもうひとつ足した五重奏として作曲した。

ブルックナーは一八七九年二月にもタッペルトに宛てて次のような手紙を送っている。

今へ長調の弦楽五重奏を書いています。私の作品に熱を上げているヘルメスベルガーから、再三くどかれるものですから。（田代櫂訳）

おそらくこれはかなり大袈裟な自己宣伝で、実際にはずっと前に「やってみないか」と言われた程度のことではないかと思われる。

『弦楽五重奏曲』はこの後、一八七九年六月二十五日に第四楽章が完成し、その後の七月十二日に当初第三楽章としていた「スケルツォ」が完成し、これで全曲が完成した。

〈7月25日付でザンクト・フローリアンのイグナーツ・トラウミーラーに宛てた手紙には、作曲完了の報告と、ヘルメスベルガーの感激した模様がしたためられている。ヘルメスベルガーはこの作品をベートーヴェンの後期弦楽四重奏曲と並ぶものと絶賛したという〉（『作曲家別名曲解説ライブラリー5　ブルックナー』土田英三郎による「室内楽曲」から）

これほど絶賛したというヘルメスベルガーだが、この曲に演奏の機会を与えるのはずっと後である。それも周囲の状況に押されてのことであるらしい。『名曲解説ライブラリー』での土田英三郎の記述によれば、〈彼は日頃からブルックナーの才能を認めながらも、田舎者まるだしのその風変わりな人柄にはあまり良い感情を抱いていなかったようである。この作品が大変な難曲であることも遅れの原因となったことだろう〉。

しかも総譜を見たヘルメスベルガーはスケルツォの楽章が難しすぎて演奏不可能であると言

った。それでブルックナーはスケルツォの代わりとして『インテルメッツォ』を作曲し、同年十二月二十一日に完成する。だがこの後の演奏時に『インテルメッツォ』が使われることはなく、スケルツォがもとのまま使用された。

依頼したはずのヘルメスベルガーがまるで演奏実現に協力的でないため、弟子のヨーゼフ・シャルクがヴィーン・ヴァーグナー協会の非公式コンサートでこの曲の初演を企画した。だが、指揮者ハンス・リヒターがロンドン公演のさい、この曲をその地で出版しようと持って行った楽譜を旅先に忘れてきてしまっていた。楽譜はブルックナーの手稿で、他に写しはなかったが、たまたまシャルクによるピアノ連弾用の編曲譜があり、それをもとに急遽、パート譜が作成された。編曲譜は第三楽章までしか完成していなかったため、第四楽章を除く三つの楽章が一八八一年十一月十七日にヴィンクラー四重奏団と第二ヴィオラのユーリウス・デージングによって初演された。幸い、手稿はすぐ回収された。

その後、八三年にも私的な場で演奏され、第四楽章を加えての全曲の初演はこれも私的な場ながら一八八四年四月五日、三楽章版のおりと同様の演奏者によってヴィーンで行なわれた。同八四年にはアルベルト・グートマン社から楽譜が出版されている。

楽譜はバイエルン家のマックス・エマヌエル公に献呈された。オーストリア皇妃エリーザベートの末弟である公はブルックナーの後援者でもあった。この出版の際、それまで第三楽章としていたスケルツォを第二楽章とし、アダージョを第三楽章とした。この順序は『交響曲第八番』『第九番』と同じである（『第二番』をこの順とするキャラガン版一八七二年稿もある）。

こうした受容状況の進展を知ったヘルメスベルガーはようやくこの曲の初演を決定し、一八八五年一月八日、楽友協会大ホールでヘルメスベルガー四重奏団にヴィオラ一人を足して公式の初演が実現する。モーツァルト『弦楽四重奏曲』イ長調、ベートーヴェン『ピアノ三重奏曲』ニ長調のあとにブルックナーの『弦楽五重奏曲』が演奏された。このときは第一楽章の後に出版楽譜にある中間楽章の順を逆にしてアダージョ、スケルツォ、そして第四楽章が演奏された。これは大変成功し、作曲家が何度もステージに呼ばれたという。〈『ドイチェ・ツァイトゥング』紙、一月十四日号にテーオドール・ヘルムがブルックナーのヘ長調五重奏曲を「疑いもなく現代の室内楽の領域における最も重要な出来事の一つ」であると述べたことは注目にあたいしよう〉（根岸一美）

当作品の価値と意義について土田英三郎による『名曲解説ライブラリー』の解説から引く。

弦楽五重奏曲は、規模においても内容の充実度においても、ブルックナーの交響曲群に比肩することのできる大作である。それと同時に、彼の様式転換の出発点に位置を占め、室内楽でありながら後期交響曲の先駆けとなった点でも、興味深い作品である。

またシェンツェラーによる評価が以下。

この五重奏曲は「変装している交響曲」と呼ばれることが多いが、それほど真実から遠いことはないだろう。交響曲作家ブルックナーが何十年間も大規模な合唱または管弦楽の力に専ら関わってきたことを考えれば、まったく驚くべきことではあるが、彼はここでは見事に室内楽の世界に順応している。どちらかと言えば、この五重奏曲はベートーベンの後期の弦楽四重奏曲の正当な後継者である。（山田祥一訳）

ただ、異なる見方は現在もあり、ルツェルン祝祭合奏団の指揮者ルドルフ・バウムガルトナーによるこの曲の『室内交響曲』へ長調への編曲という試みもある。

ブルックナーの一八七九年前半は『弦楽五重奏曲』の作曲に費やされたが、完成の翌日七月十八日には声楽曲『正しい者の口は知恵を語り』リディア旋法 WAB30 を書き上げている。これは聖フローリアンの聖歌隊長イグナーツ・トラウミーラーから委嘱された作品である。〈厳格なセシリア主義者としてグレゴリオ聖歌とパレストリーナ時代のポリフォニー教会音楽の純粋な姿を尊重していた彼（引用者注＝トラウミーラー）の方針にかなうべく書かれており、ブルックナーの教会音楽のなかでもとくに優れた作品として評価される〉（根岸一美）

さらに七月二十八日には『私はしもべダヴィデを見出し』WAB20 が完成した。『正しい者の口は知恵を語り』と『私はしもべダヴィデを見出し』の二曲は八月二十八日に聖フローリアンでトラウミーラーの指揮によって初演された。

作曲を終えた後の気晴らしにであろう、八月五日から七日にかけてブルックナーは弟子たちと登山を楽しんでいる。

その後、九月二十四日、『交響曲第六番』イ長調WAB106の作曲が開始された。

同年十一月十九日、『交響曲第四番』第四楽章の三度目の改訂を始める。これは翌一八八〇年六月五日に完成し、一八七八年に書かれていた第一・二・三楽章それぞれの第二稿と新たな第四楽章第三稿とをあわせて『交響曲第四番』第三稿とした。これが今日一般的に知られる一八七八／八〇年稿である。第三章第3節で述べたとおり、『交響曲第四番』は、以後の微細な変更を別にすると一八七四年稿、一八七八年稿、一八七八／八〇年稿の三種のスコアがあるが、一八七四年稿を第一稿、一八七八／八〇年稿を第二稿とし、一八七八年稿が演奏に用いられることはほぼない。

この曲はブルックナーの交響曲中唯一、「ロマンティック（ドイツ語ではロマンティッシュ）」という副題を持つが、これについて、張源祥は次のように解説している。

「ロマンティッシュ」という語は、作曲者自身が第一稿に書き込んでいる。作者が中世の都の明け方の光景や、馬上の騎士が出ていった野外や森の光景を頭に描いていたともいえるが、それを標題楽的にリアルに描くという意味ではなく、その雰囲気をより主観的、抽象的に表わしたという意味のロマンティッシュと解せられる。

一八八〇年は、ブルックナーが『交響曲第三番』の失敗による挫折からようやく立ち直り始めた時期である。若い支持者たちが各方面で働きかけを始めていた。そのひとつの現れは同年二月ヴィーンの『ドイチェ・ツァイトゥング』紙に掲載された「アントン・ブルックナー、ヴィーンの一音楽家の肖像」という長文の記事で、これによりブルックナーの存在が一層広く知らしめられることとなった。

八〇年六月六日には『ミサ曲第一番』が宮廷礼拝堂で再演された。一八六八年以来のことである。今回はブルックナーの指揮で、大いに喝采された。ブルックナーはいつもの証明書発行願望を発揮してヘルメスベルガーに作品の優秀さを示す証明書を求め、ヘルメスベルガーはそれに応えている。次がそれである。

「宮廷オルガニスト、アントン・ブルックナー教授の大作『ミサ曲ニ短調』は、真の傑作と呼ぶにふさわしい。その着想は天才的であり、テキストの音楽化も素晴らしく、宮中礼拝堂における演奏では、好楽家に強い印象を与えることに成功した」（田代櫂訳）

実質的な立場のよしあしはともかく、当時の堂々たる地位にあってもまだこのような証明を欲するブルックナーの心の弱さ、また飽くまでも有力者である上司からの承認を得ねば気が済まない事大主義、そして、内輪ではかなりブルックナーの人としての滑稽さを嘲笑していたらしいヘルメスベルガーの、求められてとはいえ手放しに才能を賞賛してみせる態度、など、ここからはさまざまな思惑がうかがわれる。

ブルックナーの一八八〇年はスイス旅行の年でもある。夏の休暇時を用いて、アルプスを観光し、スイス各地のオルガンを聴き、かつ演奏した。

まず八月十三日に聖フローリアンに向かった。例年夏、ブルックナーはここで一週間ほど滞在する。その後、ミュンヘンを経て二十二日から二十四日にかけてオーバーアマガウに滞在した。ここはドイツバイエルン州ガルミッシュ＝パルテンキルヒェン郡にある村で、十年に一度、村人総出のキリスト受難劇が催される所として知られる。この年がちょうど受難劇『エルサレムの乙女たち』上演の年であった。ブルックナーはこれを鑑賞しに来た。

受難劇の出演者の中にマリー・バルトルという十七歳の少女がおり、この少女にブルックナーは心奪われた。望んでその後一年ばかり文通を続け、祈禱書を送りもしたが、相手側からの返信が途絶えて文通は終わった。

オーバーアマガウを後に再びミュンヘンへ戻り、その後、スイスを目指した。この頃はもう鉄道が発達していたので旅行はまずまず楽にできたという。スイス巡りは九月十日まで続き、十一日にリンツへ戻った。その間、ライン滝を見学し、モンブラン山系の周辺を歩き、ユングフラウやアイガーを遠望し、各地の城、聖堂を訪れた。またオルガン・コンサートを聴き、自身も演奏し、その地の音楽家たちと知り合った。

さらに田代櫂によれば〈スイス旅行は恋の旅でもあった。彼のポケット日記には、旅先で出会った娘たちの名が書き留められている。いわく、ベルンのポストガッセ二十二番地に住む娘。ベルンからルツェルンに向かう車中で、言葉を交わしたマリー・シュトゥーダー嬢。ルツェルン駅に到着する時、ホテルのような白い建物からこちらを見ていた娘（「よそ者だろうか？　何処からetc.?　すてきだ！」）。キーム湖に近いトラウンシュタインの、ホテルオーナーの娘ヴィスバウアー嬢（「彼女はとても美しい」）。パルテンキルヒェンの街を父親と歩いていた娘……〉。

そのいずれの女性とも親密な関係となったわけでないのは言うまでもない。だがこうしてあちこちで花を見出すように巡ったという記録である。

スイス旅行の後、八〇年の九月二十七日に『交響曲第六番』の第一楽章が完成した。

その後しばらく体調を崩し、九月三十日から十月四日にかけて激しい頭痛と足の痛みに悩まされた。この足の患いは後々にも続くこととなる。

だがそれもどうにか治まり、同年十一月二十二日には『交響曲第六番』第二楽章を完成させた。

また同月二十八日、ヴィーン大学から、年俸八百グルデンの給与が支払われることに決定したとの通知を得る。遂にブルックナーはヴィーン大学の有給教員となることができたのである。

明けて一八八一年一月、『交響曲第四番』の第一楽章から第三楽章までが、楽友協会学生オーケストラによって演奏された（一八八〇年末だったという説もある）。これは来るべき『第四番』初演に向けた試演であった。二晩連続して行なわれ、一日目の指揮がヘルメスベルガー、二日目がブルックナーであった。

同月七日に『交響曲第六番』スケルツォが完成した。

そしてこの年最も重要な出来事として、二月二十日の『交響曲第四番』第二稿全曲の初演とその成功がある。ハンス・リヒターの指揮、ヴィーン・フィルによる演奏だった。ただ、これは定期演奏会ではなく、ドイツ学校協会による催しの一環である。

このときのプログラムはベートーヴェン『シュテファン王』序曲、ベートーヴェン『ピアノ協奏曲第四番』（独奏はハンス・フォン・ビューロー）、ハンス・フォン・ビューロー『交響詩歌人の呪い』（作曲者による指揮）、ブルックナー『交響曲第四番』であった。

〈演奏はブルックナーにとって大成功で、ウィーンの新聞の敵対的なものもブルックナーに対して払うべきものを払わざるをえず、「新自由新聞」は「異常な成功」と言った。しかし他の新聞は賛辞を呈したのであり、「夕刊ウィーン新聞《ヴィーナー・アーベント・ポスト》」はブルックナーをオーストリアの大作曲家の一人に数えねばならない、とはっきり書いた〉（シェンツェラー、山田祥一訳）

『タークブラット』紙の記事によれば〈各楽章が終わるごとに、作曲者は幾度も呼び出された。その困惑した表情には、自分自身に対する驚きと、聴衆への感謝が入り交じっていた〉（田代権訳)。

〈ウィーンの作曲家で指揮者のエドゥアルト・クレムザー(Eduard Kremser; 1838~1914)は、「ブルックナーはわれわれの時代のシューベルトだ」と評した〉(門馬直美)

また同記事についてシェンツェラーは、クレムザーが〈ブルックナーは、ワーグナーがベートーベンの後継者でありベートーベンがモーツァルトの後継者であるという意味でのみ、ワーグナーの後継者である〉(山田祥一訳)としたところを重視している。

『新自由新聞』二月二十二日付ではハンスリックが「交響曲の各楽章が終わるたびごとに聴衆から大きな歓呼を受けた」と報告した(根岸一美による)。

さらに同紙二十七日付でもハンスリックは次のように記した。

アントン・ブルックナーの新しい交響曲の、このめずらしい成功については、本紙ですでに報告している。今日はただ、我々にとっては全く理解できないこの作品の成功は、この曲の作曲者の極めて注目に値いする、そして共感のもてる人柄のゆえに、我々を率直に喜ばせたことのみを、付け加えるにとどめたい。(天野晶吉訳)

このハンスリックの言葉は彼のいわば冷静さを示している。同じ反ヴァーグナー派であるマックス・カルベックは、〈『第四番』を「怪力を具えた子供の作品」と評し、「芸術家も外交官と同様に、沈黙すべき時があることを、ブルックナーはわきまえない」と書いた〉（田代櫂）。

が、ともあれ『第四番』の初演では『第三番』のさいとは異なり、聴衆から大きく喝采され褒め讃えられたのである。

この公演のリハーサルのおり、後の語り草となったエピソードが伝えられている。
〈練習が終わると感激したおももちのブルックナーが指揮者の所へやってきて、一枚の古いターラー銀貨をその手に握らせてこう言った。「とっといて下さい。これで私の健康を祝してビールでも一杯やって下さい」リヒターはこの銀貨を時計の鎖に付け、記念としていつも持ち歩いていたという〉（土田英三郎）

この後の主な公演としては三月十五日のアカデミー合唱協会演奏会でのオルガンの即興演奏と十九日の作曲者指揮による『ゲルマン人の行進』の演奏とがある。

同一八八一年九月三日、ブルックナーは聖フローリアンに滞在中、『交響曲第六番』を完成させた。

『第六番』はヘスガッセの住宅を無料提供してくれた「親切な家主」アントン・フォン・エルツェルト＝ネーヴィン夫妻へ献呈された。

『交響曲第六番』はブルックナーの交響曲の中では地味で演奏機会もあまり多くない曲とされている（近年はかなり見直され始めているようではある）。それについてヴェルナー・ヴォルフが以下のように記している。

芸術作品のなかには、人気のある作品に匹敵する価値をもちながら、一般の愛顧をかちえることができなかった例が見られる。（中略）

ブルックナーの〈第六交響曲〉についても同じことが言える。その上、この交響曲には典型的な特徴が二三欠けており、それは当時聴衆の理解の妨げとなりえたのかもしれない。この交響曲はブルックナーのもっとも難解な作品でも、もっとも長大な作品でもない。表現の探求や、苦闘の跡もなく、素描においても、彩色においても、秘密めいたところがまったくない。肯定的で、確固とした積極性をもつ作品であり、さらに独創性においても、他の姉妹作にくらべ見劣りはしない。しかしながら、この作品は初演の日から今日に到るまで、世間から継子のような扱いを受けてきた。（喜多尾道冬・仲間雄三訳）

『交響曲第六番』は、ブルックナーの生前には第二・第三楽章のみが初演された。一八八三年二月十一日、その前年からブルックナーが交流を持ち始めたヴィーン・フィルの新たな指揮者ヴィルヘルム・ヤーン（1835~1900）の指揮、ヴィーン・フィルの演奏である。聴衆の反応は良かった。〈ブルックナーの弟子の一人ラムベルクの語る所によると、その演奏が終ると猛烈な拍手が起り、「ハンスリックはスフィンクスのように動かず冷やかに席に座ったままであったが、ブラームスは一般の拍手に加わった」という〉（シェンツェラー、山田祥一訳）

その後、公にされたハンスリックの評は以下である。

全般的に言えば、野人作曲家ブルックナーはやや躾を身に付けたが、自然を喪失した。（田代櫂訳）

これは相当悪意に満ちた言い方だが、ただ、『第六番』がブルックナーの他の交響曲と異なり「ブルックナーらしさ」というべき無骨さや、当時からするとアナーキーに思えたような曲調の急変をあまり持たない、穏やかな作品であるというところはよく突いている。

『交響曲第六番』全曲の初演は作曲者の死後、一八九九年二月二十六日にグスタフ・マーラーの指揮で行なわれている。ただこれはマーラーの判断によるカットと楽器用法の大幅な変更があり、〈省略も変更もない全曲のはじめての演奏は、一九〇一年三月十四日、シュトゥットガルトで、ヴィルヘルム・ポーリヒ（Wilhelm Pohlig）指揮の宮廷管弦楽団によっておこなわれた〉（門馬直美）。

『第六番』完成からあまり間をおかず、九月二十三日には『交響曲第七番』ホ長調 WAB107 の作曲を始めている。この期間はブルックナーの創作が最も盛んだった時期と言える。

ブルックナーの校訂者であるレオポルド・ノヴァークは一八七九年から一八八七年までをブルックナーの創作の「第二の波」とした。この時期には『弦楽五重奏曲』のほか、『交響曲第六番』『第七番』『第八番』、『テ・デウム』が作曲されている（「第一の波」は一八七一年から七六年で、このとき『交響曲第二番』『第三番』『第四番』『第五番』が制作された）（門馬直美による）。

先述の通り、八一年十一月十七日には『弦楽五重奏曲』が第四楽章を除いて初演された。また十二月七日にはテノール独唱を含む男声合唱曲『真夜中に』へ短調WAB89がヴィーンで初演された。この曲は一八八三年二月二十二日にもルドルフ・ヴァインヴルムの指揮で演奏され、以後、ブルックナーの合唱曲では最もよく歌われる曲となった。

同年十二月八日、リンク劇場で大きな火災が起きた。劇場は、狭い通りを隔て、ブルックナーの住まうヘスガッセの建物のほぼ向かいにあった。

前日、オッフェンバックの『ホフマン物語』がリンク劇場で初演され、これが大成功であったため、翌八日にも再演が決まった。だがこの日、舞台のガス照明の不備から火が出て、大火事となったのである。多くの観客が死亡し、死者は三百八十六人とされた。

当日の夜、ブルックナーもリンク劇場に行く予定だったが、演目が『ホフマン物語』に変更になったと知ってヴォティーフ教会のミサに参列することにした。

ミサから帰ってすぐ間近に大惨事を目撃したブルックナーは、以後、自宅に置いてある自作が火で消失することをひどく恐れるようになった。爆発の危険があると考えて石油ランプを避け、自室の照明には蠟燭だけを使うこととした。

八一年十二月十日、二月の『交響曲第四番』初演の成功が広く知られることとなったので、ドイツのカールスルーエでブルックナーの弟子フェリックス・モットルの指揮によって同曲が再演された。これはブルックナーの作品のドイツでの初演であり、また、ブルックナーの弟子の指揮による初めての演奏でもあった。だがこの演奏は大変に不評であったとされ、結果を弟子たちが師に伝えることはなかった。

一八八二年となって一月十二日、ブルックナーはケンブリッジ大学に名誉博士号を申請しているが与えられることはなかった。こうした、権威を求めての他国の大学へのやみくもな博士号取得運動はその後も何度か行なわれ、一八八五年、フィラデルフィア大学へ、またシンシナティ大学へも名誉博士号を申請するがどれも成功せず（書類は整えたが結局申請までは至らなかったという説もある）、そのさいの仲介人物による詐欺にひっかかったとも言われる。ただ、そのずっと後の一八九一年、遂にヴィーン大学から名誉博士号が授与されることとはなる。

八二年二月三日、男声合唱曲『合唱団連合』ハ長調 WAB82 を作曲。

四月三十日には宮廷礼拝堂で『ミサ曲第三番』と『この所は神により作られた』が演奏され、七声による『アヴェ・マリア』ヘ長調 WAB7 が初演された。

この年の重要な出来事は七月、『パルジファル』の初演を見るためバイロイトへ行ったことだろう。このときがヴァーグナーとの最後の会見となったからである。七月二十六日であった。

ヴァーグナーはこの時、ブルックナーの手を取りながら彼の全作品の演奏を約束してくれた。感激のあまりブルックナーは跪《ひざまず》いて、老大家の手に接吻《せっぷん》して言った。「おお先生、あなたを崇拝します！」ヴァーグナーの「まあ落ち着いて、ブルックナー、おやすみ！」が彼に対する最後の言葉となった。（土田英三郎）

同年十月十六日には『交響曲第七番』のスケルツォが、十二月二十九日には第一楽章が完成した。

一八八三年二月十一日、ヴィルヘルム・ヤーン指揮ヴィーン・フィルにより、ベートーヴェンの『「レオノーレ」序曲第三番』、エッケルトの『ヴァイオリン協奏曲』、シュポーアの『交響曲第五番』とともにブルックナーの『交響曲第六番』第二・第三楽章のみの初演があった。

同二月には『交響曲第七番』の第一・第三楽章が二台のピアノによって演奏された。弟子であり編曲者のヨーゼフ・シャルクとフランツ・ツォットマンとによる演奏である。

二月十三日、リヒャルト・ヴァーグナーがヴェネツィアで死去した。享年六十九。心筋梗塞と思われる（田代櫂による）。

これを知ったブルックナーは〈手放しで泣いたという〉（田代櫂）。

このとき、ブルックナーは『交響曲第七番』のアダージョを作曲中だったが、ヴァーグナー逝去の報を聞き、その末尾にヴァーグナーが作らせたことで知られるヴァーグナー・チューバ四本とチューバとで始まる葬送曲を加えた。こうして『第七番』アダージョは四月二十一日に完成した。

　この後、五月七日にはベーゼンドルファーザールでヨーゼフ・シャルク作成の四手用ピアノ譜による『交響曲第三番』、および『弦楽五重奏曲』（このときもまだ第三楽章まで）が演奏された。

　六月十日にはオーバーエスターライヒ州ヴェルスの音楽祭で作年作曲した男声合唱曲『合唱団連合』初演。同月二十四日、宮廷礼拝堂で『ミサ曲第三番』再演。

　七月にはバイロイトへ赴き『パルジファル』二度目の上演を聴く。

　八月、再度バイロイトへ行き、ヴァーグナーの墓を訪れた。

　九月五日、聖フローリアン滞在中、『交響曲第七番』の第四楽章が完成、全曲完成となった。

　この『交響曲第七番』はブルックナーの出世作として知られる作だが、これについて、後にブルックナーが語ったとされる逸話が伝わっている。


　ブルックナーの語るところによると、ある晩彼の目の前に、すでに死んだ友人であったリンツの指揮者イグナーツ・ドルンがすがたをあらわして、第一楽章の主要主題を口授し、「忘れるな、これで君は成功を摑むのだからな」といったので、ブルックナーはすぐにその主題を楽譜に書きとめたという。（レルケ、神品芳夫訳）

第十二場　夢に見たドルンの導き

一八八二年冬のことである。

交響曲第七番のスケルツォはほぼできたものの、肝心の第一楽章の主題に迷っていたブルックナーは、簡易暖炉や蠟燭の火の始末を何度も確認した後、冷えたベッドに入った。

その日は極めて寒くつらかったが、就寝時の火の用心は昨年の八一年、居住する建物のすぐ向かいにあったリンク劇場の火災で多数の死者が出て以来、強迫的に続けている。

この頃ブルックナーはヘスガッセ五番のアパートの四階（実際の階としては五階にあたる）にいた。ブルックナーの音楽に感服した裕福な弟子ネーヴィンが実質無料で広い二室を貸してくれているのだった。詳しく言うとこれはネーヴィンが、所有の館の一郭を当初無料で貸そうとしたところを彼の父から止められ、それではと、一旦ブルックナーから預かった賃貸料を内密に返却するという形をとっていたものである。ブルックナーはその厚意に心から感謝し、『交響曲第六番』を彼とその妻に献呈した。

八一年の十二月八日、リンク劇場では、前日に上演されたオッフェンバックの『ホフマン物語』の人気の高さから、急遽当日にも再演を決定する。すると評判を聞きつけた客で超満員となった。ところがこのとき、ガスによる照明の不具合から爆発が起こり、火は瞬く間に劇場全体に回った。照明が消えて観客は逃げ場がわからなかった上、この劇場には緊急時の避難のための施設が全く整えられておらず、その結果、死者は三百八十六人に及んだ。

ブルックナーもその夜、劇場に行く予定だったのだが、演目が『ホフマン物語』に変更されたのを知って取りやめ、この日が「聖母マリアの身ごもり」の日であることを思い出して近くのヴォティーフ教会のミサに参列したため、難を逃れた。後にブルックナーはこれを神の導きと語る。

次の日には劇場から何体も黒焦げの死体が運び出された。死骸となるとじっとしていられないブルックナーはわざわざ遺体置き場まで足を運んで犠牲者をつぶさに見た。

無事ではあったものの、通り一つ隔てたすぐそばの劇場の火事からたまたま類焼を免れただけなのであれば、死の危機とともにかけがえのない自作の消滅を案じさせることとなった。以来ブルックナーは爆発の危険を恐れて石油ランプを使わず、蠟燭の炎を消す時も、吹き消した後、水で湿した指先でつまんでおくのが癖となった。眠りに就くおりは、何度も起き上がっては寝室から居間に戻り、火が消えているか確認した。

その日も数度の確認の後、寝室に入ったが、なんとなく不安で、もう一度だけ、と思い、起きて居間に来た。暗い中、窓からの僅かな月の光でピアノとテーブルの位置がわかる。今は暗くてよくわからないが、壁の一面は青く塗ってあった。心静めるためである。

火はない。蠟燭は確かに消えている。それを確認して戻ろうとしたとき、窓際に人の影が見えた。

月明かりはその人の横顔を照らした。

「イグナーツ、君か？」

ブルックナーはすぐに察して問うた。

「ああ。久しぶりだね、アントン」と、痩せた蓬髪の男は答えた。

だがこのとき、ブルックナーは思い出すことがあった。

「イグナーツ、君は死んだのではなかったのか」

イグナーツ・ドルンはヴァイオリニストで、一八六三年、リンツ州立劇場の楽団員に加わり、その後、第二楽長となった頃、リンツ時代のブルックナーと知り合い、友人となった。

ドルンは、このときリンツのオーケストラ指揮者カール・ツァッペ一世の娘マリアと婚約していた。しかし、さらなる出世を願い、ブルックナーの第二の師オットー・キッツラーの世話でブルノ・フィルの第二楽長として単身赴任する。これを知ったマリアは傷心のあまり婚約破棄を伝えた。

マリアを棄てる意図などなかったのだが、結果として婚約者が去ってしまったことをいたく嘆いたドルンは、アルコールに溺れ始め、それが理由でブルノ・フィルでの地位もなくしてしまう。だが一八七一年には立ち直り、七二年五月十二日、ヴィーンで行なわれたヴァーグナー作品の演奏会に加わって大きな成功を得た。これにはオーストリアとハンガリーの貴族、高官がみな聴きにやって来た。二千名収容可能な楽友協会ホールの入場券はすぐに売り切れた。聴衆の熱狂は歴史的なものとさえ言われた。ブルックナーもキッツラーもこれを聴いた。

だが、回復は一時的なもので、このコンサートを生涯最後の花としてドルンは同年五月三十日に亡くなる。アルコール中毒と衰弱のため最期は廃人同様であったという。

それを思い出したブルックナーは、ではこの相手は幽霊か、と恐れた。

「怖がるな。俺は君に大切なことを伝えに来た」とドルンが表情を変えずに言う。

怖がるなと言われても死者が訪れるのはやはり怖いではないか、と言葉をためらっていると、ドルンは近づいてきて、するとやはりあの若かった頃のドルンであることが知られた。

「よく聞け」

そういうと、ドルンは口笛を吹いた。

それは大変に深みあるよい旋律と、ブルックナーには聞こえた。

「覚えたか」

と二フレーズ吹き終えたドルンが言った。

「ああ」と答えるブルックナーに、

「忘れるな。君は、この主題で成功を摑むだろう」

え、それは？　と問い返そうとしたとき、ブルックナーは目醒めた。

夢であった。夢にイグナーツが現れたのだった。寝台にいたブルックナーは起き上がってすぐ蠟燭を灯《とも》し、まだ耳にあるメロディを音符にして書き留めた。

これが交響曲第七番の第一楽章の第一主題となった。

この話は指揮者ハンス・リヒターに七番の冒頭主題の由来を問われたブルックナーが答えて以来、広く知られることとなる。

その第二楽章制作中の一八八三年二月十三日、ヴァーグナーが死去した。翌日、音楽院出勤中に訃報を受け取ったブルックナーは泣きに泣き、二楽章末尾にチューバおよび、ヴァーグナーが考案したことで知られるヴァーグナー・チューバ四本とで奏される金管五重奏のコラールを加え、コーダをヴァーグナーのための葬送曲とした。

なお、ブルックナーがこの知らせを聞いたとき書いていた部分は、アダージョが大きなクライマックスにさしかかる、総譜での練習記号Wのところであった。それがヴァーグナーの名の頭文字であったことをブルックナーはこれも何かの徴《しるし》であったのだと、後に人に語った。

交響曲第七番は一八八三年九月五日に完成した。

2　成功と受勲

一八八四年一月二十二日、ブルックナーはヴァーグナー協会の名誉会員に推挙された。〈ヴァーグナー派にとっては、大御所に代わる新しい偶像が必要だったところである〉（土田英三郎）。それはまた、反ヴァーグナー派からの攻撃の矢面に立つという意味もあったはずだが、そこは覚悟のことだっただろう。

同年二月二十七日、ベーゼンドルファーザールでヨーゼフ・シャルクとフェルディナント・レーヴェによるピアノ二重奏で『交響曲第七番』が試演された。

三月七日、『テ・デウム』ハ長調 WAB45 の総譜が完成、次いで十六日にそのオルガン・パートが書き終えられた。

この『テ・デウム』（ラテン語で「神よ、あなたを讃えます」の意）は一八八一年五月から書き始められていた。『交響曲第六番』作曲中のことである。そのさいはスケッチ程度だったが、『交響曲第七番』完成の後に本格的な制作が始まっている。

ブルックナーの場合、その宗教曲は何らかの機会に依頼されあるいは命じられて制作された作品がほとんどだが、この『テ・デウム』は自身の意志で自主的に書かれた。

『テ・デウム』と題される、古くからある宗教曲の歴史と形式については以下のとおり。

「テ・デウム」とは、キリスト教音楽の中でも古い歴史をもつジャンルであり、日曜日やその他の祝祭日の朝課の終わりに歌われ、行列聖歌として、典礼劇の終幕用の曲として、さらには司教の叙任式や戦争の勝利を祝う讃歌としても作曲され演奏されてきた。歌詞は中世を通じて、聖アンブロジウスと聖アウグスティヌスが、後者の洗礼における感謝の祈りとして即興的に書いたものと信じられてきたが、確かなことはわからない。多くの作曲家が「テ・デウム」を書いており、ブルックナーのこの曲のほかに、パーセル、ヘンデル、ハイドン、ベルリオーズ、ドヴォルザーク、ヴェルディらの作品がよく知られている。（『ブルックナー／マーラー事典』根岸一美による）

以下の五つの部分から構成される。ブルックナーによる『テ・デウム』各部の速度・調性をともに記す。拍子はいずれも四分の四拍子だが第五曲の最後だけ二分の二拍子となる。歌詞はすべてラテン語である。

1　神であるあなたを（Te Deum）アレグロ・モデラート、ハ長調
2　それゆえ我らはあなたに（Te ergo）モデラート、ヘ短調
3　永遠の栄光のうちに（Aeterna fac）アレグロ・モデラート、ニ短調

4　あなたの民を救ってください（Salvum fac）モデラート、ヘ短調
5　主よ、私はあなたに望みをおきました（In te Domine speravi）中庸のテンポで、ハ長調
（『ブルックナー／マーラー事典』根岸一美による）


演奏形態はソプラノ、アルト、テノール、バスの各独唱と混声四部合唱、フルート2、オーボエ2、クラリネット2、ファゴット2、ホルン4、トランペット3、トロンボーン3、チューバ、ティンパニ、オルガン（任意）、弦五部。

二十五分程度の比較的短い曲だが初演当時から非常に評価の高い曲として知られる。

第五曲でのフーガのクライマックスで『交響曲第七番』第二楽章第一主題の第二句と同様の動機が用いられている。

以下はシェンツェラーによる。


この作品の最も輝しい部分は終楽章であり、「第七交響曲」のアダージョの主題が想像しうる限りの最大の高潮点を先導し「わが望みはとこしえに空しからまじ（Non confundar in aeternum）」という言葉が「主よ、われ御身に依り頼みたり（In te, Domine, speravi）」という言葉と対位法的に織りあわされ、作品全体が大音響を発して輝しいハ長調の結末に到

る。（山田祥一訳）

またこの曲は後にブルックナーが、「もし自分が交響曲第九番の四楽章を完成できないままで死んだらこの『テ・デウム』を四楽章の代わりに使用してほしい」と述べたと言われている。この件はまた後ほど記す。

完成後すぐ、ヘルメスベルガーに楽譜を見せると、近く宮廷礼拝堂で行なわれる式典で初演をどうかと問われたが、同時に、式には長すぎるという判断からソロ部分の一部削除を求められたため、ブルックナーは承諾せず、そのさいの初演は実現しなかった。また、〈ヘルメスベルガーは皇帝への献呈を勧めたが、ブルックナーは「もう神に捧げたから」と断ったという〉（土田英三郎）。

演奏はヴィーン学友協会小ホールで一八八五年五月二日、二台のピアノとヴィーン・アカデミー・ヴァーグナー連盟によりブルックナー自身の指揮で行なわれたのが初演である。これは私的な演奏会で、『弦楽五重奏曲』が演奏された後、リストとヴァーグナーの歌曲、その後にブルックナーの『テ・デウム』の演奏となった。このピアノ伴奏版はヨーゼフ・シャルクによる編曲である。同年、テオドール・レティヒによって総譜、パート譜とシャルクによるピアノ・ヴォーカル譜が出版された。〈この出版でブルックナーはレッティヒ社より50グルデンの礼金を受けたが、これは彼が作品の出版から得た生涯で唯一の収入である〉（『ブルックナー／

マーラー事典』根岸一美による）。

オーケストラを伴う初演は一八八六年一月十日、楽友協会第三回演奏会としてヴィーン楽友協会ホールで、ハンス・リヒター指揮のヴィーン・フィルによった。

そのときのプログラムは、シューベルト『ミリアムの勝利の歌』、シュッツ『われらの愛する救い主にして祝福の与え手なるイエス・キリストの七つの言葉』、そしてブルックナーの『テ・デウム』である。

コンサートは大成功、と各紙が報道した。ハンスリックもこの曲には強い拒否は示さず、そっけないながらもその統一感と明快さを指摘している。〈『テ・デウム』はブルックナーの生前に三十回余り演奏され、『第七番』と並ぶ最大の成功作となった〉（田代櫂）

一方、『交響曲第七番』を世に広めるため「三使徒」（ヨーゼフおよびフランツ・シャルク、フェルディナント・レーヴェ）が奔走していた。一八八四年二月のヨーゼフ・シャルクとレーヴェのピアノ二重奏による演奏の後、三月の末にヨーゼフ・シャルクがライプツィヒを訪れ、「現代音楽の夕べ」を主催する若い指揮者アルトゥール・ニキシュに『第七番』を紹介した。かつて七三年ヴィーンでブルックナーの『交響曲第二番』演奏の際、第二ヴァイオリン奏者を務めていたニキシュはこの曲に大変興味を示し、その紹介に尽力した。

ニキシュはブルックナーと手紙をやり取りし、いずれ『第七番』を指揮したい、と伝えた。ブルックナーはその後の返信に、ニキシュを「唯一の救い主」（大意）と記している（根岸一美による)。

その後、幾度か保守派からの妨害とそれによる延期はあったものの、一八八四年十二月三十日、『交響曲第七番』は遂にライプツィヒで初演された。ブルックナー臨席である。ライプツィヒ歌劇場でライプツィヒ・ゲヴァントハウス管弦楽団演奏、指揮はアルトゥール・ニキシュで、五回に及ぶ綿密なリハーサルと、ピアノ編曲版の試演による関係者への十分な啓蒙《けいもう》が先に行なわれた結果、大成功を得た。ときにアントン・ブルックナー六十歳であった。

プログラムはリストの『レ・プレリュード』、ピアノ独奏でのシューベルト『さすらい人幻想曲』とリスト『ドン・ファンのファンタジー』、その後再び管弦楽でヴァーグナーの『神々の黄昏』から『ラインの娘たち』の場面の音楽が演奏された後、ブルックナーの『交響曲第七番』となった。

楽章が終わるたびに拍手の数が増えたのはちょうど『第三番』の逆である。演奏後はさらにはなはだしく、〈ブルックナーはハンブルクのある知人に宛てた手紙の中で「終了後15分間拍手が続きました」と書いている〉(『名曲解説ライブラリー』根岸一美による)。鳴り止まない拍手を受けて舞台に上ったブルックナーに二つの月桂冠が贈られた。

〈こうして1884年12月30日は「ブルックナーの世界的名声の誕生の日」(マックス・アウアー)となったのである〉(『名曲解説ライブラリー』根岸一美)

同曲は翌八五年一月二十七日にもライプツィヒで第二・第三楽章のみだが、ザクセン王の御前演奏として再演されている。

次いで三月十日にミュンヘンで再演されたことで、ブルックナーの『交響曲第七番』はより一層大きな成功を得た。オデオンザールでの王立宮廷楽団の第二回予約会員演奏会で、ミュンヘン宮廷楽団の演奏に、指揮はヘルマン・レヴィ（1839~1900）である（レヴィはレーヴィとも表記されるが、「レーヴィ」とするとフェルディナント・レーヴェと間違いやすいのを考慮し、「レーヴィ」を採用している引用部分を除き、本書の本文では「レヴィ」で統一する）。

〈レーヴィは『パルジファル』初演を指揮した折にブルックナーと知り合い、その時批評を依頼された交響曲（おそらく『第六番』）に大きな感銘を受けていたのである〉（土田英三郎）

プログラムはメユール『狩りの序曲』、ヴィオッティ『ヴァイオリン協奏曲イ短調』、シューマンの歌曲、その後、休憩を挟み、ブルックナーの『交響曲第七番』であった。

このミュンヘンでの再演の成功が当作品の評価を決定的にしたと言われる。

このときも演奏会に来ていたブルックナーは翌十一日、画家ヘルマン・カウルバッハのアトリエに招かれ、肖像画のモデルとなった。横顔を描くこの絵はブルックナーのよく知られた肖像の一つとして現在もCDジャケット等に用いられている。

同日、ミュンヘンの宮廷歌劇場でレヴィの指揮によるヴァーグナーの『ヴァルキューレ』を聴いた。上演終了後にはブルックナーの願いにより、ヴァーグナー追悼の意味として『交響曲第七番』のアダージョ末尾の葬送音楽が演奏された。

また三日後の三月十四日、文人であるコンラート・フィードラーの私邸でブルックナーの『弦楽五重奏曲』が演奏された。そのおり、聴衆の中にいた著名画家フリッツ・フォン・ウーデ（1848~1911）がブルックナーの容貌を見て『最後の晩餐』の十二使徒のモデルにしたいと申し出たが、ブルックナーは畏《おそ》れ多いこととしてそれを退けた。しかしウーデは断りなしに描いていたスケッチと写真をもとに作品『最後の晩餐』の左端にブルックナーとわかる横顔を描いた。後にこれを見たブルックナーは非常に感動したという（田代櫂による）。

ミュンヘンでの『第七番』の評判は広く各地に伝わり、翌年以後、演奏の申し出が続いた。この時期からようやくアントン・ブルックナーの音楽はドイツでの評価が高まっていった。とりわけ『交響曲第七番』『弦楽五重奏曲』『テ・デウム』の三曲は人気を得た。

こうして夢に現れたドルンの予言は成就《じょうじゅ》した。

一八八五年三月三十一日ミュンヘンで、四月九日ケルンで、『弦楽五重奏曲』が演奏され、大成功であったとの報告も来た。

しかし『交響曲第七番』は未だヴィーンでの演奏がなされないままだった。他の地での成功を知ったヴィーン・フィルから既に一八八五~八六年の演奏会シーズンに演奏したいとの申し出は来ていたのである。だが、ブルックナーはこれを断った。

〈彼は形式ばった手紙で、演奏を申し出てくれたことに対しては委員会に感謝しながらも、「ドイツにおいてわたしがまさに成功しようとしているときに、これを阻止する可能性がある

有力な批評家たちのために」、この交響曲の演奏を差し控えてほしいと懇請した〉（デルンベルク、和田旦訳）

「有力な批評家たち」とは言うまでもなくハンスリック一派のことである。

リンツの友人モーリッツ・フォン・マイフェルトにはこう書いた。

「私は第七交響曲の演奏に反対します。なぜならこうしたことは、ヴィーンではハンスリックとその一派のゆえに、意味がないからです」（根岸一美訳）

音楽院と大学でのかつての受講者で、このとき作曲家となっていたアントン・フェルガイナーにハンスリックに関する見解を問われ、「どうかわたしのためを思って、ハンスリックを非難するようなことはなにも書かないでください。彼の怒りは恐ろしいものですから。彼は他人を滅亡させるような地位にあるのです。」（デルンベルク、和田旦訳）と答えたのはこの時期である。

一方、ブルックナーは当時のマイフェルトへの手紙で外国からの演奏希望が多く来ていることを告げている。

それは事実で、一八八五年二月四日にオランダのデン・ハーグで『交響曲第三番』が演奏された後、同年十二月五日にはアメリカ、ニューヨークのメトロポリタン歌劇場で著名なヴァーグナー指揮者アントン・ザイドル（1850~98）の指揮により『交響曲第三番』が演奏され、これがブルックナーの交響曲のアメリカでの初めての紹介となった。また同オーケストラでは八八年四月九日、ザイドルの指揮による『第四番』の演奏も実現する。『第七番』はこの後も公演が重なり、八五年二月にカールスルーエでフェリックス・モットルの指揮によったときはアダージョだけの演奏だったが、フランツ・リストがこれを聴いて大いに称賛した。後はどれも全曲で、八六年一月六日ケルンでフランツ・ヴュルナー指揮ギュルツェニヒ管弦楽団、二月十九日ハンブルクでユーリウス・フォン・ベルヌート指揮ハンブルク・フィルハーモニー、そして三月十四日、グラーツでカール・ムックの指揮によって演奏され、これがオーストリア初演となった。さらにヴィーンでの初演の後にはシカゴ、ニューヨーク、ボストン、アムステルダムでも紹介されている。

なお、ハンブルクでの演奏を〈ブラームスの師エドゥアルト・マルクスゼンが聴き、指揮者ベルヌートからスコアを借用して研究した。これを仲立ちした批評家ヴィルヘルム・ツィンネによれば、マルクスゼンは『第七番』を「現代最高の交響曲」と絶賛し、ブラームスについては一言も触れなかったという〉（田代櫂）。『交響曲第七番』が急速に多くの都市で演奏されるようになったのは、ヨーゼフ・シャルクの校訂による総譜とパート譜がヴィーンのアルベルト・グートマン社から一八八五年に出版されたことが最も大きい理由である（門馬直美による）。この出版はレヴィの紹介と協力の呼びかけにより支援者から必要経費千マルクが調達された。

しかも〈レーヴィはブルックナーのことを「ベートーヴェン亡きあとの最大のシンフォニカ

ー」と公言してはばからなかった〉（土田英三郎）。以来、ブルックナーは年下のレヴィを「私の芸術の父」と呼ぶようになった（シェンツェラー、山田祥一訳）。

レヴィはさらに、『交響曲第七番』をバイエルン国王のルートヴィヒ二世（1845~86）に献呈してはどうかと伝え、紹介の労をとっている。ルートヴィヒ二世と言えばヴァーグナー最大の支援者である。ただ、この提案のあったとき王はブルックナーの曲を聴いたことがなかった。

ブルックナーは是非にと願い、その意思はレヴィの設《しつら》えてくれたしかるべき手順の後に、既に面識のあった王の側近、宮廷劇場総監督カール・フォン・ペルファルによって伝えられ、王の承諾を得た。

革で装丁されたブルックナーの献呈スコアは一八八五年三月、ホーエンシュヴァンガウ城滞在中の王に届けられ、それが認められたとの報告を得たブルックナーは、五月、バイエルン国王に能《あた》う限り最大の礼を持って感謝状を記し、送った。

そこには〈不滅の巨匠の真の庇護者であられた陛下は、私にとって常にドイツ王侯の理想像であらせられました〉〈陛下の崇高極まりなき御真影《ごしんえい》は、常に私と共にありました〉〈深い畏敬《いけい》と恭順《きょうじゅん》のうちに、神がその限りなき英知によって、陛下をドイツ芸術の神々しい庇護者に任ぜられたことを、陛下の御前に膝を屈し感謝いたします〉〈陛下はドイツ芸術を、太陽の如き御慈愛の光として、真の王者の輝きのうちに、芸術を解するすべての国々に伝えられました〉〈来るべきあらゆる世代が、陛下への賛嘆と感謝の念を、歌い継いでゆくことでありましょう！〉（田代櫂訳）等々、ブルックナーが常に記す慇懃《いんぎん》な美辞麗句が最大級の形をとって果てしなく並んだが、ルートヴィヒ二世はけっこうこの礼状を気に入ったようである。「国王は形式ばったことを非常に好むかただから」というレヴィの勧め（デルンベルクによる）によった結果でもあるらしい。

ただ、以後もルートヴィヒ二世はブルックナーの音楽に興味を持つことはなく、八六年六月十三日、自殺と思われる形で死去した。

『第七番』関連以外の一八八五年の主要事としては、十月四日、リンツの旧大聖堂での『ミサ曲第二番』第二稿による初演がある。また同月十九日あるいは二十四日、ブルックナーは『交響曲第八番』ハ短調 WAB108 の第二楽章スケルツォを完成させた。『第八番』は一八八四年夏から作曲が始まり、第一楽章、第三楽章アダージョのスケッチができ、八五年八月十六日には第四楽章のスケッチが終わっていた。

他の作曲作品では八五年四月二十八日、混声四部合唱とトロンボーン3、オルガンによる『見よ、大いなる祭司を』イ短調 WAB13 が完成、また九月三日、無伴奏混声合唱曲『エッサイの若枝は花開き』ホ短調 WAB52 が完成した。これらはともに八五年九月から十月のリンツの司教区百年記念祭のための委嘱《いしょく》作品だったが、WAB52 は演奏困難のためこのときは使われず、同年十二月八日、ヴィーンでの『ミサ曲第三番』演奏のさいに奉献唱《ほうけんしょう》として初演された。

一八八五年に記憶されることとして〈一一月に起った一つの小さな事件も見逃せない。オーストリアの守護聖人である聖レオポルトの日にクロスターノイブルクで特別の祝典が催され、それには皇帝が自ら参列した。皇帝が教会に入ったとき、皇帝讃歌カイザーリートによる一大即興演奏がグレート・オルガンから起った。皇帝は一瞬立ちどまって眼を上げて「おお、ブルックナーか！」とつぶやいた、といわれている〉（シェンツェラー、山田祥一訳）。

一八八六年は一月六日ケルンでの『第七番』演奏に始まり、同月十日、ハンス・リヒター指揮による管弦楽伴奏版『テ・デウム』のヴィーン初演が続いた。

この大成功が状況を促し、一八八六年三月二十一日、遂にヴィーンでもヴィーン・フィルによって『第七番』が演奏されることとなった。指揮はこのときもハンス・リヒターである。

前半のプログラムはメユールの序曲『若きアンリの狩り』とベートーヴェンのピアノ協奏曲第五番『皇帝』、後半でブルックナーの『交響曲第七番』、という、当時、『第三番』初演のときのようなやたらに詰め込んだプログラムの多い中、二十一世紀現在の人から見てもプログラムとして落ち着いて聴ける長さのものだった。

途中退出する客もいたようだが、結果としてこれもまた見事に成功と言えた。ブルックナーは終演後何度も呼び出され、『第三番』の時は資格なしとして取り上げられた月桂冠も今回は得た。

ハンスリックは『新自由新聞』のコラム欄で次のように評した。

ブルックナーは、ヴァーグナー派のもっとも新しい偶像である。彼が流行の人物になったとはまずいえないだろう。なぜならどこにおいても聴衆は、この流行を追いたがらないからだ。しかしブルックナーは至上命令となり、リヒャルト・ヴァーグナー派の信条である《第二のベートーヴェン》となった。（和田旦訳）

この部分は要するに今回の成功と見える成果は党派的なものであって、曲が優れているからではないのだ、という意味である。『第三番』のおりは失敗が一目瞭然であったから余裕をもってむしろ同情的とも読める口調を見せたハンスリックだったが、今回の聴衆の大喝采にはいささかならず反発を感じているらしい様子がここからはうかがえる。またさらに、曲の内容についてハンスリックは以下のように続けた。

ブルックナーの交響曲をまったく公平に判断することはわたしにはできそうもない、と躊躇なく断言する。この音楽はわたしの性に合わないし、みたところ不自然なほどに誇張され、病的で邪道に陥っているように思われるからだ。ブルックナーの作品のあらゆるのと同様、ホ長調交響曲には巧みな着想と興味深い、快い感じすらあたえる細部――あるときは六小節、またあるときは八小節にわたる――をふくんでいるが、このような閃光の合い間には無限にひろがる暗黒、重苦しい倦怠、熱狂的な過度の興奮が存在するのだ。

（和田旦訳）

〈彼は聴衆がこの作曲家を、まったく異常なほどに歓迎したことは認めた。「……作曲者が楽章ごとに四回も五回も呼び出されたのは、たしかにこれまでなかったことであろう。」だが彼は、ドイツにおける《勝利》のうわさにはなんら根拠がないという自分の考えを例証するものとして、ハンブルクとケルンの新聞から二つの悪意ある引用を行ない、彼の批評を結んでいる〉（デルクベルク、和田旦訳）

同じ演奏会について、ハンスリック側の一人マックス・カルベックは「この作品は、ニーベルングから出てきて、悪魔のもとにゆくものだ」と述べたと伝えられる（門馬直美による）。また、ハンスリック側の先鋭隊と言われたグスタフ・デムプケは三月三十日付の『ヴィーナー・アルゲマイネ・ツァイトゥング』紙に「ブルックナーにはあらゆる音楽的形式の基礎要素、すなわち旋律的および和声的構成成分の系列的な関連に対する感覚が欠如している」「ブルックナーは酔っぱらいのように作曲する」（根岸一美訳）と書いた。

しかし今回は聴衆も、そして演奏者側も事実として大変好意的だったので、ブルックナーは途方にくれることなく帰宅した。すると電報がきていて、「私はたいへん感動した。それは、わが生涯で最も強い印象を受けたもののひとつだった」（門馬直美訳）とあり、送り主はヨハン・シュトラウス二世であった。

一八八六年に『交響曲第七番』が演奏された都市は一月ケルン、二月ハンブルク、三月グラーフとヴィーン、十一月ニューヨークとアムステルダム、ボストン、シカゴ、となった。『交響曲第三番』も『第四番』とともに広く受け入れられつつあった。『第三番』は八五年にドレスデン、フランクフルト、デン・ハーグ、ユトレヒト、ニューヨークで、八六年はリンツ、デン・ハーグで、『第四番』はリストの意向により八六年、ドイツ・チューリンゲンの都市ゾンダースハウゼンで紹介されて以後、『第七番』と並んで次第にブルックナーの交響曲中最もよく知られる曲となる。

『交響曲第七番』は各演奏時の微修正は別にすると、ブルックナー自身による改訂版のない作品である（作曲家自身による改訂版のない作品は他に『第五番』『第六番』。この二曲はブルックナーの生前に演奏されることがあまりなかったため）。それは他の作品と違い、作曲後、あまり間を置かず、また文句をつけられることなく初演されたからである。

ただ現在、演奏に使用されるハース版とノヴァーク版の楽譜は総体としてほぼ同じだが、一部顕著な違いがある。第二楽章について、〈このスコアの練習番号W（第177小節）のところに、ティンパニ、トライアングル、シンバルが入るか入らぬかが論議されてきている。ブルックナーはこの3打楽器のための簡約楽譜紙片を自筆総譜の当該箇所にあとから貼付したのであるが、その右上方に「無効 gilt nicht」という文字が鉛筆で書き入れられている。ハースはこの記入をブルックナーのものと判断し、彼の版にはこれらのパートが含まれていない。これに対してノヴァークは、この筆跡がブルックナーのものでないと判断し、これらのパートをとり入れている〉（『名曲解説ライブラリー』根岸一美）。

この追加はライプツィヒ初演時にヨーゼフ・シャルクとそれに賛同したニキシュの意見を容《い》れたものとされている。

アダージョ楽章の後半でクライマックスに達したとき、ティンパニ、トライアングル、シンバルが用いられるという形は『交響曲第八番』でも踏襲されており、こちらはブルックナーの指示とわかっている。『第七番』では三打楽器の使用は一度だけだが『第八番』では二度あらわれる。なお『第七番』のアダージョは第二楽章、『第八番』のアダージョは第三楽章、いずれも二つの主題が交代し変奏される形を取っている。

『第七番』の特徴・評価としてハンス＝ヨアヒム・ヒンリヒセンは次のように記した。

> 交響曲第七番は、ブルックナーの最後の長調交響曲であるとともに、ベートーヴェンの交響曲にない調性をもった唯一の交響曲でもある。本交響曲でブルックナーはようやく壁を突き破り、長年憧れていた国際的作曲家への仲間入りを果たすことになった。（『ブルックナー　交響曲』髙松佑介訳）

レヴィの後援は『第七番』のルートヴィヒ二世への献呈の勧めだけではなかった。一八八六年四月、レヴィは〈皇帝の夫人エリーザベートの姪にあたるバイエルンの皇女アメーリエに長文の手紙を書いた。そのなかで、ブルックナーの「非常にあわれな状況」について記し、帝室の手もと金より年金を支給してもらえるよう、彼女のいとこで、皇帝の末娘であるマリー・ヴァレリーに働きかけていただけないかと請願したのである〉（根岸一美）。

アメーリエ・フォン・バイエルン（1865～1912）はマリー・ヴァレリーと大変親しかった。アメーリエは熱心なヴァグネリアンで作曲の素養もあった。八六年、レヴィはミュンヘンでブルックナーの『テ・デウム』を指揮したが、そのさい、アメーリエは、レヴィとともに来ていたブルックナーと知り合うこととなり、以後、おりにふれて力を尽くしてくれる貴重な支援者となった。

レヴィの願いを容れてアメーリエはマリー・ヴァレリーに手紙を書き、そして皇帝は末娘からの求めを受け入れた。

その結果、アントン・ブルックナーに「芸術と科学のための際立った業績」を讃えるとして騎士十字勲章が授与されることとなり、八六年七月九日、宮内長官コンスタンティン・ホーエンローエ侯からの授与式がブルックナーの自宅で行なわれた。ブルックナーはこれに感謝し、後に『交響曲第四番』をホーエンローエ侯に献呈した。

受勲とともに三百グルデンの年金が八月一日付で帝立王立宮廷出納局から支給されることとなった。これは皇帝の私金庫からの支給である。その後も援助が続き、『交響曲第三番』第三稿と『交響曲第八番』の印刷費は皇帝が負担している。

一八八六年九月二十三日、ブルックナーは皇帝への拝謁を許され、謝辞を奏上した。このおり、皇帝から何か希望はないかと問われてブルックナーが「ハンスリックの批判を抑えてくださいませんか」と言い、皇帝は「それは無理であろう」と答えた、という滑稽話が伝わっている。

第十三場　皇帝の笑み

『交響曲第七番』の成功により、ようやく作曲家として認められたアントン・ブルックナーに、従前の業績を讃えるとして一八八六年、騎士十字勲章の授与が決定された。

同年九月二十三日、ブルックナーは、皇帝に拝謁《はいえつ》を許され、直接に謝辞を述べることとなった。規定通り騎士十字修道会のマントをまとい、勲章を胸にして、午前十一時、拝謁室に招き入れられた。

皇帝フランツ・ヨーゼフ一世はこの年五十六歳、三月革命直後に即位して以来、既に三十八年を経た。かつて無髯《むぜん》で若々しかった青年皇帝は今や大きく広がる頬髯を蓄え、禿頭《とくとう》とその表情までヴィーンの至るところに見られる肖像のとおりであった。三月革命以後の混乱を厳しく治め、また一方では城壁を取り壊してリンクシュトラーセ（環状通り）を作らせ、周囲に大規模建築を促しヴィーンの経済的繁栄を築いた、そして今もヴィーン人から愛される皇帝がブルックナーの眼前にいた。

皇帝は入室してきたブルックナーの、麗々たるマントの下の幅広寸詰まりな礼服の滑稽さと、にもかかわらず敬虔《けいけん》そのものの態度との対比を見て思わず噴き出した。

ブルックナーはここぞと頓首《とんしゅ》し低頭し、御礼を述べた。

皇帝はそれを受けた後に、

「何か望みがあるなら言ってみなさい」と言葉をかけた。

するとブルックナーは、勇気をふるい、答えた。

「どうか陛下、ハンスリック氏が私のことを悪く書くのを禁止していただけませんでしょうか」

皇帝はまた堪《こら》えきれぬように笑った。そして言った。

「それは予にも難しいと思う」

ブルックナーは続けて勤務時間の長さと資金不足、そして自作の演奏の困難を訴えた。

皇帝は演奏機会の面倒まで見る気はなかったが、

「休暇や費用については計らおう」と約した。

ブルックナーはもう一言言いかけたが、皇帝が手で制したので、再び深く頭を下げ、伝令兵に導かれて退出した。数分もなかった。

爾来《じらい》、皇帝が「あの騎士十字の」と側近に語る機会はたびたび見られた。よほどブルックナーの様子が印象深かったのだろう。

なお、その言葉どおり、ハンスリックからの批判を止めることは皇帝にも叶わなかった。

3　交響曲第八番第一稿、改作の始まり

ブルックナー騎士十字勲章受章の少し後、一八八六年七月三十一日、娘コジマのもと、バイロイト・ヴァーンフリート館で肺炎の療養をしていたリストが亡くなった。七十四歳であった。八月三日に市教区教会で葬儀が行なわれた。

このとき、モットル指揮の『トリスタンとイゾルデ』バイロイト初演とレヴィ指揮の『パルジファル』とを鑑賞するためバイロイトに滞在していたブルックナーは、コジマの願いで葬送曲のオルガン伴奏と即興演奏を行なった。

即興演奏は『パルジファル』からの「約束のことばと信仰の主題」にもとづくもので、主題をリストの音楽から取らなかった理由を弟子ゲレリヒとシュトラーダルから問われて、ブルックナーは不機嫌をあらわにし「知っていたなら君らが教えてくれればよかったのだ」と言った。どうもすぐに思い浮かばなかったからのようである。

ブルックナーにとってリストは尊敬すべき先達であり名士であり、敬意を払うべき相手だったが、その音楽について、ヴァーグナーのそれのようにいつでも思い出せるほどには心酔していなかったということである。

〈シュトラーダルによれば、リストのオーケストラ曲中、ブルックナーが唯一評価していたの

は『ファウスト交響曲』だった。二曲のミサ曲にも好感を持っていたが、それ以外の作品にはほとんど関心がなかった〉（田代櫂）

リスト側でもブルックナーにはあまり重きを置いていなかったが、ただ、〈フランツ・リストはカールスルーエで『第七番』を聴いて以来、ブルックナーに対する評価を改めたといわれる。だがリストとブルックナーの関係は、最後まで実りのないものだった〉（田代櫂）。

ブルックナーが自身の出世を願い、常に大作曲家リストに平身低頭して見せたのは言うまでもない。リストは毎年復活祭の時期、宮中顧問官である従弟エドゥアルトの住むヴィーンのショッテンホーフに滞在したので、ブルックナーはその都度挨拶に出向いた。

一八八四年四月、ブルックナーは『交響曲第二番』のスコアを持参し、例年通りショッテンホーフ滞在中のリストに面会し献呈を申し出た。リストはヴァイマールへ持ち帰って吟味《ぎんみ》すると約束したが、スコアを置き忘れて去った。

後にこれを知ったブルックナーは「遺失物」となっていたスコアを引き取るとともに献呈を撤回し、『交響曲第二番』は唯一献呈先なしの交響曲となった。

ブルックナーが憤慨したのは当然だが、このときのリストの失策はブルックナーを軽んじてのことではなかろうと思われる。死の二年前のリストは大変衰えていたと伝えられ、これに限らず相当に不都合は多かったようだ。またリストは、カールスルーエでモットル指揮による『第七番』のアダージョを知った一八八五年以後、ブルックナーの作品の演奏には支援を惜しんでおらず〈シェンツェラーによる〉、〈世を去る少し前に、この五重奏曲と、第四交響曲の第一楽章と第三楽章を含む演奏会をゾンダースハウゼンで開くようアレンジしている〉（門馬直美）。決して軽んじていたとは言えまい。

とはいえ、やはり両者には大きな隔たりがあり、それは最後まで埋まらなかった。受勲もあり、また現在から見れば国際的な人気作曲家に見える一八八六年以後のブルックナーだが、ヴィーンでの音楽家的地位は満足できるものではなかったようである。〈ここ数年にわたる演奏の成功と、王室からあたえられた栄誉にもかかわらず、ヴィーンにおいてはブルックナーの地位はいぜんとして変わらぬままであった。この都市の音楽家たちは、あえてハンスリックの不快を買うようなことはできなかったのである。一八八八年から一八九〇年にいたる三回のシーズンのあいだ、ブルックナーの作品はひとつとして公式演奏会のプログラムに載らなかった。彼の友人たちはやっとのことで特別演奏会を催し、リヒターが『交響曲第四番』と『テ・デウム』を指揮した。この演奏会は新聞に無視されてしまった〉（デルンベルク、和田旦訳）

ただし完全に無視されたわけではなかったようで、根岸一美によれば一八八八年一月〈三十日付けの『プレッセ』紙は「日曜日の昼間、楽友協会大ホールでおこなわれたブルックナー作品の演奏にたいして轟くような示威的な拍手」があたえられたことを報じている〉。

しかし、この「示威的」という表現は、ハンスリック側から見た「党派性」を示唆しているとも読める。

また、ヴィーン・フィルの公演プログラムにその後三年、ブルックナーの作品が載らなかった件の理由については別の見解がある。ブルックナーの叙勲《じょくん》が序列や手続きを無視したものであったことに宮廷楽長ヘルメスベルガーが立腹したため、また宮廷楽団を率いるホーエンローエ侯も快くは思わなかったため、というのである（田代櫂による）。

一八八七年となって、一月三十一日、ベルリンでカール・クリントヴォルト指揮によってモーツァルト『交響曲第四十一番』、ブラームス『ヴァイオリン協奏曲』とともにブルックナーの『交響曲第七番』が演奏された。ベルリンでのブルックナーの作品の演奏はこれが初であった。これについて〈二月二日の『ドイチェス・ターゲブラット』紙は、「この交響曲には、頭から足の先まで甲冑で身をかためた巨人がわれわれの前に立ち現れており、このような男が晩年にいたるまで無名にとどまりえたとは、ただただ驚くほかない」と報じている〉（根岸一美）。

この後、八七年『第七番』の演奏は三月十五日ルイ・ニコデ指揮ドレスデン初演、四月四日シャンドール・エルケル指揮ブダペスト初演、五月二十三日ハンス・リヒター指揮ロンドン初演と続いた。

また同年四月二十日にはヨーゼフ・シャルクとフランツ・ツォットマンによる二台のピアノによって『交響曲第五番』が初演された。

八四年から八七年はブルックナー作品中最大の規模を持つ『交響曲第八番』ハ短調 WAB108

初稿の制作期間である。

八四年七月から始まり、第一楽章、アダージョ、スケルツォとトリオ、フィナーレ、とスケッチが書き続けられた。全楽章のスケッチが完了したのが八五年八月十六日、そこから仕上げにかかり、八七年四月二十二日に一旦できあがったが、部分的修正を加えて最終的には一八八七年八月十日に完成となった。

創作意欲にあふれていたこのときのブルックナーは『第八番』完成の二日後八月十二日にもう『第九番』WAB109のスケッチを始めている。

ブルックナーは九月四日、ミュンヘンのレヴィに手紙を送り、この「芸術の父」にいち早く『交響曲第八番』の完成を伝えた。レヴィは完成を喜び、スコアを送るよう求めた。

ブルックナーは九月十九日、レヴィによって当曲が演奏されることを願って、と書き添えてスコアを送った。

しかしながら『第八番』のスコアを見たレヴィは大変に驚き、困惑した。自分にはこの曲の価値がわからず、またその不備が目について、とてもこの曲を演奏することができないと判断したからである。

期待に満ちて回答を待つブルックナーにそのことを自分から伝えるのがいかにも辛いと感じたレヴィは九月三十日、ヨーゼフ・シャルクに手紙を送って、自分が演奏不可能と判断した件をシャルクから伝えてくれと依頼した。以下、その手紙を抜粋する。

ヨーゼフ・シャルクに宛てたヘルマン・レヴィの書簡

一八八七年九月三〇日、ミュンヘンにて

僕は途方に暮れてしまった。そこで是非とも君に助言を求めなければならない。一言でいえば、僕はブルックナーの「第八交響曲」という大海をあてどもなくさ迷っているのだ。僕にはそれを振る勇気がない。（中略）

僕はこの作品を何日間もぶっ通しに熟読した。でも、それが摑めない。手の届かないものを批判なんてできない。きっと僕が間違っているんだ。オレは何て頓馬で、何て老い込んでしまったんだろう。でも、思うんだが、楽器奏法上不可能だし、それに、とりわけ愕然とさせられるのは「第七交響曲」に酷似しているということだ。機械的にコピーしたといってもいい位なんだ。第一楽章の出だしの楽節は壮大だ、でもその展開には途方に暮れてしまう。

最終楽章に至っては、完全にお手上げだ。

どうすればいいんだろう。僕はこの言葉が僕たちのあの人に与える影響のことを考えると身ぶるいする想いだ。そんな手紙を書くことは僕にはできない。（中略）

是非とも折り返し手紙をくれたまえ。そしてどんなふうにしてブルックナーに僕の考えを告げたらいいか、教えて欲しい。（中略）

失望が彼の勇気を完全にうち砕いてしまうのではないかと思うのだ。ひょっとして君ならこの交響曲がよく分るんじゃないだろうか、何か読み取ることができるんじゃないだろうか。僕を助けてくれ。本当にどうしたらいいかわからないんだ。（『音楽の手帖　ブルックナー』久保儀明訳）

ブルックナーの『交響曲第七番』に惚れこみ、その普及のための助力を惜しまず、さんざん便宜を図ってきた人が、どうしてこれほど理解できないと告げるのか、『交響曲第八番』の名演奏の数々、とりわけその初稿の優れた演奏（エリアフ・インバル指揮フランクフルト放送交響楽団による録音など）を知る現代の我々にはなかなか納得のゆかないところだが、ひとつに『第七番』の柔らかさ、すなわち憂愁と崇高の交代するようなメランコリック／ロマンティックな響きに惹かれた人は『第八番』の巌《いわお》のような力の漲《みなぎ》りと巨大さ、峻厳《しゅんげん》な世界の拡がりには魅力を感じなかったということかも知れない。期待の在り方の違いとも言える。〈大きなつまずきとなったのは、レーヴィが《第八交響曲》の力強い構築性を理解しなかったことである〉（張源祥）

また現在の演奏水準は十九世紀末より明らかに高く、現在なら可能な演奏が当時は非常に困難に見えたということも大きいだろう。それと演奏習慣の違いもある。ブルックナーの楽器の使い方は当時としては異例だったのだ。

具体的な部分でレヴィが最も拒否感を示したのは、現在ならありうるとしても当時は非常に不自然に見える楽器の編成であった。門馬直美によれば〈第八交響曲の第一稿では、第三楽章までは、増強された金管に対して、木管は二管の編成である。ヘルマン・レーヴィがこの初演の指揮を頼まれたとき、演奏不可能といった大きな理由は、このような木管と金管のアンバランスにあった。そこでブルックナーは、この曲の第二稿では、木管の数を増加したのだった〉。とはいえ、レヴィ自身も自分の理解の及ばないところがあると告白している。その上でどうにかして『第八番』を分かり、支援者になりたいと考えていたことはこの手紙でよく察せられる。だがどうしてもこの曲の核心を摑み、『第七番』のときのように自在に指揮する自信は持てなかった。そこを正直に伝えている。

なお、『第七番』を「機械的にコピーしたといってもいい位」という部分も、理想的な演奏を知る現在の耳には『第八番』が『第七番』のコピーとはとても聴こえず、不当な言い方とも思われるのだが、ここは根岸一美によれば「形式が型どおり」というような意味に読めるらしく、すなわち、『第七番』では第一楽章の三つの主題がそれなりに関連の感じられたものだったが、『第八番』での主題は無関係に並列するだけに聴こえ、ただの形式としか感じられなかった、といった意味とすればなんとか意味が通じる。それでも『第八番』第一楽章が「型破り」ではなく「型どおり」というのはあまり同意できかねるところではあるが。

それはともあれ、レヴィは自分が理解できないことを正直に認め、その上でどうやってブルックナーに演奏不能と伝えればよいかとシャルクに相談したのだが、その後、考えに考えたレヴィはやはり自分からブルックナーに告げることを決め、十月七日、直接ブルックナーに手紙を送った。

〈内容的にはシャルクに送ったものとほとんど同じであるが、やはり自身で直接送ることで誠意を示そうとしたのであろう〉（根岸一美）

しかしいかに気遣ったにせよ、演奏されないと知ったブルックナーは大きく落胆した。あれほど自分の交響曲に心酔してくれていた人がまさか演奏不能と言い出すとは思わなかっただろう。

その様子はシャルクがレヴィへの手紙で伝えている。

ヘルマン・レヴィに宛てたヨーゼフ・シャルクの書簡
一八八七年一〇月一八日、ウィーンにて
君の言葉は、当然のことながらブルックナー教授に手ひどい打撃を与えた。彼はいまだに打ちしおれていて、立ち直れないでいる。恐れていた通りの事態だ。でもそれが、彼にもっと辛い失望を与えない為の最良の方法だったんだよ。遠からず落ち着きをとり戻し、君の忠告を考慮して作品に手を入れることだろう。事実、彼はすでに第一楽章にとりかかっている。心が動揺して自分自身に対して絶望しているし、自信も全く失っているので、当分の間は仕事をしない方がいいんだが。でも、彼には、肉体的にも精神的にも巨大なたくわえがあるから、これを克服してくれることだろう。（後略）（『音楽の手帖　ブルックナー』久保儀明訳）

ブルックナーはこうして改作を決意し、翌年二月、自身もレヴィに自分の作曲上の間違いを認める手紙を送った。これまた現在から考えるとするなら、このように自己否定する必要などないのだが、このとき、誰一人ブルックナーの『第八番』について「そのままがよい」と言ってくれる人がいないのだからよいと思われるまで自作を書き換える以外に方法がない。〈これは明らかにブルックナーの生涯で最も大きな打撃であり、一八七七年の「第三交響曲」初演の際の大災害をすら上まわるものであった。その間に彼は国際的地位を獲得していて、彼の地位は今や揺ぎないものと思ったからである。悪意や敵意をまったく持たずに行動してくれることが彼にもよく分かっている彼の「芸術の父」から受けたこの宣告は、彼の自信を根底から揺がし、彼の作曲家としての自信を打ち砕いた。この拒絶の結果、ブルックナーは第二の改訂期に入り、それが一八九一年まで続く〉（シェンツェラー、山田祥一訳）

だがどう直せばよいのか、結論が出ない。こうした無理難題に追い詰められたブルックナーは強迫神経症を再発させ、ことあるごとに数を数え始める状態が続いた。

八七年十月半ばから『交響曲第八番』の改作が開始された。それに伴い、『第九番』の作曲は中断された。

一八八八年、『第八番』改作の苦渋とは別に『第七番』『第四番』の評判はいよいよ高まり、まず一月十五日、プラハでカール・ムックの指揮により『交響曲第七番』が演奏された。次いで一月二十二日、ヴィーンでハンス・リヒター指揮によって『テ・デウム』と『交響曲第四番』が演奏された。これは八七年にフリードリヒ・エクシュタインらが組織したブルックナー・コンサート実行委員会の主催である。

このとき使用された『第四番』の楽譜は出版用（翌年の一八八九年九月に出版されている）として前年の八七年、弟子のフェルディナント・レーヴェが大幅に改訂したもので、これが「作曲家の同意のもとに」なされたとする判断から第三章第3節に記した通り、現在では「第三稿」とされているのだが、とはいえブルックナーが完全に納得したとも思われない。〈レーヴェの作成した印刷用原稿は、楽器法と強弱法の夥《おびただ》しい改変によって、すっかりヴァーグナー風の響きに作り変えられていた。このレーヴェ稿は八八年一月二十二日の「ブルックナー・コンサート」でリヒターの指揮により初演された。ブルックナーはその翌月まで原稿を校閲し続けている。しかし一部自発的な変更も加えているものの、心理的に追い詰められた状況での仕事だったため、この改訂自体ははなはだ不本意なものだった。結局ブルックナーはこれを承認しなかった。それは、改訂や修正の際には必ず楽譜にするはずの署名を今回はやっていないことからも窺《うかが》える。ブルックナーはスケルツォとフィナーレにおけるきわめて乱暴な短縮を拒否したが、この意向も印刷に際しては無視された。こうして『第四』のレーヴェ稿は八九年九月に出版された。『第四』は以後の四十七年間、この非常に歪曲《わいきょく》された形でしか演奏されなかったのである。弟子によるこうした極端な改変は『第五』と『第九』でも行われることになる〉（土田英三郎）

この稿の後の校訂者コーストヴェットがそれでも作者は認めたものとするという見解であることは既に記した。が、だとしてもブルックナーの態度はしぶしぶであったようである。そこには、この稿が予め印刷出版されると決定していて、しかもその資金がレーヴェらの尽力により既に支払われており、広く認められるべき出版の条件としてのレーヴェによる改変の判断に逆らいにくかったという状況もあったと思われる。

ともあれこのコンサートは大きな喝采で終わった。

同一八八八年四月九日のザイドル指揮ニューヨーク・メトロポリタン歌劇場での公演も同じ『四番』で、その意向が伝えられると〈ブルックナーは終楽章のフィナーレにほんの少し手を入れた〉（田代櫂）。こちらは大きな変更ではなかったようだ。

『第四番』については、レヴィの『第八番』初稿演奏拒否以前の、前年からのやむをえない事情による改訂（実際には弟子レーヴェの改訂への承認）だったが、この八八年、ブルックナーは『第八番』の改訂を休止して三月五日から『第三番』の改訂を始める。土田英三郎によれば、〈『第三』の場合は、七八年の旧版の売れ行きがおもわしくないことも改訂の理由のひとつだった〉。また一八九〇年に『第八番』改訂が完了するとその後すぐ『第一番』を改訂し始める。『第三番』については商業的理由と言えるところがあるにしても、まずは『第八番』だけでよいのにどうして既に完成してその後の修正も済んでいた作品までまた次々直し始めたか、いくらか推測するなら、レヴィによる『第八番』の完全否定が、ブルックナー自身の作品の在り方全てへの疑いを引き起こしたということだろう。

たびたび記すとおり『第八番』初稿は現在ではブルックナー本来の優れた音楽性を証明している。するとこれが否定されるということはそもそも「ブルックナーが創作しようとしている音楽」自体が否定されるということである。それを自身の音楽の普及に最も力を尽くしてくれた指揮者から告げられたわけだから、「これが駄目ならあれも、これも」と判断が進むとしても仕方あるまい。

『第七番』は問題ない。『第五番』『第六番』は未だ完全な形では世に問うていないので修正が必要か否かはひとまず措《お》く。『第二番』は直し尽くし、今も機会あるごとに訂正は続けている。『第四番』はいやいやながらも世に容れられる形で出版された。では『第三番』はどうだろう。初演のおりの無残な記憶は今も生々しく思い出されてくる。二度とああはならないよう、徹底的に修正したはずだが、しかしまだ足りない気がしてくる。

こんなところではなかっただろうか。そして遂に『第八番』第二稿ができあがると、さすがにいくらか自信が回復してきて、するとこの現在の自分が到達した、おそらく世に受容されやすい充実した様式で『第一番』もどうだ、と改作を始めた、と、こういう心理が想像される。

ともあれブルックナーは『第八番』の改訂からいったんは離れ、一八八八年からほぼ一年間、『第三番』の改訂を進めた。あるいはそれも、直すと決めながらどこをどう変えるか途方に暮れていた『第八番』の改訂の方向性を探る一環であったのかも知れない。

八八年、作曲とは別の件でのブルックナーにとっての重要事は六月にベートーヴェンの、九月にシューベルトの遺体がヴェーリング墓地から中央墓地に移されると知り、その作業を見に行ったことである。また七月にはバイロイトへ赴きヴァーグナーの墓参をした。

一八八九年一月二十二日、ブルックナーはアカデミー合唱教会の名誉会員に推挙された。同年二月二十四日、楽友協会大ホールで『交響曲第七番』ヴィーンでの二回目の公演が行なわれた。ヴァーグナー協会とブルックナー・コンサート実行委員会の主催による。指揮はこのときもハンス・リヒターである。

リスト『クリストゥス』から「三王の行進」、ヴァーグナーの『タンホイザー』から「ヴェヌスベルクの音楽」が演奏され、その後に『第七番』となった。

これに対する評価として批評家テーオドール・ヘルムの言葉が以下である。これは八九年三月二日『ドイチェ・ツァイトゥング』紙に掲載されたもの。

これは偉大な芸術的出来事となった。現代の最も天才的な、そして最も素晴らしい音詩のひとつが初めて完全に理解された。一八八六年三月二十一日のときには、流行をもとめてフィルハーモニーの演奏会に来ているような人たちが、群れをなして退出していき、ブルックナーの交響曲の最後の楽章はほとんど半分ほどになった客席の前で鳴ったにすぎなかった。しかしこの日曜日には同じ作品がはるかにたくさんの聴衆――彼らは聴くために来ているのであって、見たり見られたりするために来たのではない――によって、最後の音符にいたるまでこの上ない注意深さをもって聴取された。退出しようとする者はひとりもいなかった。それどころか、会場全体が天才の魔力のもとに置かれたのである。（根岸一美訳）

また次はルートヴィヒ・シュパイデルによる評。三月七日『フレムデンブラット』紙に掲載。

たとえ作品の最終的帰結にいたるまでこの作曲家についていくことはできなかったとしても、われわれはしかし、彼の創意と力強い結合力を支配している天与の才を認めないわけにはいかない……。ブルックナーの交響曲が初めて演奏されて以来、彼の曲を支持する人々の数は次第に増えていった。若い人々は、彼にためらいもなく歓声を送る。軽蔑は止んだ。ブルックナーは自身を貫いた。われわれの多くにとってこの人物への異質感は残っているにしても、この人物を尊敬しないことは不可能である。（根岸一美訳）

この批評が重要な理由はこのシュパイデルがブラームス支持側、反ヴァーグナー側にいた批評家だったということで、遂に対抗勢力からも肯定的評価がなされたという意味なのである。

そうするうち、一八八九年三月四日、『交響曲第三番』の改訂が完了した。

その日からブルックナーは中断していた『交響曲第八番』の改訂を再開する。最初はアダージョの部分から訂正を始めた。

同年九月、アルベルト・グートマン社から『交響曲第四番』の総譜が出版された。レーヴェの意向を大きく反映し、いたるところヴァーグナー風の響きの聴かれるものであった。

第十四場　まさかの大失望

交響曲第七番成功の得意の中、一八八七年八月十日、ブルックナーは満を持して交響曲第八番を完成させる。

ここから自分はもう、身過ぎのための教師の仕事から解放され、作曲に集中し、次々と新たな交響曲を書き続け、ベートーヴェンの九曲をも越えて十番、十一番、と続け、それらはひとつひとつ待望と歓迎と喝采で迎えられるだろう、ブラームスのように、とそういう気分のまま、一か月後、八番の総譜を自分の「芸術の父」レヴィに送った。今度はどんなふうに言ってくれるだろうか、「ベートーヴェン以後最高」なのだからもうそれ以上の言いようはないなあ、と回答を心待ちにしていた。

なかなか返事が来ず、やっぱり長いから譜読みに時間がかかっているのかなあなどと考えていたところ、十月半ば、ようやくレヴィから手紙が届いた。そこにはこうあった。

「すでに一週間、私はあなたに長い手紙を書こうとしながらためらってきました。自分が言わねばならないことについて、正しい言葉を見出すことがこれほど困難であったことはこれまでありませんでした。しかし、ともかくも申し上げねばなりません。

つまり、私にはこの交響曲第八番を演奏することが困難であるということなのです。私にはこの作品を自分のものとして把握することができないのです。主題はいずれもすばらしいと思いますが、それを用いる方法には問題があると感じます。楽器の使い方はさらに問題で、実際には不可能と考えます」

後にブルックナーが聞いたところでは、この手紙をブルックナー本人に送る前、レヴィはブルックナーの最も信頼する弟子の一人ヨーゼフ・シャルクに宛てて、自分がどうしてもこの曲を演奏することができないということをできるだけ穏便にブルックナー教授に伝えてほしいという手紙を出していたという。その後、レヴィは、やはり誠意を示そうと考え直して直接ブルックナーに連絡したのだ。

十月十八日付でシャルクからレヴィにはこんな手紙が行った。

「ブルックナー先生はもう何を言ってもふさぐだけです。先生は今も自分が不幸の底にいて誰からの慰めも受け入れられないでおられます」

が、十月二十日、ブルックナーは、どうにかスコアを見直してみることができるようになった、とレヴィに伝えた。

このときから八番の改訂が始まった、ということにはなっている。だが最高と考えて制作したもののどこが悪いのか、ブルックナーには皆目わからず、言われた通りに直そうとしても、どこをどう求められているのか、自分ではわからなかった。日々迷うことが増えた。

ブルックナーの交響曲は二番から四番まで、初演を志しては断られ、そのたびにスコアを変更し、少しでも受け入れられるような形に直し続けてきた。二番はヘルベックに言われて随分短くした。三番など二稿が当時の最終稿だが、厳密に見るならそこへ至るまでにも数通りのスコアがある。四番もそうだ。改稿の結果、スケルツォは全く別のものを用いることになった。それだけでなく、二番として制作されたものの、完成後は二番とすることは無効と考え、後に「第〇番」と呼んだニ短調の交響曲も公表はされないまま、おりあるたび直している。

ただこれは自主的に訂正しているものだ。一番は今見れば未熟だし、初演は不成功ではあったが、だから直せと人からは言われていない。五番・六番はこれも初演の機会をうかがうだけでまだステージでの完全な演奏に至っていないので細かい訂正を除けば現在ほぼ初稿のままである。七番はいつものように「演奏できないと言われて書き直し」というプロセスを経ずにほぼ初稿のまま初演されたので、これだけは各舞台での演奏に向けての微調整はあるにしても二稿・三稿というものはない。

七番の成功によって、この調子で、もう人から言われて小学生の宿題のように直し続けることはしなくて済む、あとはすべて自分の構想するままがそのまま認められてゆくはず、とブルックナーは予想していたのだ。ようやくありのままの自作を皆が受け入れ、自分は自由に作るだけで、他から頭を押さえられることはない、見よ七番を、弦楽五重奏曲を、『テ・デウム』を、ミサ曲三番を、この人を見よ、この人のめざすところを見よ、そうなるはずだったのでははないのか。

違うのだ、自分は飽くまでも直し続けねばならない。なぜなら、他者皆は、その最も理解あると考えていたレヴィでさえも、自分の創り出す音楽を全面的に肯定することがないとこれでわかったからだ。自分には、たとえばブラームスのように何をしても歓迎しようとして待っている人々がいない。親しいあるいは理解あると感じる相手も、自分の作品の内にある自分の必然性をわかろうとはしない。

だからといって投げ出すことはブルックナーの選択肢にはない。ではどうするか。

ブルックナーは考える。自分の「本当の作品」がどこかにあるのかもしれないな、それは神だけが知る、いや、百年後の人々ならわかってくれるだろう。そのために今、自分は、アントン・ブルックナーという交響曲作曲家がこんな作品を残した、と現在の人々に記憶させておかねばならない。それは、どんなに自分の意図とは異なった形であったとしても、とにかく現在の音楽関係者、音楽享受者によいものとして記憶させておかねばならないということだ。忘れられてしまっては未来の聴き手に届く前に消えてしまう。それで現在の聴衆が望むところに合わせて、自作を直しに直す。

最も本質的な形はそっと隠して、「こんな作品を作る人は本当はどんな意図があったのだろう」と、いつかブルックナーの作品をブルックナー本位に求めてくれる人が出てきた時に提出できるよう、保存しておけばよいだろう。

というような考えがいくらかはあったはずなのだが、しかし、判断に迷うことのとりわけ多い、気弱なブルックナーは、「皆の望む形」というのがよくわからないので、ついつい身のまわりの人々にどう訂正すればよいか尋ねて回ることになる。すると、ああせよ、こうせよ、と対立する意見が出て、今度はそのどちらを取るべきかがわからない。そうするうちに、「本当の自作」の形が果てしなく不明瞭になってゆく。自分の望んでいたのは本当にこの形だったのだろうか、ブルックナーは常に迷った。元の形が本当に純粋に正しい形なのか、その頃には信じられなくもなっていた。

しかも、焦らず時間をかけようと決めて八番を改訂し始めると、いや、それならあれも、これも、もっとよい形があるはずだという気になってしまった。自信というものはもともとなかったのだな、皆が支えてくれればそれを自信と思っていただけで、支えがなくなれば自分には何もないのだな、だったら皆の言うとおりにしよう、そのようにブルックナーは考えるようになった。

一八八九年の八月、このときバイロイトに滞在していたアウグスト・ゲレリヒにブルックナーは手紙でこんな問い合わせをした。

「市の門にある二つの塔の屋根の上のところがどうなっていたか、教えてもらいたい。屋根の上に丸い擬宝珠《ぎぼし》があっただろうか。それから飾り付きの風見があっただろうか。それと十字架だっただろうか。いや、避雷針か。やっぱり十字架だっただろうか。カトリック教会の塔は？

十字架がなくて風見だけだったと思うが、どうだったか？　風見は？　十字架だっただろう。十字架だ。十字架があったと思うのだが。風見か。いや、十字架があったと思うのだ。十字架だろう。避雷針ではないと思う。そうだ違いない。いや、でも教えて欲しいのだ、十字架か、風見か、十字架と思うが、風見か、そうだ教えてくれ。十字架だと思うが、十字架か、風見か。風見か、十字架か、どちらか教えてもらわないとならない。十字架か？　是非教えてくれ。すぐに連絡を」

同じころ、訪問してきた弟子のシュトラーダルに改稿の苦痛を訴えていたところ、「まあ少し散歩でもしませんか」と誘われて外出した。

ともに歩いていると、ヴィーン・オペラ座のあたりに来た。オペラ座は見慣れていて特に気にならなかったが、その向かい側に建つ大きな建物「ハインリヒスホーフ」の窓が異様に多く感じられた。

なんだろうこの窓は、これはどうしたことだ、とブルックナーはすかさず正面の窓の数を数え始めた。いくつあるか確かめないと、と懸命に数えていると、シュトラーダルが、

「先生、先生、どうしました？」

と問う。しかしブルックナーは返事などしていられない。指さしながら左側上から、ひとつ、ふたつ、と数えた。だが、二十六を越えたところでどの窓をさしていたかわからなくなって、やり直しとなった。次には三十のところで見間違った。

不審げに見ている弟子にブルックナーは言った。

「シュトラーダル君。手伝ってくれたまえ」

ブルックナーに命じられてシュトラーダルは正面下から四階までの窓を数え、ブルックナーは上から五階までの窓を数えることにして、二人の数えた数を足してようやく正面の窓の数がわかった。

「お気が済みましたか」とシュトラーダルが言うと、ブルックナーは、

「いや、まだだ」と言い、建物の左脇の小道に入ってゆく。

「側面の窓の数を数えないと」

こうして左、背面、右、と二人で窓の数を数えた。ようやくすべて終わって、シュトラーダルはうんざりしながら
「先生、これ、どういう意味があるんですか？」と問うた。

ブルックナーは、

「意味？　意味か、これは意味ではないのだ、義務なのだ。しなければならない。数えないといかん。いかんのだ」と答えるだけであった。

さらに数日後、カルル教会での朝のミサに参加して帰るさい、まだ陽が高いことから、なんとなくドナウ川のほとりに立ちたくなって、教会裏の道を遠く進んで川辺のほうに下った。

天気はよく、周囲には小さいハイキングを楽しみあるいは川辺をそぞろ歩く人が幾たりかい

た。ブルックナーはうららかな陽の下、緩やかに波立ちきらきらと陽光を照り返す川に向かい、砂の上に直に座って川風の快さに浸っていたが、あるとき、ふと気づいて、これはいかん、と思いつき、座っている右のところから、砂粒を数え始めた。

どうしても数えきれない、すぐどの砂粒だったかわからなくなってしまう、だが、数え終わらねばならない、ドナウ河畔の砂の数をすべて、それがなされたとき、そうだそれがなされたとき自分は真に成るべきものになれる、そう直感し、ブルックナーは日が傾くまで砂粒を数えた。

4　ブラームスの視線、弟子たちの視線

『交響曲第八番』の改訂が続いていた一八八九年十二月二十五日、ブルックナーとブラームスの会食が行なわれた。狭いヴィーン市内の音楽界であれば、この二人は頻繁に顔を合わせる機会があり、どちらも敵対した態度を見せることはなかったものの、意識はしつつ、それまで、踏み込んだ話をする機会はなかった。

〈ブラームスの行きつけの料理屋「赤い針ねずみ」で行われたこの会食は、両陣営の穏健派が二人を接近させようと計画したものだった。暖かい晩だった。まずブルックナーの一行が早めに到着し、かなり遅れてブラームスたちがやって来た。形式的な挨拶のあとしばらく沈黙が続いた。とうとうブラームスがメニューを注文し、気楽さを装いながら言った。「とにかく何が食べられるのか見てみようじゃありませんか！」そしてメニューに目を走らせると「ああ、団子《クネーデル》とキャベツ《クラウト》添えの燻製《ゲゼルヒテス》、私の好物だ」するとブルックナーが「博士殿、燻製と団子、これこそ私たちの話が合う点ですな」と答えた。爆笑となって、その晩はなごやかに話が進んだという〉（土田英三郎）

だがこれを機に二人が打ち解けるということはなかった。

ブラームスは常に不愛想で、一方、〈ブルックナーの挨拶《あいさつ》はばか丁寧で、召使と主人の関係

のようだったという〉（土田英三郎）。

名誉博士号を持ち音楽的要職にあり、ヴィーンの批評家たちが尊敬の目を向ける、大成功者のブラームスを前にすればブルックナーの性向としては必要以上にへりくだる以外ない。しかしながら、それによってブラームスがブルックナーを認めるわけでもない。〈シュトラーダルによれば、ブルックナーに対するブラームスの態度は、かなり慇懃無礼なものだったという〉（田代櫂）

〈ブラームスとブルックナーは、同じ頃ヴィーンに居を定め、どちらも楽友協会のジングフェラインに属し、生涯独身だった。だが北ドイツ人でプロテスタントのブラームスと、南ドイツ人でカトリックのブルックナーでは、その性格や作品の質はまったく異なる〉（田代櫂）

〈ブルックナーとブラームスの間には、南ドイツ人と北ドイツ人相互のアレルギーがあった。南は北の軍人的尊大さを毛嫌いし、北は南の農民的鈍重さを侮蔑する。その背景にはカトリックとプロテスタントの宗教的対立があり、オーストリアとプロイセンの政治的対立があった〉（田代櫂）

〈二人は自分たちをめぐる党派的抗争に直接はかかわっていなかったが、その影響を受けないわけにもゆかなかった。少なくとも表立っては、互いに相手の人格と音楽を理解しようとする素振りをほとんど見せなかった。時には私的な会話や書簡の中でかなり辛辣な批判をしている。ブラームスはブルックナーのことを「哀れなちょっとおかしい人物」と評し、彼の死後、作品について「ブルックナーの曲が不滅だって？　そもそもあれが交響曲だって？　全くお笑いだ！」と言ったことがある。一方ブルックナーにとってブラームスはヴィーンにやって来た時から成功者であり、ハンスリック派からの攻撃に対する被害者意識もあって、脅威を感じる存在だった。彼はブラームスについて無関心を装うかと思うと、「ブラームスの交響曲なんかよりシュトラウスのワルツの方が好きだ」などと言ったりしている〉（土田英三郎）〈ブラームスはヴィーンの批評家マックス・カルベックにも、ブルックナーは「頭がおかしくて教養がない」と洩らしていた〉（田代櫂）

ブラームスの立場のよさもあってだろう、ときおり聞こえてくる自分への否定の言葉はブルックナーにダメージが大きかったようである。

ブルックナーの率いた合唱団フロージンに一八八〇年代頃参加していたハンス・コンメンダがこんな話を伝えている。

〈暑がりのブルックナーがシュタイアの水泳教室で泳いでいた時、話がたまたまブラームスのことに及んだ。ブルックナーは「ああブラームス」とつぶやいてため息を吐き、会話を避けるように潜って行ってしまったという〉（田代櫂）

とはいえブラームスはブルックナーに対し全く無関心なのではなかった。ブラームスの死後、その遺品にはブルックナーの『交響曲第七番』『交響曲第八番』の印刷譜と『テ・デウム』のピアノ編曲版楽譜があったことが知られている。

また一八九三年三月、『ミサ曲第三番』の演奏を聴いたブラームスはこれを激賞した。

さらに張源祥によれば一八九五年の〈ある日、楽友協会の新指揮者リヒャルト・ペルガーが彼（引用者注＝ブルックナーをさす）のところへ来た。ブラームスがブルックナーの合唱曲を演奏するために、彼を使者によこしたのである。このころ、ブラームスはそれまでのブルックナーへの態度を後悔していた〉。

ブラームスが最終的にブルックナーをどれほど認めていたのかはわからないが、「敵対」「黙殺」とは言えず、あまり理解はしないがそれなりに力量あるライヴァルと見ていたといったところだろうか。

では味方たちはどうだっただろう。

教師を生業《なりわい》としていたブルックナーには弟子が多く、また大変慕われていたことはこれまで記してきたとおりである。

その弟子たちが懸命にブルックナーの音楽を世に広め知らしめてくれたおかげで現在のブルックナーの曲の隆盛があると言っても過言ではない。

とりわけ「三使徒」と言われたヨーゼフ、フランツのシャルク兄弟とフェルディナント・レーヴェの働きがブルックナーの作品の演奏機会を増やした。

しかもオーディオ機器のない当時、家庭でもブルックナーの交響曲のあらましを聴くことができるよう、それらをピアノに編曲しピアノ譜として出版させることもした。これにはピアニストのヨーゼフ・シャルクと指揮者のフェルディナント・レーヴェによるピアノ四手用・二台ピアノ用が各曲ある。また後の指揮者・作曲家のマーラーとピアニスト・指揮者のクルシジャノフスキの作成した『交響曲第三番』の四手ピアノ用編曲楽譜もある。音楽院でブルックナーに学んだピアニスト、アウグスト・シュトラーダルも後に多くの交響曲をピアノ独奏用に編曲している。

だがより大きな仕事は、主にフランツ・シャルクとフェルディナント・レーヴェによるブルックナーの交響曲の楽譜の訂正である。広く歓迎されるよう変更し、また自ら指揮して演奏したのだが、ブルックナーの作品をそのままの形で広めるのではなく、実のところその音楽性がかなり異なるヴァーグナーの音楽に似せるよう進行と管弦楽法とを変更し、また聴きやすくなるように短縮した楽譜を用意することが常であった。それが当時、聴衆と演奏家の人気と承認を得、演奏機会を増やす方法と、弟子たちに判断されたからである。

『交響曲第三番』第三稿での変更はヨーゼフとフランツの意見によるところが大きいと言われ、マーラーはこの訂正を不必要であると主張したが、最終的にその意見は採用されず、現在見る「第三稿」が出版された。現在では「第二稿」の方を支持する指揮者も多いが、とはいえ「第三稿」も確かにブルックナーの承認を得た稿ではある。

『交響曲第四番』第三稿については前節で記した通り、フェルディナント・レーヴェの相当強引な変更がなされ、ブルックナーも望ましいとは思わなかったようだがこちらも最終的には承認されたことになっている。

『交響曲第五番』は一旦制作されてからブルックナーの見直しによる修正はあったが、完成後、作曲者による改訂稿というものはない。だが、一八九四年四月九日グラーツでのフランツ・シャルク指揮による初演、また一八九五年十二月十八日ブダペストでのフェルディナント・レーヴェ指揮による第二回目の演奏では、フランツ・シャルクによる大幅に変更された譜が用いられており、また九六年、楽譜がこの形で出版され、以後長らく原典版は知られることがなかった。現在ではもう使われることのないこの「改訂版一八九六年出版譜」だが、クナッパーツブッシュ指揮ヴィーン・フィル一九五六年の録音があり、改訂版の演奏の記録として聴くことができる。

『交響曲第六番』も作曲者は改訂版を作っていない。だがこれもブルックナーの死後一八九九年に出版された楽譜では、ブルックナーの晩年に写譜の仕事を担当したシリル・ヒュナイス（Cyril Hynais）による変更がなされている。この譜も現在では使われず、演奏にはハースもしくはノヴァークの校訂版が用いられる。

『交響曲第七番』についてはほぼ変更なし、『交響曲第八番』はヘルマン・レヴィの演奏拒否が理由で大幅な改定がなされ「第二稿」が作成されたが、それは作曲者の意思によるものである。ところがその「第二稿」の一八九二年の出版ではブルックナーの関知しないシャルクによる変更がかなり加えられていて、この譜も現在の演奏に使われることはない。

『交響曲第一番』『交響曲第二番』の改訂は飽くまで作曲者の自主的な変更と見られる。ただし『第二番』にはヘルベックの助言が大きく影響した。『交響曲第〇番』は晩年、清書後フランチスコ・カレリーナ博物館に遺贈されただけで、ブルックナーの生前は演奏も公開もされることがなかったので他者による訂正はない。

『交響曲第九番』はブルックナーが未完成のまま残したため生前に演奏されることはなく、作曲者死後の一九〇三年二月十一日ヴィーンでフェルディナント・レーヴェ指揮ヴィーン・コンツェルトフェライン管弦楽団により初演されたが、レーヴェにより管弦楽法が変更されている。同年に出版された初版譜もレーヴェの手によるため、現在ではその訂正部分をもとに戻した形のノヴァーク版で演奏される。

このように満身創痍《まんしんそうい》とも言えるブルックナーの交響曲の楽譜だが、それがいかに弟子の好意と使命感からとはいえ、ここまで他者の手が入ってしまう、そしてブルックナー自身もおおむねそれを承認しているというのは近代の他の作曲家には見られないことである。

シェンツェラーの意見を見てみよう。

　ここで、この改訂期（引用者注＝『第八番』の改作を始めた一八八七年から九一年。ほかに『第四番』『第三番』『第一番』が改訂された）と以前の一八七六―七九年の改訂期（引用者注＝『交響曲第二番』『交響曲第三番』『交響曲第四番』『ミサ曲第一番』～『第三番』の改訂および『交響曲第五番』の「点検」）の間に重要な相違があるということを、明確にしておかなければならない。あの第一の改訂期においては、ブルックナー自身の意志が、完璧主義者としての内的要請が、彼の作品を一つ一つ検討させ、変更を、改善を、修正を、行わせた。ところが、今度は、彼が強いられ欺かれて行った一連の改訂は、彼自身の内部に由来するものでなく、彼の最も熱心な取巻き連中や最も親密な友人からも彼の作品が受ける無理解に由来するものであった。それ故に、音楽界は事実上解決不能の問題に、現在、直面している。一八八七—九一年の変更は、どの程度までブルックナー自身の意志を本当に表すものなのか、その変更のうちのどれだけのものが、ある種の圧力によるのか、彼の友人を喜ばせたい気持によるのか、あるいは、演奏の機会を増すためなのか、という問題である。

（中略）

なるほど、ブルックナーの音楽についてのわれわれの今日の知識と理解をもってすれば、これら（引用者注＝弟子たち・友人たちによる）の改訂と変更と特に削除には、ブルックナーの観念に反する歪曲と切断と思われるものが少くない、しかし、思慮を欠くものとはいえ、これらの変更は、ブルックナーの作品を売り込もうとする弛まぬ努力の一環として極めて純粋な動機から、ブルックナーの友人たちにより行われたか提案されたものであるということは、はっきりと認められねばならない。ブルックナーは天才であった。善良とはいえブルックナーほどの傑出した力量を持たない音楽家たちが、時代の風潮に、しきたりに、ブルックナーは「ワーグナー派」なりとする世間の断定に、影響され、ブルックナーの管弦楽法がそういった考えに同調するよう「円滑なものにされる」よりほかはなかった。これは驚くには当らない。彼らはブルックナーの遠大なヴィジョンを持たなかったし、持てなかった。それ故に、ブルックナーは、彼らには構わずにいたのであり、彼の原典版は「後の世のためのもの」であると一度ならず言っている。その言葉に裏書きをするかのように、彼はその遺言によって彼の重要な作品すべての彼自身の楽譜をウィーンの宮廷図書館（現在のオーストリア国立図書館）に遺贈した。この楽譜が彼の音楽の遺言であり、国際ブルックナー協会によって刊行される全集版の基盤となっている。（山田祥一訳）

弟子たちの変更は決まって「ヴァーグナー風」をめざしているが、現在、ブルックナーの音楽主体で鑑賞する限り、それはブルックナーの方向性ではない。

オペラ『ヘンゼルとグレーテル』で知られるエンゲルベルト・フンパーディンクはフランクフルトで一八八五年演奏されたブルックナーの『交響曲第七番』を聴いて、次のように記した。

われわれにとって不可解なのは、人々が、アントン・ブルックナーについて、ワーグナーの芸術原理を交響曲に移し替えたものだと語っていることである。だが、四つのテューバと大胆な和声進行の使用は結局のところ外面的なものにすぎず、ワーグナーの芸術の固

有の本質とはなんら関わるものではない。（根岸一美訳）

冷静で正確な判断である。これに対するなら、ハンスリックが毎度告げる、ブルックナーはヴァーグナーを模倣しようとして失敗している、というような意見は党派性によって濁らされた見解と言わざるを得ない。ハンスリックは音楽批評に大変優れた功績を残しているが、少なくともブルックナーの交響曲の「欠点」を指摘する場合には見誤りがあったのではなかろうか。ハンスリック自身がブルックナーの交響曲に感心しなかったのは事実だとしても、その理由は「失敗したヴァーグナー」だったからというより、古典的な様式性が壊れているように聞こえたからであろうし、ならばブルックナー自身の絶対音楽追求というブラームスとの共通性（当時そこに注目する人はいなかったようだが）からは、「失敗したブラームス」と言う方が正しかったかも知れない。とはいえ、実際の音は弟子たちが懸命に「ヴァーグナー風」に作り変えていたのだから、それをヴァーグナーとは全く異なると言い切ることも難しかったのではあるが。

門馬直美によれば、原典版で聴く限り〈ブルックナーの交響曲では、第七番以降にオーケストレーションが拡大され、三管編成となったが、ヴァーグナーふうにひびくことはほとんどないといってよい〉。

一方、ブルックナーの弟子たち友人たちにとって当時、「ヴァーグナー派」頭目のブルックナーは「交響曲のヴァーグナー」なのだから、ヴァーグナー的でないところは訂正してしかるべき、と考えてしまうのも当然である。そこはシェンツェラーの述べる通り、「天才」でない善意の仲間たちの限界である。そして本来ならブルックナー独自の音楽を聴くべきところ、派閥的な理由から誰も全くそこに配慮していないのは「ヴァーグナー派」「ブラームス派」対立の弊害《へいがい》である。

しかも当時の「新ドイツ音楽」を求める人々にとって、頂点は飽くまでもヴァーグナーであり、ヴァーグナーとの距離の近さこそ偉大さの証明と考えていたのであれば他に選択肢はない。ヴァーグナーは人気の作曲家でありその音楽語法は大変好まれていた。そこでのブルックナーはどこまでも「ヴァーグナー亡き後の代理」でしかなかった。

こう考えると、ブルックナーを「ポスト・ヴァーグナー」ではなくブルックナーとして認めた人は弟子にも友人にもいなかったことになる。そのことを晩年のブルックナーは意識していたのではないか。彼の自筆楽譜の宮廷図書館への遺贈というところにそれがうかがわれる。〈こうしてブルックナーの生涯の記述を進めていくと、彼の敵と味方の一体どちらが、よりひどくブルックナーを傷つけたのか、という問いがますます重要になってくるのである〉（グレーベ、天野晶吉訳）

弟子友人たちの中、演奏活動以外でブルックナーに関する重要な仕事をしたのはアウグスト・ゲレリヒで、ブルックナーの伝記を刊行した。これはゲレリヒの死後、音楽学者で国際ブルックナー協会初代会長のマックス・アウアー（1880~1962）が校訂して刊行したが、その後、アウアー自身も大部のブルックナーの伝記を書いた。

アントン・マイスナー（1862~1945）はヴィーンの資産家でアマチュア音楽家だったが、音楽院でブルックナーに師事した。その後ブルックナーの助手を務め、晩年には秘書としての仕事もした。

哲学・数学・天文学・化学に通じた知識人、フリートリヒ・エックシュタイン（1861~1939）も音楽院でブルックナーから音楽理論を学んで以後ブルックナーの支持者となった。後にブルックナーに関する回想録を記した。

歌曲作曲家として知られるフーゴー・ヴォルフは弟子ではなく友人で、一八七七年から既にレーヴェ、シャルク兄弟らの「ブルックナー・グループ」に加わっていたが、八五年にエックシュタインの紹介で初めてブルックナーと知り合った。ヴォルフは音楽批評家でもあり、ブルックナー擁護の批評を多く書いたが、それはしばしば過激で党派的に過ぎる表現となった。

弟子もしくは信奉者の中、特に著名な作曲家として知られるのはマーラー、そして少し年下のフランツ・シュミットだが、その才能を惜しまれつつ夭折したハンス・ロットも挙げておこう。

ハンス・ロットは一八五八年、ヴィーン近郊ブラウンヒルシェングルント出身、一八七四年からヴィーン音楽院オルガン科でブルックナーにオルガン演奏を師事した。クルシジャノフスキ、マーラーとは友人であった。ブルックナーによればオルガンの即興演奏は巧みであったという。ヴァーグナーに深く傾倒していた。

一八七八年、ロットは二十歳で音楽院修了とともにその作曲コンクールに後の『交響曲第一番』ホ長調となる曲の第一楽章を提出した。ブルックナーは高く評価したが他の審査員には否定された。その後、あとの三楽章分を足して一八八〇年に交響曲全曲を完成させた。これをブラームスに見せて評価を求めたが酷評され「才能がないから音楽はやめよ」とまで言われてしまう。このことをきっかけにロットは精神を病み、病院に収容されて何度か自殺を試み、そのまま結核で一八八四年、死亡した。二十五歳であった。

『交響曲第二番』もプランはあったがスケッチを残したのみである。

『第一番』は師ブルックナーおよびヴァーグナーの音楽語法とともにマーラーがその交響曲に用いたフレーズに似た部分を持つと聞こえるが、これはマーラーの作曲作品の方が後である。マーラーは友人の残したメロディを後の自分の交響曲に用いたということである。また第四楽章ではブラームスの『交響曲第一番』第四楽章の主題に酷似した箇所があり、あるいはブラームスはここを知って不愉快に思ったのではないかとも推測される。ただ、ブラームスの『交響曲第一番』第四楽章の第一主題も知られる通りベートーヴェンの『交響曲第九番』第四楽章「歓喜の歌」を思わせるものであったり、『ヴァイオリン協奏曲』第三楽章の第一主題がブルックフの『ヴァイオリン協奏曲第一番』のそれに似ていたり、ブラームスもまた他者のモティーフを用いることのある人であった。

ロットが敢えてブラームスの主題を真似てみせたのはむしろブラームスへの敬意を示すためだったのではないかという意見もあり、だとしてもその好意はブラームスには通じなかったことになる。そうした対人的勘違いの振る舞いは師ブルックナーに似ていると言えなくもないが、しかし、ロットは師のような我慢強さとある種の鈍さ頑迷さを持たず、繊細で壊れやすい心の持ち主であったことがその後の破滅をもたらした。

ロットの『交響曲第一番』は長らく知られなかったが、自筆譜が発見され、一九八九年にゲルハルト・サミュエル指揮シンシナティ・フィルハーモニー管弦楽団により初演され録音されて知られることとなった。その後は録音も増え、ステージでの演奏もたびたび行なわれるようになって今に至る。『交響曲第一番』日本初演は二〇〇四年十一月、沼尻竜典指揮日本フィルハーモニー交響楽団による。

マーラーよりもさらにブルックナー直伝《じきでん》の技法を学んでいたと思われる愛弟子が、現在から見れば大変有望な交響曲を残したにもかかわらず、その未来が閉ざされたのは惜しんで余りある。

ところでブルックナーの一八八九年だが、ブラームスとの会見の後、十二月にヴィーン・ブルク劇場の楽長を志願し、相変わらず失敗している。これはその頃のブルックナーが、教師業に多くの時間をとられることから脱却し、作曲・改訂の時間を確保したいという願望によるものであったようだ。

第十五場　弟子の助言

『交響曲第三番』第二稿は、あの思い出したくもない大失敗の後、それでも七番の成功のおかげで、かなり広く、新大陸も含めて全世界的に演奏されるようにはなった。だが、あの失敗は今も痛くて仕方がない。あれならもっとよい形があるはずだ、もっと受け入れられやすくしたい、と、そう考えて、ブルックナーは、この『三番』を、よりわかりやすく、より受け入れられやすくするための訂正のための助言を、今は指揮者となった、かつての音楽院での弟子、フランツ・シャルクに依頼した。ブルックナーの交響曲のピアノ編曲に携わったヨーゼフ・シャルクの弟である。

一八八八年三月五日、フランツ・シャルクはブルックナーのアパートを訪れた。短く刈った髪に口髭、眼鏡のフランツは姿勢が良く態度が明瞭で、先生より先生らしく見えた。

迎えたブルックナーは「ほんとに君はいつも堂々としてるなあ」と言った。

その自信に満ちた姿勢がフランツを実力ある指揮者にしているのだ。この時期はまだだが、一九〇〇年には宮廷劇場楽長に就任する男なのである。翻って、この自信がないのでブルックナーは指揮者として失格なのだ。

自信あるフランツは、その指導力を用いて後にブルックナーの交響曲を何度も指揮することになるが、その都度、自分の判断でスコアを徹底的に改変している。それは大いに聴衆からの喝采を受けた。

家政婦のカティさんが用意してくれた紅茶を飲み干すと、フランツは大きな総譜をテーブルに置いて、まずは一番問題の多い四楽章から、といって開き、ブルックナーの脇にもうひとつ椅子を持ってきて座ると、

「先生、ここ」

と指さして訂正を迫るのであった。ひとつひとつフランツが赤で書き込んだ音符を示していった。

「ここは第一主題から第二主題に移るところですよね、全然つながりがないじゃないですか。ここはひとつ、ヴァーグナー風に途切れない旋律で」

ブルックナーの音楽はテーマとなる特定の旋律が無関係に並んでいてまるで関連性がないように聞こえるとよく言われた。

「ううん、ヴァーグナー風かあ、そうかなあ」

「それとここの和声もヴァーグナー風に」

「え、そこも変えるの？」

「もちろんですよ、ヴァーグナー風に」

「そうかなあ」

「ここ、もっと派手に、そうだ、バーン、てシンバルふたつくらい入れましょう」

「ええー、それは……」

「思い切りが大事ですよ、先生」

「ううん、でもそれは……」

「それとこのソナタの再現部のところ、くどいし長いし、いりませんよ、だいたいこの四楽章は長すぎるんです。楽友会館でみんな帰っちゃったのもこれじゃ仕方ありませんよ。ここ全部、それと一楽章の再現部も取っちゃいましょう」

「え、それじゃ、ソナタ形式じゃなくなっちゃうじゃないか」

「いけませんか？　リスト以後、新ドイツ楽派にはもうソナタなんていう古い形式はいらないんですよ」

「でもそれじゃ、交響曲でなくなってしまうでないか、交響曲というのは第一楽章と、できれば第四楽章がソナタ形式になっている管弦楽曲のはずだろ？」

「だからもう交響詩でいいんですよ、リストみたいに。一楽章もソナタはやめて、もっとずっと短くして、交響詩四組曲ということでいいじゃないですか。それが現在のわれわれの好みってもんですよ」

「ええー、でもそれじゃ……」

「もう交響曲なんて名ばかりでいいじゃないですか、それより、もっと標題音楽らしくして」

「わしは標題音楽はやんないことに……」

「いけません。なにをブラームスみたいなこと言ってんですか、先生、あなたはヴァーグナー派の最先端作曲家でしょ、時代は標題音楽、総合音楽ですよ。わかってますか、ブラームスはハンスリックには褒められるけど、大人気は得られない、時代遅れの作曲家ですよ」

「いや、ヴァーグナーもだけど、わしは交響曲でベートーヴェンの後を継ぐ……」

「だったらほら、ベートーヴェンだって標題的な『田園』とかやってるじゃないですか、そうそう、『プロメテウスの創造物』もそうでしょ、ホーエンローエ家の催しでリストと一緒にお聴きになったとか」

「ああ……そうだけど……」

　ブルックナーに、あのときの淋しく痛い記憶が蘇ってきた。それとツェルナーの高笑いと。

「そうだ、もう交響曲三番とか四番とかいう呼び方、やめちゃったらどうですか？　これは『ヴァーグナー交響曲』なんでしょ」

「そうだけど」

「だったら、リストの『ファウスト交響曲』みたいに、もっと標題をはっきりさせて『ワルキューレ交響曲』、どうですか、それか『トリスタンとイゾルデ交響曲』。題が長いかな。じゃ『ローエングリン交響曲』。ローエングリンのテーマをいくつかぶち込んで。これは受けますよ、どうです」

「いや、それは……」

「その優柔不断が駄目なんですって。受けなきゃ演奏されません。受けるためなら何でもやんないと。どんどん攻めの姿勢でやっちゃいましょうよ」

その日、ブルックナーの必死の粘りで交響詩とすることは免れ、第一楽章のソナタ形式はかろうじて守った。だが、結果として第四楽章の再現部はほぼ削除されることになり、大幅に短縮された。あの痛い記憶のことを持ち出されるとどうしても拒否できなかった。

後の一八九四年四月九日、グラーツでフランツ・シャルクによってブルックナーの交響曲第五番が初演されるが、これもブルックナーの意向を問わず完全にフランツの判断だけで大きく変更された楽譜によっている。今では改竄版と呼ばれるそれはその後も長らく演奏用として用いられることになった。

この初演は熱狂的な拍手を浴びたというが、このときブルックナーは身体不調のため立ち会うことができなかった。ただ、ブルックナーが同席していたとして、終楽章コーダで、もとの楽譜にはないシンバルが響き、追い込むように速度を速めてオペラの終幕のようにして終わるこの改竄版に満足を得たかどうかはわからない。

フランツの助言によって大きく形を変えた『交響曲第三番』第三稿は一八八九年三月四日、完成し、翌一八九〇年の十二月二十一日ヴィーンで、ハンス・リヒターの指揮によりこの版としての初演がなされた。評判はよく、多大の喝采を得、かつての恨みを晴らすこととなったが、これを聴いたマーラーは「これ、前のほうがよくね？」と言った。以後も彼は第三稿の直しは無用であるという意見を変えなかった。

第五章　晩年　*1890〜1896*

1　交響曲第八番、リヴェンジ

一八九〇年三月十日、『交響曲第八番』第二稿が遂に完成した。ブルックナーは直ちに皇帝フランツ・ヨーゼフ一世に献呈を願い出た。申し出は受け入れられ、四月十六日付の承認書が届いた。

この皇帝への献呈は多くの新聞によって報じられた。〈とくに四月二十日付けの『ファーターラント（祖国）』紙は「今や某宮廷顧問官［ハンスリックのことであろう」にとっても、ブルックナーの作品の演奏を妨げることは、なしえないであろう」と記し、ブルックナーの作品の前宣伝をおこなったのである〉（根岸一美）

こう見ると皇帝はハンスリックを黙らせることはできなかったが、ブルックナーの作品献呈承認によっていくらかの牽制を加えることに、結果としてなったとも言える。

ブルックナーは『第八番』改訂完成の二日後、三月十二日に『交響曲第一番』第二稿の制作を始めた。『第一番』に関しては差し迫った改作の必要もなかったはずだが、おそらくは『第八番』改訂の余勢を駆って同じ様式で続けたいという意向であったのだろう（この時期のブルックナーの交響曲は改訂版も含め、後期の様式とも言える、より重厚な音響になっている）。『第一番』初稿は『第八番』改訂当時のブルックナーにとって物足りなく見えたのである。かつまた、弟子たちがこの機に他作品をも見直すよう助言したであろうことがうかがわれる。

それとともに四月二十八日、ブルックナーは『第八番』の楽譜を出版してくれる出版社の紹介をレヴィに手紙で依頼している。その場合、外国の出版社でお願いしたいとも伝えている。ヴィーンでの出版ではほとんど報酬を得られなかったからである。

このおり、『第八番』第二稿の総譜をレヴィは受け取っているはずだが、第一稿をあれほど否定したレヴィの（想定される）意向に合わせたとするブルックナーの第二稿についてレヴィの意見を記した記録はないのでどう受け止めたかはわからない。ただ、レヴィは出版社、そして『第八番』を指揮してくれる指揮者を探すことに同意し、かなり力を尽くしたもようである。しかしなかなか見つからなかった。

同年九月二十日の手紙で、レヴィはブルックナーに、八方手を尽くしたが今のところ楽譜出版を引き受けてくれる出版社が見つからないこと、出版補助金がないと刊行は難しいことを告げ、そして自身は現在健康を害し指揮を引退していて自分による『第八番』指揮は無理だが、若い有能な指揮者を紹介する、として、マンハイムで宮廷楽長を務めるフェリックス・ヴァインガルトナー（1863~1942）の名を伝えた。ヴァインガルトナーは当時二十七歳の青年で、レヴィが最も信頼する後輩であった。

ブルックナーは十月二日、ヴァインガルトナーに『第八番』総譜のコピーと手紙を送り、演奏の打診をしている。手紙のやり取りはしばらく続いた。

翌一八九一年三月十七日の手紙で、ブルックナーは、演奏の際のフィナーレの短縮は認めているがスコアの変更はしないよう強く願っている。それはつまりカットされた形でも自分の音が響けばよいが、音そのものが変えられてしまってはならないという意味である。

ここでブルックナーは〈目下のところは削除が必要であるが、完全なかたちでのこの交響曲の長さも、「後世」になってその真価が認められることだろうと述べた〉（デルンベルク、和田旦訳）。

レヴィが何度もヴァインガルトナーにブルックナーの『第八番』演奏の実現を促した結果、ようやく九一年三月十九日、『第八番』初演を期してヴァインガルトナー指揮でリハーサルが行なわれた。

ところが四月九日、ヴァインガルトナーから、自分は急遽《きゅうきょ》ベルリンに転任することになったとして、マンハイムでの『第八番』演奏の中止を伝える詫び状が来た。ベルリンではできる限り早くブルックナーの作品を演奏するとあったが、事実上、これで『第八番』の演奏実現はなくなった。

ヴァインガルトナーの手紙は丁重ではあるが「ベルリンからの急な招聘《しょうへい》のせい」を強調し「外的な事情が交響曲の演奏を妨げた」と告げることに終始していて、あまり誠実なものとは言えない。

ブルックナーもある程度察していて、四月十八日レヴィに宛てた手紙で〈「思いますに、あの交響曲はヴァインガルトナー氏に気に入られなかったか、あるいは良い響きがしなかったのでしょう」と書いている〉（根岸一美訳）。

このときのヴァインガルトナーの心情としては「やれやれ面倒なことから逃れられてよかった」といったものだったのかも知れないが、ただ、これで完全にブルックナーの作品と縁がなくなったというわけではなく、ヴァインガルトナーは確かにベルリンで一八九五年三月五日、ブルックナーの『交響曲第四番』を指揮している。しかも一九〇二年にも同じベルリンで遂にブルックナーの『交響曲第八番』をも指揮している。

ブルックナーの生前には『第四番』の一回だけで、ベルリンへ移ってからはベルリオーズやリストの作品が優先された。『第四番』の演奏だけでも大きなことではあるが、ヴァインガルトナーにとってブルックナーはベルリオーズやリストをしのぐ重要作曲家ではなかったわけである。

ヴァインガルトナーは若くから地位を得、美男で知られた。〈彼はエリート然とした、堂々たる風采の指揮者であり、その演奏は典雅で知的だった。彼はモーツァルトのオリジナル演奏の先駆者として知られ、その美意識は本質的に古典的なものだった〉（田代櫂）

すべての点でブルックナーとは正反対と言わざるをえない。

しかも〈回想録によれば、ヴァインガルトナーはヴァーグナーの墓前で初めてブルックナーと出会ったが、その思い出は嫌悪感と結び付いているという〉（田代櫂）。

むしろこの人がブルックナーの作品を二度までも指揮し演奏しているのが不思議なくらいだが、『第四番』のときは知らず、『第八番』演奏時はブルックナー没後で作曲者が既におらず、かつそろそろその伝説的な位置づけもできていて、ヴァインガルトナーももはやブルックナーという「恰好悪い人」の生身の記憶とは距離を置いて演奏できたのかも知れない。現在、ヴァインガルトナーの指揮した作品の作曲家としてブルックナーも記されることが多い。

一八九〇年三月、ブルックナーは健康を害し、医師の診断は「慢性咽喉咽頭カタル《まんせいいんこういんとう》」と「重度神経症」であった。このため七月八日、音楽院に一年間の休職を申請し、音楽院はこれを受理した。音楽院でブルックナーは当時、週十六時間の授業を受け持っていた。

そのため休職の間は収入消失となる。

これに対処するためブルックナーが個人教授をしていた弟子マックス・フォン・オーバーライトナーが呼びかけ、ヴィーン・アルプス鉱業会社の総支配人カール・アルロメート、武器製造業者ヴェルンドゥル家、ランベルク伯爵夫妻、材木商カール・レーダーらが会員となって後援会が発足し、その基金からブルックナーには年間千グルデンの年金が支払われることとなった。ブルックナーは感謝とともにこの後援会を「オーバーエスターライヒ・コンゾルティウム（借款団《しゃっかんだん》）」と呼んだ（田代櫂の訳語による）。このブルックナーのための「コンゾルティウム」はその後、モラヴィアにもヴィーンにも結成されていった。

一方、オーバーエスターライヒ州議会が十月三十日、ブルックナーに終身名誉給金の支給を全会一致で決議し、ブルックナーは同議会の名誉会員として一八九〇年十一月一日から年間四百グルデンを受け取ることとなった。

こうして九〇年七月十二日からブルックナーは病気のため音楽院教授を休職した。

同月三十一日、ブルックナーはザルツカンマーグート（ザルツブルクの東に位置する地方）のバート・イシュルの教区教会で大公女マリー・ヴァレリーの結婚式に出席したさい、大公女に望まれてオルガンの即興演奏を行なった。四年前の受勲申請のおり、皇帝に仲介してくれたのがマリー・ヴァレリーである。

このとき主題としたのは、ヘンデルの『ハレルヤ・コーラス』『皇帝讃歌』そして『交響曲第一番』第四楽章の第一主題である。この演奏のメモが残っていたので現在、それをもとに、『交響曲第一番』の主題による「バート・イシュルの即興」が録音されていることは第二章第3節に記した。

この演奏には皇帝も感心したと伝えられる（土田英三郎による）。

同九〇年十二月十日、ミュンヘンで『交響曲第四番』が演奏された。指揮はフランツ・フィッシャー（1849~1918）である。健康を害していたレヴィから同作品の指揮を託されていた。この演奏は大成功し、指揮者フィッシャー自らブルックナーにその成功を伝えている。演奏を聴いた詩人パウル・ハイゼもまたブルックナーに賞賛の手紙を送った。ハイゼは『第七番』ミュンヘン初演のおり既に美術評論家コンラート・フィードラーの家でブルックナーと知り合っていた。

続いて十二月二十一日、ヴィーンで『交響曲第三番』第三稿が初演された。指揮はハンス・リヒターである。これもまた成功し、かつての敗残の記憶はこれでようやく埋めあわされた。ブルックナーは『第四番』ミュンヘン公演に関してハイゼに送った礼状の中で、このヴィーンでの『第三番』への聴衆の反応についても報告し、「フィルハーモニー・コンサートでは今まで体験しなかった成功」（根岸一美訳）と記した。

これに対し『新自由新聞』十二月二十四日の記事でハンスリックは「ブルックナーの作品に、論理的な思考や明晰な芸術理解が欠けていることをわれわれは残念に思う」（根岸一美訳）と記し、今回も否定的な評価をしているのだが、そう言いながら彼は大晦日、ブルックナーに「わが敬愛する友人に」という献辞とともに自分の写真を送ってきた。

この写真は残っておらず、一説にブルックナーが友人に見せて「これどうしようか」と問うと友人が「そんなもの炉にくべてしまえ」と言ったのでブルックナーは従った、と言われる

（根岸一美による）。

これが事実とすれば、このときハンスリックはヴィーンの音楽状況が大きく変化し始めたことを敏感に感じ取っていたのかもしれない。確かにこの後、しばらくプログラムに載らない一八八八年から九〇年のシーズンを経てからは、フィルハーモニーの演奏会でもブルックナーの曲はたびたび演奏されるようになってゆく。

またこれが事実ならハンスリックという批評家のいささか見苦しい振る舞いと見える。否定的なら一貫して否定的でよく、批判しながら作曲家の機嫌をとろうとするのは批評家としての節を曲げる行為であるからだ。

『第三番』第三稿の演奏会については『ヴィーナー・タークブラット』紙の十二月二十三日付で、リヒャルト・ホイベルガーも批判的な見解を記しているが、大方は好評と言えた。むしろこれまでのブルックナーの作品を見誤っていたという意見さえ出た。

〈ライプツィヒの『ムジカーリッシュ・ヴォッヘンブラット』紙の批評家で、一八七七年の第二稿による演奏の批評を書いたことのあるテーオドール・ヘルムは、翌一八九一年一月二十二日、同紙で「当時、私はこの作品を根本的に誤解していた」と述べ、自分が「この作品の芸術的生命力を否認していたサウルから、この作品が有する高度な意義を確信したパウロへと」回心したことを告白している。終楽章については、「対比的な諸楽句が、媒介無しに並立している」と指摘しているものの、ブルックナーにとってヘルムはもっとも力強い理解者となった。

ヘルムとブルックナーのあいだには個人的な交友が始まっており、ヘルムはまさに、ブルックナーという新しい音楽の布教者となったのである〉（根岸一美）

作品制作としては『第一番』改作に時間を取られる中、『交響曲第三番』演奏の少し前、十二月十五日に新作、男声合唱曲『夢と目覚め』変イ長調 WAB87 が完成し、翌九一年一月十五日、初演されることとなる。

一八九一年一月十五日はまた、ブルックナーが正式に音楽院を辞職した日でもある。休職としていたが結局復帰することはできなかった。同日、楽友協会名誉会員の称号が与えられ、これにより四百四十グルデンの年金を受け取ることになった。

九一年一月二十五日、ヴァーグナー協会主催の演奏会でヴァーグナーの『パルジファル』前奏曲、『ジークフリート牧歌』とともにブルックナーの『交響曲第三番』が演奏された。演奏はこのときもヴィーン・フィル、指揮はハンス・リヒターだった。ヴィーンでのこれほど早い再演は今までになかったことである。

同年二月一日にはグラーツでヨーゼフ・シャルク指揮による『交響曲第四番』、二月十四日にはプラハでカール・ムック（1859~1940）指揮による『交響曲第三番』が演奏された。『第三番』『第四番』については好調だったがこの後、四月九日にマンハイムのヴァインガルトナーからベルリンへの移動による『第八番』演奏中止の連絡が来る。

五月三十一日、ジークフリート・オックス（1858~1929）指揮アカデミー合唱団による『テ・

デウム』がベルリンで初演され、招待されていたブルックナーが何度も舞台に呼び出されるほどの成功を果たした。

〈この時はハンス・フォン・ビューロウでさえも、ブルックナーに対する認識を改め、『テ・デウム』再演の要望を洩らしたという〉（田代櫂）

フォン・ビューローは一八八一年、高い評価を得たブルックナーの『交響曲第四番』第二稿初演のさい、自身の作品も演奏されたのにこちらはほとんど無視されたことから以後ブルックナーには反感を持っていたと言われる（土田英三郎による）。

知り合って以来、ブルックナーが何度手紙を送っても、はかばかしい返答のなかったベルリンの批評家ヴィルヘルム・タッペルトも今回は自ら筆を執り、『クライネス・ジュルナル』紙六月二日に「故郷ウィーンはこの想像力豊かな作曲家を長い間無視してきた。しかし今や、かしこにおいても、遅れていたものを取り戻すべくすべてのことが行われている」（根岸一美訳）と記し、ブルックナーを称賛している。

この『テ・デウム』に感激したテーオドール・ヘンメルレという、織物工場のヴィーン支店営業者からこの頃、『ミサ曲第一番』の出版と販売を打診されブルックナーは同意した。こうしてヘンメルレの義父の経営するインスブルックのヨハン・グロース社から『ミサ曲第一番』が一八九一年秋に出版され、他にも同社から『アヴェ・マリア』WAB5、『五つのタントゥム・エルゴ』WAB41+42、『パンジェ・リングァとタントゥム・エルゴ』WAB33が出版された。

九一年の作品制作としては改訂ばかりだが、『交響曲第一番』第二稿（ヴィーン稿）が四月十八日に完成した。構造的な変更はほぼないが、後期の手法によって作り直されている。

また四月十九日には初期作品『パンジェ・リングァ』WAB31を修正し、「第二稿」とした。第一章第1節で記した通り、一八三五年に書かれたこの曲の初稿には連続五度などの誤った和声進行が含まれていたため、その点を改めたものである。

音楽院を退職したブルックナーだが、ヴィーン大学での講義は続けていた。有給となったものの、教授ではなく講師のままである。肩書を重んじるブルックナーは随分以前から名誉博士号を切に求めていた。教職にあるわけではないブラームスもハンス・リヒターも外国の大学から名誉博士号を与えられているのを見て、イギリスやアメリカの大学へ名誉博士号の授与を申請したがどれも成功していない。

九一年のブルックナーはようやく自身の評価が上昇に転じたと感じ、六月十七日、レヴィに電報で大学からの顕彰《けんしょう》を得たい旨を告げた。レヴィは周囲に働きかけ始めた。

権威筋の何人かが同意した結果、ヴィーン大学からブルックナーに名誉博士号を授与してはどうかという案が検討され始め、七月四日に行なわれたヴィーン大学哲学部教授会で満場一致の承認を得た。

このときハンスリックが激怒して退席したとも、ハンスリックが退場してから評決が行なわれたとも伝えられているが、田代櫂によれば当時ハンスリックは休暇を取っていたとのことである。

一八九一年十一月七日、ブルックナーはヴィーン大学の評議会会議室でヴィーン大学総長アドルフ・エクスナーから名誉博士号を授与された。

授与式でエクスナーと宮廷顧問官シュテファン教授が祝辞を述べた。

〈この称号が名誉称号として音楽家に与えられたのはこれが初めてであった。ブルックナーは大変に感激して、授与式の後で答えようとしたときには何を言っているのかまったく分からなくなり、最後にこういった、「私は感謝の言葉を思うように述べることができませんが、ここにオルガンがあれば、それができると思います」〉（シェンツェラー、山田祥一訳）

十二月十一日、ゾフィーエンザールでブルックナーへの博士号授与を祝う学生主催の祝賀会が開催された。学生、アカデミー歌唱協会のメンバーに加え、教授、国会議員、芸術家、外国の報道関係者等三千人が出席する大規模なものとなった。

博士号授与への感謝としてブルックナーは新たに改定された『交響曲第一番』第二稿をヴィーン大学に献呈した。

続いて十二月十三日、第三回フィルハーモニー・コンサートでベートーヴェンの序曲『命名祝日』、シュポーアの『ヴァイオリン協奏曲第八番』とともにブルックナーの『交響曲第一番』第二稿が初演された。指揮は今回もハンス・リヒターである。

この演奏について、マックス・カルベックは『ヴィーナー・モンターク・レビュー』十二月二十一日の記事で皮肉な調子に否定し、フーゴー・ヴォルフはその私信に、この成功は党派的である、と記して、本来ならブルックナー支援者としては肯定すべきブルックナーの作品の受容に疑問を呈した。一方、十二月十七日の『ドイチェ・ツァイトゥング』紙にテーオドール・ヘルムがこの曲を絶賛する記事を掲載した。

これまでもたびたび頭痛や足の痛みに煩わされてきたブルックナーだが、一八九二年にはその健康状態がいよいよ悪化してきた。

九〇年以後、複数の医師による診断では、動脈硬化、心不全、下肢水腫、静脈瘤、肝硬変、糖尿病、とある（根岸一美による）。中でも下肢水腫による痛みと歩行困難がブルックナーを悩ませた。

九二年二月九日『王の御旗《みはた》は翻《ひるがえ》る』WAB51が完成し、四月十五日の聖金曜日に聖フローリアンで、ベルンハルト・ドイブラー指揮によって初演されたが、ブルックナーは足の痛みのため、出席できなかった。この曲はブルックナー最後の典礼曲となった。作曲の動機は自発的なもので注文によって書いたものではないとされる。無伴奏四部合唱によって演奏される。

同十五日、ハンブルクで市立劇場首席楽長となっていたグスタフ・マーラーの指揮によってブルックナーの『テ・デウム』とモーツァルトの『レクイエム』が演奏された。その成功の様子はマーラーの手紙でブルックナーに伝えられた。

四月二十九日、『ドイツの歌』WAB63が完成、六月五日に初演された。これは前年『夢と目覚め』WAB87が成功したことから、一八九二年六月にザルツブルクで開催されるドイツ・アカデミー合唱祭のために依頼された作品である。グラーツのギムナジウム教師エーリヒ・フェルスによる愛国的・煽情的・戦闘的な歌詞を用いるよう指定された。男声四部合唱とホルン4、トランペット3、トロンボーン3、バス・チューバ1によって演奏される。合唱祭では『ゲルマン人の行進』とともに演奏され、大成功した。

同時期、ブルックナーは『詩篇第一五〇篇』ハ長調WAB38を作曲中でもあった。その年五月七日開催のヴィーン国際音楽演劇博覧会の開会式のためとして、前年十二月、ヴィーンアカデミー合唱連盟の指揮者でもあったホイベルガーから依頼され、『交響曲第九番』第一楽章の作曲を中断して取り組んでいたものである。『テ・デウム』に並ぶ管弦楽付きの宗教音楽で、提供された歌詞の中からブルックナーは「特別の荘重さのゆえに」『詩篇第一五〇篇』を選んだ（『ブルックナー／マーラー事典』根岸一美による）。

だが作曲は予定通りに進まず、ブルックナーは九二年三月三十一日、ホイベルガーに五月七日には完成が間に合いそうにないと伝えた。

『詩篇第一五〇篇』作曲の遅れの理由としてブルックナーは健康上の問題を訴えており、特に足の痛みに妨げられている、と、その指揮を予定していた楽友協会コンサートの監督ヴィルヘルム・ゲーリッケ（1845~1925）に宛てた手紙に記している。

その後六月二十九日に一旦完成し、七月七日および十一日に修正を加えられた。ソプラノ独唱、混声四部合唱、フルート2、オーボエ2、クラリネット2、ファゴット2、ホルン4、トランペット3、トロンボーン3、コントラバス・チューバ、ティンパニ、弦五部によって演奏される。

完成後、九二年九月にヴィーンで開催予定の全ドイツ音楽協会音楽祭で演奏されるはずだったが、ヴィーンでのコレラ流行の噂から中止になった。また音楽演劇博覧会の開会式での演奏の方も予算の不足から中止となっていた。

同年十一月十三日、『詩篇第一五〇篇』は第一回楽友協会演奏会でゲーリッケの指揮によりようやく初演された。だがこの演奏に関しては否定的な評が多く、テーオドール・ヘルムは『ドイチェ・ツァイトゥング』紙十一月十八日付で、作品自体を高く評価しつつ指揮者の能力に不満を記している。〈合唱パートが技術的に難しすぎたため〉（土田英三郎）でもあったようだ。

『詩篇第一五〇篇』のブルックナー作品中の位置づけを『名曲解説ライブラリー5　ブルックナー』から寺本まり子による記述を引く。

ブルックナーはモテト以外にも比較的小規模な教会音楽作品として、ドイツ語の詩篇をテクストとする作品を5曲書いた。これらの曲のうち、ザンクト・フローリアン時代の2曲にはまだメンデルスゾーンの影響が認められるが、リンツ時代の《詩篇第146篇》はすでにその影響を脱しており、翌年の《第112篇》には若々しいブルックナー独特の語法がみなぎっている。これらの曲に比べてより一層大規模な《詩篇第150篇「ハレルヤ、主をほめたたえよ」》は、ブルックナー晩年の円熟した様式を示し、《テ・デウム》と並ぶブルックナーの代表作であるといっても過言ではない。

〈ブルックナーは、この曲を「自分の最良の祝祭カンタータ」と語っていた〉（門馬直美）

『詩篇第一五〇篇』が修正を終えて完成したすぐ後の七月十四日、ブルックナーはヨーゼフ・エーベルレ社と、作品の出版のための契約を結んだ。

これにより、『交響曲』第一番・二番・五番・六番、『ミサ曲』第二番・三番、『詩篇第一五〇篇』およびいくつかの男声合唱曲に関する出版契約が締結され、今後作曲される全作品についてもヨーゼフ・エーベルレ社が出版専有権を持つとしたが、結局この契約は履行されなかった（土田英三郎・根岸一美による）。

その後、同社の権利はウニヴェルザール・エディツィオーン社に引き継がれることになる（根岸一美による）。

契約を終えたブルックナーはバイロイトに向かい、『パルジファル』と『タンホイザー』を鑑賞した。そして一八九二年のこれがブルックナー最後のバイロイト訪問となった。

バイロイトから帰ったブルックナーはオーバーエスターライヒでの休暇を用いて『交響曲第

九番』の第一楽章の制作を続け、十月十四日にそれはひとまず完成した。

ヴィーンに帰ったブルックナーは健康上の理由から十月、宮廷楽団に退職願いを提出し、それは受理された。こうしてブルックナーは十月二十八日、宮廷楽団を退職した。以後はヴィーン大学での講義以外、作曲に専念できることとなったが、ブルックナーの健康状態は一層悪化していた。

一方、ようやく『交響曲第八番』第二稿初演が可能となってきていた。この年、既に出版が実現している。皇帝から千五百グルデンの補助金が支払われることとなり、ベルリンのローベルト・リーナウ社がヴィーンのカール・ハスリンガー社を代理として九二年三月に出版した。ただ、ここでもヨーゼフ・シャルクが多くの変更を加えている。

ヨーゼフ・シャルク編曲の四手用ピアノ譜もともに出版された。

ヨーゼフは十一月二十二日、「ヴァーグナー協会の夕べ」で『交響曲第八番』第一楽章を当人編曲のピアノ独奏で紹介した。

これらの後、一八九二年十二月十八日、第四回フィルハーモニー演奏会でブルックナーの『交響曲第八番』第二稿が遂に初演されることとなった。

そのときの様子をカール・グレーベの著から引用する。

この作品は、やっと一八九二年十二月十八日にウィーンでハンス・リヒターによって初演された。結果的には、初演が遅れたことによりその間になされた改訂は報われた。フーゴー・ヴォルフが彼の批評に書いているように、その初演は「ウィーンの年鑑に、それのみが記されるべきであるような大きな出来事」となった。

今回はこの交響曲のみがプログラムを占め、他のどんな作品もそれには加えられなかった。ウィーン・フィルハーモニーは、この曲を六回の練習で、すばらしく弾き込んだ。

初演の直前に、ブルックナーによるこの交響曲の献呈を、謁見して好意的に受け取った皇帝フランツ・ヨゼフ一世は、彼自らは確かに出席はしなかったが、宮廷の高官の主だった人々を自分の代理として出席させた。

こうしてこの演奏会は、社交界の大事件ともなった。聴衆の間での成功は非常に大きく、ブラームスは役員専用のロージェで身動きもせず座ったままであったし、ハンスリックは聴衆の彼に対する不満を感じながら、早目に演奏会場を立ち去ったので、ブルックナーが三つの大きな月桂樹の冠をかけられた光景は見ないですんだ。（天野晶吉訳）

『交響曲第八番』が皇帝に献呈され、印刷費用を負担してもらうことになったのが一八九〇年三月（『名曲解説ライブラリー』門馬直美による）なので「初演の直前に献呈」というのは不正確だが、他はこのとおりであったようだ。

さらに、出席者には政府高官のほか、亡き王子ルドルフの夫人シュテファニーと大公妃マリア・テレジアの姿が見られ、楽章が終わるたびにブルックナーにたいして盛んな拍手が送られた。またブルックナーに与えられた三つの月桂冠のうちのひとつは皇帝からだった。
そしてハンスリックはと言えば、〈彼は終楽章が始まるまえに、これ見よがしに会場を去ったのである〉（根岸一美）。この振る舞いは多くの人が伝えていることなのだが、しかし、ハンスリックはその後、『新自由新聞』十二月二十三日にブルックナーの『交響曲第八番』初演に関するかなり長い批評を掲載している。事前に楽譜を見ていたとも書いているが、最終楽章を全く聴かずに「非人間的な絶え間ない轟音」（『音楽の手帖　ブルックナー』から、海老沢敏訳）などという評を書けたものだろうか。おそらくは、第四楽章が始まる前に席を立ったのはポーズであって、実のところどこかで四楽章の末尾まで聴いていたのではないかと思われる。
ハンスリックの評「『第八交響曲』の初演に際して」を以下に抜粋する。

この作品の特色は、一言で言えば、ワーグナーの劇的様式を交響曲に移しかえたものである。ブルックナーは常時ことさらにワーグナー的な表現方法、効果、名残りにとらえられたばかりでなく、――彼は自分の交響曲を造り上げるさいにお手本としてワーグナーのあるいくつかの作品を念頭に置いたようにさえ思われる。たとえばなかでも《トリスタンとイゾルデ》の前奏曲がそうである。

（中略）

ブルックナーの最新のハ短調交響曲にとってまた特徴的なことは、無味乾燥な対位法の実際には役にも立たない知識と、無際限な興奮とが、直接に並存していることである。そのように陶酔と単調さの間をあちこちと振りまわされている私たちは、いささかも確実な印象や芸術上の楽しみをうることがないのである。すべてが見通しもつかず、秩序もなく、無理なかたちで、おそるべき長大さのうちに流れ込んでいる。

（中略）

ブルックナーのハ短調交響曲の非常な〈深さ〉について、前もってたいへん刺戟的な風評が流れたので、私も総譜の研究や総練習を見に行くことによって、しかるべき準備をおさおさ怠りはしなかった。しかしながら白状しなければならないのは、この世界を包括するような作品の秘儀は、理解力が一篇の解説的なプログラムのかたちで、私の手に与えられてはじめて私に明されたことである。

（中略）

彼（引用者注＝プログラムの執筆者ヨーゼフ・シャルク）を通して、私たちは第一楽章の煩わしく唸る主要動機が〈アイスキュロスのプロメテウスの形姿だ〉と知るのである！この楽章のことさらに退屈な部分は〈ぞっとするような孤独と静寂さ〉という美化した名を得る。〈アイスキュロスのプロメテウス〉に直接隣りあわしているのは――〈ドイツの野人〉である。もし批評家がこんな悪態口を喋りでもしたら、彼はたぶんブルックナー門下によって石で打ち殺されてしまうだろう。しかし作曲者自身スケルツォに〈ドイツの野人〉という名をつけたのであり、プログラムに印刷してあって読めるのだ。

（中略）

あとに続くすべては、それだけにいっそう崇高である。アダージョでは、まさに〈万物をいつくしむ人類の御父が測りがたいまでにゆたかな恩寵のうちにいます〉のを観るのだ！　アダージョはまさに二八分間も、つまりほぼベートーヴェンの交響曲一曲ほどの長さつづくので、私たちはこうした類い稀な光景にふさわしい時間辛抱するのである。

さて、フィナーレは、そのバロックな諸主題や混乱した作り方、それに非人間的な絶え間ない轟音によって、まさに没趣味の典型にほかならぬものと私たちには思えるのだが、プログラムによれば〈神的なるものに仕える英雄主義〉なのだ！　中でたからかにひびくトランペットの合図は〈永遠なる神の真理の告げ手、神の意志の使者〉である。こうしたプログラムの子供っぽい讃歌の調子は、われらがブルックナー組合の性格を示すものであるが、この組合は周知のごとく、ワーグナー党やワーグナーがもうあまりに単純すぎ自明すぎるというなん人かの参加者からなっている。ワーグナー主義が音楽の面ばかりでなく、文学の面でも党派を形づくっていることがわかる。

ところでこの新交響曲の受けはどうだったろうか？　荒れ狂うような歓呼、一階の立見席からはハンカチがひるがえり、数え切れないほどのアンコールがあり、月桂冠がさし出される等々。いずれにせよ、ブルックナーにとってはこの演奏会は大成功であった。

（中略）

これはすべての党派の役には立つが、フィルハルモニカーのためになることはむずかしいだろう。（『音楽の手帖　ブルックナー』海老沢敏訳）

抜粋の第一連とした「この作品」から「そうである。」の部分はこれまでと変わらない「ブルックナーはヴァーグナーの亜流」というハンスリックの見解だが、これは前章で安易に過ぎると述べたとおりである。ただしこれも前章で述べた通り、そもそもこの楽譜をヨーゼフ・シャルクができる限りヴァーグナー風に改変しているのだからそのように聞こえるのも仕方ないとは言える。

その中、『トリスタンとイゾルデ』前奏曲の半音階進行との共通性に言及しているのは慧眼《けいがん》で、この後の『交響曲第九番』ではそれが一層拡大し、そしてこの傾向が後代のシェーンベルクに無調・十二音音階による音楽を発案させ、そこから新ヴィーン楽派が誕生するのだから、ここは重要な点に注目していると言えるだろう。

抜粋第二連で、対位法と興奮が並存している、というのは、その負の評価を別にすると、この『交響曲第八番』のみならずブルックナーの交響曲の多くに言えることと思われる。

また、陶酔と単調さの間を振り回され、「すべてが見通しもつかず、秩序もなく、無理なかたちで、おそるべき長大さのうちに流れ込んでいる。」というのはこの『第八番』を初めて聴いて驚きつつも退屈した鑑賞者の感想としてであれば極めて正確である。『第八番』を愉しむには何度か聴いて慣れるという予備的な練習が要る場合が多く、「好きになった」という人も一聴してすぐとは必ずしも言えない。その意味で、「好きになれなかった」ハンスリックのこの感想は正直なものなのである。

第三連以下でプログラムに記された文言を引用しつつ解釈しようとしているのは現在広く行なわれている絶対音楽としての『交響曲第八番』の鑑賞からは外れており、確かに作曲者がそういった解説をしている部分もあるとしてもこの言葉から意味を読み取ろうとするのは、ブルックナーの音楽に関しては正しいと言えまい。しかもヨーゼフの解説のほとんどはブルックナーが機会あるごとに伝えていたそれではなかった。

この演奏会のおり配布されたプログラムにはハンスリックが引用している通り、ヨーゼフ・シャルクによる自作の詩を添えたギリシャ神話風の解説が載せられており、田代櫂によると次のように要約される。

第一楽章「アイスキュロスのプロメテウス」
第二楽章「ドイツのミッヒェル」
第三楽章「静穏な神の支配」

第四楽章「神への献身におけるヒロイズム」

第二楽章「ミッヒェル」は「ミヒャエル」「ミハエル」等とも表記される、ドイツでの古典的な男性の名前で、日本なら「太郎」などにあたる。それをブルックナー自身は「野人ミッヒェル」と記していた。それというのはゲルマン古来の宗教にキリスト教が取って代わって以後、ドイツ人の守護者が大天使ミカエルと信じられたことから、フランス人たちがドイツ人巡礼者を「ドイツのミシェル（ミッヒェル）」と呼び、それはやがて「鈍重愚直なドイツ人」を意味する言葉となり、「ミッヒェル」というだけで都会的でなく洗練されない「ドイツの野人」のニュアンスを含むようになったからである（田代櫂による）。

そしてこの第二楽章のスケルツォの部分で、野人ミッヒェルが田園で夢見ているという意味合いをかつてブルックナーは記していた。

だがヨーゼフの記事とブルックナーの自己解説との共通部分はここだけで、この曲は本来ギリシア神話とは全く関係がなく、ヨーゼフの主観による、あるいは宣伝用のいかにもロマン派的な物語の借用でしかなかった。ヨーゼフは音楽の響きばかりかその意味合いまで勝手に決めたのである。

なお、ブルックナーは『交響曲第八番』第二稿の標題的内容について多くの人に語っており、特にヴァインガルトナーとのやり取りのあったさい、その手紙に以下のように記した。

第一楽章には主題のリズムに基づく、トランペットとホルンの楽節がありますが、それは「死の告知」です。それは途切れがちながらしだいに強く、しまいには非常に強くなって姿を現わします。終結部は「降伏」です。

スケルツォ。主要主題は「ドイツの野人ミッヒェル」と名付けられています。第二部で野人は眠ります。彼は夢の中で自分の歌を見付けられず、嘆きながら寝返りを打ちます。

終楽章。我が皇帝がその頃オルミュッツで、ロシアのツァーリの訪問を受けた時の模様です。弦はコサックの騎行。金管は軍楽隊。トランペットのファンファーレは、皇帝たちが出会う場面。最後にすべての主題（おもしろく）、タンホイザー第二幕で王が登場する場面のように、ドイツのミッヒェルが旅から帰ると、すべてが光輝に包まれます。フィナーレでは葬送行進曲と変容が（金管で）奏されます。（田代櫂訳）

ヨーゼフの恣意的な解釈は論外としても、作者がここまで自己解説しているのだから『交響曲第八番』を標題音楽的に鑑賞するのも間違いではないかもしれない。しかし、ブルックナーのすべての交響曲がそうであるようにこの『第八番』もまたそうした物語的解釈を忘れて聴いても感銘を受ける人は受けるのであって、ヴァーグナーの楽劇のように付随する物語を知らないと鑑賞したことにならないというものではない。

しかも、ヴァインガルトナーになんとかして興味を持ってもらおうとして記したこの言葉は、嘘ではないにしてもブルックナーが自作を当時の新ドイツ楽派にとって重要なジャンルである標題音楽に引きつけることで、自分の抽象的・絶対音楽的な作品を物語的に解釈してもらおうとする便宜のようなものと、現在からは思われもする。少なくとも第四楽章は描写音楽ではない。

ヴァーグナー的な「総合芸術」への批判を続けるハンスリックとしては、同じく敵対するブルックナーをも、物語的なものに奉仕する作者として否定したかったのかも知れないが、事実と突き合わせる限り、そこは当たっていない。ただ「プログラムの子供っぽい讃歌の調子は、われらがブルックナー組合の性格を示すものである」というのは全くそのとおりではないだろうか。そしてこれはブルックナーに対してではなく、「ブルックナー組合員」ヨーゼフ・シャルクの記した的外れな物語的解説への感想である。

グレーベは〈この曲に対するハンスリックの有名な否定的な批評は（中略）例の標題的な「内容解説」によって、必要以上に挑発されてなされたものであった〉（天野晶吉訳）と記した。

また田代櫂はこう告げた。

〈ブルックナーの『第八番』は、どのようなプログラムとも無縁な、強固で自律的な音楽構造を備えている〉

しかも当時それを語ることができたのは「ブルックナー側の人」ではなかった。

〈そのことを誰よりもよく理解していたのは、むしろ彼の「敵陣営」の方だった。『第八番』初演翌日の「月曜レビュー」紙に、マックス・カルベックはこう書いている。「そもそもブルックナーがスケルツォを書くにあたって、彼の脳裡にドイツのミッヒェルがあったかどうか、私たちには何の関わりもない。スケルツォが作曲者の音楽的意図を忠実に再現するためには、特別な英雄など必要でなく、彼の交響曲に標題は不要なのだ。私たちはブルックナーの作品を、その友人からだけでなく、彼自身からも守らねばならないのである」〉（田代櫂訳）

そればかりでなく、カルベックは次のようにブルックナーの『第八番』を称賛した。

〈それはこれまでに発表されたこの作曲家の作品中、疑いもなく最高傑作であろう。明瞭な構想、見通しのよい編成、意味深い表現、洗練されたディテール、そして論理的な思考によって、それは過去の作品を陵駕している〉（田代櫂訳）

カルベックは「ハンスリックの助手」などと言われもし、ブルックナーの『交響曲第七番』の演奏の際は酷評していた。その人がここまで書いたのであればむしろその言葉は信頼に値するとも言える。また『第七番』を絶賛した人レヴィが『第八番』初稿を否定し、『第七番』を否定した人カルベックが『第八番』第二稿を絶賛したというところ、『第七番』と『第八番』の持つ方向性の本質的な差を思わせる。

ブルックナーは、その解説とは別の意味でこの曲に自負を持っていた。

〈とにかく、この交響曲は、とくに旋律的な動きに美しさがあるので、ブルックナー自身気に入っていたようで、この曲を自作の交響曲のなかで最も美しい作品であると考えていたとのことである〉（門馬直美）

さて中途退席の件、ハンスリックによる評の抜粋第三連に「総練習を見に行く」とあるので、終楽章など聴かなくてももうわかっていた、ということなのかも知れないが、第五連末尾では終曲後の喝采の様子まで記されており、やはり最後まで見届けていたと見る方が自然であるし、そもそもこれだけの批評を書くのに途中から聴くのをやめたというのもあまり考えられない。

それはともかく、ハンスリックの結論としては、ブルックナーの『交響曲第八番』の演奏は、ブルックナー派には役立つがヴィーン・フィルにとっては利にならないだろう、というものだった。これについては現在のヴィーン・フィルでのブルックナーの作品演奏の頻度とその重要度の認識が回答になっている。ブルックナー生誕二百年となる二〇二四年に向けて、クリスチャン・ティーレマン単独指揮ヴィーン・フィルハーモニー管弦楽団による、習作と『第〇番』まで含めたブルックナーの交響曲全曲録音が実現していることからも、かつて『第三番』を貶《おとし》めたオーケストラの「改心」は明白であり、それが覆《くつがえ》ることはもはやない。

では特別席で聴いていたブラームスはどう反応したのだろう。

ヴォルフによれば〈事実、この交響曲はブラームスによってでも称讃された〉（喜多尾道冬・仲間雄三訳）。

あるいは、〈ブラームスはこう言ったと伝えられている。「確かにブルックナーは偉大な天才だ」〉（土田英三郎）。

デルンベルクはリーナウという著述家の回想として次のようなエピソードを記している。

〈リーナウは当時、カール・ハースリンガー（初代トビーアス）の著名な楽譜出版社で働いていたが、ある日のことブラームスおよびその他の少数の知人たちといっしょに小旅行を行なった。「音楽のことはまったくといってよいくらい話題にならなかったが、ただ一度彼はわたしにこういった。《リーナウさん、ブルックナーの第八交響曲をわたしに送るのを忘れないでください。とても興味があるのだから。たぶん買うことになるでしょう。（後略）》」〉（和田旦訳）

ブラームスはブルックナーの交響曲を「交響的なうわばみ（大蛇）」と言ったと伝えられる（門馬直美による）が、それがこの『交響曲第八番』をさしてなのかどうかはわからない。ヴォルフの言葉ほどの称賛があったのかも不明だが、大変意識していたことは確かなようである。

当日のブルックナーの振る舞いについて、グレーベはこんなことも報告している。

〈ブルックナーが演奏会場前の夜の路上で、どうしても彼の敵ブラームスとハンスリックの馬車へ急いで行って、その扉を恭しく開けてへりくだったあいさつをしたがったのを、人々は穏かではあるが力ずくで引き止めなくてはならなかったのである〉（天野晶吉訳）

さらにシェンツェラーによれば、終演後、次のようなこともあったという。

〈一八九二年、「第八交響曲」が初演されたときにも、ハンス・リヒターは少々変った贈物を受けている。ブルックナーは、四八個のほかほかのクラッペンという大きなドーナツの一種を持って、楽屋口でリヒターを待っていた、といわれている。彼はその菓子を一緒に食べて初演を祝うつもりだった、というのである〉（山田祥一訳）

こうしてブルックナーの一八九二年は『交響曲第八番』が成功を見た年として終わった。

第十六場　交響曲第八番演奏の日

一八九一年一月十五日、六十七歳のブルックナーは音楽院の教授を退職した。それとともに楽友協会名誉会員として年額四百四十グルデンの年金を得ることとなった。この頃は他にも多くの支援者から基金が寄せられてきていた。そろそろもう本当に教師仕事はやめて宮廷楽団の拘束時間以外を作曲だけに使えるようになっていた。

十一月七日にはヴィーン大学から名誉博士号が授与された。ただし、これも自然にそうなったわけではない。八〇年にブルックナーは無給講師ではなく年額八百グルデンの有給講師となっていたが、その講師就任のときと同じく、レヴィやヘルメスベルガーの助力を得ての本人による執拗な画策の結果である。ともあれ七月四日、大学の哲学部教授会で、アントン・ブルックナーへの名誉博士号授与の提案が行なわれ、ハンスリック教授が休暇で欠席する中、評決が行なわれ、決定した。

ブルックナーはこの返礼としてヴィーン大学に、改訂された交響曲第一番を献呈した。

もう六十八歳になっちゃったけど、自分もやっとブラームス級の偉いさんになれたなあ、と思っては上機嫌で毎夜、弟子たちと鯨飲馬食《げいいんばしょく》を続けた。ブラームスは一八七九年、四十六歳でブレスラウ大学から名誉博士号を授与されている。ブルックナーは市街や大学構内でブラームスに出会うと、ハンスリックに対すると同じく、大げさで卑屈な挨拶をした。いつもブラームスのことは「博士《ドクトル》」と呼んだ。

あんなにみんなから尊敬されていればなあ、どっかの大学が自分にも博士号くれないかなあ、と思うこと十数年後の今回の成果であった。

ところが弟子たちと飲み歩き過ぎたせいか、翌年から目に見えて健康状態が悪化した。よく脚が腫れるようになったのは心不全と動脈硬化のせいである。医者は肝硬変と糖尿病も指摘していた。食餌制限を課されることが増え、ブルックナーは大いに無念がった。

健康上の問題から一八九二年十月二十八日、宮廷楽団を退職した。いよいよ作曲に時間を使えるようにはなったが、今度は健康がそれを妨げるようになった。

ブルックナーを見知らない人は、今もその容姿衣装振る舞いを嗤《わら》ってやまないが、しかしヴィーン市内ではもうブルックナーを知らない人はいなくなり、ヴィーンの名物男となりつつあった。そして支援者たちの好意的言及から、「敬虔《けいけん》なカトリック信者で世俗的な欲の全くない、素朴で無垢な心を持つ聖者のような芸術家」という体《てい》の良い意味づけがなされ始めたので、ブルックナーはここぞと田舎のぼんくら者を演じた。

十二月十八日、ヴィーンで遂に交響曲第八番第二稿が初演されることとなった。

指揮はハンス・リヒター、ヴィーン・フィルの定期演奏会で、この日は交響曲第八番一曲だけというプログラムである。

この演奏会は『三番』のときのように聴衆がほぼ聴きたい曲が終わった後のどうでもよい付け足しとしての演奏ではなかった。演奏家たちもこれに手抜きはできない形に追い詰められていた。そもそも『八番』は全曲演奏すれば八十分以上という大曲なので、その上、他の曲を加えることは望ましいものではない。すべては指揮者ハンス・リヒターの采配《さいはい》である。

楽友会館ホールは満員となっていた。しかも、この『八番』は皇帝に献呈されたので、皇帝フランツ・ヨーゼフ一世が、当人は出席しなかったものの、宮廷高官の主だった人々を自分の代理として出席させた。そのため貴族方の社交の場ともなった。亡き王子ルドルフの夫人シュテファニーと大公妃マリア・テレジアが来臨した。これで失敗はもはやありえない段取りとなっている。

結果は予想を越えての、驚くほどの成功で、特にスケルツォとアダージョの後では際限のないほどの喝采が続いた。

終曲の後の雷のような歓声には、

「これほどの喝采はフィルハーモニカー始まって以来じゃないか」

と音楽記者カール・アルブレヒトが興奮して言った。

ブルックナーを支援した歌曲作曲家で批評家としても知られるフーゴー・ヴォルフが後になって、「ヴィーンの年鑑に、それのみが記されるべきであるような大きな出来事」と評した。

ブルックナーには三つの月桂冠が贈られた。そのひとつは皇帝からだった。

ハンスリックはフィナーレが始まる前にこれ見よがしに退場して見せたが、辟易《へきえき》して帰った形を誇示しながら二階の後ろで最後まで聴いていた。

それで演奏会後、ブラームスと連れ立って馬車に乗ろうとするハンスリックをブルックナーは見出した。

いきなりブルックナーが駆けだしたのを見た弟子のレーヴェとマイスナーは、師が二人のために先回りして馬車の扉を開けようとしているのだと直ちに察して走り寄り、懸命に止めた。

「先生、駄目です」

「いや、行って礼を尽くさないと」と、なおも馬車に近寄ろうとするブルックナーの前を二人で塞ぎ、レーヴェが言う。

「先生、あなたは今日、主役なんです。使用人みたいなことをしてはいけません」

「でもハンスリックに悪く書かれたくないんだよ」

「先生、ハンスリックにどれだけ丁寧に頭を下げても彼は批判を控えることはありません。きっともう彼は今回書くべきことを決めていて、先生がどんなに精いっぱい敬《うやま》って見せても、軽蔑するだけですよ。そんなの、これまででわかってるじゃないですか」

「でも」

「いいえ、今日は絶対通しません」

「困ったなあ」

「もう、先生、何言っても変わらない相手にへつらうの、やめてくださいよ」

「でもなあ」

と、ぐずぐず言っていたブルックナーだが、はっと思い出したように、

「そうだ、注文したあれ、受け取らないと」

と言ってホールに戻って行った。

レーヴェとマイスナーはほっとした顔を見合わせた。

うちの先生はあれが困る、と互いの表情がそう告げ合っていた。

ホールに戻ったブルックナーは予めパン屋に注文してあったものを裏口で受け取ると、楽屋の方へ急いだ。

この成功をもたらしてくれた指揮者ハンス・リヒターのために、ブルックナーはほかほかに揚げたクラッペンを四十八個、大きな盆に載せて楽屋口で待っていた。二人でこれを食べて祝おうというのだった。

以前、ブルックナーは、交響曲第四番の初演の際も、やはり指揮をしていたリヒターがリハーサルを終えたとき、古いターラー銀貨を一枚リヒターの手に握らせ「これでビールでも飲んで私の健康を祝してください」と言った。リヒターは、なんなんだこの人は、と思いもしたが、その不器用な、しかし心からの感謝を受け取る気持ちで、これを時計の鎖に付けてその後、身

につけた。

上機嫌で揚げパンを掲げている、田舎のお人好しの、まったく野人ミヒャエルそのままの、この老人を見てリヒターは、いくらか心和むとともに、ふと悲しくなった。

皇帝から勲章を授与され、ヴィーン大学の名誉博士であり、そしてこの誰もが仰ぎ見る偉大な『交響曲第八番』の作曲者、本来なら自分のような若造には厳しい注文をつけ叱りつけてもおかしくない人が、にこにこしながら揚げパンを差し出してくるのを、リヒターは、ああこれほどまでにこの人は、芸術家として尊ばれることが乏しかったのだ、いつも誰かに頭を下げ、憎まれないよう、鋭く賢く見えないよう、田舎者を演じてきたのだ、これは何十年も荒れた畑を耕し続け、やっと収穫を得て大喜びしている農夫の顔だ、報われない数十年を経てきた人のようやくの笑顔だ、と、そんなことを考えた。

もう十分ですよ、ブラームスほどとは言わないが、もう少し気難しそうに、芸術家らしく、偉そうにしてくださいよと言いたくなる。

「どうですか、師匠《マイスター》」とブルックナーが盆を差し出すと、リヒターはひとつつまんでかじり、「うまいです。ありがとうございます、博士《ドクトル》」と心一杯の尊敬を示して言った。

2　第八番その後、ベルリンで

『交響曲第八番』その後の、楽譜の校訂については以下のとおり。

この第8番の交響曲の第1稿の楽譜は、ブルックナーの在世中には出版されず、1972年になって、ノヴァークの監修によってはじめて刊行された（N_1）。改訂稿（最終稿）は、ヨーゼフ・シャルクとノヴァークの編集で1892年に出版された。ただし、これは、ブルックナーの関知しないシャルクの手がかなり加えられていて、現在では演奏に使用されることはまずない。その後、1939年にハース版が刊行された。これは、最終稿にもとづきながら、第1稿の素材も多くとり入れている。そして、1955年にノヴァークは、もっと徹底して最終稿による楽譜をつくりあげた（N_2）。このような事情があるにもかかわらず、ハース版とN_2には、細部において違いはあるものの、大局的には本質的に極端な相違はない。それでも、とくにこの交響曲では、両者のどちらをとるかについて、指揮者の間で大きく意見が分れていて、なかにはその両方を折衷した楽譜を使用する人もいる。（『名曲解説ライブラリー5　ブルックナー』門馬直美）

なお、『交響曲第八番』はヴィーンでの初演以来第二稿として知られ、現在も多くの指揮者がこちらの譜を用いているが、近年、第一稿の演奏も積極的に行なわれ始めている。第一稿全曲の初演は一九七三年九月二日ロンドン、ハンス＝フーバート・シェンツェラー（1925~97）指揮BBC交響楽団により実現した。

一八九三年となった。ここからしばらくブルックナーの患《わずら》いはさらに重くなってゆく。一八九二年の『交響曲第八番』初演の後、ブルックナーはクリスマスから新年までを聖フローリアンで過ごし、翌九三年一月二日にヴィーンに戻ったが、このとき足の水腫がひどくなり、診断によれば浮腫と胸水貯留《きょうすいちょりゅう》をともなう重度の心臓病であった。深刻な呼吸困難もあり、胸膜穿刺《きょうまくせんし》などの治療後、医師からアルコール摂取を制限され、牛乳摂取によるダイエットが命じられた。

主治医はまた家政婦カティに訪問客を避けるよう伝え、カティは従ったが、そのことをブルックナーには教えていなかったため、ブルックナーは弟子ゲレリヒに、自分に会いに来る者が誰もいない、見捨てられている、と無念がる手紙を書いている。なお当時ゲレリヒはニュルンベルクの音楽学校の校長になっていた。

こうした中でもブルックナーは一月頃から『交響曲第九番』のアダージョを書き始め、また二月二十七日には同曲のスケルツォを完成させた。

同年三月二十三日、楽友協会ホールでヴァーグナー協会により『ミサ曲第三番』が演奏された。この曲では初めてのコンサートホールでの演奏である。指揮はヨーゼフ・シャルク、オーケストラは宮廷舞踏会監督エドゥアルト・シュトラウス率いる楽団であった。ブルックナーはどうにか出かけることができた。この演奏はブラームスも聴いており、終曲後、大きな拍手を送った。

その後、いよいよ外出が難しくなってきたが、四月二十七日には男声合唱とオーケストラのための『ヘルゴラント』ト短調WAB71のスケッチを書き、八月七日に完成させた。この曲はヴィーン男声合唱協会の創立五十周年記念祝典のために委嘱された世俗合唱曲である。

これがブルックナーの完成された最後の作品となった。またこれは大管弦楽を伴う唯一の世俗合唱作品である。ブルックナーは世俗合唱曲を多く制作しているが、中でこの『ヘルゴラント』はその頂点に位置する（『名曲解説ライブラリー5　ブルックナー』土田英三郎による）。

同年十月八日、ヴィーン・ホーフブルクの冬季乗馬学校を会場として開催された祝祭音楽祭で、エドゥアルト・クレムザー指揮、ヴィーン男声合唱協会、ヴィーン・フィルハーモニー管弦楽団によって演奏された。

編成は、男声四部合唱、フルート2、オーボエ2、クラリネット2、ファゴット2、ホルン4、トランペット3、トロンボーン3、コントラバス・チューバ、ティンパニ、シンバル、弦五部。

歌詞はアウグスト・ジルバーシュタインによる七節からなる詩であった。

以下は『名曲解説ライブラリー5　ブルックナー』による歌詞内容に関する解説。

「ヘルゴラント」（聖なる陸地。旧称ヘリゴラント Heligoland）とは、北海の沖合、ヴェーゼル河口から北西数10キロに位置する断崖に囲まれた孤島のこと。1890年にイギリスとの間で結ばれた「ヘルゴラント＝ザンジバル協定」によってドイツ領となったばかりである（戦略上の要地であることから、第2次大戦中はドイツ軍の潜水艦基地として使用され、イギリス軍の爆撃を受けた）。この詩にまぎれもなくドイツ民族主義的な色彩が打ち出されているのも、一つにはそうした背景があってのことだった。つまり、強大な敵（ここではローマ人）に対するゲルマンのザクセン人の勝利という図式である。筋書きは単純で、北海の荒波をけたてて来襲するローマ軍船、ザクセン人の島民の恐れ、祈り、嵐、稲妻と雷鳴、ローマ船の全滅と神への賛美、という経過から成る。絵画的な情景に富んでおり、短い中にも劇的な見せ場が盛り込まれている。ローマ人が敵とされているのは、19世紀中頃のイタリア統一運動によってオーストリアの領土が奪われた史実を念頭に置けば、それほど不思議なことではない。（土田英三郎）

『ヘルゴラント』初演の少し前、九月二十二日にブルックナーは男声合唱協会の名誉会員となっていた。

また、同じ九月の初め、ブルックナーには初めてとなるオペラの作曲依頼があった。「G・ボレ゠ヘルムント」というベルリンの著述家からの手紙によるものである。貴殿の交響曲にはオペラに用いうるモティーフが多くある、そこで自分が台本を書くのでどうかオペラの作曲をお願いしたい、という内容で、〈「宗教的な内容を持つ、個性的で、崇高で、叙情的なモティーフにも事欠かない」オペラ台本を提供したいと申し出た〉（田代櫂）。

これに対し、オペラ制作というプランにブルックナーは必ずしも否定的でなかったが、ただ、現在は『交響曲第九番』の制作が優先される、と回答している。その手紙が以下。

あなたの素晴らしいお手紙には、偉大な天才の片鱗がのぞいております！　私はいつも病気がちで、今は医者の指示で安静にしておらねばなりません。一段落したら『交響曲第九番』を完成させるつもりですが、恐らくあと二年はかかるでしょう。その後もまだ生き長らえ、そしてまだ余力があれば、喜んでドラマ作品を書いてみたいと存じます。ローエングリン風のロマンティックな、宗教的・神秘的で、とりわけすべての不純なものから離れたものを、と希望しております。（田代櫂訳）

その言葉に従ってか、二年後にボレ゠ヘルムントから台本が送られてきたがその頃のブルックナーは相当衰弱し、『第九番』も完成していなかったので結局実現はしなかった。

このボレ＝ヘルムントはその名のところを「G」とだけしていたので性別がわからず、その場合は大方男性と判断されるはずなので故意にそうしていたのだが、実はエリーザベート・ボレという筆名の女性作家だった。本名をゲルトルート・ボレ＝ヘルムントという。Gはゲルトルートの頭文字であった。

ブルックナーとは既に知り合いで、ブルックナーに出した手紙にはエリーザベート・ボレと署名していたので今回、別人と思われるよう、ヘルムントの姓を用いたのだった。しばらく前、二人の間で「女性にオペラの台本を書けるか」という問いが出たことがあり、それに対してブルックナーが全く否定的だったため、こんな形で改めて男性と思わせつつ依頼し、そしてすぐれた台本を見て納得したブルックナーにオペラを作曲してもらい、その上で本名を明かして彼の偏見を打ち破らせようという、そんな深謀遠慮《しんぼうえんりょ》からだったのだろう。むろんゲルトルートにはそうする自信があったのであり、そしてオペラ台本制作にも本気だった。それというのもベルリンで演奏されたブルックナーの交響曲にゲルトルートが魅了されていたからである。

二〇二四年現在の日本では、ブルックナーの音楽を好む者は男性が圧倒的に多い、女性には敬遠されやすい、という認識がある程度ゆきわたっている。実際のコンサートでは確かにこれまで、そのようであった。次第に女性の愛好者も増えてきてはいる。今後は違うだろう。とはいえブルックナーの交響曲＝男性が好みやすい、という先入観は日本では今もある。

だが、十九世紀末のヴィーン、ベルリン等のドイツ語圏では、女性だからブルックナーを敬遠するという見方はあまりなかった様子である。
以下に田代櫂が紹介しているエピソードを示す。

九二年頃、ブルックナーはヴィーン・フィルのコンサートで、マグダ・プライプシュという少女に出会う。当時十七歳だったマグダによれば、その夜のプログラムはブルックナーとベートーヴェンの交響曲、そしてヴァーグナーの『聖金曜日の奇跡』だった。開演時間に遅れてやって来ると、オーケストラはすでにチューニングを始めており、聴衆は物珍しげに彼女を見やった。マグダは自分の席を見付ける余裕もなく、前方の隅に座っている質素な身なりの老人に目を止めた。

以下はマグダの回想から。

「このお年寄りの側に座ろう。そうすれば大丈夫だ」私はそう考えてそちらに歩いて行き、彼の後ろの席に座った。彼は驚いたように私を振り返り、こう訊ねた。「どうしてここへ？」「ここが私の席でないことは分かっています。遅れてしまって。でもじきにどきますから。きっとすぐに私の席が見つかりますわ」すると彼はさかんに異議を唱えた。「まあ、まあ、ここにおいでなさい。私はちっとも構いません。もうじき始まりますよ」すると本当にコンサートが始まった。私はこの奇妙な状況も、このご老人のことも、周囲の黒い燕尾服のことも、みんな忘れて音楽に没頭した。最初の楽章が終わった時、ご老人はまた私を振り返り、「お気に召しましたか？」と訊ねた。私はまだうっとりとしたまま「ほんとに素晴らしいですこと、ブルックナーですもの」と答えた。すると彼は自分を指さしてこう言った。「そりゃ私のことですて」私は言葉を失った。漠然と思い描いていたブルックナーと違って、彼は畏敬の念を抱かせるどころか、むしろ変てこなお年寄りだった。その人がこの素晴らしい音楽作品の創造者だなんて、私には腑に落ちなかった。やがて天使の羽音のような第二楽章が始まった。間もなく私には、すべてが違った風に見え始めた。このような神々しい音楽を私たちにもたらすために、こんなにも木訥な人が選ばれたことに、私は深く感動した。（田代櫂訳）

この記録によれば、十七歳の少女はブルックナーの交響曲を聴いて「ほんとに素晴らしいですこと、ブルックナーですもの」と答えている。このとき既にブルックナーの曲は天上的な崇高さを持つ名曲である、として、このような若い女性にも知られ好まれていたということである。

一八九三年十月の『ヘルゴラント』初演に立ち会って以後、ブルックナーはさらに弱り、十一月になると激しい呼吸困難の発作を起こした。

死期を予感したブルックナーは十一月十日に遺言書を作成した。証人として弟子フェルディナント・レーヴェ、シリル・ヒュナイス、そして遺言執行人である弁護士テーオドール・ライシュが署名した。

遺言は六項目から成り、以下のとおり。

一、遺体を聖フローリアンに葬ること。
二、柩の管理およびミサの執行のための経費を聖フローリアンに託すこと。
三、弟イグナーツおよび妹ロザーリエ・ヒューバーを相続人とすること。
四、同遺書に記す自筆手稿をウィーンの帝立王立宮廷図書館に遺贈すること。
五、カタリーナ・カッヒェルマイヤーへの礼金の定め。
六、遺言執行人としてテーオドール・ライシュ博士を指定すること。

（根岸一美による）

だがこの一か月後、幸いにもブルックナーはやや健康を取り戻し、同九三年十二月二十三日、『交響曲第九番』の第一楽章を完成させている。

一八九四年一月初め、ブルックナーは自分の病に治癒はもはやないと自覚していたが、それでも一時よりはよほど回復したと感じることができた。

この年一月六日から十一日にかけて、ベルリンでの自作の演奏会が複数回あり、そこへ招待したいという連絡を前年に得ていたブルックナーは出席を決めると、主治医レオポルド・シュレッターも許可した。

演奏会ではフーゴー・ヴォルフの歌曲も演奏されるとのことで、ヴォルフとともに一月三日、ブルックナーはベルリン行きの列車に乗った。

ベルリンでの演奏会はまず一月六日、ベルリン・オペラ座で、メンデルスゾーンの序曲『メルジーネ』、ブルックナーの『交響曲第七番』、ハイドンのセレナード、モーツァルトの『交響曲四十一番』が演奏された。指揮はヴァインガルトナーが指揮する予定だったが急病のため、カール・ムックが交代した。ブルックナーはステージに呼び出され、大いに喝采を浴びた。

続いて八日にはフィルハーモニー合唱団の第二回演奏会で、ダルベールの合唱曲『人間と人生』、ヴォルフの歌曲『マルギートの歌』『アナクレオンの墓』『妖精の歌』『火の騎士』、そしてブルックナーの『テ・デウム』が演奏された。指揮はジークフリート・オックスであった。オックスによる『テ・デウム』の指揮というのは、評判の高かった三年前、九一年のベルリン初演のさいと同じである。

十日にはジングアカデミーで、ベルリン・ヴァーグナー協会の演奏会としてブルックナーの『弦楽五重奏曲』、十一日は同じジングアカデミーで『テ・デウム』が再演された。

このおり、ここベルリンで、ブルックナーは初めて婚約者を見出した。

〈ベルリンの演奏会の席上、ブルックナーの傍らに連れ添っている若い女性がいた。名前をイーダ・ブーツといい、彼女は九一年にブルックナーがベルリンを訪れたときにホテルのルームサーヴィスを務めていたことから知りあいになった。明るく屈託のない十代後半の女性で、その後「ブルックナーさん」と彼女のあいだには親しい文通が始まり、九二年九月に彼女がブルックナーに送った手紙には「私はよいお世話をしたいのです。もし結婚するということになったとしても、それは教授とかドクターではなくて、ただ私の大切なブルックナーさんと結婚する、ということなのです」とまで書かれている。そして、今回のベルリン訪問のさいには、ブルックナーは彼女を婚約者として周囲に紹介するほどになっていた。しかし、二人の関係は結局、ブルックナーが彼女にカトリックへの改宗を求めたことから破局に達したらしい。もちろん理由はそれだけではなかったであろうが〉（根岸一美）

引用した根岸の記述でほぼ十分ではあるのだが、ここは言ってみればブルックナーに関しては前代未聞の事柄でもあり、いくらか他の記述を追って、周囲にそれがいかに受け止められたかをも見てみよう。

まずこの話がよく知られたきっかけとして、マーラーの妻、アルマ・マーラーの回想による記述がある。

何年ものちに、ジークフリート・オックスが、彼も一枚加わった感動的なエピソードをきかせてくれた。ベルリンの音楽祭でオックスがブルックナーのミサを指揮した時のこと、演奏会のあとでブルックナーのためにパーティーを催すことになった。するとその午後ブルックナーから電話がかかってきて、フィアンセを連れて行きたいが、だめならパーティーには出ないという。オックスは何か悪いことがあったなと直感して、すぐにブルックナーのホテルに飛んで行った。彼は絶望に打ちしおれていた。昨夜、部屋のメードがやって来たという――要するに今朝になって彼女は、彼が純潔を奪ったからには結婚してくれなければ困ると涙ながらに訴えたというのだ、そこでブルックナーは承知した次第であった。オックスはすぐにその娘を呼び、いくら欲しいのかときいた。相当な額を取られた。それでもブルックナーのものすごい感謝の雨にあっていささか当惑した。（アルマ・マーラー、石井宏訳『グスタフ・マーラー　愛と苦悩の回想』）

アルマ・マーラーはこのとき目撃していたわけではないからこの話は伝聞によるもので、かつ相当に粉飾《ふんしょく》されたものと思われるが、しかし随分後になってではあるが「ブルックナーの不始末」としてこの話は伝わったようである。いくらかブルックナーという人を知っていればちょっと違うのではないかとも思われてしかるべきだが、知らない人からは、好色な老人にありがちなスキャンダルと受け止められたのだろう。

これよりは信憑性の高い、オックス自身の回想では次のとおり。

『テ・デウム』演奏後の休憩中に、ブルックナーが楽屋に現われた。彼はブラームスやハンスリックについて話す時のように、ひどく興奮して私にこう言った。「先生、後でイダを連れて来ても構わんですかな？」側に立っていたムックが、私の足を嫌というほど踏んづけ、断われと合図した。私はなるべくブルックナーの気分を損なわぬよう、テーブルに空きがないとか、席の変更ができないとか言い訳した。老人はにこにこ笑いながら「そうだその方がええ、イダは連れて来るまい」と言って立ち去った。コンサートの後でムックと会った時、私は真っ先に、一体全体どういうことだと訊ねた。ブルックナーの桟敷に彼と並んで若い娘を《ママ》座っているのを見たが、ムックが言うにはそれがイダだった。彼女はブルックナーが泊まっているホテルのメイドで、昨日二人は婚約したらしいという。私ははじめ冗談かと思った。だが後日聞いた話では、ブルックナーはイダと婚約したと方々で触れ回っていたようだ。そのくせベルリンを発つ前に、劇場で隣り合わせた女性に死ぬほど恋いこがれ、シャルロッテンブルクの両親を訪れて求婚しているのだ。（田代櫂訳）

こちらがほぼ実際のことだろうが、すると末尾に記された行動も事実と考えるべきことになる。イーダ・ブーツとの関係についてはこれでよいとして、このブルックナーの見境のない行動はどうしたものなのだろう。これを事実とするなら、やはりブルックナーには「この女性だけ」という近代の恋愛らしい心の持ち方がなく、とにかく好みと感じた女性がいればすぐ婚約を申し込もうとする、そんな悪癖が生涯にわたってあったようである。ただそれは飽くまでも手当たり次第の「婚約の申し込み」であって、性行為そのものを求める「好色」とは違う。

次はヴェルナー・ヴォルフによる推察を含む記述。

彼が一八九一年、ここに滞在したとき、ホテルのメイドが彼に結婚申し込みの恋文を渡したことがあった。少なくとも彼の言い分によればそういうことになるのだった。彼がメイドにそういう行動に踏み切れるように手をかしてやったということなのだろう。ともあれ彼は彼女に大いに心を動かし、彼女の両親の家に招待された。事実、一八九四年に、婚約の儀が相整った。当時彼は七十歳になっており、もし彼女が彼の望み通りにカトリックに改宗していたら、この若い娘と結婚していただろう。だが彼は志を曲げてまで幸福を得ようとは思わなかった。のちにこの娘イーダのことが話題になると、彼は腹立たしげに彼女のことを「プロイセンの娘《あま》」というのだった。この言いまわしは当時、ある特別の裏の意味をもっていた。（喜多尾道冬・仲間雄三訳）

これはどうだろうか。一八九一年にイーダから結婚申し込みの恋文を受け取ったというのはおそらく不正確で、そこで知り合い、その後、文通する内に、といったところが正しいと思われる。が、そこより以後、「彼は志を曲げてまで幸福を得ようとは思わなかった」まではこれもおおよその事実に近いだろう。だが、末尾のブルックナーによる罵倒の記述はどうしたことだろう。「ある特別の裏の意味」という言い方から考えると「プロイセンの娘」という言葉には「あのあばずれ」というように近いようなニュアンスがあったのだろうか。だとするとそれは、賠償金目当てであったとか、財産目当てで結婚を望んだとか、あるいは別に男性がいてのことだったとか、そうしたことなのか。これだけではよくわからないのだが、門馬直美によれば、イーダのその後は次のようである。

ブルックナーは、ベルリーンで小間使いをしていたイーダ・ブーツ（Ida Buhz）とも懇意になる。しかし、彼女は、プロテスタントだったので、主として宗教上の理由から結婚できなかった。そして、ブルックナーの死後、ずっと独身でいて、ある宗教団体に入り、女性牧師となった。

このとおりであればおよそ「あばずれ」だとか「金目当て」だとかいったイメージはイーダには考えられない。また、田代櫂によると〈結局イダとの婚約は実らなかった。表向きの理由は、ルーテル派の家族がイダの改宗を許さなかったためとされる。事実彼女は相当に信心深かったらしく、独身を通して後に牧師補を務めている。一方ブルックナーはヴィーンの知人たちに、イダの無知さを恥じるそぶりを見せたという〉。

ここからはイーダ・ブーツという女性の強い信仰的拒否とおそらくは家族からの反対とが婚約破棄の大方の理由で、しかもイーダはいわゆる「恋多き女」でも「打算的」でもなく、むしろ信仰篤《あつ》いがゆえの、ブルックナーから見れば「無知」あるいはかたくなさであったのではないかと、そんなふうに見える。かつてプロイセン公国時代以来、その地ではルター派を国教としていたことから「プロイセンの」とは「あのルター派こちこちの」といったカトリック信者による貶《けな》し文句と考えるのが近いかもしれない。

以下はデルンベルクによる記述。

ブルックナーはその後二年しか生きることができず、ブーツ嬢は彼の死後、婦人牧師補になった。数多くのブルックナーの伝記は彼女を不必要に軽視しているが、ここではそのことを顧慮しないでおく。（和田旦訳）

最後にオスカー・レルケの簡単な記述を置く。

ホテル・カイザースホーフでメイドをしていたイーダ・ブーツはまごころからの愛情を彼にささげた。もし彼がこの女の子にカトリックへの改宗を要求しさえしなかったら、彼

女は彼の妻となっていただろう。（神品芳夫訳）

第十七場　結婚の夢

思えばオルガンの演奏中と作曲の間というのがほとんど記憶にない。自分の生涯の最も大切な最も燃焼した時間は意識もされないままに過ぎたことになる。そうやって夢中で何かをなし、その結果だけを、自分という意識が思い悩む、そういう一生であったことだ。いやもうひとつある、娘たちだ。日記代わりのメモ帳を見なくとも、今は次々と思い出されてくる。

いつだったか、シュタイアーのパン屋の娘に惹かれて一日に何度もパン屋に通った。とりわけ色の白い小柄な娘だった。求婚したが断られた。

ジールニングのレストラン「フォルストハウス」には十六になるマリア・ヴィンマーがいた。友人たちと何度も通った。ジールニングの楽長とともに彼女の家を訪《おとな》った。毎週行った。白い夏服の頃だった。教会でマリアに聴かせるためオルガンを弾いた。マリアはツィターを弾いた。なかなか巧かった。よいデュオだった。そのしばらく後にマリアの父親にマリアと結婚したいという希望を告げた。

「暮らしはどうするんだね」と父親に問われたので「音楽で食っていきます」と言うと「じゃあ、あんたには手回しオルガンを買ってやろう」と笑った。道端に立って芸を披露《ひろう》して稼げという意味だった。それでも何度か訪れた。

婚約は断られた。マリアには『薔薇』という歌曲を捧げたが、後で聞くと無くしたらしい。

シュタイアーにいた頃、医師のフランツ・ヴィースナーには世話になった。ヴィースナーには十七になる妹がいた。あるとき、聖フローリアンの庭を散歩しながらヴィースナーに言った。

「この間食事のとき、修道院の連中が、わたしが結婚しないでいることをからかうんですよ。首席司祭にまで『ブルックナー家が絶えるのは実に惜しいね』なんて言うんですよ」

それから少し置いて言った。

「妹さんと結婚させてください」

断られた。

スイスに旅行したときは旅先で出会った綺麗な娘たちの名をひとつひとつ記した。言葉を交わした相手もいるが求婚まではできなかった。このとき仕事がよく捗《はかど》って『交響曲第六番』ができた。

『交響曲第四番』の頃も二月三月に舞踏会でともに踊った娘の名を手帳に記録してある。これでも自分はダンスは得意な方だ。スマルダとは第一カドリーユを踊る。ワルツを踊ったドゥクスはポーランド娘だった。アンナ・クレムスはデュッセルドルフの工場所有者の娘だが、話すとひどくけちなことを言うので愛想を尽かした。

ヴィーン大学で対位法を教えていると、学生の中に一人、女子学生がいた。そろそろ「進歩的」な女性たちが大学にも入学してきていた。特に惹かれるほどではなかったし、自分は聖アンナ通り教員養成学校でのこと以来、女子学生というのが憎らしくてならなかったので、その学生が出席してくるたびに近寄っていって「ほほう、最近のご婦人は対位法なんかにご興味があるんですかあ？」と言ってやったら三回目に来なくなった。他の男子学生たちから非難囂々《ごうごう》だったが、知ったことか。自分はもう、本当に女子学生は嫌なんだ。これは自分から拒絶してやった記憶だ。ふん。自分が憧れる女たちはそういうのではない。

もう四十年も前、リンツでの教員養成課程の頃、十六歳のアントーニエ・ヴェルナーのことが好きだったが何も言えないままだった。手帳にも記していない。

リンツの肉屋の娘だった美人のヨゼフィーネ・ラングとは結婚できなかったが、ラング家とはヨゼフィーネとの婚約を断られた後もつきあいが続いた。しばらくしてヨゼフィーネはヨーゼフ・ヴァイルンベックという裕福な商人と結婚した。ヨーゼフはその後ノイフェルデンの市長になったが、一八九〇年の少し前だったかに亡くなる。その後もヨゼフィーネは健気に家庭を守っていると聞いて、弟子のカール・ヴァルデックと一緒に慰めに行ったら、カロリーネというヨゼフィーネの娘がいた。十九歳だった。母親に似て大変な美人だった。自分はカロリーネを「かわいい代理人」と呼んだ。もはや結婚を申し込むことはできなかったので娘のようにして何度か会った。本当に美人だった。

宮廷歌劇場でヴァーグナーのオペラの上演のときにマリー・デーマルと知り合った。ハンガリーの軍人の娘で、この頃声楽を学んでいた。彼女に写真を贈ると向こうからも写真をよこした。よく連れ立ってオペラを見に行った。公園をともに散歩もしたが常に親とともにだった。『交響曲第八番』を君に捧げたい」と言うと、「それは婚約の意味になるから」と言って断られた。尊敬はしているが結婚相手とは考えられないと言った。彼女は四十ほど年下だった。

それで『交響曲第八番』は皇帝に捧げることにした。

九〇年の頃だったか、夏、これもシュタイアーでだ、ジュディス・パイライトナーという娘が気に入ったが婚約者がいた。婚約解消がないか友人に問い合わせたが、よい知らせはなかった。

九一年はミンナ・ライシェルに求婚したが年齢差が大きいからと言って断られた。だが嫌われたのではない。この間、見舞いに来てくれた。

一度も結婚には至らなかった。だが全然何もないのではない。特に『第七番』の成功の後は「ファンだ」と言って寄ってくる女性もいた。婚約ということにはならなかったが。

それでも、本当に一度、もう一歩で結婚というところまでいった相手がいる。

九一年、ベルリンを訪れたとき泊まったホテル「カイザースホーフ」の部屋係をやっていたのがイーダ・ブーツだ。とても親しくなった。その後も文通をした。あるとき、結婚しようというと承諾してくれた。しかも「わたしはよいお世話をしたいだけなのです。もし結婚するとしても、それはあなたが教授だからとか博士だからとかが理由ではありませんよ。わたしにとって大切なブルックナーさんという人と結婚するという意味なのです」と書いてくれた。こんな言葉は初めてだった。その後、ベルリンへ行ったおり、イーダの両親にも会った。そして遂に婚約を認めてもよいというところまで行った。

だが、イーダの宗旨はルター派だった。どうしてもカトリックに改宗することはできないと言った。それで婚約は解消された。それが昨年。三年近く、やりとりをしていたことになる。

これが本当にうまくいきかけたたったひとつの例だ。ほかは始まる前から終わっていた。

3　最終講義、ベルヴェデーレ宮に暮らす

一八九四年二月二十四日、ヴィーン大学哲学部教授会で、ブルックナーに年千二百グルデンの年金贈与が決定された。これは当時の総長チェルマークが、名誉博士でありかつ講師というブルックナーには、これまでのような八百グルデンの年金に代わり、一八九五年以後は千二百グルデンの名誉功労金を支給することが望ましいと発議したことによる。

同年四月九日、グラーツの市立劇場で、このとき楽長であったフランツ・シャルクの指揮により『交響曲第五番』が初演された。『交響曲第五番』は一八八七年にヴィーンで二台のピアノによる紹介がされていたが、オーケストラによる演奏は、作者生前としてはこのグラーツでの初演と、翌九五年十二月十八日ブダペストでのレーヴェ指揮による再演だけである。第四章第4節に記した通り、楽譜はどちらも楽器法が大きく変更されかつ短縮されたフランツ・シャルク版だった。特にグラーツでの初演は大変に評判がよかったとのことだが、ブルックナーは病のため二度とも出席はできなかった。

七月十五日、リンツ市議会の決定により、ブルックナーはリンツの名誉市民となった。

その後、シュタイアーで夏季休暇を過ごしていたブルックナーに、当地で九月四日、七十歳の誕生日祝いが行なわれ、当人の健康に配慮して大げさな祝典は控えられたが、各地から祝い

の手紙・電報が多数届いた。中にブラームスからの祝いの言葉もあった。

これを機に、ヴィーン・シューベルト連盟とシュタイアーのリーダーターフェルはブルックナーをそれぞれの名誉会員とした。

十月二十九日からブルックナーはまた病を押してヴィーン大学冬学期の講義を開始した。そして一八九四年十一月十二日のそれが最終講義となった。これはブルックナーの意向ではなく、文化教育庁の決定による。少し後の十一月二十八日、大学での名誉功労金の決議を受けて文化教育庁も翌九五年以後、名誉功労金として六百グルデン、九四年に補助金として百五十グルデンを支給することを決定し、その「名誉功労」の意味から以後の講義自体を終了としたためである。

最終となった講義でブルックナーは次のように語った。


「私は第九交響曲の三つの楽章を書いています。最初の二つの楽章はすでに完成しています。ただ、第三楽章にはもう少しニュアンスを施さなければなりません。この交響曲のことでは私は自分に大きな労苦を課しました。これほどに歳をとってしまい、また病気になることがわかっていたら、この仕事はすべきでなかったかもしれません。この交響曲が演奏されるようになるのは難しいでしょう。この前［十月三十一日にいったん］出来上がったアダージョは、私の書いた最も美しいアダージョとなると思っています。それを自分で弾いてみるたびに、私の心はいつも捉えられるのです。もし私が交響曲第九番の完成前に死んだら、《テ・デウム》が第四楽章として用いられなくてはなりません。私はこの曲をその目的にむけて整えています」（根岸一美訳）

これ以来、未完の『交響曲第九番』の第三楽章の後に『テ・デウム』を第四楽章として演奏するという考え方が広まったが、調性の隔たりでうまく接続できないため、そうする場合でも『第九番』第三楽章までを演奏後、休憩を置き、改めて『テ・デウム』を演奏する、というような演奏方式が考えられた。

十一月二十五日、ヴィーン・フィルの第二回定期演奏会で、ベートーヴェンの『エグモント』序曲、リストの『ピアノ協奏曲第一番』に続き、ブルックナーの『交響曲第二番』が演奏された。指揮はハンス・リヒターである。またも大成功で、この時期、もはやブルックナーの交響曲を演奏して失敗ということはなくなりつつあったようだ。それまで批判していた批評家たちも積極的に認めはしないものの、少しずつ口をつぐみつつあった。

十一月三十日、『交響曲第九番』のアダージョが完成した。これで第一楽章から第三楽章までが完成したのである。現在我々が未完成の『第九番』として聴く形がこれである。

その無理がたたってか、十二月になると俄かにブルックナーの病状が悪化し、九日には終油の秘蹟が行なわれるまでになった。

だがそれでもブルックナーは奇蹟的に回復し、十二月二十六日、クリスマスの第二祝日にクロスターノイブルクでオルガンを弾いた。〈このとき、ブルックナーは、演奏の最後を不協和音でしめくくった。これは、故意にやったことなのか、すでに身体に変調をきたしていたからなのか、どちらとも断言できない〉（門馬直美）。そしてこれがブルックナー最後のオルガン演奏となった。

翌一八九五年となった。

三月五日、ベルリンで遂にヴァインガルトナー指揮の『交響曲第四番』が演奏されたとブルックナーは聞いた。現地には行けなかった。

五月四日、ブルックナーは『交響曲第九番』フィナーレの下書きを始めた。

ブルックナーは室内から出ることが少なくなっていたが、外出が必要な場合にはヘスガッセ五階の住居はこの時期のブルックナーにはとても困難な場所となっていた。自力で階段を上り下りできないので、脇に把手のついた椅子を用意し、ブルックナーの座ったそれを両側から二人の人が持ち上げて一階までおろし、そこからは車で行先へ、そして帰ってくるとまた特別椅子に座り、二人の人に持ち上げてもらって自室に戻るというやり方をとった。

主治医シュレッターはこれでは限界があると判断し、移動のための負担の軽い場所へ移り住むことを提案した。各方面に助力を申し出たがうまく折り合うところがなく、そこでブルックナーは皇帝に、その所有するどこかをご提供いただけないかと申請した。

すると、ベルヴェデーレ宮の管理人用の建物が空いていることがわかり、ここを住居とすることを皇帝から許された。家賃は免除された。準備が始まり、引っ越しは七月四日に行なわれることとなる。

その慌ただしい中、五月五日、二年前連絡のあったボレ＝ヘルムントから手紙が届き、『交響曲第九番』完成の後はオペラ制作にかかってもよいとのことでしたので連絡いたします、として改めてオペラ作曲の可否を問うていた。

このとき秘書を務めていたマイスナーはブルックナーの意向で代筆し、健康がすぐれないこと、『交響曲第九番』がまだ完成していないことを伝え、それとともに「台本はお送りいただいてもかまいません」と付け加えた。それがあるならブルックナーに朗読して聞かせてもよいという意味だった。

これに対応してボレ＝ヘルムントはリブレットを送ってきた。ドイツの小説家リヒャルト・フォスの小説『死の島（Toteninsel）』をもとにした『アストラ（Astra）』という題名のものである。

だがこのときブルックナーは『交響曲第九番』の第四楽章に取りかかっていたため、オペラ作曲はできない、という返事をマイスナーに書かせ、これでオペラ制作の件は終わった。

一八九五年七月四日、七十一歳のブルックナーはヘスガッセ五階の住まいを出て、ベルヴェデーレ宮に移った。

建物は広く、部屋が九つあったが、ブルックナーは普段、一階の二部屋だけを用いた。すぐそばに礼拝堂があり、ブルックナーは日曜日ごとに訪れた。よく整備された庭は眺望もよかった。

ブルックナーはときおり出向く市内の演奏会がない日は『交響曲第九番』の作曲と、カティと看護人に付き添われての午後の散策とで日を過ごした。

引っ越しのさい、ブルックナーはこれまでの自筆譜の中、価値がないと判断したものを焼き捨てさせた（『ブルックナー／マーラー事典』根岸一美による）。

特に重要な自筆譜はヴィーン帝立王立宮廷図書館に寄贈することが決まっていた。これは遺言の四番目の項目にあったとおりで、第四項の自筆手稿の遺贈についての詳細は以下である。

以下の作品の手稿譜を、ヴィーンの帝立・王立宮廷図書館に遺贈します。現在までの八つの交響曲（主が望まれるなら『第九番』もほどなく完成）、三つの大ミサ曲、『弦楽五重奏』、『テ・デウム』、『詩篇第一五〇篇』、合唱曲『ヘルゴラント』、以上。同館管理者はこれらの手稿譜の保管につき、細心の注意を払われんことを。またヨーゼフ・エーベレ社は同館より、出版予定作品の手稿を適当期間借り受ける権利を有するものとし、同館は同社にその手稿を、適当期間貸与する義務を有するものとします。（田代櫂訳）

〈ブルックナーはすでにこの前年（引用者注＝一八九二年）から、すべての手稿を製本させ、他人の手が加わらぬよう包みにして封印し始めていた〉（田代櫂）

この遺言があったため、弟子が変更した楽譜とは別に、ブルックナー直筆の譜が保存された。〈ブルックナーの音楽をできるだけオリジナルに近い形で世に出そうという批判全集版の試みは、作曲者の死後三十四年もたってようやく始められるが、もしこの項目がなかったならその作業はもっと困難なものになったに違いない〉（土田英三郎）

遺言に見られる態度をシェンツェラーは次のように語る。

ブルックナーが彼の友人たちの善意の助言と主張に服した時といえども絶対的な自信を持っていたということは、幾つもの機会に彼が述べた言葉によってまったく明白である。彼が書いた彼の交響曲は「未来」のためのものである、と彼は言った。この言明は、幸いにして、ブルックナー以外の人々の伝える所のみならず、彼自身の手紙によっても、われわれに伝えられていて、それゆえに決定的な裏づけを持っている。彼が彼の周囲の人々に削除と変更の問題で彼への影響をゆるしたとき、そのことは彼の弱さのしるしではなく（ブルックナー自身が彼の「上部オーストリア人的しぶとさ」のことを言っている！）、彼の時代の精神と要求への譲歩に過ぎなかった。従って、彼が妥協という芸術上の罪を犯したという非難が彼に向けられるかもしれないが、彼は彼の交響曲が演奏され彼の音楽がきかれ

ることを望んだのであり、そのためにはこれだけの犠牲は払うだけのことはあると彼には思われたに違いない。（山田祥一訳）

また制作中であった『交響曲第九番』の楽譜手稿に関しては、〈ベルリン王室オペラ座の楽長となっていたカール・ムック（1859~1940）が、九五年（？）初頭に訪ねて来た時、ブルックナーは彼に『第九番』手稿の保管を依頼している。ブルックナーが最も信頼した指揮者は、恐らくこのムックだった〉（田代櫂）。

〈ムックははったりを嫌う厳格な指揮者であり、テンポを揺らさず、スコアの権威を尊重し、ニキシュやレヴィのように短縮を要求することもなかった。職人的ともいえるこの資質は、ブルックナー指揮者として重要なものである。ムックは生涯ブルックナー作品に愛着を持ち、一九三三年ライプツィヒ・ゲヴァントハウスにおける引退コンサートでも『第七番』を振っている〉（田代櫂）

あとは『交響曲第九番』の第四楽章を完成させるばかりである。だがその作業は遅々として進まなかった。

第十八場　未完成の希望

ある演奏会の後、ブルックナーを最も尊敬する弟子のひとり、アルベルト・フォーゲルが言った。

「先生、さっきの演奏では四楽章で再現部がカットされたままコーダに続いていましたね。本来のソナタ形式が壊れています。締めになるはずの大切な第四楽章を、ソナタではなくただの交響詩のような無形式のものにしてしまっているではないですか。僕は心外です。あれでは先生の音楽を示せたとはとても言えません。先生はもっと怒るべきです。どうしてあんな若い未熟な指揮者の言うことをむざむざとお聞きになるのですか。僕は、いえ僕たちは、もう悔しくてなりませんよ」

ブルックナーは中空を見ながら、正確な標準語でうつろに答えた。

「あれでもわたしの作品に好意的な人なのだ。若い？　未熟？　いやそういうことはどうでもよい。何よりブラームスのではなくわたしの交響曲を指揮してくれようという意志だけが貴重なのだ。下手で構わない。どんなに省略や変更があっても、それでなければ演奏しないと言われるのだから認めざるをえない。わたしができるのは妥協だけだ。さもなければゼロなのだ。

それは全く演奏されもしないということだ。選択の余地はない」

「でも、先生ご自身も、ほら、そんなに残念そうでいらっしゃるではありませんか」

「ああ。残念だ。そして許しがたい。だがそういうことを言うには、ヴァーグナー、ブラームス級に出世して、誰も何一つわたしに逆らうことのなくなった場でなければならない。わたしの生きている間にそれは無理だとわかっている。今はただ、どんな形ででも聴いて断片的にでも憶えてもらう他ない。だが、いつかわたしの交響曲が多くに知られ、その本来の形を心から求められる、そのときのために」

　僅かにブルックナーの口調が改まった。

「シャルクたちがさんざん直したものではなくて、一切削除訂正のない、わたしの書いたままを清書した楽譜を、厳重に包んで封をした形でヴィーン帝立王立宮廷図書館に寄贈することにしてある。いつの日か、わたしの真の音楽を聴こうとする人々が現れたら、妥協のない形で演奏できるようにだ」

　そしてブルックナーはこう結んだ。

「完全な楽譜は、後世の聴衆のためにある」

4　交響曲第九番、死

一八九五年十二月二日、シュタイアーの主任司教アイヒンガーの葬儀でブルックナーの『レクイエム』ニ短調WAB39が演奏された。また同月十八日がブダペストでの『交響曲第五番』第二回目の演奏だった。どちらもブルックナーは出向くことはできなかった。

一八九六年となった。

一月五日、第五回ヴィーン・フィル定期演奏会で、ハンス・リヒターの指揮によりリヒャルト・シュトラウスの『ティル・オイレンシュピーゲルの愉快ないたずら』とともにブルックナーの『交響曲第四番』が演奏され、これはブルックナーも聴きに行くことができた。

また同月十二日には楽友協会の演奏会でリヒャルト・フォン・ペルガーの指揮により『テ・デウム』が演奏された。この選曲はブラームスの勧めによったものである。

ここにもブルックナーは出席したが医師のヴァイスマイヤーが付き添っていた。聴衆から歓《かん》呼《こ》を受けたが、立ち上がって応えるブルックナーの痩せ衰えた姿を見た人々は彼がもう長くないことを悟った。

旅行は不可能になっていた。夜も昼も介護を必要としていた。カティ（カタリーナ・カッヒエルマイヤー）は娘のルドヴィカを呼び寄せて手伝わせ、ほかにもう一人看護人を待機させた。

マイスナーは事務的な仕事をすべて受け持った。この頃、知人たちの来訪は医師の勧めにより謝絶されていた。

弟子のフーゴー・ヴォルフの歌曲が近年、大変高く評価されていると聞いてブルックナーは、彼がヴァーグナー協会内で自分より優遇されていると思い込み、出入り禁止にした。ヴォルフは変わらずブルックナーを支持し続けていた。意識が曖昧になることが増えた。

『交響曲第九番』第四楽章の作曲は続けていた。かなりの部分ができあがっていたが、最後のコーダがまだ書けていなかった。

『交響曲第九番』について、『名曲解説ライブラリー5　ブルックナー』から土田英三郎による解説を引用する。

　ブルックナーの創作活動の掉尾を飾る作品である。フィナーレは未完に終わったが、第3楽章まではすっかり書き上げられている。度重なる発病をおして作曲されたにもかかわらず、創作力の衰えが微塵も見られないどころか、音楽的にも技法的にも一部の隙もない巨大な構想が実現されている。もしフィナーレが完成されていたら、第8番すら凌ぐ規模となったことは間違いない。

　しかし、第9番の特質は従来の作品とは比較を超えたところにある。全体は彼岸からの響きとも言うべき不思議な音調で貫かれており、現世的な人間くささを感じさせない。

「白鳥の歌」という感傷的な形容にはあてはまらない、まさに宇宙そのものが鳴り響いているような音楽である。そうした感じを受けるのは、音楽の造形が特定の目標に向かうのではなく、滔々たる絶対的な時間の流れを獲得しているためである。作曲技法的に言えば、この不思議な感じは主として和声法と管弦楽法に起因している。ここでブルックナーが到達した和声は、基本的にはまだ調性的だが、しばしば前後の機能的関係から切り離されて浮遊し、時にクラスター的な音響を生み出す。そのため、20世紀初頭のいわゆる無調音楽、さらには60年代の音響構成音楽への重要な一歩であるとして、音楽史的に位置づけられることがある。その意味でも、本来的に過去を志向し、しばしば時代の先端の流れとは隔絶した音楽と言われるブルックナーにあって、この作品は例外的な位置を占めているのである。

主治医シュレッターの助手リヒャルト・ヘラーはこんなブルックナーの言葉を伝えている。

自分はすでに地上の二人の王に交響曲を捧げた。『第七番』をルートヴィヒ二世に、『第八番』を我らが皇帝に。自分は最後の作品を神に、王の中の王に捧げようと思う。願わくば主が完成のための時間を与えられ、深い憐れみとともにこの献呈を受け入れられますよう。自分は第二楽章の「アレルヤ」（トリオの『テ・デウム』的音型？）を、終楽章でもう

一度使おうと思う。感謝しても感謝しても足りない、主への讃歌でこの交響曲が終わるように、と。（田代櫂訳）

だがこれが完成しなかった場合、〈多くの証言にある通り、ブルックナーは『第九番』の最終楽章を『テ・デウム』で代用してもよいとも考えていた。『テ・デウム』はまさに「主への讃歌」であり、合唱入りの終楽章という型破りには、ベートーヴェンの『第九』という偉大な先例がある。ただ一つ差し障りがあるとすれば、ホ長調で書かれた『第九番』第三楽章と、ハ長調で書かれた『テ・デウム』との調性上の隔たりだった。ブルックナーは一時『テ・デウム』への移行句の作曲も試みたといわれるが、それを実証する資料はない〉（田代櫂）。

最終楽章は一八九五年五月二十四日から多くの草稿が書かれ、ブルックナーは亡くなる日まで制作を続けた。

ブルックナーの死後、他者の手に渡った多くの手稿とともに『第九番』第四楽章の草稿もいくらかは散逸したと見られるが、それでも二百枚以上が残された。

そのため、『交響曲第九番』第四楽章についてはこれらを用いて楽章全体を補筆完成させようとする楽譜が考案されてきた。

ウィリアム・キャラガン完成版、ニコーラ・サマーレとジュゼッペ・マッツーカ完成版、サマーレ、マッツーカとジョン・A・フィリップス完成版、さらにサマーレ、マッツーカ、フィリップスとベンヤミン＝グンナー・コールスによるSMPC完成版とよばれるものがあり、その後もコールス単独の完成版、指揮者でもあるゲルト・シャラーによるシャラー版などがある。これらはどれも演奏・録音され、CD等の形で聴くことができる。

ブルックナーは九六年十月七日、聖フローリアンにいる弟イグナーツと知人のアイグナーに手紙を書いた。ブルックナーの手紙はこれが最後である。文中、何度も「さようなら」という語が記されていた。

一八九六年十月十一日、日曜日は、よく晴れた、しかし風の強い日であった。ブルックナーは朝食の後、いつもどおり『交響曲第九番』第四楽章を書き継いだ。正午過ぎ、医師の往診を受けた。昼食後、マイスナーが訪れた。

午後三時過ぎ、ブルックナーは茶を一杯求めた。カティが茶を用意した。ブルックナーが寒気を感じると言うのでルドヴィカと看護人は彼をベッドに運んだ。ベッドでカティから茶を受け取ったブルックナーは口をつけるとベッドで仰向いた。そして二度、深い息をした後、亡くなった。三時三十分であった。苦しんだ様子はなく、眠りに落ちたように見えたという（根岸一美による）。

三日後の十月十四日、聖カール・ボロメーウス教区教会で葬儀が行なわれた。

ところで、ヴェルナー・ヴォルフは〈ブルックナーはさびしく世を去った〉（喜多尾道冬・仲間雄三訳）と記しているがこれはあたるまい。独身であったというだけで、カティほか家政婦・看護人はつききりで十分な世話と看護をしていたし、秘書マイスナーも日々、訪れた。客は謝絶していただけで面会を希望する人は多くいた。「孤独死」では全くない。しかもその葬儀が盛大なものだった。すなわちヴィーン市民の多くがブルックナーの死を悼《いた》んだ。

〈ブルックナーは孤独に世を去ったわけでもない。十月十四日の葬儀は、ヴィーン市をあげての盛大なものだった。午後一時半、黄銅製の柩が閉じられ、午後三時、長い葬列がカール教会へ向かった。ブルックナーの柩は六頭立ての霊柩車に乗せられ、それに続く馬車には弟イグナツと二人の甥が乗り、その後ろにヴィーン市長と二人の助役、そして議員たちの馬車が続いていた〉（田代櫂）

〈カール教会《カルルスキルヘ》での葬儀には多数の人が参列し、偉大な作曲家に最後のお別れをした。しかし、当時のヴィーンに住んでいた大作曲家のうち二人が欠けていた。ヨハネス・ブラームスとフーゴー・ヴォルフである。ヴォルフは「正式の」音楽協会のいずれの会員でもないがゆえに教会に入ることを許されず、ブラームスは、彼自身もすでに重病にかかっていて、遅れて来た。彼は、教会の中に入るように勧められると、頭を振って何かはっきりしないことをつぶやいたが、それは「お構いなく。もうすぐ私の棺が……」というように聞えた。そして、実際、わずか六ケ月後にブラームスはブルックナーの後に続いた。葬儀では「第七交響曲」のアダージョがレーヴェによって金管合奏に書きかえられて演奏された。（中略）ブルックナー自身の遺志を尊重して、遺骸は聖フロリアンに運ばれた〉（シェンツェラー、山田祥一訳）

〈ブルックナーは貧しい音楽教師としてヴィーンにやって来たが、いまや王侯のように首都を去り、故郷の愛する聖フローリアンに帰って行った〉（デルンベルク、和田旦訳）

遺言どおり、遺骸は聖フローリアン修道院地下、ちょうどオルガンの真下に葬られた。

遺産として二万グルデンが残され、応分を遺族が相続した。遺言に従い、カティには当座として四百グルデン、その後、最後まで世話を続けてくれた場合への謝礼として三百グルデンが遺贈された。

これも遺言に従い、封印された自筆稿がヴィーン帝立王立宮廷図書館に遺贈された。作品の出版権は遺族が持つものとされた。

第十九場　ドルンの言葉

一八九六年十月十一日の朝、ブルックナーは心地よく目覚めた。朝食後、ピアノの前に座って交響曲第九番の第四楽章の続きを書き始めた。

十二時三十分、当番の医師が来た。

「特に問題はありません。今日は晴れているが風が強いので散歩はやめた方がいいでしょう」と医師は言った。

昼食を摂った後、マイスナーが来たのでいくつか、楽譜の整理とこの先の予定について話した。

少し疲れてきたので、ブルックナーはベッドに入り、天井を見上げながら、行っては来、通ってゆく物思いに任せた。

おや、また夢か。

どうした、イグナーツ。また来たか。

部屋の隅にイグナーツ・ドルンがいた。

イグナーツは言った。

「どうだ、言ったとおり、君はあのメロディを使って成功した。そうだろう」

「ああそうだ。ありがとう。恩に着るよ」

「いいよ。君に伝えるのが俺の役目だからだ。これで君は大作曲家として後世に名を残すだろう。あの人間離れした交響曲とミサ曲の崇高さはベートーヴェン以上とも言われることだろう」

「ああ、嬉しいよ、イグナーツ」

「ただ君の音楽が、本来の正しい形で知られるのは君の死んだあとだ。長いあいだ、弟子たちが変更した形でしか演奏されない」

「仕方ない。それでも聴かれないよりはな」

「そうだな。だが、そのあと、とても簡単に、ごく普通の勤め人の家でも君の音楽が聴けるような方法が発達すると、君の音楽のよさは世界中に知られる」

「それはどうやるんだ」

「言ってもわかるまい。とにかく、実際のオーケストラなしでオーケストラの音をそのまま聴かせる技術が普及して君の音楽の愛好者を増やす」

「想像もできないな。そこでわしは人気の作曲家か」

「そうだ。君の生徒のマーラーと並んでな」

「そうか。よかった」

「それだけを言いに来た。君はもうじき死ぬ。だがこのままではちょっと気の毒だからな。ぎりぎり死ぬ前に少しだけ貰った音楽の名誉以外、人生の恵みがないから」

「なに、大学の名誉博士号ももらったし、勲章ももらったぞ」

「じゃあ、一度でも女性から愛されたか？」

「うん？　いや、うまくいきかけたことはあった」

「それだけだろう？　後世の人間たちも、君の音楽は愛するが、君みたいになりたいとは誰も思わないよ」

「そうか」

「もし、音楽の才はないが女たちにもてる美男のお洒落で華やかな人生と取り替えてやると言われたらどうする？」

「いや、わしはこれでいい。取り替えはいらない」

「よし。そうだ。じゃあな。あと数分で君は俺たちのところへ来る。俺はまあその他大勢だが、そこには君の尊敬する人たちがたくさんいる。待ってるよ」

「ああ、よろしくな」

カティが見に来たとき、ブルックナーは顔を上げ、苦しそうに「茶をくれないか」と言った。別室で茶を用意し終え、隣の部屋に運んでいくと、付き添っていた看護人が「急いで」と言った。

ブルックナーは起きてカップを受け取り、一口、二口、茶を喫すると身をベッドに倒した。深いため息をついた。そして動かなくなった。

エピローグ　死後の名声

ブルックナー最後の交響曲、未完の『交響曲第九番』はブルックナーの死後七年を経た一九〇三年、レーヴェによって出版された。これを初版譜と呼ぶ。楽譜はレーヴェの判断で器楽法、和声、強弱が大幅に変更されており、いくつかのカットがあった。この楽譜をもとに同年二月十一日、レーヴェ指揮ヴィーン・コンツェルトフェライン管弦楽団によって初演された。『第九番』の演奏後、休憩を挟み、その後『テ・デウム』が演奏された。

その後もブルックナーの交響曲は頻繁に演奏されるようになっていったが、すべてシャルクもしくはレーヴェによる改訂版を用いての演奏だった。

だが一九三二年に転機が訪れる。

この年、初めて『交響曲第九番』がブルックナーの書いた元の形で演奏された。ミュンヘンでの、ジークムント・フォン・ハウゼッガー指揮ミュンヘンフィルによる演奏であった。そのさい、初版譜と原典稿とを比較する形の演奏がなされた。すなわち、まずレーヴェ編の初版譜による演奏があり、その後で原典稿による演奏となったのである。

ここで聴衆は、一般に流布してきた『第九番』と、弟子による書き換えの入っていない本来の形の『第九番』との差に驚いたのではないだろうか。そしてこれまで一度も本来の形が聴かれなかったという事実にも愕然としたはずだ。

この時用いられた「原典稿」をアルフレート・オーレル（1889~1967）が校訂し、それは一九三四年、連続して刊行されていた『ブルックナー全集』（後に『第一次全集』あるいは『旧全集』と呼ばれる）の第九巻として出版された。戦後に刊行されるレオポルド・ノヴァーク（1904~91）による『第二次全集』での楽譜もオーレル版をブルックナーの自筆稿と照合して作成したものである。

弟子の手の加わらないブルックナーの原典を復元しようという運動は一九二九年、マックス・アウアーの提唱によって国際ブルックナー協会（Internationale Bruckner-Gesellschaft 略称IBG）が創設されて以後、進められていた。一九三三年、協会校訂譜のための出版社設立（Musikwissenschaftlicher Verlag 略称MWV 日本語名「音楽学術出版社」）。ここでロベルト・ハース（1886~1960）が一九四五年まで主幹を務めた。

MWVから「原典版」として刊行された楽譜は以下のとおり。

『交響曲』第一番・第二番・第四番・第五番・第六番・第七番・第八番・第九番、『四つの管弦楽小品』『荘厳ミサ曲』『レクイエム』『ミサ曲第二番』『ミサ曲第三番』

この中、『交響曲第九番』と『四つの管弦楽小品』はオーレル編、『ミサ曲第二番』はハースとノヴァークの編、他はすべてハース編である。ハースの校訂による楽譜は「ハース版」と呼ぶことが通例となっている。

ハースは戦時中にナチス協力者であったとみなされたため、戦後、職を退いた。その段階での『第一次全集』は全曲まで網羅することができていなかった。

その後、フリッツ・エーザー（1911〜82）がハースの方針に基づいて作成した『交響曲第三番』の楽譜があり「エーザー版」と呼ばれる。

一九五一年、レオポルド・ノヴァークがブルックナー協会の主幹となって新たな『第二次全集』（『新全集』）の編纂を始める。これは各作品の決定稿をひとつずつ刊行するというハースの編集方針に反対し、ブルックナー自身が改訂した楽譜はそれぞれ別の作品と考え、そのすべてを刊行するという方針で、そのため、初稿、改稿された第二稿、また第三稿などが別々の楽譜として刊行された。それらは「ノヴァーク版」と呼ばれる。

ただ、改稿のなかった作品、『交響曲第五番』『第六番』『第七番』などは一部の見解の違い（『第七番』の第二楽章でのシンバル・トライアングル・ティンパニの有無など）を除けばハース版とほぼ同じである。

一方、第二稿に初稿を一部折衷して作成したとされるハース版『交響曲第八番』についてノヴァークは批判的で、『交響曲第八番』第一稿、『交響曲第八番』第二稿、と明確に区別した楽譜を作成したが、『第八番』については現在も敢えてハース版を用いる指揮者が少なくない。ハース版には第一稿・第二稿両方の「良い所」が捨てられずに生かされているから、という演奏者としての判断による。

ノヴァークは一九九〇年に引退し、ヘルベルト・フォッグが主幹に就任するが、以後も『全集』の編纂は続けられ、ウィリアム・キャラガン、ベンヤミン＝グンナー・コールス、ベンジャミン・コーストヴェットなどが新たな版を発表している。『交響曲第二番』第一稿・第二稿（キャラガン校訂）、『第四番』第三稿（コーストヴェット校訂）、『第九番』（コールス校訂）などである。

またこれらとは別に指揮者ハンス＝フーベルト・シェンツェラーが『第五番』と『第九番』の原典版をオイレンブルク社から独自に出版している。

非常に複雑、煩雑な楽譜の問題がこれほど真剣に研究されているというのもブルックナーの残した音楽への重視の証しに他ならない。

また「序」に記した通り、その普及には二十世紀以後、誰もがレコードの形で演奏の録音を聴けるようになったという条件が大きいだろう。ブルックナーの長大で複雑な音楽は頻繁にコンサートで聴けるとは限らないし、録音のない時代にはコンサートがなければ知りようもない。録音として鑑賞できる技術の発達がブルックナーの音楽を聴きやすくし、また反復して聴くことを可能にして、その長さ複雑さに「慣れる」ことを促したのである。レコードはその後ＣＤという形でより一層の長時間録音収録が可能となり、扱いも手軽になったため、二十世紀末近くになると格段に愛好者が増えた。

翻ってそのことがブルックナーの交響曲の、コンサートでの演奏機会を増やした。また、その機能を最大限に生かせることから、大オーケストラの演奏会では後期ロマン派の曲が選ばれる機会が増え、マーラー、リヒャルト・シュトラウスらの大曲とともにブルックナーの交響曲がプログラムに載りやすくなっていった。

さらに「ブルックナー指揮者」と呼ばれる、特にブルックナーの作品を指揮することを得意とする指揮者が何人も登場し、そういう指揮者の指揮する演奏会は満席となることも稀ではない。

ただし現在も、たとえばベートーヴェン、モーツァルト、ブラームス、ドヴォルザーク、チャイコフスキー、マーラーほどのポピュラリティはない（なお、マーラーも日本では一九八〇年代くらいから俄かに人気が出てきた作曲家で、その人気の理由の一端はブルックナー同様、録音文化あってのものである）。また、来日オーケストラ・日本のオーケストラともに、大都市ではブルックナーを演奏することも多いが、地方公演でブルックナーの曲が取り上げられることは非常に少ない。これはその公演の機会の少なさに関係があって、年に二、三回しか公演がないとしたら、誰もが好みそうなベートーヴェンかドヴォルザークが選ばれるということである。逆に言うなら、演奏機会が多い場ではブルックナーは欠かせない作曲家となる。

来日オーケストラで最初にブルックナーを演奏したのは一九五九年、ヘルベルト・フォン・カラヤン指揮のヴィーン・フィルハーモニー管弦楽団であったとされる。曲は『交響曲第八番』（ハース版）だった。初めてのブルックナーに『第八番』とは驚きだが、おそらくヴィーン・フィル＋カラヤンという、クラシックファンなら是非聴きたがる公演であることがわかっており、その場合、馴染みのない未知の曲であろうがチケットは売れると判断されてのことだろう（それでも不安があったため最初にモーツァルトの『アイネ・クライネ・ナハトムジーク』を付け加えたと聞く）。

その後一九六六年のカラヤン＆ベルリン・フィルの来日公演でも全十一回のうち、一回だけ東京文化会館でブルックナーの『交響曲第八番』を演奏している。これはカラヤンという指揮者の、いくらか無理をしてもブルックナーを演奏したいという強い意志によるものだろう。

ブルックナーを得意とする指揮者というとカラヤンのほか、古くはヴィルヘルム・フルトヴェングラー、ハンス・クナッパーツブッシュ、カール・シューリヒト、エドゥアルト・ファン・ベイヌム、ヘルマン・アーベントロート、ハンス・ロスバウト、ヤッシャ・ホーレンシュタイン、フォルクマール・アンドレーエ、など、以後、オイゲン・ヨッフム、オットー・クレンペラー、ロヴロ・フォン・マタチッチ、カール・ベーム、クルト・ザンデルリング、ヨーゼフ・カイルベルト、フランツ・コンヴィチュニー、オトマール・スウィトナー、クルト・マズア、ハインツ・レーグナー、ルドルフ・ケンペ、ゲオルク・ショルティ、ベルナルト・ハイティンク、カルロ・マリア・ジュリーニ、ギュンター・ヴァント、ヘルベルト・ケーゲル、ゲンナジー・ロジェストヴェンスキー、セルジウ・チェリビダッケ、エリアフ・インバル、ズービン・メータ、ラファエル・クーベリック、ヴォルフガング・サヴァリッシュ、クラウディオ・

アバド、ミヒャエル・ギーレン、クルト・アイヒホルン、スタニスラフ・スクロヴァチェフスキ、ヘルベルト・ブロムシュテット、ゲオルク・ティントナー、ニコラウス・アーノンクール、ダニエル・バレンボイム、ロリン・マゼール、リッカルド・シャイー、サイモン・ラトル、ゲルト・アルブレヒト、クリストフ・フォン・ドホナーニ、ロベルト・パーテルノストロ、マレク・ヤノフスキ、ケント・ナガノ、ヤープ・ファン・ズヴェーデン、フランツ・ヴェルザー＝メスト、クリスティアン・ティーレマン、ワレリー・ゲルギエフ、デニス・ラッセル・デイヴィス、ユベール・スダーン、ロジャー・ノリントン、パーヴォ・ヤルヴィ、マリス・ヤンソンス、アンドリス・ネルソンス、アイヴァー・ボルトン、シモーネ・ヤング、マルクス・ボッシュ、マリオ・ヴェンツァーゴ、マルクス・ポシュナー、レミ・バロー、ゲルト・シャラー、イム・ホンジョン、ヤニック・ネゼ＝セガン、フランソワ＝グザヴィエ・ロト、ジョナサン・ノット、など、日本では朝比奈隆、飯守泰次郎、若杉弘、尾高忠明、秋山和慶、小泉和裕、上岡敏之、大植英次、飯森範親、佐渡裕、広上淳一、高関健、下野竜也、など。

この充実ぶりを見ても、かつてのように有力批評家の理解を得られず、少数の「好意的な指揮者」によって勝手に楽譜を書きかえられてきた残念な作曲家の面影はない。

一概には言えないものの、ブルックナー指揮者と言われる指揮者には、楽譜には忠実に、という態度が見られることが多い。それは過去、ブルックナーの楽譜が恣意的に変更されてきたことへの警戒と批判とも思える。

次は朝比奈隆の言葉から。

ただ、あの人の音楽で一番大事にしなけりゃいけないことは、あの人の音楽がたいへん壊れやすい、傷つきやすい音楽だということ。あの人が書いたままの姿を再現して、そのまま聴衆の耳に持っていかないといけない。変に手を加えたりすると歪みやすい、構成が非常に弱いですから。ベートーヴェンやマーラーの音楽は構成が強いですから、壊れようがないですけれど、ブルックナーの場合は、へたをすると誤ったものを聴衆に聴かせる怖れがある。今世紀（引用者注＝二十世紀）の初め頃、ブルックナーが全く演奏されなくなったのは、実はそれだと思うんです。偉い指揮者たちが、もっとおもしろくしようと思って、いろんなことをした。おもしろくはなったかもしれないけれど、ブルックナーの音楽ではなくなってしまった。そういうことの結果だと思うんです。（『音楽の手帖　ブルックナー』「インタビュー　ブルックナーの世界」）

ここに語られたことがどれだけ正確かはわからないが、ブルックナーの音楽は壊れやすく、もとの形を大切にしないと成立しない、という意見には賛成したい。こうしてブルックナー本来の音楽を重んじる演奏家・聴き手が増えてきたのであれば幸いなことである。

だが一方、他者の意見を容易く容れてしまう点も含め、何度でも改稿し続けたブルックナーの制作姿勢について作曲家・柴田南雄は次のような見解を記している。

> そこにまさに、彼の音楽の特徴があるとも言えます。一つの作品が永久に書き足され、書き直されていく状態にあるということは、きわめて現代的な芸術観とも言えるわけで、要するに細部をきっちりきめることなど、彼にあっては問題ではないとも言えるのです。
> （『クラシック名曲案内　ベスト151』）

とすればこれは現代アートの世界で「ワーク・イン・プログレス」（進行中・工事中の意）と言われるものに近い。むろんブルックナーは改訂の都度、それなりに完成を目指していたのではある。とはいえ意志はあっても、絶対の確定ということはブルックナーには難しかったのだろう。であれば手稿の宮廷図書館遺贈も、未来の聴取者への寄贈であるとともに「ある段階での間違いのない楽譜」としての記録保持の意味であったのかもしれない。

指揮者ヴィルヘルム・フルトヴェングラーもまた、ブルックナーの作品の「未完成性」を指摘している。

> 私たちはベートーヴェンが苦艱《くかん》に悩みつつゆっくりゆっくり仕事をしたことを知っています。しかし、その創作の過程が終った時は、作品もまた完成されていました。これに反

してブルックナーの場合は、まるで一つの作品が、彼にとって内面的に永久に完成しえないかのような印象を与えます。まるでこの無辺無限の拡散的な音楽の本質の中には、自分自身をのり超え、つき抜ける仕事は永久に完成できない、永久に「決定的」になることができない、と言ってでもいるかのように？（芳賀檀訳『音と言葉』）

「壊れないよう、もとの形を大切に」しかし「永久に『決定的』になることができない」、一見相反するこの二つの見解だが、作曲家・音楽評論家の諸井誠はそれらをともに肯定する意見を以下のように記した。

文字通り「未完」に終った〈第九番〉はもちろんのこと、完結したいくつかの交響曲でさえ、「完成」を求めて、何版も改訂されている。つまりは、これらも、真の意味での「完成品」ではなくて、ある意味では、「未完成品」なのだ。それにもかかわらず、〈第八番〉や〈第三番〉は名曲だし、その雄大真摯なアティチュードは、他に類例を見ることの出来ないものなのである。となれば、「完成」は、必ずしも「名曲の条件」ではない、ということが言えるだろう。

〈第三番〉にしても、〈第八番〉にしても、どこで輪切りにしてみても、ブルックナーの顔がある。そして、どの版で聴こうと、そのイメージが決定的に変わってしまうということがない。（中略）〈第五番〉のフィナーレのように、一一二小節もの切除をうけたとしても、ブルックナーの雄大さは不変であり、その深遠さは、いささかも損なわれはしないであろう。とはいえ、フルトヴェングラーの指摘する「頑強な素朴さと高貴な精神性との混和」を疎外し、絶対音楽としての造型性にアンバランスをもたらし、統一感を弱め、率直さを失わせるような、ほんの僅かな異物の混合も、ブルックナー芸術が求めてやむことのない高い純度の保持には許されないことなのである。（『クラシック名曲の条件』）

これをひとつの解答としたい。

第二十場　バッハの言葉

最後に一枚の絵について語っておこう。

シルエット画家オットー・ベーラーによる、音楽家の天国へ招かれるブルックナーを描いたものだ。

周囲にさまざまな楽器を持った天使が舞う中、一人の天使に上着の裾を引っ張られながらブルックナーが天国へ導かれてきた場面で、そこが選ばれた音楽家たちの楽園であることは、奥でオルガンを弾く大バッハ、その背後に立つヘンデルの他、ハイドン、モーツァルト、ベートーヴェン、シューベルト、シューマン、等々、楽聖と呼ばれる人たちがすべてそこに集まっていることで知れる。巧みなシルエット画は、獅子のような頭のベートーヴェンやら、大きな顔の小男シューベルトやらをシルエットのみではっきりとわかるように描いている。

そして、ここにおいても変わらず慎ましく身をかがめるブルックナーへ、両の手をさし出して迎えるのは紛れもなくリストであり、その後ろにはブルックナーが神と仰いだヴァーグナーが相変わらず胸を張って、しかし、もはやかつてのように田舎者を馬鹿にすることはありえず、待っている。

ヴァーグナーは無言だが、私にはこんな科白が聞こえるかのようだ。

「ブルックナー君、待っていたよ」

ブルックナーはどう答えただろう？　地上での謙譲さを忘れていなかったらあるいはこうかもしれない。

「わたくしごときがこのような場所にお迎えいただいてよろしいので？……」

このとき、最も奥に控えたバッハが振り返り、こう言うのではないだろうか、

「君はもうずっと以前からここに立つ資格があったのだ。君は自分が我々に勝るとも劣らない偉大な作曲家であることにまだ気づいていないのかね」

終生、自己の不遇を嘆き、並び立つ華やかな天才たちを羨むあまりの劣等感の重みに耐え続けたアントン・ブルックナーが、このようにして大音楽家たちの天国に迎えられ、天才たちの真中に立ったという物語をここにさし出すとともに、『交響曲第三番』のコーダにも似たその通俗的な大団円を我がことのように喜んでこの稿を終える。

Anton Bruckner arrives in heaven ; Otto Böhler, 1890

後記

私がブルックナーという作曲家を知ったのは諸井誠の『交響曲名曲名盤１００』（音楽之友社　一九七九年）という新書によってだった。クラシック音楽にはいくらか親しんではいたが、歴史的に最重要ジャンルとされてきた交響曲にはまだ知らない曲が多く、しかもどの演奏で聴くのが一番よいかを教えてくれる本として重宝したものである。当時はどちらかといえばマーラーの交響曲と名盤の紹介が目当てだったが、そのうち、他の作曲家と比べても特別に力の入った紹介のなされている項目があることを知り、それがブルックナーの交響曲についてだった。どこが特別かといえば、ゼロ番まで含めた（習作以外の）全曲が紹介されていたことである。これは後になって知ることだがブルックナーの交響曲と言えばまず四番・七番、そしていくらか深みに入ると八番・九番・五番、もう一曲と言うなら三番、というのが標準であり、大抵は四・七番、最大限で三・四・五・七・八・九番の紹介というのが一般の扱いだし、全曲、と言う場合でも第〇番までは含めないのが普通であった。

この本の初版の出た当時より少し後の一九八三年刊行の神保璟一郎による『クラシック音楽

鑑賞事典』（講談社学術文庫）のブルックナーの項目では四・八・九番だけ解説されていて全曲など全く及ばない。ブラームスについては全交響曲・全協奏曲、室内楽の大半が解説され、その記述に三十六ページも費やされていたが、ブルックナーについては五ページもない程度だった。つまり諸井氏の選択は当時大変異例だったのである。

諸井氏は後期ロマン派の大規模曲がお好きであったようで、マーラーもまた『大地の歌』と未完の『第十番』も含めた全十一曲まですべて紹介されていた。リヒャルト・シュトラウスも初期の習作に関する解説はないが『アルプス交響曲』と、普段あまり言及されることの多くない『家庭交響曲』もリストにあった（これに対し、ドヴォルザークは七・八・九番の三曲、シューベルトは五・八・九番の三曲、メンデルスゾーンも三・四・五番の三曲だけ）。

それにしてもブルックナーのゼロ番からというのはやはりただ事ではない。しかも順々に、作曲者の生涯のエピソードまで含めたいわばブルックナー小入門書になっていた。

これによって私はいわば前知識としてブルックナーを知り、そして実際の録音を聴いた。最初は『第四番』だったか『第九番』だったかである。『第四番』はカール・ベーム指揮ヴィーン・フィル、『第九番』はカラヤン指揮ベルリン・フィルであったと思う。この二曲は随分と印象が異なるとはいえ、いずれもどこかクラシックらしくないところ、それは今なら「映画音楽的」と言えばよいのだとわかるのだが、そういう通俗的で豪快なもの、しかも礼儀正しいクラシックであるよりはヘヴィーメタルのような過剰さと野蛮さを感じた。実際、カラヤン指揮であろう『第九番』のスケルツォはとあるサスペンス映画の予告に使われていたのを覚えている。テンポが非常に速く、息詰まるような調子だった。

そうするうちにハイティンクが当時のアムステルダム・コンセルトヘボウ管弦楽団（現ロイヤル・コンセルトヘボウ管弦楽団）を指揮した『第八番』をそれほどの思い入れもなく夜中にヘッドホンで聴いていた時、第三楽章の半ばあたりから何か特別な感興が起こってきて、このときから私はブルックナーを忘れがたい作曲家と思うようになった。それはコンヴィチュニー指揮ライプツィヒ・ゲヴァントハウス管弦楽団による『第五番』、ジュリーニ指揮ヴィーン・フィルの『第七番』、ザンデルリング指揮ライプツィヒ・ゲヴァントハウス管弦楽団の『第三番』、ヴァント指揮北ドイツ放送交響楽団の『第八番』『第九番』等々を聴くうちにいよいよ確信となった。

この頃になってようやく、その過激さ力の大きさだけでなく、アダージョに聴かれる繊細な憂愁に惹かれていった。

そんな私の心の支柱を教えてくれたことへの感謝をこめつつ、諸井誠氏によるブルックナーの曲目紹介を引用したい。（以下『交響曲名曲名盤１００』から）

四〇歳！　一一曲もの交響曲を遺したブルックナーが第〇番《ヌルテ》を書いた時には何と四〇歳に達していた。第〇番《ヌルテ》。奇妙な番号である。前代未聞のジョーク。このジョークを敢えて大真面目でとばしたブルックナーである。（中略）始まったとたんにブルックナーの顔がちらつくほど、はっきりと個性が表われている。冒頭動機はヤッコラサノヤッコラサと聞こえる。このヤッコラサ動機を執拗に展開しているのがいかにもブルックナーの面目躍如。（第〇番）

第一楽章のソナタ形式は見事に展開されており、既に巨匠の風格を示している。ところがこの楽章の終り、跳びはねるリズムの二八小節に渉る連続が、私には、コレッキリ・コレッキリ……と聞こえて仕方がない。ヤッコラサと重い腰を上げて四〇歳になってはじめて交響曲を書くようになったブルックナーである。第一番を書いたところでコレッキリは困るな……とまあそんなことを思うのはこちらの勝手で、ブルックナーにいわせれば、「ありゃ、ブルックナ、ブルックナ……っていってるんだヨ」（第一番）

第二の古典性について、私は先祖帰りだとは思わない。作曲技術の充実向上と、古典研究の成果のあらわれとしての古典主義的構造主義、形式主義なのであって、この過程なしで第三以降の発展はあり得なかっただろうと思うからである。四〇面《づら》下げて今さら……などといってはいけない。最初オルガニストとして教会音楽に発したブルックナーが、一般的な作曲家としての作曲生活に入ったのがようやく不惑の年からのことなのだから。（第

二番）

さんざん苦労して四年後の一八七七年になってやっとウィーン初演に漕ぎつけたが、結果は惨憺たるものだった。ワーグナーの敵の攻撃目標にされ、ワーグナーからの引用が災して模倣者のレッテルがはられてしまったからである。初演の指揮を馴れないブルックナー自身がやったというのも、色々な意味でまずかった。何という無防備な、世馴れない人だったのだろうか。（第三番）

《ロマンティック》には別の人気がある。第七を上廻る人気である。通俗性……そう、たしかに分りやすいし、とてもきれいなメロディで一杯。要するに素人に随喜の涙を流させるに十分な要素を一杯持っているのだ。子供の頃、私もこの曲に随喜の涙を流した口である。SP盤で何十枚も、とっくりかえし、ひっくりかえしで、小学校をズル休みして聴いた。早引けまでしてこっそり聴いたこともある。おなかが痛い……なんて……。今でも、お袋はそんな折の腹痛の真相などご存知ない。ワルーイ子供だったのである。私は……（第四番）

森林（第四）と田園（第六）の間で、第五は巨大な〝城塞交響曲〟なのである。ブルッ

クナー自身、この曲を幻想的なものと語ったというが、まさにロマンティックな中世風の
幻想の城なのだ。城の本丸は勿論第四楽章。先行楽章の回想で始まり、やがて壮麗なフー
ガに入っていく。終末は豪壮なコラールだ。カトリック的とか、コラール風とか、信仰交
響曲などと称ばれたのはこのフィナーレの印象からきている。（第五番）
反復の論理は何もカルル・オルフの専売なんかじゃない。大先輩にブルックナーがいるのだ。ブルックナーの作曲法の背景には、厳然として反復の美学が存在していた。ブルックナーの音楽からあらゆる反復《リピート》パターンの原型だけを残して、反復と模続進行《シーケンス》をとり去ってしまったらどうなるだろう。まず第一に、ブルックナーではなくなるだろう。反復は、彼の音楽にとってはそれほど重要な構成要素なのである。反復の美学はしかし本質的にセクシャルなものである。（第六番）

ニキシュがライプツィヒで初演して以来大成功の名曲である。長大重厚な特異な様式のブルックナー交響曲では作曲者の生存中成功した例は少ない。第二楽章を書いている時、敬愛してやまなかったワーグナー死亡の報を受けた。コーダにワーグナー・チューバ五重奏を使った葬送楽を挿入したのは死者への哀惜と敬意の表明だ。（中略）ブルックナーの曲に構造を云々するのは下衆のやることだという説があるが、この曲などどうくして

て見事に構成されている。（中略）全一〇曲中これが一番俗っぽさを持っていると私は思う。穏健で分りやすいのだ。芝居の名作を見るようで、各幕（楽章）が楽しく面白いのだ。こういう曲には七面倒臭い御託を並べるより、筋書きがよく分り、登場人物（楽器）に充分物言わせる演奏がいい。（第七番）

第八を、私が初めて聴いたのはウィーンだった。マチネーだったが、ムジーク・フェラインに満員の聴衆を迎え、ウィーンＰＯの前に立ったのは半身不随のような老人だった。クナッパーツブッシュである。大半は指揮台上の椅子に坐ったままの片手振りだったが、時々立ち上った。よろよろとやっとこ。そして手を天高く上げるまでに何分かかったろうか。その度に、長い長い果てしないようなクレッシェンドだ。音楽をタテワリに考えれば実に不揃いな合奏だったが、眼のあたりに見、聴く最強音の凄かったこと！ それからまたやっこらさっとこ坐る。それがデクレッシェンドなのだ。長大な交響曲が終った時、これほどの凄演が目撃できる機会は二度と来まいと思った。（第八番）

ブルックナーの白鳥の歌である。第九のジンクスに祟られたのか終楽章を書かないで他界した。「代りにテ・デウムを……」といい遺して逝ったといわれるが、ニ短調の所へ声楽が加わることになるから、ベートーヴェンの第九（合唱付）に著しく似てくる。おまけに、第八からではあるが、スケルツォが第二楽章に置かれているのだ。ブルックナーの終楽章にはどうも納得がいかないところがあるので、それが欠けている第九は、私には有難い。第八にしてもあのフィナーレがなければもっとちょくちょく演奏されるのに、などと思ってみたりもする。それにしても第九に巨大な終楽章がついていたらどんなになっていたろうか。（第九番）

どことなく諸井氏の人柄もうかがえる楽しい語り口であった。

ところで、ブルックナーの音楽からは、本書に記したような泥臭い野心、しつこく見苦しい自己宣伝、飽くことのない名声欲と権威への追従といったものは感じ取れないが、しかし、彼の交響曲のような、一聴で人を魅了するといった性格の薄い、何度か聴き続けてあるとき遂に悟るようにそのよさを確信する、そんな種類の音楽が世に残り記憶されるには、そうしたいわば汚れ仕事が何より必要だったのだ、もともと縁故の乏しい出自のよくない作者は、ここまでしなければならなかったのだと、そんな感慨にとらわれざるをえない。

それというのも、一旦はオルガンの名手としてリンツ大聖堂の正オルガニストというかなり格の高い地位に就き、そこにい続ければそうそう貶されることも嘲笑されることもなく、いわば地方の名士として名誉もあり生涯困ることはなかったはずなのに、迷いに迷った末とはいえ、敢えてそこを去り、魑魅魍魎《ちみもうりょう》渦巻く帝都ヴィーンに出、そこで教会音楽よりも交響曲を主として作曲し、それを懸命に世に広めようとしていった彼の、上昇志向の大きさあってのことである。

十九世紀ヨーロッパの主流音楽界ではそろそろ時代遅れと言われながらもやはり交響曲が音楽の王であるという認識はなくなってはいなかっただろうし、やや昔気質（時代遅れ）のブルックナーとしては、ミサ曲よりも大々的な交響曲で名を残したいと考えたのは当然であった。大交響曲の作者をめざすという、その野心の向かい方はなるほど彼の交響曲の巨大志向と一致するところと思うが、とはいえ彼の世俗を超越したような交響曲がそうした生々しい野心を感じさせるというわけではやはりない。

それにしてもここまで悪戦苦闘して、生涯のほとんど八割くらいを、地を這うような面白くない下積みに費やしてまで自分の作品を世に残そうとした、その意志と忍耐には驚嘆する。

彼と同じほど、あるいは彼をも上回ったかも知れないセンスを持っていた弟子ハンス・ロットは、一度の挫折で心を患い、そのまま夭折した。ブルックナーはそういった心弱さを持っていない。世への姿勢は常に弱気で人の言うことに左右されがちであったのに、自作の価値を疑ったことはおそらく一度もない。『第八番』が演奏拒否されたときは流石に彼も「神経衰弱」「強迫症」といった症状に陥っているが、しかし、それならと改作を続け、そして次第に回復する。改作するという行為は、自らがもととした何かは間違っていない、ただその具体的な描き方に見込み違いがあって、そこを直せば必ず世に容《い》れられるという確信あってのことである。

これほどの確信を持たせたものは何だろう。私にはそれが、彼の心のどこかで湧き続けるこの世ならぬ音の源泉のようなものに思えてならない。実際に音なのかどうかもよくわからない。おそらくはオルガンの即興演奏のさいに自在に指が動くかのように展開させる、ある力、ある動きのようなもので、そのままでは何物でもないが、それがブルックナーという器を経て、豪壮多彩な音響として発信されるのではなかっただろうか。

ブルックナーは、その和声、その響きに驚嘆しながら魅了され、半ば自分のものですらないような気分でそれを必死にこの地上に書きとめようとした、とそんな神話的口調で語りたい気がする。彼が作品を書き直し続け、他者の助言をも容れ続け、また直し続けた、その理由は、もともとの何かが完全には把握できないものだったからではないだろうか。あるいは絶えず動き続け変容し続けることにこそ彼の音楽の、巨大な力の運動という本質があった。暫定的にしか示しえない、しかし確実にある最高の響きを、死にいたるまで探り続けた、それがブルックナーの作曲姿勢と考えたい。

そのかけがえのない、無償の贈与たる音の饗宴を、ブルックナーはどんなやり方ででもこの地に据えておきたかったのだ。それはもう自分の名声のためというよりは、神からの恩寵を分け与える使徒のような行ないだった。しかし、だからこそ、名声と評価は何より必要だった。愚かな人間たちは、偉い人にこれは素晴らしいのだぞと諭《さと》されなければ見向きもしないからだ。

ブルックナーは自作の価値は信じていたが、自作が価値あるからといって、価値あると世が認めるものではないことをよく知っていた。世に認めさせるためには情けない追従《ついしょう》もなりふり構わない痛々しい態度も取った。皇帝の権威も利用した。なぜなら価値ある音楽だったからだ。その価値のわからない可哀そうな人々へ、彼は皇帝の名のもとにそれを施《ほどこ》したのである。

私が『不機嫌な姫とブルックナー団』（講談社　二〇一六年刊）を書いたとき、ブルックナーの演奏会では休憩時間に男子トイレに長蛇の列ができる、とよく言われていた。女性は少なく、なにやら大変に思い入れの強そうな男性が多いと見られていたし、今もその状態が大きく変化しているとは言えないが、しかし、かつてより女性の聴き手は増えているように思う。この先もっと増え続けるだろうし、そうあることを望みたい。というより、もともと性別によって好む音楽が違うと決めつけること自体がおかしい。

本書第五章第2節で紹介したように、一八九〇年代くらいのヴィーンでは、若い女性がブルックナーの音楽を好んで聴きに来る、ブルックナーの交響曲に魅せられた女性作家が当人にオペラの作曲を依頼する、というようなこともべつだん奇異なことではなかった。そして若い女性は「なんてすばらしいのでしょう、だってブルックナーですものね」などと、ブルックナーの音楽が誰にとってもよいものであることを公言するのだった。

現在でも、ヴィーンでは夫婦がともにブルックナーの音楽を聴きに来て、長い全曲が終わると二人とも「もう一度最初から聴きたいね」と言い合う、という話をどこかで聴いたことがある。嘘ではないと思う。そうやってヴィーンではブルックナーの交響曲が人々の人生にとってかけがえのないものと、男性女性に関係なく考えられているのだ。

翻って、日本は明治以後、西洋文明を急速に吸収した国である。音楽に限れば、もともと西洋音楽を当然のように聴いていたのではない。西洋の文化は、近代日本の知識階級が学んでゆくものとして認識されており、音楽でもそれは同じだった。

すなわち、西洋音楽を聴き、そのよさを知ってゆくことは、日本では長らく、楽しみであるより先にまず勉強によって身につけるべき教養として、エリートたちの営みであった。そして、明治から戦後しばらくまで、日本社会での知的選良の大半は男性であった。

この背景を考えると、聴いてすぐ好きになれる小曲やメロディアスな曲ではなく、それを好むようになるには相当の鑑賞経験が必要となる長大な交響曲を、たとえばベートーヴェンから順々に学び知識として得、そうしているうちに確かに好むようになる、という経過が従来、西洋文化を学びそのことを誇ろうとする男性たちに多かったのは日本の歴史がそうだったからである。その極端な例がブルックナーの交響曲ではなかっただろうか。

もともとそれが身の回りに空気のようにあるのであれば男性ばかりということにはならない。また、どこかで今も教養としてクラシック音楽を勉強する態度が残っている限り、自らの知の高さを誇りたがる層がクラシック音楽をその自己顕示に用いたがることも（今ではその有効性は疑わしいとはいえ）なくならないだろう。

これもあるとき聞いた話で出典が言えないのだが、ある女性の言葉が「ミュージカル聴きに来てる女性はみんなただ楽しそうだけど、オペラ聴きに来てる男性はだいたいみんな一生懸命に勉強してるみたい」と言ったという。それはつまり、ミュージカルは教養のために聴くのではなくエンターテインメントとして受容されているが、少なくとも日本ではオペラはまだまだ学ぶべきハイカルチャーと認識されており、するとそれを楽しむより先にまず学び「マスターしようとする」男性が多いという状況なのだ、ということをその言葉は告げていたようだ（なおその態度は男性に特有で、オペラを見に来ている女性にはそういう態度はあまり見えないということもあったのだろう）。

長大な交響曲の鑑賞についてもこれと同じような聴き方がされがちと思う。ただ、ブルックナーに限ったことではないが、そうしているうちにどこか本末転倒というか、むしろそちらの方があるべき本来なのだが、勉強でも義務でもなくなってしまう瞬間が訪れる。

知を誇る、背伸びのためにベートーヴェンもブラームスもモーツァルト、ハイドン、シューベルト、チャイコフスキー、ドヴォルザーク、シベリウス、マーラー、等々をも「マスター」した後に、その訓練の続きとして、最も聴きづらいとされたブルックナーの交響曲に挑戦し、無事眠らずに聴き終えた自分を内心で誉め、誇る、という鑑賞を繰り返しているうち、病膏《やまいこう》肓《こう》に入《い》る男性が増えた。その頃にはもう教養でもマウンティングの便宜でもない、ただただ浸りたい好きな曲になっている、という経緯である。こうなるに至るまでの、教養主義という動機を持つのが日本では歴史的に男性に多かったという、そういうことだ。

ただ、きっかけはどうあれ、一度病みつきになってしまうともう後は教養ではない。むしろ麻薬を求めるようにしてブルックナーを聴く。ここでようやくブルックナーの音楽の本来の境地が会得される。

これまで、女性にはマウンティングのために長大な交響曲を無理して勉強する必然性がなかったため、長く我慢して聴く経験の末に得られるブルックナーの快楽を知る女性は少なく、そのため演奏会には熱狂的にそれを好む「ブルオタ」の男性たちと、興味本位で聴きに来た少数の女性たち、という図式になっていたのではないかと思う。とすればそれも日本近代の西洋文化受容の歴史の名残がそうさせただけのことである。

しかし今既に知的選良は男性だけ、という見立ては成り立たない。それとともに、女性が、教養主義に促され背伸びをするためではなく、CDや配信など、豊富にある手軽な手段によった多彩な鑑賞経験の結果、ブルックナーのよさを知る機会も増えているはずである。そろそろブルックナーもマーラーとともに空気に近い、耳に親しい音楽となりつつあるのなら幸いである。

本書は中央公論新社の藤平歩さんにお声がけいただいて成立したものである。藤平さんには心より御礼申し上げます。

二〇二四年二月

高原英理

本書は十九世紀オーストリアを舞台としており、そこでの階級意識をも前提とした言葉使いをするところがあるため、現在では用いることの少なくなった「女中」「下男」等の語、また「田舎」等の語を用いていますが、現在の職業差別や地域差別を助長する意図はありませんことをご理解ください。

『ブルックナー譚』参照・参考文献

エルヴィン・デルンベルク著／和田旦訳『ブルックナー　その生涯と作品』（1967 白水社）
オスカー・レルケ著／神品芳夫訳『ブルックナー　音楽と人間像』（1968 音楽之友社）
ハンス＝フーベルト・シェンツェラー著／山田祥一訳『ブルックナー　生涯／作品／伝説』（1983 青土社）
カール・グレーベ著／天野晶吉訳『アントン・ブルックナー』（1986 芸術現代社）
ヴェルナー・ヴォルフ著／喜多尾道冬・仲間雄三訳『ブルックナー　―聖なる野人―』（1989 音楽之友社）
張源祥著『ブルックナー／マーラー　大音楽家／人と作品20』（1971 音楽之友社）
土田英三郎著『ブルックナー　―カラー版作曲家の生涯―』（1988 新潮社）
門馬直美著『ブルックナー』（1999 春秋社）
田代櫂著『アントン・ブルックナー　魂の山嶺』（2005 春秋社）
根岸一美著『作曲家　人と作品　ブルックナー』（2006 音楽之友社）
『音楽の手帖　ブルックナー』（1981 青土社）
根岸一美／渡辺裕監修『ブルックナー／マーラー事典』（1993 東京書籍）
音楽之友社編『作曲家別　名曲解説ライブラリー5　ブルックナー』（1993 音楽之友社）
金子建志著『こだわり派のための名曲徹底分析　ブルックナーの交響曲』（1994 音楽之友社）
ハンス＝ヨアヒム・ヒンリヒセン著／髙松佑介訳『ブルックナー　交響曲』（2018 春秋社）
レオポルト・ノヴァーク著／樋口隆一訳『ブルックナー研究』（2018 音楽之友社）
渡辺護著『リヒャルト・ワーグナー　激動の生涯』（1987 音楽之友社）
吉田真著『作曲家　人と作品　ワーグナー』（2005 音楽之友社）
福田弥著『作曲家　人と作品　リスト』（2005 音楽之友社）
浦久俊彦著『フランツ・リストはなぜ女たちを失神させたのか』（2013 新潮社）
船山隆著『マーラー　―カラー版作曲家の生涯―』（1987 新潮社）

アルマ・マーラー 著／石井宏 訳『グスタフ・マーラー　愛と苦悩の回想』（1987 中央公論社）
西原稔 著『作曲家　人と作品　ブラームス』（2006 音楽之友社）
諸井誠 著『クラシック名曲の条件』（2019 講談社）
諸井誠 著『交響曲名曲名盤100』（1979 音楽之友社）
ヴィルヘルム・フルトヴェングラー 著／芳賀檀 訳『音と言葉』（1981 新潮社）
柴田南雄 著『クラシック名曲案内　ベスト151』（1996 講談社）
神保璟一郎 著『クラシック音楽鑑賞事典』（1983 講談社）
田村和紀夫 著『交響曲入門』（2011 講談社）
アイスキュロス 著／呉茂一 ほか 訳『ギリシア悲劇Ⅰアイスキュロス』（1985 筑摩書房）
シェリー 著／石川重俊 訳『鎖を解かれたプロメテウス』（2003 岩波書店）
オットー・シュトラッサー 著／芹沢ユリア 訳『栄光のウィーン・フィル』（1998 音楽之友社）
オットー・ビーバ、イングリード・フックス 著／小宮正安 訳『ウィーン楽友協会　二〇〇年の輝き』（2013 集英社）
ジェラルド・グローマー 著『「音楽の都」ウィーンの誕生』（2023 岩波書店）
近藤寿行 著『ウィーン音楽の散歩道　大音楽家の足跡を訪ねて』（1997 講談社）
ロート美恵 著『「生」と「死」のウィーン　―世紀末を生きる都市』（1991 講談社）
木村直司 編『ウィーン世紀末の文化』（1993 東洋出版）
山之内克子 著『ウィーン・ブルジョアの時代から世紀末へ』（1995 講談社）
広瀬佳一・今井顕 編著『エリア・スタディーズ19　ウィーン・オーストリアを知るための57章【第2版】』（2002 明石書店）
クリスティアン・M・ネベハイ 著／白石隆生・敬子 訳『ウィーン音楽地図Ⅱロマン派／近代』（1987 音楽之友社）
森本哲郎 著『世界の都市の物語8　ウィーン』（1992 文藝春秋）

池内紀 監修『読んで旅する世界の歴史と文化　オーストリア』（1995 新潮社）
石桁真礼生・末吉保雄・丸田昭三・飯田隆・金光威和雄・飯沼信義 著『楽典—理論と実習』（1998 音楽之友社）
『新訂 標準音楽辞典』第二版（2008 音楽之友社）
新村出 編『広辞苑』第二版補訂版（1976 岩波書店）
松村明 編『大辞林』第三版（2006 三省堂）
平凡社 編『改訂新版 世界大百科事典』（2007 平凡社）
『ブリタニカ国際大百科事典 小項目事典』（1972 ティビーエス・ブリタニカ）
Weblio 辞書
コトバンク
Wikipedia

装幀　中央公論新社デザイン室

高原英理

1959年、三重県生まれ。小説家・文芸評論家。立教大学文学部卒業。東京工業大学大学院社会理工学研究科博士課程修了（価値システム専攻）。博士（学術）。85年、小説「少女のための鏖殺作法」で幻想文学新人賞受賞（選考委員は澁澤龍彥・中井英夫）。96年、三島由紀夫と江戸川乱歩を論じた評論「語りの事故現場」で群像新人文学賞評論部門優秀作を受賞。著書に『ゴシックハート』『怪談生活』『歌人紫宮透の短くはるかな生涯』『エイリア綺譚集』『観念結晶大系』『高原英理恐怖譚集成』『日々のきのこ』『詩歌探偵フラヌール』『祝福』『不機嫌な姫とブルックナー団』など。編著に『ガール・イン・ザ・ダーク』『川端康成異相短篇集』などがある。

ブルックナー譚《たん》

2024年3月25日　初版発行

著　者　高原《たかはら》 英理《えいり》

発行者　安部 順一

発行所　中央公論新社

〒100-8152　東京都千代田区大手町1-7-1
電話　販売 03-5299-1730　編集 03-5299-1740
URL https://www.chuko.co.jp/

ＤＴＰ　ハンズ・ミケ
印　刷　図書印刷
製　本　大口製本印刷

Published by CHUOKORON-SHINSHA, INC.
Printed in Japan　ISBN978-4-12-005769-4 C0095